Janusz Piekalkiewicz

Unternehmen Zitadelle

Janusz
Piekalkiewicz

Unternehmen
Zit

Bechtermünz Verlag

adelle

Kursk und Orel: Die größte Panzerschlacht des 2. Weltkrieges

Genehmigte Lizenzausgabe für
Weltbild Verlag GmbH, Augsburg 1998

Karten: Roland Winkler, Bergisch Gladbach
Umschlaggestaltung: Peter Engel, Grünwald
Gesamtherstellung: Mladinska Knjiga, Ljubljana
Printed in Slovenia
ISBN 3-86047-910-5

Inhalt

Vorwort

Der Angriff im Frontbogen von Kursk »muß schnell und durchschlagend gelingen!« – beschwört Hitler seine Generäle in dem Operationsbefehl zum Unternehmen »Zitadelle«.
Doch Hitlers letzter Versuch, mit einer großen Sommeroffensive seine ins Wanken geratene Autorität in Europa zu festigen, scheiterte. Was er damals nicht ahnte: Das Unternehmen »Zitadelle« richtete sich gegen die für einen Angriff bereitgestellten Kräfte der Roten Armee. Die besten deutschen Divisionen, die man für das Zurückschlagen der zu erwartenden sowjetischen Offensive hätte in Reserve halten müssen, wurden schon im Unternehmen »Zitadelle« aufgerieben. Da die Chancen für diese Operation bereits Ende April 1943 nicht mehr besonders günstig waren, schwanden sie zusehends mit der wiederholten zeitlichen Verschiebung.
In jenen Julitagen 1943 gelang es der Roten Armee erstmals, die Deutschen im Sommer, noch dazu bei günstigen Wetterbedingungen und in einem geradezu idealen Panzergelände, vernichtend zu schlagen. Zum Scheitern der deutschen Offensive bei Kursk trug auch der Operationsplan des OKH bei, weil ihm jegliches strategisches und auch taktisches Überraschungsmoment fehlte.
Hitlers Offensive lag der Gedanke zugrunde, durch die Beseitigung des Kursker Bogens und durch Zerschlagen der sowjetischen Reserven das wichtige Kohlegebiet im Donez-Becken und Orel-Bogen zu behalten. Dieses Vorhaben überforderte jedoch nach dem Debakel von Stalingrad das Leistungsvermögen der Wehrmacht. Und wie Generaloberst Guderian vermerkte, war Deutschland bereits »nicht mehr in der Lage, die Ostfront im Laufe des Jahres 1943 noch einmal mit frischen Kräften aufzufüllen«. Andererseits wurde die erfolgreiche sowjetische Verteidigungsoperation bei Kursk dank der rechtzeitigen Konzen-

tration strategischer Reserven erreicht. In der größten Panzerschlacht der Kriegsgeschichte bei Prochorowka brachte gerade die 5. Garde-Panzerarmee aus der strategischen Reserve die entscheidende Wende auf dem Kampffeld.

Die Schlacht von Kursk wurde zum Waterloo der deutschen Panzertruppe. Der geplante deutsche »Panzerraid« glich bereits nach den ersten Tagen einem mühsamen, schrittweisen Vorwärtskämpfen, und die Rammstöße der Panzerverbände blieben trotz dreimonatiger Vorbereitung unter schwersten Verlusten in der taktischen Tiefe der sowjetischen Linien stecken.

Die Sowjets schafften es, ihre Verteidigung im Kursker Frontbogen derart zu gestalten, daß die Abwehrschlacht von Kursk nur sieben Tage währte, während die Abwehrkämpfe der Roten Armee vor Moskau länger als zwei Monate und die im Raum Stalingrad etwa vier Monate gedauert hatten.

Jetzt begann eine neue Phase des Panzerkrieges: Die bisher von den Deutschen mit größten Erfolgen angewandte Panzertaktik wurde von den Sowjets und den Westalliierten übernommen. Mit Kursk setzte die Agonie sowohl der deutschen Panzertruppe als auch der Luftwaffe ein: Beide konnten nicht mehr die Operationen des Heeres entscheidend beeinflussen. So erwies sich das Unternehmen »Zitadelle« als katastrophaler Fehlschlag, der dem Dritten Reich nicht mehr zu ersetzende Menschen- und Materialverluste einbrachte. Die Wehrmacht büßte damit endgültig ihre strategische Initiative ein.

Die Schlacht bei Kursk und Orel bildete nicht nur den Höhepunkt des Ostfeldzuges, sie war auch *die* entscheidende Schlacht des Zweiten Weltkrieges: Das Scheitern des Unternehmens »Zitadelle« bedeutete den Auftakt für die letzte Phase des Krieges, der mit dem Einmarsch der Roten Armee in Berlin endete und den Aufstieg der Sowjetunion zur Weltmacht einleitete.

Was auch den Ausgang der Schlacht bei Kursk–Orel wesentlich beeinflußt hat: Stalin bekam kontinuierlich während der drei Monate vor Beginn des Unternehmens »Zitadelle« zuverlässige Informationen über die Absichten der deutschen Führung, die jedoch nicht – und das ist verblüffend –, wie bis heute in zahlreichen Publikationen behauptet wird, den Meldungen eines sowjetischen Spionagerings in der Schweiz entstammten, sondern von Winston Churchill übermittelt wurden, der dank seiner Operation »Ultra Secret« den höchst geheimen Funkverkehr der deutschen Führung mitlesen konnte.

Schauplatz

In den tiefen Schluchten der mit sanften Hügeln bedeckten Landschaft liegen endlos lange Dörfer. Da wenig Wald vorhanden ist, sind die Katen meist aus Stein oder Lehm gebaut. Der Fleiß und die fruchtbare Schwarzerde brachten der Bevölkerung für sowjetische Verhältnisse einen gewissen Wohlstand.
Zwar gehört der Raum um Kursk–Orel noch zu Mittelrußland, hat aber schon den Charakter der Ukraine: ein fruchtbares Schwarzerdegebiet, ähnlich der welligen Steppe, zerfurcht durch tiefeingeschnittene Schluchten, Balkas genannt, die einerseits gute Deckungsmöglichkeiten bieten, aber für angreifende Panzer schwer zu überwindende Hindernisse darstellen.
Der mittelrussische Landrücken mit den Städten Orel im Norden, Bjelgorod im Süden und Kursk im Zentrum ist auch eine weitgespannte Ebene, unterbrochen von zahlreichen Tälern, kleinen Erhebungen, unregelmäßig verstreuten Ortschaften und Dörfern sowie einigen Flüssen und Bächen. Die mit wilden Johannis- und Stachelbeerbüschen bedeckte Hügelkette von Olchowatka bildet den Kern dieses Landrückens. An den malerischen Osthängen entspringt die Oka, hier befindet sich ebenfalls das Quellgebiet zahlreicher Bäche und kleiner Flüsse. Von Olchowatka aus erblickt man am Horizont die Schornsteine und Zwiebeltürme von Kursk, und wer die Höhe hält, beherrscht auch die sich darunter ausbreitenden Landstriche zwischen Oka und Sejm.
Kursk, Gebiets(Oblast-)Hauptstadt in der Mordwinischen Autonomen Sozialistischen Sowjetrepublik, 600 Kilometer südlich von Moskau gelegen, wird bereits zu Anfang des 11. Jahrhunderts als Umschlagplatz im Handel mit Kiew erwähnt. Sie liegt an der Mündung der Kura in die Tuskora. Die Stadt war von alters her durch ihre zahlreichen Gerbereien sowie als wichtiges Produktionszentrum für Wachslichte bekannt, einem Nebenerzeugnis der in diesem Gebiet

verbreiteten Bienenzucht. Im Frühjahr 1941 zählte Kursk etwa 120 000 Einwohner. Die Reste der alten Siedlungen, Gorodischtsche, und die Kuppeln der Hünengräber, Kurgane, die man in der Steppenlandschaft der nahen Umgebung antrifft, erinnern an die grauen Zeiten der Völkerwanderung.
Die überaus reichen, hochwertigen Magneterzvorkommen zwischen Orel und Bjelgorod – die zu den umfangreichsten ihrer Art in der Welt gehören – sorgen für die sogenannte »Magnetische Anomalie von Kursk«, die schon immer Geologen faszinierte. Diese Eisenerzschicht verursacht an der Oberfläche starke Abweichungen der Kompaßnadel und stört so die Leitung gezielten Artilleriefeuers und alle Operationen, für die man einen Kompaß braucht.
Im 17. Jahrhundert verlief hier die »Bjelgoroder Linie«, eine Reihe von Festungen, Erdwällen und anderen Anlagen, die das zaristische Rußland vor Überfällen aus dem Süden schützte. Anstelle der alten sind neue, wirksamere Befestigungen entstanden. Im Jahre 1943 hat man selbst kleine Ortschaften für eine Rundumverteidigung stützpunktartig ausgebaut, und die Kreideberge von Bjelgorod dienen den sowjetischen Truppen als natürliche Deckung. Jeder starke Regen macht die Straßen aus Sandbahnen für motorisierte Transportfahrzeuge kaum passierbar. Weite Getreidefelder bedecken im Sommer die Landschaft und erschweren die Sicht. Dazu sind jetzt die Vormarschstraßen und viele Orte mit hohen Blenden aus Sackleinwand gegen Fliegersicht getarnt. Riesige Munitions- und Treibstofflager, zahlreiche Wegweiser mit taktischen Zeichen säumen die Rollbahnen im rückwärtigen Frontgebiet.

Nur für den Dienstgebrauch!

Militärgeopolitische Angaben über das Europäische Rußland
ZENTRAL-RUSSLAND (ohne Moskau)
Abgeschlossen am 15. Mai 1941. Generalstab des Heeres. Berlin 1941

Oberflächenformen

Die Oberflächenformen Zentral-Rußlands sind im allgemeinen flachwellig bis fast eben. Es handelt sich überwiegend um sehr ausgedehnte Platten und breite Rücken, in der nördlichen Hälfte des Landes auch um weite Niederungen. Das Gebiet stellt ein welliges, jedoch stark von Flüssen und Steppenschluchten zerschnittenes Plateau dar. Es fällt steil zur Oka im Norden ab, senkt sich sanft gegen Westen hin und fällt gegen Osten mit zwei gut ausgeprägten Stufen entlang des Don und des Woronesh ab. Die höchstgelegenen Teile des Raumes liegen im zentralen Gebiet um Orel.

Mappe G

Nur für den Dienstgebrauch!

Militärgeographische Angaben über das Europäische Rußland

Zentral-Rußland
(ohne Moskau)

Textheft

Abgeschlossen am 15. Mai 1941

Generalstab des Heeres
Abteilung für Kriegskarten und Vermessungswesen (IV. Mil.-Geo.)
Berlin 1941

Der wichtigste »Fremdenführer« für die Truppen zwischen Orel und Bjelgorod

Die höchsten Erhebungen steigen hier bis 300 m an (östlich Orel). Nur im nördlichen Teil gibt es größere Wälder. Der mittlere und südliche Teil mit seinen Schwarzerdeböden ist ein ausgesprochen waldarmes Steppengebiet mit bedeutendem Ackerbau. Größere Wälder sind hier an die Auen der größeren Flüsse gebunden. Das Gebiet ist dicht mit ländlichen Siedlungen bedeckt, die meist als große Dörfer entwickelt sind. Zahlreiche Mittelstädte haben sich als Marktorte und Stätten landwirtschaftlicher Industrie entwickelt. Im Raum von Rjasan, Tula und Kursk ist auch Großindustrie vorhanden.

Bodenarten

Die wichtigste Bodenarten-Grenze Rußlands, nämlich der Nordrand der Schwarzerdezone, zieht sich in Richtung SW–NO in der allgemeinen Linie Konotop (Ukraine)–Kursk–Tula–Ssaransk–Nordostecke der Mordwinischen Republik durch Zentral-Rußland. Im einzelnen ist diese Grenze vielfach zerlappt und unregelmäßig; auch finden sich südlich von ihr, besonders im östlichen Teil, häufig Inseln andersartigen Bodens oder schwarzerdeähnliche Übergangsböden.

Die Schwarzerde ist ein sehr dunkler, bei Feuchtigkeit schwarzer, sehr feiner (staubförmiger) und sehr fruchtbarer Boden. Bei Trockenheit staubt er stark, bei Nässe klebt er an den Stiefeln. Aufgraben des Bodens zeigt, daß die Schwarzerde in ganz geringer Tiefe graugelb ist (Löß); deshalb können sich z. B. Schützengräben als helle Linien schon von ferne von der dunkleren Umgebung abheben.

Zwischen der Waldzone und der baumlosen Steppe liegt als breiter Übergangsgürtel die Waldsteppe: ein Durcheinander von offenem Gelände (ursprünglich Steppe, jetzt Acker- und Weideland) und zahlreichen Eichen- oder Espenhainen. Nach S hin treten diese rundlichen Haine immer mehr auseinander und werden schließlich selten. Damit wird die Waldsteppe von der Steppe abgelöst. Sie ist baumlose Acker- und Grasflur. Auch Wege und Straßen sind nicht von Baumreihen begleitet, wie auch die russischen Dörfer gewöhnlich kaum Bäume aufweisen. Nur an den großen Flüssen ziehen sich Auwälder und Gebüsche entlang.

Militärische Beurteilung

Die Bodenarten sind bei Trockenheit mit Ausnahme der Moore und Sümpfe gut gangbar, besonders gut die Schwarzerde. Auf ihr brauchen sich auch Fahrzeuge aller Art nicht an die Wege zu halten; vielfach fährt man neben dem Wege fast ebenso gut wie auf ihm. Bei Nässe sind die Sandböden oft günstiger für Bewegungen als Lehm oder Schwarzerde.

Klima

Das Klima Zentral-Rußlands ist ein gemäßigtes Festlandklima mit kalten Wintern und verhältnismäßig warmen Sommern. Der wesentliche Unterschied gegenüber dem mitteleuropäischen Klima liegt in den langanhaltenden tiefen Temperaturen des Winters. Der Frühling zeichnet sich durch starken Wechsel aus. Der rasche Temperaturanstieg im April bedingt durch die Schneeschmelze ein starkes Ansteigen der Flüsse und führt zu ausgedehnten Überschwemmungen. Doch ist bis in den Mai hinein noch mit Schneefällen zu rechnen. Nach den kurzen Sommermonaten setzen im Oktober, mitunter schon im September, die ersten Schneefälle ein, und ab November überzieht eine tiefe Schneedecke für vier bis fünf Monate das Land.

Bewölkung und Wind
Die Bewölkung ist verhältnismäßig stark. Auch im Sommer ist meistens die Hälfte des Himmels bedeckt, nur im südlichen Teil des Gebietes überwiegen die heiteren Tage. Die stärkste Bewölkung Zentral-Rußlands tritt im November mit rund 85% Bedeckung ein. Gerade im Winter gibt es aber oft sehr heitere Tage und Nächte. Solche sternklaren Nächte führen dann durch die starke Ausstrahlung zu den niedrigen Temperaturen von −40° und weniger. Die Winde sind im allgemeinen etwas stärker als in Mitteleuropa, aber durchweg nicht sehr beständig. Im Sommer, von Juni bis September, wiegen westliche bis nordwestliche Winde vor, während der größte Teil des Jahres von südlichen Winden beherrscht wird. Im April und Mai bringen zuweilen ostwärtige Winde empfindliche Kälterückfälle.

Das südzentralrussische Steppengebiet

Der Winter weist ungefähr dieselben Verhältnisse auf wie das nördliche Gebiet, nur ist er etwa einen Monat kürzer, und die Schneedecke erreicht im Mittel nur 30 cm Höhe. Der Sommer hingegen ist beträchtlich länger. Mindestens zwei Monate bleibt das Tagesmittel über 20°. Niederschläge fallen hauptsächlich in Form kurzer Gewitterregen, so daß der Sommer ausgesprochen heiß und trocken ist. Die Jahresmenge der Niederschläge beträgt im allgemeinen 400–500 mm.

Militärische Beurteilung
Die ungünstigste Zeit für militärische Operationen ist das Frühjahr von März bis Mai. Stark wechselnde Temperaturen beanspruchen die Körperkraft aufs äußerste, und die Schneeschmelze macht die meisten Wege und Flüsse unpassierbar. Von Juni bis Oktober entsprechen die klimatischen Verhältnisse am meisten den deutschen, nur die Temperaturen sind etwas höher und verlangen höhere Leistungen von Mensch und Tier. Die besten Monate für militärische Operationen sind August und September.

Landwirtschaft
Als Besonderheiten der einzelnen Verwaltungsgebiete der Schwarzerdezone sind anzuführen: Im Gebiet Orel, in dem der Boden bereits wieder zur Podsolbildung neigt, geht die Anbaufläche von Weizen zurück und an die erste Stelle treten Kartoffeln; besonders viel Hanfanbau (beste Hanfernte im Überschwemmungsgebiet der Dessna; Orel ist das bedeutendste Hanfgebiet der Sowjetunion). Im Gebiet Kursk ist der Anteil der Ackerfläche besonders groß. Ausgedehnter Anbau von Winterweizen und Zuckerrüben (in der Zuckererzeugung steht das Gebiet an der ersten Stelle in der RSFSR) findet sich hier. Der Anbau von Hülsenfrüchten (Erbsen, Bohnen und Linsen) nimmt immer mehr zu. In der Nähe der Städte sind industrielle Garten- und Gemüsebetriebe anzutreffen; Geflügelzucht und Schweinemast (letztere auf der Grundlage von Abfällen der Zuckerrübenfabriken).

Bodenschätze
Die zentralrussischen Eisenerzvorkommen liegen in den Gebieten Tambow, Rjasan, Tula, Orel, Kursk und Woronesh. Gefördert wird Eisenerz bei Tula, Lipezk und Korobkowo bei Stary Oskol (Gebiet Kursk). Außerdem gibt es noch Magneteisenerze im Gebiet Kursk; diese sog. Kursker Anomalie umfaßt

▶ März 1943, in Wolossnaja, einem Dorf unweit Slawjansk: Der Winter ist vorüber, die Schlammperiode beginnt

noch wenig erforschte Vorräte an Magneteisenerzen von 16 bis 20 Mrd. t in einer Ausdehnung von 300 km.

Bewegungsmöglichkeiten

Das Netz der Bahnen ist besser ausgebaut als das der Straßen. Die Leistungsfähigkeit der Bahnen ist schon im Frieden nicht durchweg ausreichend; großen kriegsmäßigen Ansprüchen werden sie jedenfalls nicht gewachsen sein. Ein wirklich leistungsfähiges Straßennetz hat Zentral-Rußland nur in der unmittelbaren Umgebung Moskaus und nur im Umkreis von etwa 200 km um die Hauptstadt überhaupt ein Straßennetz. Im übrigen sind die Straßen schlecht und wenig zusammenhängend. Im Winter verlaufen die unausgebauten Wege vielfach anders als im Sommer, während sie im Frühling und im Herbst jeweils

An einem Maiabend 1943, auf einer Brücke über den Balaklejka, Nebenfluß des Donez: Als harmlose Landarbeiter getarnt, arbeiten die Partisanen in den rückwärtigen Gebieten des deutschen Ostheeres

einige Wochen hindurch infolge Aufweichung sehr schwer bzw. nicht passierbar sind.

Das Flachland östlich des mittleren Dnjepr

Vom eigentlichen Zentral-Rußland gehören die Südhälfte des Gebiets von Smolensk und die Westhälfte des Gebiets von Orel dieser Landschaft an. Im östlichen Teil gewinnt das Land flachwelligen Charakter mit scharf eingeschnittenen Flußtälern und einem System von Steppenschluchten. Im westlichen Teil dagegen ist es fast vollkommen eben. Die größeren Flüsse strömen von NO gegen SW. Dabei ist jeweils die rechte, im Westen gelegene Talseite steil, die östliche dagegen sanft ansteigend.

Auf der östlichen Flußseite breiten sich in der niederen Talaue neben den von der Frühjahrsüberschwemmung betroffenen Flußauen breite Waldstreifen aus. Außerdem finden sich häufig Dünenlandschaften. Allmählich steigt das Gelände dann zu der nächsten Wasserscheide gegen Osten auf und fällt dann wieder rasch zum nächst-östlichen Fluß ab. Das Land ist verhältnismäßig dicht besiedelt. Flächenhaft verbreitet sind in der offenen Ackerlandschaft die zahlreichen kleinen Dörfer, während die größeren Siedlungen und die lokalen Marktorte an den Flüssen liegen.

Militärische Beurteilung

Abgesehen von den großen Waldflächen ist das Land überall gut durchgängig, und zwar sowohl für große motorisierte Einheiten wie auch für Fußtruppen. Einem Vordringen gegen Osten gewährt vor allem das sanfte Ansteigen der Talseiten von Westen her eine Erleichterung.

Die Niederungslandschaft am Don und an der Oka

Östlich der Zentralrussischen Höhe breitet sich südlich des gewundenen West-Ost-Laufs der Oka eine niedrigere, flache Landschaft aus. Sie beginnt im Norden mit steilem Abfall zur Oka und reicht südwärts bis zum Don. Charakteristisch ist die nordsüdliche und südnördliche Laufrichtung der Flüsse. Der Boden ist im Norden meist sandig, im mittleren und südlichen Teil als Schwarzerdeboden ausgebildet. Nur im Norden treten noch größere Waldgebiete als gemischte Wälder auf. Gegen Süden hin herrscht offene Landschaft. Im Norden ist die Besiedlung dichter. Hier erreicht schon allein die Dichte der ländlichen Siedlung 70 Einwohner auf den Quadratkilometer.

Militärische Beurteilung

Das Gebiet ist besonders gut durchgängig. Vor allem ist das Zurücktreten des dichten Netzes der Steppenschluchten ein großer Vorzug für Bewegungen. Solche können sich auch außerhalb der Wege vollziehen. Bei der bevorzugten Erstreckung der Flußtäler, und zwar auch der kleineren, in N–S-Richtung, wie auch bei der allgemeinen Lage des Raumes zwischen den höheren Steppenplatten im Westen und Osten ist die S–N-Bewegung die bevorzugte Bewegungsrichtung. Trotz des geringeren Einschneidens der Flüsse bieten deren Täler auch Deckungsmöglichkeiten.

Gewässer

Die Flüsse sind überwiegend im Naturzustand, d. h. ihr Bett ist auf weite Strecken verwildert. Der Lauf beschreibt viele Windungen und ist oft in mehrere Arme aufgelöst. Bei den meisten Flüssen ist daher mit Versandung und bei vielen mit gelegentlichen Verlagerungen des Flußbettes zu rechnen. Die strenge und anhaltende Winterkälte läßt die Flüsse in jedem Jahre fest zufrieren, so daß in ganz Zentral-Rußland eine Eisbedeckung von längerer Dauer vorhanden ist, die den Gewässern für diese Zeit ihren Hindernischarakter nimmt.
Auf der Oka erfolgt das Einfrieren ab Anfang November. Der Eisgang ist im W Ende März, weiter nach O im April, in einzelnen Jahren hält das Eis sogar bis Mitte Mai. Einer kurzen, aber verhältnismäßig schnellen Erwärmung folgt fast gleichzeitig auf weite Räume ein schnelles Abschmelzen der Schneemassen. Da die zentralrussischen Landesteile (mit einer Schneedecke bis zu 40 und 50 cm)

sehr schneereich sind, gelangen in kurzer Zeit gewaltige Schmelzwassermengen zum Abfluß. Dann werden selbst die in den Sommermonaten unscheinbarsten Flüßchen und sogar Bäche zu Wasserläufen von beachtlicher Breite und Tiefe und damit zu gefährlichen und bedeutenden Hindernissen, in einem Ausmaß, für das in Mitteleuropa jeder Maßstab fehlt. Um viele Meter ansteigende Hochwasser haben große Gewalt und überschwemmen die niedrigen Ufer der größeren Täler bis zu einer Breite von vielen Kilometern. Diese Überschwemmungen dauern (besonders auf Wolga und Oka) etwa einen Monat. Erst danach fallen die Flüsse auf einen mittleren Wasserstand ab. In den warmen Sommermonaten ist die Wasserführung oft gering.

Donez, r. Nbfl. des Don, entspringt im S des Mittelrussischen Höhenrückens, s. Kursk. Breite: bis Bjelgorod 20 m, dann 60 m. Tiefe: im allgemeinen sehr flach, bis 1 m, vor Stromhindernissen bis 5 m. Stromgeschwindigkeit: bis 2 m/sec; Gefälle durchschnittlich 2,21 m/km. Talbreite: bis Bjelgorod 1 km, dann breiter. Talhänge: r. fast überall höher als l., bis Bjelgorod hohe Kreideufer, unterhalb r. oft bis 65 m steil zum Fluß abfallend. Eisbedeckung: vom 25. Dezember bis 26. März, im Oberlauf etwas früher beginnend.

Oka, r. Nbfl. der Wolga, Hauptstrom Zentral-Rußlands, entspringt auf dem Mittelrussischen Landrücken, 1520 km lang. Im Oberlauf stellenweise, ab Ugra-Mündung dauerndes militärisches Hindernis. Breite: bei Orel 60 m, unterhalb bis 140 m. Tiefe: bei Orel und unterhalb noch flach. Strömung: bei Orel bedeutend, schwankt zwischen 0,6 und 0,7 m/sec, bei Engen 1–1,5 m/sec. Bett: viele große Windungen und stark verwilderte Altwässer; Grund innerhalb des Gebiets Orel zuerst schlammig, dann sandig, schließlich steinig. Ufer niedrig, allgemein flache trockene Ufer, so daß Kriegsbrückenbau überall möglich ist. Talbreite: von der Moskwa-Mündung ab beträchtlich. Talhänge: bis Orel stellenweise bis zu 60 und 70 m hoch. Eisbedeckung: bei Orel von Ende November bis Ende März.

Pssiol [Psel], l. Nbfl. des Dnjepr, entspringt bei Prochorowka, 585 km lang. Breite: oft Engen. Tiefe: oberhalb Obojan bis zu 3 m. Strömung: stark. Ufer: im obersten Lauf sandig, lehmig, stellenweise Mergel, dann felsig, teilweise sandig.

Übersichtlichkeit des Geländes und Deckungsmöglichkeiten

Im südöstlichen Teil des Landes ist die Übersichtlichkeit auf der offenen Steppe gut, die Orientierung aber infolge der Gleichförmigkeit des Landschaftsbildes erschwert, zumal es an richtigen Karten mangelt. Die Übersichtlichkeit wird dadurch etwas beeinträchtigt, daß man die Steppenschluchten (owragi) oft erst dann sieht, wenn man vor ihnen steht. Sie bieten deshalb oft gute Deckung. Im Übergangsstreifen zwischen beiden Teilen, der Waldsteppe, ist die Übersichtlichkeit des Geländes etwas besser als im NW, die Orientierung aber infolge der Gleichförmigkeit des Landschaftsbildes erschwert.

Deckung bieten die Eichen- und Espenhaine. Die Deckungs- und Tarnungsmöglichkeiten sind jahreszeitlich im ganzen Lande verschieden. Der Winter erfordert zur Tarnung weiße Bekleidung (Schneeanzüge, Schneehemden), das Frühjahr verhindert durch Hochwasser vielfach Deckungnehmen an steilen Flußufern und Talhängen und in der Überschwemmung ausgesetzten Wäldern, der Hochsommer bietet bei hohem Wuchs des Getreides selbst auf offenem Ackerland Tarnungsmöglichkeiten.

Personen

Otto Deßloch

Oberbefehlshaber der Luftflotte 4, am 11. 6. 1889 in Bramberg/Franken als Sohn eines Oberforstmeisters geboren.
Nach dem Abitur tritt er am 20. 7. 1910 als Fahnenjunker in das Königlich Bayerische 5. Chevaulegers-Regiment »Erzherzog Friedrich von Österreich« in Saargemünd ein; am 23. 10. 1912 zum Leutnant befördert. Gleich nach Ausbruch des Ersten Weltkrieges, bereits im August 1914, wird er auf Patrouillenritt schwer verwundet. Nach seiner Genesung meldet er sich freiwillig zur Fliegertruppe. Dann Ausbildung als Flugzeugführer bei der Flieger-Ersatzabteilung Schleißheim, und im Februar 1915 zur Feldfliegerabteilung 8 versetzt. Ab 1916 ist Deßloch Jagdflieger im Westen bei der Jagdstaffel 16. 1917 wird er zum Staffelführer der Jagdstaffel 17 ernannt, ist dann Führer einer Fliegerschule und ab 1919 Führer der Freiwilligen Fliegerabteilung »Deßloch«.
Nach Übernahme in die Reichswehr von 1921 bis 1927 Rittmeister und Eskadronchef im 17. (bayer.) Reiterregiment, zeitweilig auch Standortältester in Ansbach. 1925 wird er mit der Mannschaft des 17. (bayer.) Reiterregiments Sieger beim Großen Heeres-Patrouillenritt in Berlin. Im Jahre 1927 zum Stab der 7. (bayer.) Division kommandiert, 1932 zum Major beim Stab im 18. Reiterregiment befördert.
Nach dem Übertritt zur Luftwaffe wird Deßloch am 1. 12. 1934 Leiter der Fliegerschule Cottbus und 1935 Kommandeur aller Flugzeugführerschulen in Deutschland. Ab 1. 3. 1936 Oberst und Kommodore des Kampfgeschwaders 155. Am 1. 2. 1939 übernimmt Deßloch als Generalmajor die Führung der 6. Fliegerdivision. Nach dem Polenfeldzug wird er am 3. 10. 1939 Befehlshaber des II. Flakkorps. Am 19. 7. 1940 zum Generalleutnant, am 1. 1. 1942 zum

General der Flieger befördert. Vom 12. 5. 1942 bis zum 10. 6. 1943 ist er Kommandierender General des I. Flakkorps. Am 11. 6. 1943 zum Oberbefehlshaber der Luftflotte 4 im Abschnitt der Heeresgruppe Süd (GFM v. Manstein) an der Ostfront ernannt.

Hermann Hoth

Oberbefehlshaber der 4. Panzerarmee, am 12. 4. 1885 in Neuruppin (Mark Brandenburg) als Sohn eines Sanitätsoffiziers geboren.
Nach dem Besuch des Gymnasiums tritt er 1904 in das preußische Kadettenkorps ein, besucht die Kriegsschule und dient im Infanterieregiment 72 (Torgau). Bei Ausbruch des Ersten Weltkrieges kommt Hoth zuerst als Hauptmann in den Großen Generalstab, wird dann Kompaniechef, Bataillonskommandeur und Chef einer Fliegerabteilung.
Bei Ende des Krieges ist er Generalstabsoffizier einer Infanteriedivision, wird danach von der Reichswehr übernommen und in verschiedenen Kommandeur- und Stabsstellungen eingesetzt. Von 1935 bis 1938 führt Hoth die 18. Division (Liegnitz) und später als Generalleutnant einen schnellen Truppenverband, das XV. Armeekorps (Jena). Im Polenfeldzug befehligt Hoth, jetzt General der Infanterie, das der 10. Armee (Gen.d.Art. v. Reichenau) unterstellte XV. Panzerkorps und trägt durch den Einsatz an strategisch entscheidenden Punkten wesentlich zum Gelingen der Operationen bei. Am 13. 5. 1940 überschreitet sein XV. Panzerkorps als erster deutscher Verband bei Dinant die Maas und erreicht am 16. 6. 1940 Brest.
Beim Angriff auf die Sowjetunion führt Hoth die Panzergruppe 3, mit der er in Zusammenwirken mit den Panzergruppen Guderian und Hoepner die Erfolge

◄ Otto Deßloch

▼ Hermann Hoth

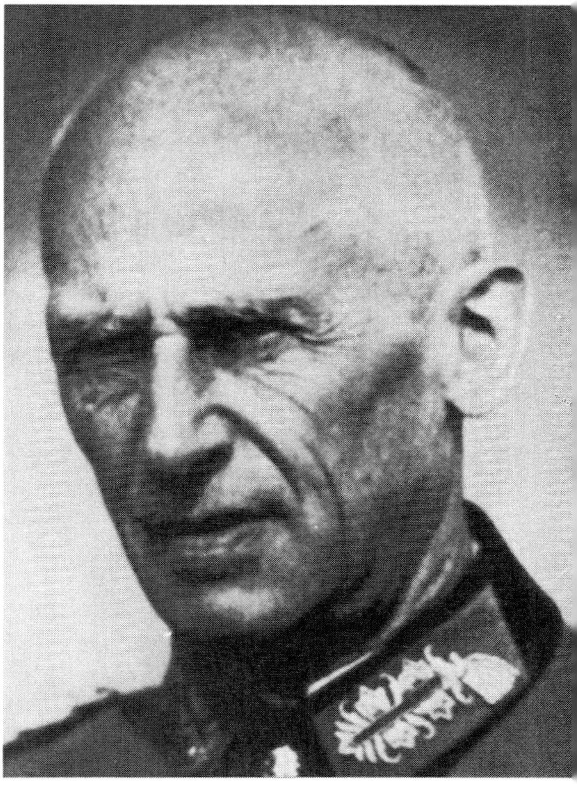

▶ Robert Ritter von Greim

▶▶ Werner Kempf

der großen Kesselschlachten des Sommers und Herbstes 1941 anbahnt. Am 9. 7. 1941 erobert Generaloberst Hoth Witebsk und am 27. 10. 1941 als Oberbefehlshaber der 17. Armee Kramatorsk im Donez-Gebiet (Ukraine). Im Winter 1941/42 steht er mit seiner 17. Armee in schweren Abwehrkämpfen in der Südukraine. Am 17. 5. 1942 greifen seine 17. Armee und die 1. Panzerarmee (GenOberst Kleist) von Süden, die 6. Armee (Gen.d.Pz.Tr. Paulus) von Norden her die Armeen von Marschall Timoschenko an, um am Donez und im Raum Charkow die Ausgangspositionen für die Sommeroffensive zu erkämpfen, die den Weg nach Stalingrad öffnen soll. Am 1. 6. 1942 wird Hoth Oberbefehlshaber der 4. Panzerarmee. Seine Verbände beteiligen sich an der Schlacht um Stalingrad, und am 12. 12. 1942 unternimmt eine Angriffsgruppe der 4. Panzerarmee aus dem Raum Kotelnikowo einen erfolglosen Versuch, die 6. Armee zu entsetzen.

Robert Ritter von Greim

Oberbefehlshaber der Luftflotte 6, am 22. 6. 1892 in Bayreuth als Sohn eines Königlich Bayerischen Gendarmeriehauptmanns geboren.

Nach dem Besuch des Kadettenkorps tritt er im Juli 1911 als Fähnrich in das Bayerische Eisenbahn-Bataillon ein und wechselt im November 1912 ins 8. Bayerische Feldartillerie-Regiment. Nach Ausbruch des Ersten Weltkrieges nimmt er an den Kämpfen in Lothringen teil. Ab August 1915 in einem Flugzeugbeobachtungs-Lehrgang, danach wird er zur Feldfliegerabteilung 3b versetzt und von dort zur Jagdstaffel 34 abkommandiert.

Als Staffelkapitän vernichtet v. Greim am 11. 3. 1918 als erster deutscher Flieger einen englischen Panzer aus der Luft mit MG-Feuer. Bei Luftkämpfen erreicht er 28 Luftsiege.

Von 1920 bis 1922 studiert er Rechtswissenschaften in München und arbeitet nach seinem Referendarexamen in einer Bank. Von 1924 bis 1925 Tätigkeit in China als Berater der Tschiang-Kai-schek-Regierung in Sachen Militärluftfahrt. Von 1928 bis 1933 Leiter der Zivilfliegerschule Würzburg. Im Januar 1934 übernimmt ihn die Reichswehr, um beim Aufbau des Jagdgeschwaders »Richthofen« mitzuwirken. Ab 1. 8. 1935 als Major Inspekteur der Jagdflieger, am 20. 4. 1936 zum Oberst befördert. Als Kommandierender General des V. Fliegerkorps und Generalleutnant nimmt er 1940 am Westfeldzug teil.

Nach dem Angriff auf die Sowjetunion ab November 1941 Chef des Luftwaffenkommandos Ost, das der Heeresgruppe Mitte (GFM v. Kluge) unterstellt ist. Im Februar 1943 zum Generaloberst befördert, befehligt v. Greim weiterhin sein Luftwaffenkommando Ost, das im Mai 1943 in Luftflotte 6 umbenannt wird.

Werner Kempf

Befehlshaber der Armeeabteilung Kempf, am 9. 3. 1886 in Königsberg (Ostpreußen) als Sohn eines Offiziers geboren.
Von 1897 bis 1905 Kadett in Karlsruhe, Oranienstein und Groß-Lichterfelde. Im gleichen Jahr als Fähnrich im 6. Westpreußischen Infanterieregiment Nr. 149 (Schneidemühl). 1912 im Rang eines Leutnants zum II. Seebataillon (Wilhelmshaven) versetzt. Von 1913 bis 1914 bildet Kempf auf dem Großen Kreuzer SM »Vineta« Kadetten aus.
Mit dem Ausbruch des Ersten Weltkrieges wird Kempf Regimentsadjutant des 2. Marine-Infanterieregiments. Im November 1914 zum Oberleutnant und im Januar 1916 zum Hauptmann befördert. Danach Generalstabsausbildung bei der 21. Infanteriedivision und im AOK Armeeabteilung B. Anfang 1918 wird Kempf in den Generalstab des Marinekorps als Zweiter Generalstabsoffizier der 3. Marinebrigade versetzt.
Nach Ende des Ersten Weltkrieges von der Reichswehr übernommen. 1921 Kompaniechef des Infanterieregiments 4. Von 1922 bis 1926 Generalstabsoffizier beim Infanterieführer II (Schwerin), danach bei der 1. Preußischen Sanitätsabteilung in Königsberg und bei der 2. Kompanie der Kraftfahrabteilung (Allenstein). 1929 Beförderung zum Major.
Ab Juli 1934 ist Kempf Chef des Stabes der Inspektion der Heeresmotorisierung und ab 1. 6. 1936 Inspekteur der Heeresmotorisierung im Reichskriegsministerium. Im Oktober 1937 übernimmt er als Kommandeur die neu aufgestellte 4. Panzerbrigade (Stuttgart).
Am 18. 1. 1939 zum Generalmajor befördert. Im September 1939 nimmt er am Polenfeldzug als Kommandeur der Panzerdivision Kempf (Panzerverband Ostpreußen) teil. Am 1. 10. 1939 wird Kempf Kommandeur der 6. Panzerdivision und im August 1940 Generalleutnant. Am 6. 1. 1941 zum Kommandierenden General des XXXXVIII. Armeekorps (mot.) und am 1. 4. 1941 zum General der Panzertruppe ernannt.
Nach dem Angriff auf die Sowjetunion erobert Kempf mit seinem Korps am 25. 6. 1941 Dubno und nimmt am 3. 11. 1941 Kursk. Mit seinem Korps verbringt Kempf den Winter 1941/42 in Kursk. Anfang August 1942 erreicht das Korps (seit dem 1. 6. 1942 in XXXXVIII. Panzerkorps umbenannt) den Südteil von Stalingrad. Ende September 1942 wird Kempf in die Führerreserve versetzt und bleibt einige Monate in der Heimat. Ab 18. 1. 1943 Leiter des ersten Lehrgangs für Divisionsführer und ab 15. 2. 1943 Befehlshaber der Armeeabteilung Kempf. Ab März 1943 untersteht diese Armeeabteilung der Heeresgruppe Süd (GFM v. Manstein).

Günther von Kluge

Oberbefehlshaber der Heeresgruppe Mitte, am 30. 10. 1882 in Posen als Sohn eines Generalleutnants geboren.
Er tritt in das preußische Kadettenkorps ein und absolviert die Kriegsakademie. 1914 rückt Kluge als Hauptmann mit dem XXI. Armeekorps ins Feld, kämpft in Flandern und wird bei Verdun schwer verwundet.
1919 in die Reichswehr übernommen und am 1. 7. 1927 zum Oberstleutnant befördert. Ein Jahr später Chef des Stabes der 1. Kavalleriedivision (Frankfurt/Oder), ab 1. 2. 1933 Generalmajor und Inspekteur der Nachrichtentruppen, am 1. 4. 1934 Generalleutnant. Am 1. 4. 1935 wird er Kommandierender General des VI. Armeekorps sowie Befehlshaber im Wehrkreis VI (Münster) und am 1. 8. 1936 zum General der Artillerie befördert.

► Günther von Kluge

►► Erich von Manstein
links Gen. Speidel

Im Polenfeldzug führt Kluge die von Ostpommern vorstoßende 4. Armee. Seine Truppen nehmen an der Schlacht an der Bzura teil. Am 1. 10. 1939 Ernennung zum Generaloberst. Im Westfeldzug gehört seine 4. Armee zum nördlichen Flügel der Heeresgruppe A (GFM v. Rundstedt), der über Dinant und Arras in Richtung Dünkirchen marschiert. Nach den Kämpfen mit dem britischen Expeditionskorps verfolgt die 4. Armee die Reste des französischen Heeres in raschem Vorstoß beiderseits Paris über die Loire und weiter nach Süden. Am 19. 7. 1940 wird Kluge zum Generalfeldmarschall ernannt.
Beim Angriff auf die Sowjetunion führt er weiterhin die 4. Armee. Nach den Schlachten bei Wjasma und Brjansk rückt seine Armee in Richtung Moskau vor. Am 19. 12. 1941 übernimmt Kluge den Oberbefehl der Heeresgruppe Mitte. Hier führt er mit gut durchdachten Verteidigungsmethoden die Front, die den sowjetischen Angriffen in den darauffolgenden beiden Jahren standhält.

Erich von Manstein

Oberbefehlshaber der Heeresgruppe Süd, am 24. 11. 1887 in Berlin geboren. Er entstammt einer Offiziersfamilie aus dem alten westpreußischen Adelsgeschlecht von Lewinski und wird als Kind nach dem Tod der Eltern von seinem Onkel, Generalleutnant Georg v. Manstein, adoptiert.
Die letzten sechs Jahre seiner Schulzeit verbringt er in den Kadettenanstalten Plön und Lichterfelde. Im Frühjahr 1906 tritt Manstein als Fähnrich in das 3. Garderegiment zu Fuß ein. Ab Herbst 1913 besucht er die Kriegsakademie, die er bereits im Sommer 1914 mit Beginn des Ersten Weltkrieges verlassen muß. Abgesehen von kurzen Kommandierungen zum Frontdienst, verbringt v. Manstein nach schwerer Verwundung den Krieg in hohen Stäben.
Ab Anfang 1919 ist v. Manstein beim Oberkommando Grenzschutz Süd (Breslau) als Generalstabsoffizier. Nach Übernahme in die Reichswehr, abwechselnd beim Generalstab und bei der Truppe, kommt er im Herbst 1929 in das Truppenamt des Reichswehrministeriums. Die Zusammenarbeit zwischen der Reichswehr und der Roten Armee ermöglicht v. Manstein in den Jahren 1931 und 1932 mehrwöchige Studienreisen in die Sowjetunion, was ihn später davon abhält – im Gegensatz zu anderen deutschen Befehlshabern –, die Rote Armee zu unterschätzen.
Im Februar 1934 wird Oberst v. Manstein Chef des Stabes des Wehrkreises III (Berlin) unter General v. Witzleben, dann am 1. 7. 1935 Chef der Operationsabteilung im Generalstab des Heeres, und ein Jahr später, zum Generalmajor befördert, stellvertretender Chef des Generalstabes. Anfang 1938, jetzt Generalleutnant, wird er Kommandeur der 18. Division (Liegnitz). Kurz vor Aus-

bruch des Zweiten Weltkrieges ernennt man ihn zum Chef des Generalstabes der Heeresgruppe Süd (GenOberst v. Rundstedt), die im Feldzug gegen Polen die entscheidende Rolle spielt. Ab Oktober 1939 zum Chef des Generalstabes der Heeresgruppe A (GenOberst v. Rundstedt) an der Westfront. Hier erweist er sich als Schöpfer des glänzenden Operationsplans, der Frankreich die Niederlage bringt: die Idee des Panzerstoßes durch die Ardennen. Nach der Kapitulation Frankreichs beteiligt sich Manstein an den Vorbereitungen zur Invasion Englands.
Beim Angriff auf die Sowjetunion übernimmt Manstein das neugebildete LVI. Panzerkorps als Kommandierender General. Er rollt so schnell vorwärts, daß er innerhalb von vier Tagen die fast 300 Kilometer entfernt liegenden wichtigen Brücken der Düna besetzt und wenig später den Ilmensee erreicht.
Am 14. 7. 1941 wird Manstein General der Infanterie. Ende September 1941 erobert seine auf der Krim kämpfende 11. Armee den »Tataren-Graben« auf der Perekop-Landenge.
Vor dem Abschluß der Operation »Trappenjagd« (8.–18. 5. 1942), in der die Halbinsel Kertsch genommen wird, erhält Manstein seine Ernennung zum Generaloberst. Einen Monat später beginnt der Sturm auf Sewastopol, einer der größten und stärksten Festungen der Welt. Am 1. 7. 1942 fällt diese Schwarzmeerbastion, und Manstein wird am gleichen Tag zum Generalfeldmarschall befördert.
Am 22. 11. 1942 übernimmt er die neugebildete Heeresgruppe Don (später in Heeresgruppe Süd umbenannt), mit der Manstein die aussichtslose Situation bei Stalingrad retten soll.

Walter Model

Walter Model
Oberbefehlshaber der 9. Armee, am 24. 1. 1891 in Genthin (Anhalt) als Sohn eines Königlichen Musikdirektors geboren.
1909 Eintritt ins Heer. Während des Ersten Weltkrieges an der Westfront – vorübergehend im Großen Hauptquartier –, kämpft dann bei Verdun, wird verwundet und mehrfach wegen Tapferkeit ausgezeichnet.
Nach Kriegsende tritt Model als Hauptmann in die Reichswehr ein, wird dann Kommandeur des Infanterieregiments 2 (Allenstein), ab 1. 10. 1934 Oberst, 1935 Chef der Technischen Abteilung im Generalstab des Heeres und am 1. 3. 1938 zum Generalmajor befördert. Ein Jahr später Chef des Generalstabes des IV. Armeekorps in Dresden. Model ist in dieser Stellung an den Operationen im Polenfeldzug beteiligt.
Am 25. 10. 1939 Chef des Generalstabes der 16. Armee, die während des Frankreichfeldzuges bei Trier die Mosel überquert, die Maginot-Linie durchbricht und Verdun erobert. Am 13. 11. 1940 übernimmt Model als Generalleutnant die 3. Panzerdivision.
Beim Angriff auf die Sowjetunion bildet seine Division die Spitze im Wettlauf zum Dnjepr. Am 1. 10. 1941 ernennt ihn Hitler zum General der Panzertruppe und zum Kommandierenden General des nördlich von Moskau eingesetzten XXXXI. Panzerkorps.
Ab 16. 1. 1942 befehligt Model vor Moskau die 9. Armee. Nachdem es ihm gelungen ist, während der sowjetischen Winteroffensive die Gefahr der Einschließung bei Rschew zu beseitigen, gilt er als »krisenfest« und »Meister der Defensive«.
Vom 2. bis 12. 7. 1942 führt seine 9. Armee erfolgreiche Angriffe gegen den Frontbogen westlich von Sytschewka.

Iwan S. Konjew

Iwan S. Konjew

Oberbefehlshaber der Steppenfront, am 16. 12. 1897 in Lodejno (Nordrußland) als Sohn einer Bauernfamilie geboren.

Nach Ausbruch des Ersten Weltkrieges dient Konjew als Unteroffizier eines zaristischen Artillerieregiments und kämpft an der Front in Galizien, tritt nach der Oktoberrevolution 1917 in die Kommunistische Partei, zugleich in die Rote Armee ein und wird Kommissar des Kreises Nikolsk. Im Bürgerkrieg von 1918 bis 1920 Kommissar eines Panzerzuges, später Kommissar einer Schützenbrigade. Konjew kämpft in der Fernostarmee gegen die Truppen des weißrussischen Generals Kolczak sowie bei der Niederschlagung des Matrosenaufstandes in Kronstadt.

1922 bis 1928 Kommissar der 17. Schützendivision, besucht die Kriegsschule und absolviert die Frunse-Kriegsakademie. 1931 bis 1938 Befehlshaber einer Schützendivision in einem Korps der Fernostarmee. 1938 bis 1941 Befehlshaber der 2. Selbständigen Fernostarmee, dann Befehlshaber des Baikal-Militärbezirks, ab Sommer 1941 Befehlshaber der 19. Armee. Ab 14. 8. 1941 wird Konjew Oberbefehlshaber der Westfront und im September 1941 zum Generaloberst befördert. Danach nimmt Konjew ab 17. 10. 1941 als Oberbefehlshaber der Kalininfront an den entscheidenden Operationen in der Schlacht um Moskau teil.

Im September 1942 wird Konjew erneut Oberbefehlshaber der Westfront, ab März 1943 Oberbefehlshaber der Nordwestfront. Er übernimmt ab 23. 6. 1943 den Steppenmilitärbezirk (am 10. 7. 1943 in Steppenfront umbenannt).

Markian M. Popow

Oberbefehlshaber der Brjansker Front, am 2. 11. 1902 in Medwiedickaja im Distrikt Zarizyn (Stalingrad) geboren.

1918 bis 1922 kämpft Popow während des Bürgerkrieges an der Westfront. 1920 tritt er in die Rote Armee ein und wird 1921 Mitglied der KPdSU. 1921 wird Popow Führer eines Pelotons, dann Adjutant des Kompanieführers. 1922 absolviert er einen Lehrgang für Infanterieführung und 1925 einen solchen für Feuerführung. Danach Adjutant beim Führer der Regimentsschule, die er später selbst leitet, anschließend zum Bataillonskommandeur befördert, danach Inspektor des militärischen Schulwesens im Moskauer Militärbezirk.

Ab 1936 besucht Popow die Frunse-Kriegsakademie. Ab Mai 1936 ist er Stabschef einer mechanisierten Brigade, später Chef des 5. mechanisierten Korps, ab Juni 1938 Stellvertreter des Stabschefs der 1. Selbständigen Rote-Fahne-Armee in Fernost. Ab September 1938 Chef des Stabes. Im Juli 1939 wird Popow zum Befehlshaber der 1. Selbständigen Rote-Fahne-Armee in Fernost ernannt. Ab Januar 1941 Kommandierender des Leningrader Militärbezirks.

Nach Ausbruch des deutsch-sowjetischen Krieges vom Juni bis September 1941 Oberbefehlshaber der Nord- und Leningrader Front, dann von November 1941 bis Oktober 1942 Oberbefehlshaber der 61. und 40. Armee. Danach wird Popow Stellvertreter des Befehlshabers der Stalingrader und der Südwestfront, vom Oktober 1942 bis April 1943 als Kommandierender der 5. Sturmarmee, danach Oberbefehlshaber der Brjansker Front.

Konstantin K. Rokossowski

Oberbefehlshaber der Zentralfront, am 21. 12. 1896 in Warschau als Sohn eines Eisenbahners geboren.

Schon als 15jähriger muß er Geld verdienen und arbeitet als Steinmetzgehilfe beim Bau der Warschauer Poniatowski-Brücke.
Nach Ausbruch des Ersten Weltkrieges kämpft Rokossowski im russischen 5. Kargopoler Dragonerregiment bei Lodz und Warschau gegen die Deutschen. Vom Gefreiten zum Unteroffizier avanciert, verläßt er mit der zurückweichenden Zaren-Armee seine Heimat. Nach der Oktoberrevolution kämpft er im Rahmen der Roten Armee in seinem alten 5. Dragonerregiment, jetzt als stellvertretender Kommandeur. Bald wird er selbst Kommandeur des 30. Kavallerieregiments, schlägt sich mit der Weißen Garde im Ural und kämpft in der Mongolei gegen den legendären kurländischen Baron Ungern. Der hünenhafte Reiteroffizier bleibt nach dem Bürgerkrieg in der Armee. 1924 wird er zusammen mit Schukow und Jeremenko zu einem Sonderkurs nach Leningrad geschickt, absolviert dann 1926 die Höhere Kavallerieschule und geht im November 1926 als Instrukteur der 1. Kavalleriedivision in die Mongolei. 1928 übernimmt Rokossowski die 5. Kavalleriebrigade und kämpft gegen die Chinesen. Nach dem Besuch der Frunse-Kriegsakademie befehligt er eine Brigade und dann die 7. Kavalleriedivision (Samara); Kommandeur eines seiner vier Regimenter ist Georgi K. Schukow. Im September 1937, einige Tage nach Übernahme des 5. Kavalleriekorps (Pleskau), wird Rokossowski verhaftet – als »Agent des japanischen und polnischen Geheimdienstes«. Rokossowski hat es nur seinem Glück und womöglich seiner Kondition zu verdanken, daß er im Gegensatz zu Tausenden anderer Offiziere, wenn auch mit ausgeschlagenen Zähnen, die Säuberungswelle Stalins überlebt. Nach drei Jahren NKWD-Kerker wird er von einem Tag auf den anderen im März 1940 freigelassen. Timoschenko bietet ihm das Kommando über sein altes 5. Kavalleriekorps an. Ende 1940 wird er mit der Aufstellung des 9. mechanisierten Korps beauftragt.
Nach Ausbruch des deutsch-sowjetischen Krieges greift Generalmajor Rokossowski am 26. 6. 1941 aus den Wäldern von Klewanj mit seinem neu aufgestellten 9. mechanisierten Korps das Panzerkorps des Generals Kempf an. Zum Generalleutnant befördert, führt Rokossowski die 16. Armee, beteiligt sich mit ihr an der Schlacht um Moskau und nimmt am 6. 12. 1941 im Rahmen der »Westfront« (Armeegeneral Schukow) an der Gegenoffensive teil, die die sowjetische Hauptstadt rettet. Am 10. 1. 1942 führt er die Angriffe gegen die Panzerarmee 3 (GenOberst Reinhardt) bei Wolokolamsk.
Im März 1942 wird Rokossowski an der Front von Moskau schwer verwundet und kehrt erst im Juli 1942 in den Dienst zurück, diesmal als Oberbefehlshaber der Brjansker Front. Ab September 1942 befehligt er die Don-Front, mit der er sich an der Zerschlagung der deutschen 6. Armee (GenOberst Paulus) bei Stalingrad beteiligt. Am 15. 2. 1942 wird diese Front in Zentralfront umbenannt.

Konstantin
K. Rokossowski

Pawel A. Rotmistrow

Oberbefehlshaber der 5. Garde-Panzerarmee, am 23. 6. 1901 im Dorf Skoworowo im Bezirk Kalinin geboren.
Seit 1919 in der Roten Armee und Mitglied der KP der UdSSR. Während des Bürgerkrieges von 1918 bis 1922 nimmt Rotmistrow als einfacher Soldat beim Kulakenaufstand an der Liquidation von Melekeskowo (1919) teil, kämpft danach 1920 bis 1921 im polnisch-sowjetischen Krieg und 1921 bei der Niederwerfung des Aufstandes von Kronstadt. 1924 absolviert er die militärische Unifizierungsschule »WCIK«, führt dann eine Kompanie und ist Stellvertreter des Bataillonskommandeurs.

Pawel A. Rotmistrow (Mitte) mit seinen Stabsoffizieren

1931 Besuch der Frunse-Kriegsakademie. Von 1931 bis 1937 ist Rotmistrow in Divisions- sowie Armeestäben tätig und kommandiert ein Infanterieregiment. Im Januar 1938 promoviert er zum Dozenten für Kriegstaktik an der Akademie für Mechanisierung und Motorisierung der Roten Armee. Während des sowjetisch-finnischen Krieges 1939 bis 1940 ist er Kommandeur eines Panzerbataillons und Stabschef der 35. Panzerbrigade. Ab August 1940 Stellvertreter des Divisionskommandeurs der 5. Panzerdivision, im Mai 1941 zum Chef des Stabes des 3. mechanisierten Korps befördert.
Nach dem Ausbruch des deutsch-sowjetischen Krieges kämpft Rotmistrow an der Westfront als Stabschef des 3. mechanisierten Korps. Ab September 1941 kommandiert er die 8. und ab Januar 1942 die 3. Garde-Panzerbrigade, er nimmt an den Gegenangriffen vor Moskau teil. Ab April 1942 Kommandeur des 7. Panzerkorps, das im Raum Jelez und später bei Stalingrad operiert. Im Februar 1943 wird Rotmistrow Oberbefehlshaber der 5. Garde-Panzerarmee.

Wasilij D. Sokolowski

Oberbefehlshaber der Westfront, am 9. 7. 1897 in Kozliki bei Bialystok (Polen) geboren. Er entstammt einer polnischen Adelsfamilie.
Seit 1918 in der Roten Armee, kämpft er während des Bürgerkrieges 1918 bis 1922 an der Ost-, Süd- und Kaukasusfront. Zuletzt Stellvertreter des Stabschefs der 39. Schützendivision, dann Brigadekommandeur und Stabschef der 32. Schützendivision. 1921 absolviert er die Militärakademie der Roten Armee und ist stellvertretender Chef der operativen Verwaltung an der Turkestanfront, danach Chef des Stabes, Divisionskommandeur sowie Befehlshaber der Kampfgruppen im Gebiet Fergansk und Samarkand. Für gute militärische Führung wird er mit dem Orden der Roten Fahne ausgezeichnet. 1922 bis 1930 ist Sokolowski zuerst Stabschef einer Schützendivision im Norden Asiens, dann des Moskauer Militärbezirks, später Stabschef eines Infanteriekorps im nördlichen Kaukasus. 1928 besucht er Lehrgänge an Höheren Akademien.
Von 1930 bis 1935 Kommandeur einer Schützendivision und danach Stellvertreter des Stabschefs des Militärbezirks Wolga. Ab 1931 Mitglied der KP der UdSSR. Seit Mai 1935 Stabschef des Militärbezirks Ural, ab April 1938 erneut Stabschef des Moskauer Militärbezirks. Im Frühjahr 1941 wird Sokolowski zum stellvertretenden Chef des Generalstabes ernannt.
Nach Ausbruch des deutsch-sowjetischen Krieges ist er von Juli 1941 bis Januar 1942 und von Mai 1942 bis Februar 1943 an der Westfront. Von Juli bis September 1942 Stabschef der »Westrichtung«, gleichzeitig Stabschef der Westfront. Ab Februar 1943 Oberbefehlshaber der Westfront.

Nikolai F. Watutin

Oberbefehlshaber der Woronesch-Front, am 3. 12. 1901 im Dorf Tschepuchino, Bezirk Bjelgorod, geboren.
Während des Bürgerkrieges 1918 bis 1922 nimmt er an den Kämpfen gegen die weißrussischen Mahno-Partisanen im Raum Lugansk und Starobielsk teil. Ab 1920 in der Roten Armee, seit 1921 Mitglied der KPdSU. 1922 absolviert er die Infanterieschule in Poltawa. 1923 führt er ein Peloton und ist danach im Stab der 7. Schützendivision tätig.
1924 besucht Watutin in Kiew die Höhere Kriegsschule und 1929 die Frunse-Kriegsakademie (Fachgebiet operative Taktik). 1934 beendet Watutin sein Studium an der Akademie des Generalstabes. Von 1931 bis 1941 ist er Chef des Divisionsstabes, dann Abteilungsleiter des I. Sibirischen Militärbezirks, danach stellvertretender Chef des Stabes und anschließend Stabschef des Militärbezirks Kiew. Nun wird Watutin zum Abteilungschef des operativen Generalstabes und zum stellvertretenden Chef des Generalstabes befördert.
Nach Ausbruch des deutsch-sowjetischen Krieges ist Watutin ab 30. 6. 1941 Stabschef der Nordwestfront und nimmt an der Verteidigung von Nowgorod teil. Von Mai bis Juli 1942 fungiert er als stellvertretender Chef des Generalstabes und einer der Vertreter des Obersten Stabes der Stabsführung (STAWKA: sowjetisches Oberkommando) an der Brjansker Front. Am 14. 7. 1942 zum Oberbefehlshaber der Woronesch-Front ernannt. Bei den Kämpfen um Stalingrad 1942 bis 1943 befehligt Watutin die Südwestfront. Im März 1943 wird Armeegeneral Watutin erneut Oberbefehlshaber der Woronesch-Front.

◀ Wasilij D. Sokolowski

▼ Nikolai F. Watutin

Prolog

Die untergehende Sonne versinkt langsam hinter der Horizontlinie, und ihre letzten Strahlen erhellen noch die über der Stadt hängenden Rauchwolken, die schneebedeckten Dächer und Trümmer. Auf den mit schwelenden Fahrzeugwracks und weggeworfenen Ausrüstungen übersäten Ausfallstraßen schieben sich sowjetische Panzer an den Hausmauern entlang und feuern auf einen unsichtbaren Gegner. Das pausenlose Knattern der MG wird übertönt durch das Dröhnen der Artillerie und das Heulen der Katjuschas. Lange Reihen von Rotarmisten in weißen Tarnanzügen springen, wild aus Maschinenpistolen um sich schießend, gebückt an den Häuserfronten vorbei in Richtung Stadtmitte. Ein paar schwere Detonationen lassen den Boden erzittern, doch mit Eintreten der Dunkelheit senkt sich Stille über die Stadt. Nur hier und da hört man vereinzelt Schüsse. Im »Haus der Pioniere«, in dessen Eingang gestapelte Artilleriegeschosse von der versäumten Sprengung des Gebäudes zeugen, hängen aus dem obersten Stockwerk beim Feuerschein der brennenden Nachbarhäuser Soldaten eine rote Fahne hinaus.
Man schreibt Montag, den 8. Februar 1943. Soeben hat die sowjetische 60. Armee (GenLt. Tschernjachowski) nach einen ganzen Tag dauernden Straßenkämpfen die Stadt Kursk erobert.

24 Stunden später, am 9. Februar 1943, nimmt die sowjetische 40. Armee (GenLt. Moskalenko) Bjelgorod. Gerade eine Woche zuvor haben im Nordkessel von Stalingrad die letzten deutschen Truppen kapituliert. Die erste Februarhälfte 1943 kennzeichnet eine Reihe schnell aufeinanderfolgender sowjetischer Siege: Obwohl deutsche Truppen nördlich des Asowschen Meeres die Mius-Linie verteidigen und sich am südlichen Teil des Donbas noch festhal-

WAS WÜRDE DER FÜHRER DAZU SAGEN? Dieser Spruch, der wie ein Damoklesschwert über dem Arbeitstisch des rollenden HQ des GFM v. Manstein hängt, stimmt wohl auch ihn nachdenklich ten, ist die Rote Armee im Raum Woronesch auf breiter Front unaufhaltsam auf dem Vormarsch. Sie dringt von Nordosten und Osten in die Nordukraine ein. Die Provinz Kursk wird befreit und mehrere große und kleinere Städte werden zurückerobert.

Am Dienstag, dem 16. Februar 1943, muß das II. SS-Panzerkorps (Obergruppenf. und General der Waffen-SS Hausser) entgegen dem ausdrücklichen Befehl Hitlers Charkow, die viertgrößte Stadt der Sowjetunion, räumen. Und während die Truppen der Südfront (Armeegen. Malinowski) Nowo-Tscherkassk und Rostow einnehmen, erobern die Verbände von Armeegen. Watutin das große Industriezentrum Woroschilowgrad zurück. Es scheint, daß eine Befreiung des strategisch und wirtschaftlich wichtigen Stahl- und Bergbauzentrums im Donezbecken bevorsteht: Nach der Rückeroberung von Charkow setzt die Rote Armee ihren Vormarsch nach Westen fort und steht am 17. Februar 1943 beinahe in Sichtweite des Dnjepr.

Sechs Tage später, am Montag, dem 22. Februar 1943, beginnt jedoch die deutsche Gegenoffensive zwischen Dnjepr und Donez unter Führung eines ihrer besten Strategen, des Oberbefehlshabers der Heeresgruppe Süd, Generalfeldmarschall v. Manstein. Sie richtet sich gegen die Woronesch-Front (Armeegen. Watutin) und die Südwestfront (Armeegen. Malinowski). Und bald rollt die Welle zurück: Die Rote Armee verliert nun in diesem Abschnitt genauso schnell alle Gebiete wieder, die sie während der Winteroffensive zurückerobert hat.

Am Sonnabend, dem 6. März 1943, tritt die deutsche 4. Panzerarmee (GenOberst Hoth) mit der Armeeabteilung Kempf (Gen.d.Pz.Tr. Kempf) zum Angriff gegen die sowjetische 3. Panzerarmee (GenMaj. Rybalko) und die 69. Armee (GenLt. Krjutschenkin) der Woronesch-Front (Armeegen. Watutin) im Raum westlich von Charkow an.

Neun Tage danach, am Montag, dem 15. März 1943, nimmt nach Zerschlagung der sowjetischen 3. Panzerarmee das II. SS-Panzerkorps (Obergruppenf. Hausser) in erbitterten Straßenkämpfen erneut Charkow ein.

Am Donnerstag, dem 18. März 1943, während die noch verbliebenen Teile der sowjetischen 3. Panzerarmee durch das XXXXVIII. Panzerkorps (Gen.d.Pz.Tr. v. Knobelsdorff) südlich Charkow aufgerieben werden, beginnt die deutsche 4. Panzerarmee, verstärkt durch die Masse des II. SS-Panzerkorps und unterstützt durch Geschwader der Luftflotte 4 (GFM Frhr. v. Richthofen), ihren Vorstoß in Richtung Bjelgorod. Nach harten Kämpfen mit der sowjetischen 69. Armee erobert Generaloberst Hoth die Stadt Bjelgorod. Jetzt ist das gesamte rückwärtige Gebiet der sowjetischen Zentralfront (Armeegen. Rokossowski) ernsthaft bedroht.
Generalfeldmarschall v. Manstein plant nun einen Zangenangriff von Süden aus dem Raum Bjelgorod und von Norden aus dem Raum Orel, um mehrere sowjetische Armeen im Frontbogen von Kursk einzukesseln und zu zerschlagen. Diese Operation, durch die sich das Unternehmen »Zitadelle« überhaupt erübrigt hätte, scheitert im voraus an der strikten Weigerung des Oberbefehlshabers der Heeresgruppe Mitte, Generalfeldmarschall v. Kluge, seine Verbände am Südflügel der Heeresgruppe für diese Operation bereitzustellen, da

die Truppen gerade in Auffrischung seien. Und mit der herannahenden Schlammperiode klingt die Gegenoffensive der Heeresgruppe Süd ab.
Mit seinen Operationen der letzten Wochen hat Manstein zwar das für die deutsche Rüstungsindustrie so wertvolle Donez-Kohlenrevier vor den Sowjets bewahrt und die unterbrochene Verbindung zur Heeresgruppe Mitte wiederhergestellt, aber auf seiner Nordflanke verläuft jetzt die Front am bedrohlich ausholenden Frontbogen.
Der Kursker Frontbogen umfaßt ein Gebiet von der Größe Bayerns. In der Mitte der deutschen Verteidigungsfront gelegen, ragt er weit nach Westen hinein. Damit bietet er beiden Seiten günstige militärgeographische Möglichkeiten für eine Offensive größeren Ausmaßes und stellt im Jahre 1943 den strategisch wichtigsten Abschnitt der Ostfront dar. Der Bogen trennt zwar die deutschen Heeresgruppen Mitte und Süd und gefährdet bei einem sowjetischen Angriff ihre tiefen Flanken sowie den operativen Rücken. Andererseits bilden die ab Frühjahr 1943 um Orel und Charkow konzentrierten deutschen Truppen eine Bedrohung für die Nord- und Südflanke der hier stehenden sowjetischen Kräfte.

Im Frühjahr 1943 befindet sich Deutschland in einer komplizierten strategischen Lage: Zwanzig Monate nach dem Überfall auf die Sowjetunion ist sein wichtigstes Kriegsziel, die Zerschlagung der Roten Armee, noch nicht in Sicht. Die Niederlage bei Stalingrad hat in Deutschland sowie bei seinen Verbündeten in Europa und Asien zu einer innen- und außenpolitischen Krise geführt. In Italien und Rumänien verstärken sich die Bestrebungen, aus dem Krieg auszuscheiden. Japan läßt seine Absicht deutlich werden, den Nichtangriffspakt mit

Das Ende einer Montagehalle der Henschel-Werke Anfang 1943: PzKpfw VI »Tiger«, zur Zeit noch der stärkste Panzer der Welt. Die Panzerung an der Fahrerfront und am Turm ist so stark, daß ein Frontaltreffer kaum etwas anrichten kann. Seine 8,8-cm-Kanone mit 92 Schuß wird zu einer der gefürchtetsten Waffen. Dieser schwere Kampfpanzer soll – nach Hitlers Meinung – die Schlacht im Kursker Bogen entscheiden

der Sowjetunion weiterhin zu respektieren, und die türkische Regierung entschließt sich endgültig, nicht in den Krieg gegen die UdSSR einzutreten. So hätte eine Defensivstrategie im Osten und damit der Verzicht auf großangelegte Angriffsoperationen den Zusammenbruch der politischen Pläne Hitlers bedeutet. Die deutsche Kriegführung wird jedoch in diesen ersten Monaten des Jahres 1943 sowohl zu Lande als auch zur See und in der Luft immer stärker in die Defensive gedrängt. Auf einzelnen wichtigen Versorgungssektoren – besonders beim Treibstoff – zeichnen sich bedrohliche Engpässe ab.
Hitler, der sein Prestige ernstlich gefährdet sieht, hat die Absicht geäußert, »im Sommer das wieder zu holen, was im Winter verlorengegangen war«. In der Tat, nach dem Verlust von Stalingrad und bei der schwierigen Lage in Nordafrika, angesichts des Rückgangs der U-Boot-Erfolge, dazu der Krise im Luftkrieg und der unsicheren Haltung Italiens braucht das NS-Regime einen militärischen Erfolg. Im deutschen Volk soll der Glaube an den Endsieg wiederhergestellt und der Zerfallsprozeß der Achse Berlin-Rom aufgehalten werden.
Nach Abschluß der Winterkämpfe stehen in einer verkürzten Linie der Ostfront (2600 km) 159 deutsche, in der Mehrzahl in ihrer Kampfkraft geschwächte Felddivisionen. Gegen die mindestens 400 sowjetischen Großverbände, die überraschend schnell ihre volle Gefechtsstärke wieder erreicht haben, ist in Anbetracht der Frontlänge eine starre Verteidigung kaum durchführbar. Bei diesem ungünstigen Kräfteverhältnis sieht Hitler den einzigen Ausweg darin, im Rahmen einer strategischen Offensive den Feind durch wuchtige, räumlich begrenzte Angriffe derart zu schwächen, daß dadurch die Stoßkraft der zu erwartenden sowjetischen Sommeroffensive entscheidend gebrochen wird.

Raum Rylsk, März 1943, in einem Schützengraben: ». . . den Sowjets einen harten Abnutzungskampf zu liefern.«

Das Kräfteverhältnis erlaubt zwar keine großen Offensivunternehmen mehr, doch ist die Wehrmacht, wie die Gegenoffensive südlich Charkow gezeigt hat, durchaus noch immer zu schnellen und wirksamen Schlägen imstande. Und eine bewegliche Kampfführung – bei der Wendigkeit und taktischen Begabung der deutschen Unterführer – macht es weiterhin möglich, den Sowjets einen harten Abnutzungskampf zu liefern.
Hitler ist, nachdem es am Ende des Winters wieder gelungen war, die drohende Niederlage im Osten abzuwenden, nach wie vor davon überzeugt, den Krieg doch noch zu einem siegreichen Abschluß bringen zu können. Er hält an seinem Entschluß fest, den Sowjets durch einen eigenen Angriff noch vor der Schlammperiode zuvorzukommen. Dieser Plan ist Gegenstand einer Beratung Hitlers mit den Spitzen der Generalität vom 17.–19. Februar 1943, an der der Chef des

Wehrmachtführungsstabes, General der Artillerie Jodl, der Chef des Generalstabes des Heeres, General der Infanterie Zeitzler, sowie die Oberbefehlshaber der Heeresgruppen Süd und Mitte, GFM v. Manstein und GFM v. Kluge, teilnehmen. Sie fordern von Hitler mit Nachdruck, wieder die Initiative an der Ostfront zu ergreifen: »Nur offensive Kampfhandlungen würden einen Ausweg aus der Lage schaffen.« Dazu bietet sich eben der weit in die eigene Front hineinragende Bogen von Kursk an. Schnürt man ihn von beiden Seiten her ab, sitzen nicht nur starke sowjetische Kräfte in der Falle, sondern die Rote Armee verliert auch die Absprungbasis für Operationen gegen die tiefen Flanken der Heeresgruppen Süd und Mitte. Es scheint auch möglich zu sein, durch umfassenden Angriff die ostwärts von Kursk für eine spätere sowjetische Offensive bereitgestellten starken Reserven zu vernichten.
Die Beseitigung dieses rund 200 Kilometer breiten Bogens, der bis zu einer Tiefe von etwa 100 Kilometern in die deutsche Front hineinragt, bedeutet für das Oberkommando des Heeres (OKH) eine Verkürzung um 240 Kilometer und damit die Einsparung weiterer Reserven. Aus diesen Gründen plant das OKH, sobald die Witterungslage es gestattet, eine frühzeitige Ansatzoperation mit begrenztem Ziel im Raum Kursk. Es bietet sich dabei die Möglichkeit, die Zentralfront und die Woronesch-Front der Sowjets, die den deutschen Heeresgruppen entsprechen, gleichzeitig einzukreisen und dadurch eine Bresche zu schlagen, die später zu breit angelegten Operationen in südlicher und nordöstlicher Richtung dienen kann.
Hitler sagt dem Unternehmen rasche und weitreichende Erfolge voraus. Wichtigste Bedingung: Sollte tatsächlich im Kursker Bogen eine Offensive stattfinden, müßte sie recht bald ausgeführt werden, um die Sowjets in einem Zustand relativer Schwäche zu überraschen. Gegen diesen Plan spricht jedoch, daß die Sowjets den deutschen Angriff gerade in diesem Abschnitt mit Sicherheit erwarten und dort ihre Front besonders stark befestigt haben. Man läuft dabei Gefahr, die eigenen Kräfte stärker abzunutzen als die des Feindes. Auch ist es durchaus denkbar, daß die Rote Armee die Bindung starker deutscher Angriffskräfte bei Kursk ausnutzen könnte, um ihrerseits den Bogen von Orel anzugreifen.

5. 3. – 3. 7. 1943

Vorbere

itungen

Aus dem Kriegstagebuch des OKW

Mittwoch, 17. März 1943:

Der Führer hat am 5. 3. für den Osten den Operationsbefehl Nr. 5 (Weisung für die Kampfführung in den nächsten Monaten) erlassen. Es kommt darauf an, dem Feinde wenigstens in einem Frontabschnitt das Gesetz des Handelns vorzuschreiben und ihn an den anderen anrennen und sich verbluten zu lassen. Die dafür notwendigen Vorbereitungen sind im Hinblick auf das früher als im Vorjahr eintretende Ende der Schlammperiode sofort in Angriff zu nehmen.

Geheimer Bericht des Sicherheitsdienstes der SS zur innenpolitischen Lage Nr. 269 (Auszug)

Freitag, 19. März 1943:

I. Allgemeines: Nach den nunmehr aus allen Teilen des Reiches vorliegenden Meldungen zur Führerrede anläßlich des Heldengedenktages haben die Worte des Führers bei der Bevölkerung einen starken Widerhall gefunden.
Den stärksten und zweifellos nachhaltigsten Eindruck hinterließ der Satz in der Führerrede: »Wir wissen aber eines schon heute: die bolschewistischen Horden, die die deutschen und die verbündeten Soldaten in diesem Winter nicht zu besiegen vermochten, werden von uns in dem kommenden Sommer bis zur Vernichtung geschlagen sein!« Diese Worte des Führers haben die von dem größten Teil des deutschen Volkes getragene Hoffnung, daß der Bolschewismus noch in diesem Jahre vernichtend geschlagen werde, außerordentlich gefestigt.

Aus dem Kriegstagebuch des OKW

Freitag, 2. April 1943:

H. Gr. Süd: Wegezustand weiterhin verschlechtert.
Die H. Gr. erhält Befehl über Vorbereitung des Unternehmens »Habicht«. Falls dies Unternehmen aus Wettergründen zeitgerecht nicht durchgeführt werden kann, soll außerdem das Unternehmen »Panther« vorbereitet werden. Weiterhin muß die H. Gr. in der Lage sein, bei veränderter Feindlage auch zum Unternehmen »Zitadelle« gegebenenfalls antreten zu können.

Eine gigantische Schlacht

Montag, 5. April 1943, Moskau. Ein Mitglied des sowjetischen Generalstabs berichtet in der »Prawda«:

»Wir werden im Sommer 1943 eine gigantische Schlacht erleben. Es wird mit großer Gewißheit darum gehen, die Sowjetunion von den faschistischen Eindringlingen zu befreien. Wir werden alles daransetzen, die vollste Schlagkraft unserer Panzerdivisionen zu entwickeln und sie schonungslos gegen den Feind zu werfen. Wir haben die grandiosen Erfolge unserer Winteroffensive nicht voll ausnutzen können und weigern uns nicht, dies offen einzugestehen.
Es ist eine Tatsache, daß gerade in dem Augenblick, in dem wir an vielen Abschnitten der weiten Front den Gegner zum Wanken gebracht hatten und im Verfolgungskampf standen, Schnee und Schlamm unseren motorisierten Divisionen zu einem unüberwindlichen Hindernis wurden. Man hat oft erklärt, die Rote Armee bevorzuge den Winter als die ›Saison der russischen Offensiven‹, und man hat deshalb mit Spannung darauf gewartet, was nach den deutschen

Raum Orel, 5. 4. 1943, auf dem Weg zu seiner Einheit mit Motorschaden steckengeblieben: Ein »Tiger« wird abgeschleppt

Erfolgen von Mai bis Oktober 1942 nun auf sowjetischer Seite erfolgen werde. Tatsächlich haben unsere Truppen in den beiden Wintern des deutsch-sowjetischen Krieges die Initiative an sich gerissen, aber dies war nicht so, daß wir uns im Schnee und Frost wohl fühlten, sondern es war lediglich und zwar ausschließlich so, weil wir leider viel Zeit brauchten, um unsere Reserven heranzubilden, bereitzustellen und in den Kampf zu werfen. Heute sprechen alle Anzeichen dafür, daß unsere Armee nun in der Lage ist, alle diese unerläßlichen Vorbereitungen in viel kürzerer Zeit abzuwickeln als noch vor einem Jahr.«

Französische Flieger an der Ostfront
Mittwoch, 7. April 1943, Moskau. United Press berichtet:

Die Vertretung des Französischen Nationalkomitees in Moskau hat bekanntgegeben, daß zum erstenmal ein Fliegergeschwader des »Kämpfenden Frankreich« an der russischen Front eingesetzt worden sei und bereits zwei deutsche Bomber abgeschossen habe. Dem Geschwader gehören 60 Mann an, unter ihnen befinden sich 12 bekannte französische Kampfflieger, die sich schon in der Schlacht um Frankreich und in Nordafrika bewährt haben.

Kursk: das Ziel der deutschen Offensive
Sonnabend, 10. April 1943. Von der Zentralfront:

An den Chef der Operationsabteilung des Generalstabes
der Roten Armee, zu Händen von Generaloberst A. I. Antonow.
Betrifft: Ihre Nummer 11 990

Raum Mosalsk, April 1943, Geschwader »Normandie« der »Freien Franzosen«: Lt. Bruno de Faletans mit seiner Funkerin

Das Ziel und die wahrscheinlichen Stoßrichtungen eines gegnerischen Angriffs im Frühjahr/Sommer 1943:
a) In Anbetracht der vorhandenen Kräfte und Mittel und besonders der Ergebnisse der Angriffsoperationen von 1941/1942 ist im Frühjahr/Sommer 1943 eine Offensive des Gegners nur in der operativen Richtung Kursk–Woronesch zu erwarten.
In anderen Richtungen dürfte eine Offensive des Feindes kaum möglich sein.
.....
d) Mit der Umgruppierung und Zusammenziehung von Truppen in den wahrscheinlichen Angriffsrichtungen und mit dem Aufbau seiner Versorgung kann der Gegner erst nach der Schlammperiode und dem Hochwasser des Frühjahrs beginnen. Daher ist der Übergang des Gegners zur Offensive schätzungsweise in der zweiten Maihälfte 1943 zu erwarten.
.....

Chef des Stabes der Zentralfront
Nr. 4203 Generalleutnant Malinin

»Höchste Gefechtsbereitschaft ...«
Montag, 12. April 1943. Von der Woronescher Front:

An den Chef des Generalstabes der Roten Armee.
Betrifft: Ihre Nr. 11990
Vor der Woronescher Front stehen im Augenblick:
1. Neun Infanteriedivisionen in der ersten Staffel (26., 68., 323., 75., 255., 57., 332., 167. und eine nicht identifizierte). Diese Divisionen halten die Linie Krasno-Oktjabrskoje-Bolschaja-Tschernetschina-Krasnopolje-Kasazkoje besetzt. Die Division mit unbekannter Nummer wird nach Gefangenenaussagen in den Raum Soldatskoje vorgeschoben und soll die 332. Inf.-Div. ablösen. Diese Angaben werden überprüft. Es liegen unbestätigte Informationen vor, wonach in der zweiten Staffel sechs Infanteriedivisionen bereitgestellt sein sollen. Ihre Position ist noch nicht ermittelt; diese Informationen werden noch überprüft.
Im Raum Charkow wurde durch Funkaufklärung der Stab einer ungarischen Division entdeckt, die an einen zweitrangigen Abschnitt verlegt werden kann ...
Absicht des Gegners: konzentrische Schläge aus dem Raum Bjelgorod nach Nordosten und aus dem Raum Orel nach Südosten mit dem Ziel zu führen, unsere westlich der Linie Bjelgorod–Kursk stehenden Truppen einzukreisen.
Außerdem ist ein Stoß des Gegners in südöstlicher Richtung in die Flanke und den Rücken der Südwestfront zu erwarten, der anschließend in nördlicher Richtung weitergetrieben werden soll.
Es ist jedoch nicht ausgeschlossen, daß der Gegner in diesem Jahr von einer Offensive nach Südosten absieht und einen anderen Plan verwirklicht, nämlich nach den konzentrischen Schlägen aus dem Raum Bjelgorod und Orel eine Offensive nach Nordosten einleitet, um Moskau zu umgehen.
Mit dieser Möglichkeit muß gerechnet und entsprechende Reserven müssen vorbereitet werden.
Somit wird der Gegner von der Woronescher Front am allerwahrscheinlichsten mit seinen Hauptkräften aus dem Raum Borissowka–Bjelgorod auf Stary Oskol und mit einem Teil der Kräfte auf Obojan und Kursk vorstoßen. Auf Woltschansk, Nowy Oskol, Sudscha, Obojan und Kursk sind zusätzliche Angriffe zu erwarten.

Raum Ssewsk, Mitte April 1943: deutsche MG-Schützen nach einem nächtlichen Gefecht mit sowjetischen Spähtrupps

Zu einem Großangriff ist der Gegner noch nicht in der Lage. Der Angriff dürfte nicht vor dem 20. April d. J., am wahrscheinlichsten aber in den ersten Maitagen beginnen.
Mit Teilvorstößen muß jedoch jederzeit gerechnet werden. Das erfordert von unseren Truppen ständig höchste Bereitschaft.
Nr. 55/k Fjodorow Nikitin Fedotow

». . . wie ein Fanal«

DER FÜHRER F.H.Qu., den 15. April 1943
OKH, GenStdH, Op.Abt. (I)
Nr. 430246/43

Geheime Kommandosache!
Chef-Sache!
Nur durch Offizier!

Operationsbefehl Nr. 6

Ich habe mich entschlossen, sobald die Wetterlage es zuläßt, als ersten der diesjährigen Angriffsschläge den Angriff »Zitadelle« zu führen.
Diesem Angriff kommt daher ausschlaggebende Bedeutung zu. Er muß schnell und durchschlagend gelingen. Er muß uns die Initiative für dieses Frühjahr und Sommer in die Hand geben.
Deshalb sind alle Vorbereitungen mit größter Umsicht und Tatkraft durchzuführen. Die besten Verbände, die besten Waffen, die besten Führer, große

Munitionsmengen sind an den Schwerpunkten einzusetzen. Jeder Führer, jeder Mann muß von der entscheidenden Bedeutung dieses Angriffs durchdrungen sein. Der Sieg von Kursk muß für die Welt wie ein Fanal wirken.
Hierzu befehle ich:
1. Ziel des Angriffs ist, durch scharf zusammengefaßten, rücksichtslos und schnell durchgeführten Vorstoß je einer Angriffsarmee aus dem Gebiet Bjelgorod und südlich Orel die im Gebiet Kursk befindlichen Feindkräfte einzukesseln und durch konzentrischen Angriff zu vernichten. Im Zuge dieses Angriffs ist eine verkürzte kräftesparende neue Front zu gewinnen in der Linie: Neshega–Korotscha–Abschnitt – Skorodnoje–Tim–ostw. Schtschigry–Ssossna–Abschnitt.
2. Es kommt darauf an,
a) das Überraschungsmoment weitgehend zu wahren und den Gegner vor allem über den Zeitpunkt des Angriffs im unklaren zu lassen,
b) die Angriffskräfte auf schmaler Breite schärfstens zusammenzufassen, um mit örtlich überwältigender Überlegenheit aller Angriffsmittel (Panzer, Sturmgeschütze, Artillerie, Nebelwerfer usw.) in einem Zuge bis zur Vereinigung der beiden Angriffsarmeen im Feind durchzuschlagen und damit den Kessel zu schließen,
c) den Angriffssturmkeilen so schnell wie möglich aus der Tiefe Kräfte zum Abdecken der Flanken nachzuführen, damit die Sturmkeile selbst nur vorwärts zu stoßen brauchen,
d) durch frühzeitiges Hineinstoßen von allen Seiten in den Kessel dem Feind keine Ruhe zu lassen und seine Vernichtung zu beschleunigen,
e) so schnell den Angriff durchzuführen, daß der Feind sich weder aus der Umklammerung absetzen, noch starke Reserven von anderen Fronten heranziehen kann,
f) durch raschen Aufbau der neuen Front frühzeitig Kräfte, insbesondere schnelle Verbände, für weitere Aufgaben freizubekommen.
3. H.Gr. Süd bricht, mit scharf zusammengefaßten Kräften aus Linie Bjelgorod–Tomarowka antretend, über die Linie Prilepy–Obojan durch und stellt ostwärts und bei Kursk die Verbindung mit der Angriffsarmee der H.Gr. Mitte her. Zur Abdeckung des Angriffs nach Osten ist baldmöglichst die Linie Neshega–Korotscha–Abschnitt – Skorodnoje–Tim zu erreichen, ohne daß hierdurch die schwerpunktmäßige Zusammenfassung der Kräfte in Richtung Prilepy–Obojan gefährdet wird. Zur Abdeckung des Angriffs nach Westen sind Teilkräfte anzusetzen, deren Aufgabe es zugleich ist, in den sich bildenden Kessel hineinzustoßen.
4. H.Gr. Mitte stößt mit der Angriffsarmee, unter schärfster Kräftezusammenfassung aus Linie Trossna – nördlich Malo–Archangelsk antretend, über die Linie Fatesh–Wereitenowo, Schwerpunkt auf dem Ostflügel, durch und stellt die Verbindung mit der Angriffsarmee der H.Gr. Süd bei und ostwärts Kursk her. Zur Abdeckung des Angriffs nach Osten ist baldmöglichst die Linie Tim – ostwärts Schtschigry–Ssossna–Abschnitt zu erreichen, doch darf die Kräftezusammenfassung im Schwerpunkt dadurch nicht gefährdet werden. Zur Abdeckung des Angriffs nach Westen sind Teilkräfte anzusetzen. Die westlich Trossna bis zur Grenze zur H.Gr. Süd eingesetzten Kräfte der H.Gr. Mitte haben mit Angriffsgruppen den Feind zu fesseln und frühzeitig in den sich bildenden Kessel hineinzustoßen. Durch dauernde Erdaufklärung und Luftbeobachtung ist sicherzustellen, daß der Feind sich nicht unbemerkt absetzen kann. In diesem Fall ist sofort auf ganzer Front anzugreifen.

Auf der Rollbahn Charkow-Bjelgorod, Mitte April 1943: jedes Stück Boden neben der Fahrbahn vermint

5. Die Bereitstellung der Kräfte beider Heeresgruppen hat unter Ausnutzung aller nur möglichen Tarnungs-, Verschleierungs- und Täuschungsmaßnahmen, weit abgesetzt von der Ausgangsstellung so zu erfolgen, daß vom 28. 4. ab am 6. Tage nach Befehlserteilung durch OKH zum Angriff angetreten werden kann. Frühester Angriffstermin demnach 3. 5. Die Märsche zur Ausgangsstellung haben nur als Nachtmärsche unter jeder möglichen Tarnung zu erfolgen.
6. Zur Täuschung des Gegners haben im Bereich der H.Gr. Süd die Vorbereitungen für »Panther« weiterzulaufen. Sie sind mit allen Mitteln (auffällige Erkundungen, Auftreten von Panzern, Bereitstellung von Übersetzmaterial, Funk, Agenten, Gerüchtebildung, Einsatz der Luftwaffe usw.) zu verstärken und solange wie möglich aufrechtzuerhalten. Diese Täuschungsmaßnahmen werden auch durch die ohnehin erforderlichen Maßnahmen zur Erhöhung der Verteidigungskraft der Donezfront wirkungsvoll unterstützt. (Siehe Ziffer 11.)
Im Bereich der H.Gr. Mitte sind Täuschungsmaßnahmen größeren Stils nicht durchzuführen, doch ist mit allen Mitteln dem Feinde das Lagenbild zu verwischen (rückläufige und falsche Bewegungen sowie Transporte bei Tage, Ausstreuen falscher Nachrichten über Angriffstermine erst im Juni usw.).
Bei beiden Heeresgruppen haben die zu den Angriffsarmeen neu zuzuführenden Verbände Funkstille zu halten.
7. Zur Geheimhaltung sind nur die unbedingt notwendigen Persönlichkeiten in die Absicht einzuweisen. Diese Einweisung ist erst Zug um Zug so spät wie irgend möglich zu erweitern. Es muß dieses Mal auf jeden Fall erreicht werden, daß nicht wieder durch Unvorsichtigkeit oder Nachlässigkeit etwas von den Absichten verraten wird.
Durch verstärkte Abwehrorgane ist auch die Feindspionage dauernd zu bekämpfen . . .
11. Für das Gelingen des Angriffs ist es von ausschlaggebender Bedeutung, daß es dem Feind nicht gelingt, uns durch Angriff an anderen Stellen der H.Gr. Süd und Mitte zum Verschieben von »Zitadelle« oder zum vorzeitigen Abziehen von Angriffsverbänden zu zwingen. Deshalb müssen beide Heeresgruppen ebenso wie die Angriffsschlacht »Zitadelle« die Abwehrschlacht an den übrigen hauptsächlich bedrohten Frontteilen planmäßig bis Ende des Monats mit allen Mitteln vorbereiten. Es kommt dabei hauptsächlich darauf an, den Stellungsbau mit allen Mitteln zu beschleunigen, die panzergefährdeten Abschnitte reichlich mit Panzerabwehr auszustatten, örtliche Eingreifreserven bereitzustellen, durch rege Aufklärung besondere Schwerpunkte des Gegners frühzeitig zu erkennen usw.

Termin 24. 4. gez. Adolf Hitler

Aus dem Kriegstagebuch des OKW
Sonntag, 25. April 1943:

H.Gr. Süd: Die H.Gr. reicht eine zusammenfassende Feindbeurteilung für »Zitadelle« ein, aus der hervorgeht, daß mit der vollen Abwehrbereitschaft und starken Gegenangriffen des Gegners zu rechnen ist, daß jedoch seine evtl. offensiven Absichten dem Angriffsbeginn »Zitadelle« wahrscheinlich nicht zuvorkommen können.
Die H.Gr. legt die beabsichtigte Durchführung von »Zitadelle« mit Kräfteansatz, Stellungsverstärkung, Täuschungsmaßnahmen und Vereinbarungen mit der Luftwaffe vor.
H.Gr. Mitte: Am 25. 4. 1943, 0.00 Uhr, tritt infolge der neuen Trennungslinie zur H.Gr. Nord die 331. I.D. unter den Befehl des A.O.K. 16. Antransport der 4. und 9. Pz.-Div. angelaufen. Straßen und Wege weiterhin gebessert.
Die H.Gr. legt die beabsichtigte Durchführung des Angriffs »Zitadelle« vor und meldet im einzelnen Beurteilung der Feindlage, beabsichtigte Angriffsführung, beabsichtigten Nebenangriff der 2. Armee, Versorgung der Operation, Abwehrmöglichkeit an den übrigen Fronten der H.Gr. sowie Gefechtsstand der H.Gr. während des Angriffs.

Aus dem Kriegstagebuch des OKW
Montag, 26. April 1943:

H.Gr. Süd – Mitte – Nord: An H.Gr. Süd und Mitte ergeht eine Ergänzung zu Operations-Befehl Nr. 6, worin nochmals auf schärfste Zusammenfassung der

Kromy, 25. 4. 1943, Ausbildung im Panzerknacken: beste Stelle für eine Magnetmine – die Motorentlüftung

Kräfte, Anpassung an die Absichten des Feindes, Bedeutung der Aufklärung und Erkundung sowie der Täuschungs- und Tarnungsmaßnahmen hingewiesen und der endgültige Angriffszeitpunkt befohlen wird.

Aus dem Kriegstagebuch des OKW
Donnerstag, 29. April 1943:

H.Gr. Süd: Beginn der Marschbewegung für »Zitadelle«. Antransporte und Ablösungen planmäßig.

Vom Feind verbreitete Gerüchte
Donnerstag, 29. April 1943, Berlin. Das DNB meldet:

Reichsminister Dr. Goebbels erörtert in einem Artikel »Wo stehen wir?« das bisherige Kriegsgeschehen. Der Minister wandte sich gegen die Gerüchte, daß die Achse über diese oder jene Stelle im neutralen Ausland Friedensfühler nach dieser oder jener Seite ausgestreckt habe. Bei diesen vom Feind verbreiteten Gerüchten sei offenbar der Wunsch der Vater des Gedankens. Die Abnützung der seelischen und physischen Kraft eines Volkes durch die lange Kriegsdauer treffe bei Freund und Feind in gleicher Weise zu, für den Feind teilweise in viel größerem Umfang. Eine »Überrennung« des europäischen Kontinents bezeichnete schließlich Dr. Goebbels als Ding der Unmöglichkeit.

Aus dem Kriegstagebuch des OKW
Freitag, 30. April 1943:

H.Gr. Süd: Transporte planmäßig. Marschbewegungen für »Zitadelle« angehalten.
H.Gr. Mitte: An H.Gr. Süd und Mitte ergeht Befehl über neuen Angriffstermin für »Zitadelle«.

Vorbereitungen für die Sommeroffensive
30. April 1943, Moskau. Das Sowinformbüro meldet:

Die Kampfpause an den Fronten dürfte nur noch kurze Zeit anhalten. Bereits in den letzten 24 Stunden hat sich an verschiedenen Frontabschnitten die Artillerie- und Patrouillentätigkeit wesentlich gesteigert. Bedeutende deutsche Truppen- und Materialtransporte wurden an drei Abschnitten heftig angegriffen.

Raum Korotscha, Ende April 1943, Vorbereitungen für die Sommeroffensive: sowjetische schwere Kampfpanzer KW-1 C nach der Rückkehr von Schießübungen

Auf unserer Seite werden im Raum von Kursk Konzentrationen vorgenommen, die die faschistische Luftwaffe mehrfach angegriffen hat. Die jetzige Pause täuscht uns jedoch nicht. Es ist die Ruhe vor dem Sturm. Hitler wird versuchen, in diesem Sommer die Wende des Kriegsglücks zu seinen Gunsten herbeizuführen, und wir müssen uns auf noch heftigere Schlachten und noch schwerere Prüfungen, als wir sie bereits erfahren haben, gefaßt machen. Es wird jedoch darauf ankommen, ob die Schläge, die wir vorbereiten, nicht die Vorbereitungen des Gegners über den Haufen werfen werden. Wir sind gerüstet, um im Sommer 1943 einen gewaltigen Feldzug gegen Hitlers Armeen durchzuführen.

Aus dem Kriegstagebuch des OKW
Dienstag, 4. Mai 1943:

H.Gr. Süd: Transportbewegungen planmäßig.
H.Gr. Mitte: Keine Kampfhandlungen von Bedeutung. In der Nacht erfolgt ein schwerer Fliegerangriff auf Orscha. 300 Wagen, darunter 3 Mun.Züge, ausgebrannt. Bisher festgestellte personelle Verluste: 4 Deutsche, 130 tote und 150 schwerverletzte Russen.

Aus dem Kriegstagebuch des OKW
Donnerstag, 6. Mai 1943:

H.Gr. Mitte: Lebhafter feindlicher Luftwaffeneinsatz im gesamten H.Gr.-Bereich mit Schwerpunkt im Raum von Orel.

Sender Beromünster (Schweiz)
Freitag, 7. Mai 1943:

Zum 1. Mai veröffentlichte Stalin einen Tagesbefehl an die Rote Armee, der in der Welt große Beachtung fand. Der russische Regierungschef trat in diesem Schriftstück aus der Reserve heraus, die er der Öffentlichkeit gegenüber in allen Fragen der Zusammenarbeit mit den angelsächsischen Verbündeten bisher gewahrt hatte. Bekanntlich hat die Sowjetregierung sich nie offiziell über das sogenannte »Programm von Casablanca«, das heißt über das von Roosevelt und Churchill aufgestellte Kriegsziel der »bedingungslosen Kapitulation« der Achsenmächte, geäußert. Diese Formel hat sich nun Stalin in dem erwähnten Tagesbefehl zu eigen gemacht, was auch in Berliner Kommentaren als ein Anschluß Rußlands an die Beschlüsse von Casablanca gedeutet wurde und in England und Amerika große Genugtuung hervorrief ... Politisch am bemerkenswertesten war die Schärfe und Deutlichkeit, mit der sich Stalin gegen Friedensgerüchte und Friedenskampagnen wandte. Er bezeichnete einen englisch-amerikanischen Sonderfrieden mit Deutschland als ebenso undenkbar wie einen russischen Sonderfrieden mit Deutschland.

»Volle Gefechtsbereitschaft ...«
Sonnabend, 8. Mai 1943. FS an die OB der Brjansker, Zentral-, Woronescher und Südwestfront:

Einigen Angaben zufolge ist damit zu rechnen, daß der Gegner zwischen dem 10. und 12. Mai in den Richtungen Orel–Kursk oder Bjelgorod–Obojan oder in beiden Richtungen zugleich zum Angriff antritt.

Das Hauptquartier STAWKA befiehlt: Ab 10. Mai morgens sind alle Truppen in der ersten Verteidigungslinie wie auch die Reserven in volle Gefechtsbereitschaft zu versetzen, um einem möglichen Schlag des Gegners zu begegnen. Besonderes Augenmerk ist auf die Bereitschaft unserer Fliegerkräfte zu richten, im Falle des Angriffs die Schläge der gegnerischen Luftwaffe nicht nur abzuwehren, sondern schon von Beginn ihrer aktiven Handlungen an die Luftherrschaft zu erobern.
Der Empfang ist zu bestätigen. Die ergriffenen Maßnahmen sind zu melden.

In vier Tagen deutsche Offensive?

8. Mai 1943:

An das Hauptquartier des Obersten Kommandos, den Genossen J. W. Stalin.
Betrifft: Die Weisung des Hauptquartiers Nr. 30123 vom 8. Mai d. J.
1. Nach Erhalt der Weisung des Hauptquartiers wurden alle Armeen und selbständigen Korps der Zentralfront angewiesen, ihre Truppen bis zum 10. Mai in der Frühe in Gefechtsbereitschaft zu versetzen.
2. Im Laufe des 9. und 10. Mai wurden
a) die Truppen über eventuelle Angriffshandlungen des Gegners in der nächsten Zeit informiert;
b) die Truppenteile der ersten und der zweiten Staffel sowie der Reserve in höchste Gefechtsbereitschaft gebracht. Das Kommando und die Stäbe überprüfen die Bereitschaft der Truppen an Ort und Stelle;
c) die Truppenaufklärung und das Feuer auf den Gegner in den Armeestreifen, besonders in Richtung Orel, verstärkt. In den Verbänden der ersten Staffel wird

Bjelgorod, 7. 5. 1943, russische Hilfswillige (Hiwis) bei der Arbeit: Treibstoff ist für die motorisierten Verbände eines der wichtigsten Nachschubgüter

die Zuverlässigkeit des Feuerplanes überprüft. Die Verbände der zweiten Staffel und der Reserven führen zusätzliche Aufklärung in Richtung der wahrscheinlichen Kampfhandlungen durch und regeln das Zusammenwirken mit den Verbänden der ersten Staffel. Die Munitionsvorräte in den Feuerstellungen werden aufgefüllt. Die Sperren, besonders in den panzergefährdeten Richtungen, wurden verstärkt. Die Verteidigungsstreifen werden in der Tiefe vermint. Die technischen Nachrichtenverbindungen wurden überprüft: sie funktionierten einwandfrei.
3. Die 16. Luftarmee hat die Luftaufklärung aktiviert und beobachtet den Feind im Raume Glasunowka–Orel–Kromy–Komariki. Fliegerverbände und -truppenteile der Armee sind zur Abwehr der gegnerischen Luftwaffe und zur Vereitelung möglicher feindlicher Angriffshandlungen in Gefechtsbereitschaft versetzt worden.
4. Um den möglichen Angriff des Gegners in Richtung Orel–Kursk zu durchkreuzen, ist die Abgabe von Gegenfeuer vorbereitet worden, wobei die gesamte Artillerie der 13. Armee und die Luftstreitkräfte der 16. Luftarmee mitwirken.
Nr. 00219 Rokossowski, Telegin, Malinin

Aus dem Kriegstagebuch des OKW
Mittwoch, 12. Mai 1943:

H.Gr. Mitte: Transportbewegungen für die beiden Banden-Großunternehmen »Zigeunerbaron« und »Freischütz« laufen planmäßig.

Schwere Luftangriffe
Donnerstag, 13. Mai 1943, Moskau. STAWKA gibt bekannt:

Am 11. und in der Nacht zum 12. Mai 1943 unternahm unsere Luftflotte mit großen Kräften Angriffe auf die Eisenbahnknotenpunkte Dnjepropetrowsk, Poltawa, Brjansk, Charkow, Orel, Krasnograd, Losowaja, Barwenkowo, Jarzewo und andere. Gleichzeitig belegten unsere Flieger feindliche Autokolonnen mit Bomben.
Durch diese Operationen wurde eine große Zahl von Eisenbahnzügen und Kraftfahrzeugen des Gegners mit Kriegsmaterial vernichtet und beschädigt. Unsere Luftflotte bombardierte ferner eine Reihe von Flugplätzen der Faschisten.

Aus dem Kriegstagebuch des OKW
Dienstag, 18. Mai 1943:

H.Gr. Mitte: 2. Pz.-Armee: Bandenunternehmen »Zigeunerbaron« verläuft ohne wesentlichen Feindwiderstand. Die Tagesziele werden erreicht.
3. Pz.-Armee: Bandenunternehmen »Maigewitter« wird gegen zähen Feindwiderstand fortgesetzt.

Starke deutsche Truppenkonzentrationen bei Orel–Brjansk
18. Mai 1943, London. Die Agentur Reuter berichtet:

Über die starken deutschen Truppenkonzentrationen im Frontvorsprung von Orel–Brjansk sind neue Meldungen eingetroffen. Ungarische, rumänische und italienische Divisionen, die bis jetzt an diesem Frontabschnitt standen, sind

Raum Olchowka, 19. 5. 1943, vor Fliegersicht geschützt: Die Besatzung eines getarnten »Tigers« versucht die Kettenspuren im Gras zu beseitigen

vollständig durch deutsche Eliteverbände abgelöst worden. Neben einer mächtigen Konzentration von Panzern, Artillerie und Infanterie sind auf den deutschen Frontflugplätzen nun auch Verstärkungen an neuen Flugzeugen eingetroffen. Dennoch ist man in militärischen Kreisen der Ansicht, daß es den Deutschen in diesem Jahr nicht mehr gelingen wird, eine so überwältigende Zahl an Truppen und Material einzusetzen wie bei früheren Offensiven. Dazu kommt, daß jetzt die Offensivvorbereitungen der Deutschen durch ununterbrochene sowjetische Fliegerangriffe empfindlich gestört werden.
Auch weiter südlich, in der Gegend von Charkow–Bjelgorod, stellten die ständig über dem deutschen Hinterland operierenden sowjetischen Aufklärungsflugzeuge erhebliche deutsche Truppen- und Panzerkonzentrationen fest. Obwohl natürlich Einzelheiten nicht bekanntgegeben werden dürfen, kann immerhin gemeldet werden, daß STAWKA sich keineswegs nur auf Defensivmaßnahmen zur Abwehr eventueller deutscher Großoffensiven beschränkt, sondern selbst schlagkräftige und hervorragend ausgerüstete Armeen an den empfindlichsten Stellen konzentriert hat, die, wie in gut unterrichteten Kreisen betont wird, »in Kürze bereit sind, loszuschlagen«.

Aus dem Kriegstagebuch des OKW
Mittwoch, 19. Mai 1943:

H.Gr. Mitte 4. Armee: Bereitstellungsraum für Bandenunternehmen »Nachbarhilfe« mit Masse planmäßig erreicht.
3. Pz.-Armee: Im Unternehmen »Maigewitter« werden der Einschließungsring verengt und Ausbruchsversuche abgewehrt.

Vor einer sowjetischen Großoffensive?
Freitag, 21. Mai 1943, Berlin. Ein Korrespondent des »Svenska Dagbladet« berichtet:

Die deutschen militärischen Kreise scheinen damit zu rechnen, daß die Ruhe an der Ostfront zu Ende gehen wird. Man vermutet nämlich, daß die Sowjets für den Sommer eine Großoffensive planen, deren Vorbereitung bald abgeschlossen sein soll. Das sowjetische Oberkommando hat die Aufklärung verstärkt und in letzter Zeit zahlreiche Stoßtruppunternehmen durchgeführt. In Berlin glaubt man annehmen zu können, daß ihr erster Angriff sich gegen den Bogen von Orel richten wird, der seit der Räumung von Wjasma und Kursk weit in das russische Gebiet vorspringt und bereits im März und April sehr stark umkämpft

war. Die Schlachten, die sich dort abspielten, gehörten zu den erbittertsten und blutigsten des ganzen Winterkrieges.
Das sowjetische Oberkommando läßt seine Verbände südlich von Moskau und bei Kursk aufmarschieren. Demnach würde es beabsichtigen, Orel durch zwei Flankenstöße von Süden und Norden zu umgehen. Deutsche Nachrichten besagen, daß in den betreffenden Abschnitten beim Gegner starke Infanterie- und Panzerverbände und besonders viel Artillerie schon bereitgestellt worden seien. Auch sei der Verkehr hinter der Front sehr lebhaft. Die deutsche Luftwaffe hat in der letzten Zeit den sowjetischen Aufmarsch zu stören versucht und gegen Verkehrslinien sowie Nachschubzentren intensive Bombardements gerichtet.

»... vor Ende Mai kein Angriff.«
Sonnabend, 22. Mai 1943, 4.48 Uhr:

An den Genossen Iwanow
Ich berichte über die Situation an der Zentralfront:
Am 21. 5. wurde durch verschiedene Aufklärungsdienste festgestellt: in der ersten Abwehrlinie vor der Zentralfront hat der Gegner 15 Infanteriedivisionen stehen, in der zweiten Linie und in der Reserve 13 Divisionen, darunter drei Panzerdivisionen. Darüber hinaus liegen Meldungen vor, daß die 2. Panzerdivision und die 36. motorisierte Division südlich Orel zusammengezogen werden. Die Angaben über diese zwei Divisionen bedürfen der Nachprüfung.
Die 4. Panzerdivision des Gegners, die sich früher westlich von Sewsk befand, ist verlegt worden. Außerdem stehen im Raum Brjansk und Karatschew drei Divisionen, darunter zwei Panzerdivisionen. Somit kann der Gegner nach den Angaben vom 21. 5. gegen die Zentralfront 33 Divisionen einsetzen, darunter sechs Panzerdivisionen.
Die technische und Sichtaufklärung der Front hat 800 Geschütze ermittelt, vor allem 105 und 150 mm.
Die Hauptmasse der Artillerie des Feindes steht vor der 13. Armee, dem linken Flügel der 48. Armee und dem rechten Flügel der 70. Armee, d. h. im Abschnitt Trosno–Perwoje Posdejewo. Hinter dieser Hauptartilleriegruppe sind an der Linie Smejewka–Krassnaja Roschtscha etwa 600 bis 700 Panzer bereitgestellt, und zwar hauptsächlich östlich der Oka.
Im Raum Orel, Brjansk und Smolensk hat der Gegner 600 bis 650 Flugzeuge konzentriert. Die Masse der Luftstreitkräfte des Feindes entfällt auf den Raum Orel.
.....
Gefangene sagen aus, daß das deutsche Oberkommando über unsere Gruppierung südlich Orel und unsere Angriffsvorbereitungen informiert sei und die deutschen Truppenteile entsprechend gewarnt habe. Gefangene Piloten sagten aus, daß die Deutschen angeblich selbst einen Angriff planten und zu diesem Zweck Luftstreitkräfte zusammenzögen.
Ich war persönlich in der Hauptkampflinie der 13. Armee, habe die Verteidigung des Gegners von verschiedenen Stellen aus erkundet, seine Aktionen beobachtet, mit Divisionskommandeuren der 70. und der 13. Armee und mit den Befehlshabern Galanin, Puchow und Romanenko gesprochen und aus alldem die Schlußfolgerung gezogen, daß in der Hauptkampflinie des Gegners keine unmittelbare Angriffsbereitschaft besteht.
Vielleicht irre ich mich, vielleicht versteht es der Gegner, seine Angriffsvorbe-

In einer Etappenstadt an der Ostfront, Mai 1943, Rückkehr vom Heimaturlaub

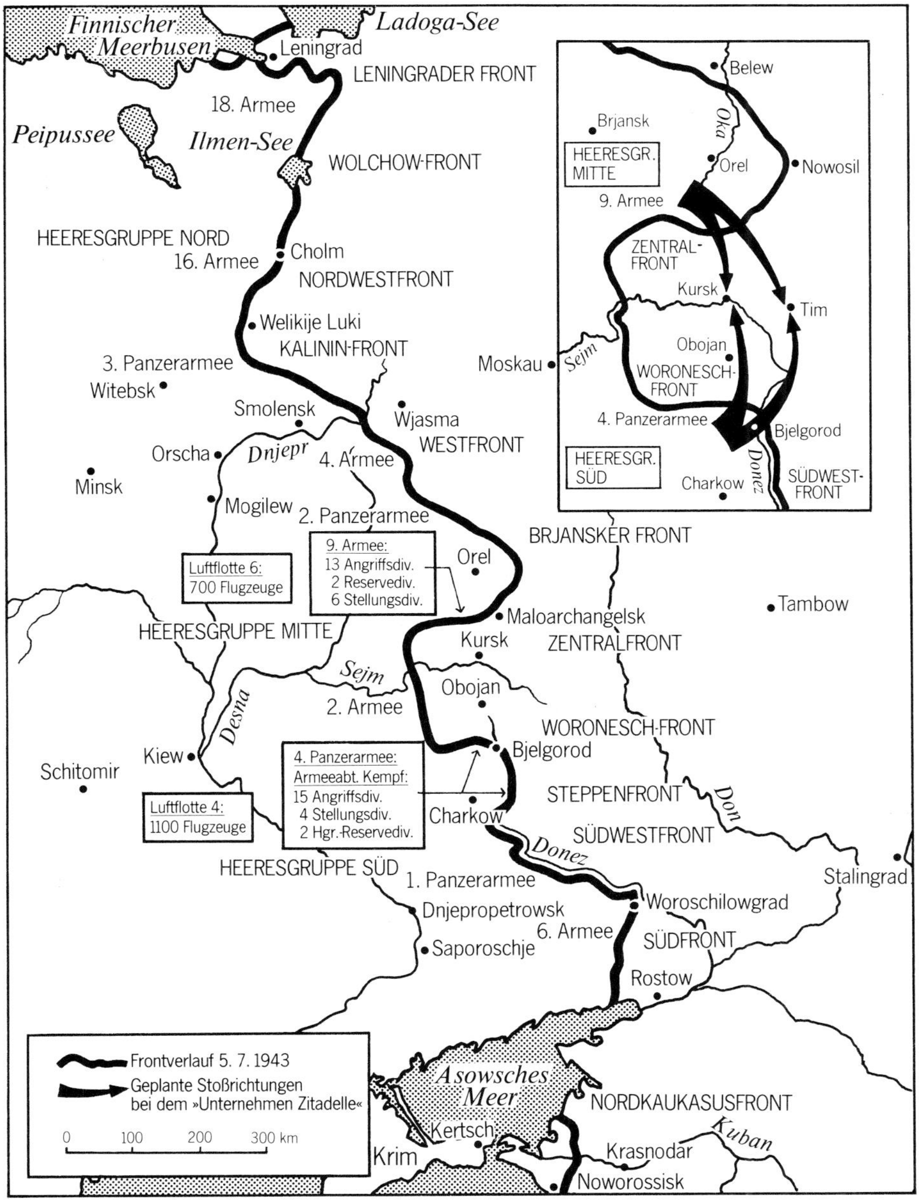

Gerade im mittleren Abschnitt, im Bereich des Kursker Bogens, blieb die Ostfront von Ende Mai bis 5. 7. 1943 relativ stabil

reitungen sehr geschickt zu tarnen, aber in Anbetracht der Standortverteilung seiner Panzertruppenteile, der ungenügenden Dichte der Infanterieverbände, des Fehlens von Gruppierungen schwerer Artillerie und der Verstreutheit seiner Reserven glaube ich, daß der Gegner vor Ende Mai keinen Angriff unternehmen kann ...

Nr. 2069 Jurjew

Aus dem Kriegstagebuch des OKW

Montag, 24. Mai 1943:

H.Gr. Mitte 2. Pz.-Armee: Das Unternehmen »Zigeunerbaron« wird bei immer schwieriger werdenden Wegeverhältnissen gegen heftigen Feindwider-

stand fortgesetzt. Im Unternehmen »Freischütz« weitere Verengung des Einschließungsringes. Beim Bandenunternehmen »Nachbarhilfe« wurden 21 Bandenlager zerstört und die eingeschlossenen Feindgruppen weiter zusammengedrängt.

Geheimer Bericht des Sicherheitsdienstes der SS zur innenpolitischen Lage Nr. 385 (Auszug)

24. Mai 1943:

I. Allgemeines: Mit dem gegenwärtigen Geschehen an der Ostfront befassen sich die Volksgenossen fast gar nicht. Es wird das Ausbleiben jeder Aktion unsererseits festgestellt, während noch im Vorjahre eine Offensive geradezu

Raum Sybina, östlich von Bjelgorod, Ende Mai 1943, sie tragen immer schon die Last des Krieges: Die Einwohner der umliegenden Ortschaften werden zwangsweise evakuiert

Feldflugplatz bei Orel, 2. 6. 1943, Kampf um die Luftherrschaft: ein brennender Bomber vom Typ He 111 nach dem Angriff sowjetischer Tiefflieger

»fieberhaft« erwartet worden ist. Die Frage vieler Volksgenossen lautet in diesem Jahr meist weniger »Wann beginnt die Offensive?«, sondern »Wird überhaupt eine Offensive in diesem Jahr stattfinden?« Dabei vertritt eine ständig wachsende Zahl von Volksgenossen die Meinung, daß Deutschland in diesem Jahr für eine Ostoffensive nicht stark genug sei und daher der gegenwärtige Verlauf der Ostfront als »Ostwall« gehalten werde.

Der deutsche Aufmarsch

Mittwoch, 2. Juni 1943, Moskau. United Press meldet:

Die gegenwärtige Situation an den Fronten wird nach wie vor als »statisch« bezeichnet, doch liegen Anzeichen dafür vor, daß dieser Zustand bald ein Ende nehmen und Deutschland eine große Offensive beginnen könnte. Soweit hier bekannt ist, sind die deutschen Umgruppierungen, die nach den Niederlagen des Winters notwendig wurden, im wesentlichen abgeschlossen. Größere Verlegungen der Divisionen wurden nicht mehr festgestellt.

Im Kampf gegen Banden

Von Kriegsberichterstatter E. Breitner:

Als unsere Grenadiere am Morgen des 10. Mai zum Kampf antraten, hatte sich auch noch der Wettergott mit den Banden verbündet. Ein Regen setzte ein, wie er in seiner Heftigkeit und Dauer typisch für das Kontinentalklima in diesem Raum ist. Die versumpften Gebiete und überfluteten Niederungen zogen unersättlich die Regengüsse an und legten um die Bandenwälder einen schlechthin unpassierbaren Schutzwall. Eine Nachtorientierung war in diesem Gelände und bei den herrschenden Witterungsunbilden ausgeschlossen, so daß sich die Bewegungen nur bei Tag vollziehen konnten und die Nächte Sicherungen bis zum letzten Mann erforderten. Unsagbare Schwierigkeiten hatten unsere Männer gegen Gelände und Wetter zu bestehen: Jeder Fußbreit Boden mußte mühsam erkundet und befestigt werden. Der Kampf gegen die Banden stellt jedenfalls höchste soldatische Anforderungen an jeden Mann.
Die Jagd führt durch die endlosen Steppen, durch fast undurchdringliche Sümpfe und Waldgebiete.
Es gibt da keine Front und keinen ehrlichen Gegner. Das Gesindel lauert in geschickt gewählten Sumpflöchern. Jeder Mann ist in diesem Kampf ganz auf sich selbst gestellt. Die Sicherung des besetzten Ostens gegen die Übergriffe der Banden ist von außerordentlicher militärischer Bedeutung. Von der geregelten

Heranführung des Nachschubs hängt für die an der Front stehenden Soldaten viel ab, ja oft entscheidet sie sogar über das Gelingen großer Operationen.
»Völkischer Beobachter«, Juni 1943

Aus dem Kriegstagebuch des OKW
Donnerstag, 3. Juni 1943:

H.Gr. Mitte: Feindliche Luftwaffe greift mit 115 Flugzeugen Orel an. Größere Verluste unter der Zivilbevölkerung, E-Werk schwer beschädigt, wahrscheinlich langfristiger Ausfall. Rollbahn nach Bolchow, Bahnhofsgebäude, Wasserleitung, Fernsprechleitungen, Armee-Verpflegungslager, Armee-Sanitätspark getroffen.

Kampf um die Luftherrschaft
3. Juni 1943, Moskau. Associated Press meldet:

Der Kampf um die Luftherrschaft zwischen der deutschen Luftwaffe und der Roten Luftflotte hat seit 24 Stunden einen Umfang angenommen, der alles übertrifft, was sich bisher an der Ostfront ereignete. Gestern versuchten die Deutschen in fünf Wellen mit insgesamt etwa 500 Kampfflugzeugen, Kursk zu bombardieren. Die zum Schutz von Kursk konzentrierten sowjetischen Jagdgeschwader waren jedoch den angreifenden deutschen Verbänden in jeder Weise gewachsen und verwickelten sie in eine schwere Luftschlacht, die größte, die wahrscheinlich bisher an der sowjetisch-deutschen Front stattfand. Nur wenige deutsche Flugzeuge konnten nach Kursk durchbrechen.

Aus dem Kriegstagebuch des OKW
Sonnabend, 5. Juni 1943:

H.Gr. Mitte: An H.Gr. Süd und Mitte ergeht Befehl über frühesten Termin »Zitadelle«.

Deutscher und sowjetischer Aufmarsch
Mittwoch, 9. Juni 1943, Moskau. Associated Press berichtet:

Die über dem rückwärtigen Gebiet des Feindes operierenden sowjetischen Aufklärungsflieger melden in den letzten Tagen wiederholt große Truppenbewegungen. Es wurden umfangreiche Transporte festgestellt. Aber auch neue Reserven der Roten Armee, darunter mehrere Panzerdivisionen, sind auf dem Weg zur Front oder haben den Aufmarsch bereits abgeschlossen. Die Spannung, die an der Ostfront gegenwärtig herrscht, kommt in zahlreichen mehr oder weniger heftigen Patrouillenkämpfen zum Ausdruck, besonders an Abschnitten, in denen große Truppenansammlungen konzentriert sind.

Vorführung neuer deutscher Waffen
Donnerstag, 10. Juni 1943, Berlin. Das DNB meldet:

Der Reichsminister für Bewaffnung und Munition, Speer, hatte im Anschluß an seine Erklärungen im Berliner Sportpalast die Minister und Staatssekretäre zu einer Vorführung neuer deutscher Waffen auf einem Truppenübungsplatz in Norddeutschland eingeladen.

Aus dem Kriegstagebuch des OKW
Mittwoch, 16. Juni 1943:

H.Gr. Mitte: An H.Gr. Süd und Mitte ergeht die Mitteilung, daß ab 18. 6. mit endgültigem Befehl für »Zitadelle« (X-8) zu rechnen ist.

Aus dem Kriegstagebuch des OKW
Freitag, 18. Juni 1943:

H.Gr. Süd: Keine besonderen Kampfhandlungen. Die H.Gr. legt eine zusammenfassende Feindbeurteilung vor, nach der Verstärkung des Gegners an der Heeresgruppen-Front, Bildung starker Armeereserven sowie stärkerer operativer Kräftegruppen und Verstärkung der Luftwaffe festzustellen ist. Aus diesem Feindbild und der außerdem festgestellten Bevorratung von Munition und Betriebsstoff ergeben sich Anzeichen eines Aufmarsches zu einer Offensive gegen den Raum von Charkow.

Friedensgerüchte
18. Juni 1943, Moskau. Associated Press meldet:

Der amtliche Sender Moskau teilt mit: Im Auftrage der Sowjetregierung wird hiermit erklärt, daß die deutschfreundliche schwedische Zeitung »Nya Dagligt Allehanda« eine Mitteilung veröffentlichte, wonach vor kurzem Verhandlungen zwischen der Sowjetunion und Deutschland in Stockholm stattgefunden hätten. Diese Verhandlungen seien angeblich an territorialen Fragen geschei-

Abschluß eines Bandenunternehmens im Bereich der Heeresgruppe Mitte: Liquidierung der festgenommenen Verdächtigen

tert. Die Telegraphenagentur der Sowjetunion wurde ermächtigt, die ganze Meldung als ausgesprochen unsinnig und lächerlich zu widerlegen.

Aus dem Kriegstagebuch des OKW
Sonnabend, 19. Juni 1943:

H.Gr. Mitte: Die H.Gr. legt eine Lagebeurteilung vor, die die möglichen feindlichen Kampfhandlungen behandelt. Mit einer feindlichen Offensive sei auf alle Fälle zu rechnen. Die beste Gegenmaßnahme sei der Angriff »Zitadelle«.

Deutsch-sowjetische Friedensgespräche?
19. Juni 1943, Berlin. Das DNB berichtet:

Die schwedische Zeitung »Nya Dagligt Allehanda« veröffentlichte eine sensationell frisierte Meldung über angebliche deutsch-sowjetische Friedensbesprechungen in Stockholm. Diese Meldung ist frei erfunden. Die Behauptung von solchen Friedensbesprechungen und die daran geknüpften Kombinationen gehören zu den Manövern, die die Feinde der Dreierpaktmächte gewohnheitsmäßig in die Welt setzen.

Aus dem Kriegstagebuch des OKW
Sonntag, 20. Juni 1943:

H.Gr. Mitte: An die OB der H.Gr. Süd und Mitte ergeht ein Führerbefehl betreffend »Hornissen-Abtlg.« sowie 7,5 und 8,8 Pak, die in Zusammenhang mit »Zitadelle« als Abwehrwaffen eingesetzt werden sollen.

Invasion in Griechenland?
Montag, 21. Juni 1943, London. Ein Korrespondent des »Svenska Dagbladet« berichtet:

Nachdem in London das allgemeine Augenmerk wochenlang auf Sardinien und Sizilien gerichtet war, wird nun seit einigen Tagen die Möglichkeit einer Invasion Griechenlands in der Presse erörtert. Im »Observer« beschäftigt sich Liberator mit den Vorteilen eines Angriffs in Südosteuropa. »News Chronicle« druckte heute einen Bericht aus Berlin ab, nach dem die Flotten der Alliierten an der Küste Syriens zum Auslaufen ins Ägäische Meer bereitstehen sollen.

Vor neuer deutscher Offensive?
Dienstag, 22. Juni 1943, Moskau. Die Agentur Reuter teilt mit:

Anläßlich des zweiten Jahrestages des deutschen Angriffs auf die Sowjetunion gab STAWKA einen ausführlichen Überblick über die militärischen Ereignisse der beiden ersten Kriegsjahre. Es darf nun mitgeteilt werden, daß mächtige sowjetische Armeen an den Fronten bereitstehen, darunter in vorderster Linie eine neuformierte Stoßarmee, deren Kern insgesamt 91 Garde-Divisionen bilden. Diese Stoßarmee ist völlig motorisiert und mit dem modernsten sowjetischen und angelsächsischen Kriegsmaterial ausgerüstet. Sie hat in ihren Reihen mehrere sibirische Elite-Divisionen.
Im Oberkommando in Moskau wird besonders auf die deutschen Vorbereitun-

gen hingewiesen und betont, die laufende und die kommende Woche bildeten die kritische Zeit, in der sich entscheiden werde, ob Deutschland eine neue Sommeroffensive unternehmen oder sich gänzlich auf die Defensive beschränken wolle. Es bestünden aber gute Gründe für die Annahme, daß Hitler binnen kurzem versuchen werde, durch einen gewaltigen Schlag die Sowjetunion lahmzulegen. Das sowjetische Oberkommando sieht jedoch dieser Möglichkeit mit völliger Ruhe und Selbstsicherheit entgegen in der Gewißheit, auch dieser Offensive gewachsen zu sein.

Sender Beromünster (Schweiz)
Freitag, 25. Juni 1943:

Die allgemeine Kriegslage wird durch die paradox anmutende Tatsache gekennzeichnet, daß seit anderthalb Monaten nirgends mehr eine Schlacht geschlagen wurde. Die Fronten sind erstarrt. Keine der gegnerischen Armeen hat in dieser Jahreszeit, die klimatisch und meteorologisch für größere Operationen günstig ist, bisher eine Offensive eingeleitet. Man denke einen Augenblick daran, welche umstürzenden militärischen Ereignisse in den vergangenen Kriegsjahren zu dieser Jahreszeit bereits eingetreten waren. ... Jetzt sind die ersten sechs Monate des Jahres beinahe abgelaufen, in vier Monaten müssen sich die Armeen schon wieder auf den Winterkrieg umstellen ...

Bittgottesdienst in Moskau
25. Juni 1943, Moskau. Associated Press berichtet:

Anläßlich des Beginns des dritten Kriegsjahres ist in der Moskauer Kathedrale ein Bittgottesdienst für den Sieg der sowjetischen Waffen abgehalten worden. Es wurde eine Botschaft des Patriarchen Sergius, des Hauptes der orthodoxen Kirche in der UdSSR, verlesen, in der er den Segen Gottes für die sowjetischen Heerführer, die Armee und das Volk erfleht.

Aus dem Kriegstagebuch des OKW
Sonnabend, 26. Juni 1943:

H.Gr. Mitte: Die H.Gr. legt eine Stellungnahme zur Lagebeurteilung der Gruppe Weiß vom 20. 6. vor. Ein russischer Angriff sei nach bisheriger Kräfteverteilung nur gegen Mitte und linken Flügel Gruppe Weiß, rechten Flügel und Mitte 2. Pz.-Armee wahrscheinlich. Das bedeute, daß vorläufig kein operativer Großangriff, sondern nur Fesselungsangriffe zu erwarten seien. Bei der Massierung der russischen Kräfte bestehe trotzdem die Möglichkeit ernster Rückschläge. Daher bittet die H.Gr. nochmals um Zuführung der beiden Sturmgesch.-Abt. aus dem Raum Gomel und schlägt grundsätzlich als beste Lösung bei der augenblicklichen Lage den eigenen Angriff so bald wie möglich vor.

Bekämpfung der Partisanen
Donnerstag, 1. Juli 1943, Berlin. Das DNB meldet:

Während die sowjetischen Truppenkonzentrationen nach den letzten deutschen Beobachtungen im Abschnitt der mittleren Ostfront andauern, ist auf deutscher Seite im selben Abschnitt, abgesehen von sonstigen geheimgehaltenen Maßnahmen, die Partisanenbekämpfung fortgesetzt worden. Bereits die

Im rückwärtigen Gebiet des mittleren Frontabschnitts, Ende Juni 1943, unbeeindruckt von deutschen Säuberungsaktionen: Partisanen auf dem Weg zu neuen Einsätzen

vierte Säuberungsaktion innerhalb weniger Wochen ist in der zweiten Hälfte des Juni im rückwärtigen Gebiet des mittleren Frontabschnittes abgeschlossen worden. Die deutschen Truppen vernichteten 65 Lager der Sowjets und 833 Kampfstände.

Rückkehr de Brinons

Sonnabend, 3. Juli 1943, Vichy. Das Office Français d'Information (OFI) teilt mit:

Botschafter und Staatssekretär de Brinon hat Ministerpräsident Laval über seine Reise an die Ostfront als Präsident des Zentralkomitees der »Französischen Freiwilligenlegion gegen den Bolschewismus« Bericht erstattet.

Raum Smolensk, Ende Juni 1943, eine hohe Inspektion bei der »Légion des Volontaires Français contre le Bolchevisme« (L.V.F.). Von rechts nach links: SubLt. Servant, Botschafter de Brinon, Col. Puaud, Kommandeur des Inf.-Regt. 638 (L.V.F.)

Und so war es

Nun beginnt bei der obersten militärischen Führung – sowohl im Führerhauptquartier in den Wäldern Ostpreußens als auch im sowjetischen Hauptquartier STAWKA – ein Wettlauf mit der Zeit, dem schlimmsten Feind aller strategischen Planungen.

Bereits am Mittwoch, dem 3. März 1943, meldet das für Feindaufklärung zuständige Amt Fremde Heere Ost in seiner Beurteilung der Feindlage Nr. 28: »Es war die Zuführung von Stalingrad-Divisionen in den Raum Kursk festgestellt worden.«

Am Donnerstag, dem 4. März 1943, notiert Marschall Schukow: »Die feindliche Offensive ist in tief gestaffelter Verteidigung aufzufangen, zu zermürben und dann mit einem Gegenangriff zu zerschlagen.« Die meisten Mitglieder des Obersten Kriegsrates in Moskau sind der Meinung, daß eine Offensive in die deutschen Angriffsvorbereitungen hinein wirksamer und erfolgversprechender sei. Schukow ist jedoch dagegen, da er vermutlich zu dieser Zeit die Konfrontation großer Panzerverbände in einer Bewegungsschlacht vermeiden will.

Am Freitag, dem 5. März 1943, erläßt das OKH den Operationsbefehl Nr. 5 für die Kriegführung der nächsten Monate an der Ostfront.

Einige Tage später, am 13. März 1943, treffen Hitler und der Chef des Generalstabs des Heeres, General der Infanterie Zeitzler, im Hauptquartier der Hee-

resgruppe Mitte (GFM v. Kluge) in Minsk ein. Hier wird nun entschieden: Die Lage an den inneren Flügeln der 2. Armee (Gen.d.Inf. Weiß) und der 2. Panzerarmee (GenOberst R. Schmidt) soll bereinigt, dann eine Angriffsgruppe aus den Kräften der 9. Armee (GenOberst Model) gebildet werden, um die geplante Operation in Richtung Kursk Anfang Mai zu eröffnen.
Nach Abschluß der Beratungen gibt Hitler den ersten Operationsbefehl für das Unternehmen »Zitadelle« heraus. Er bekräftigt den Entschluß, bereits Anfang Mai im Raum Kursk eine Offensive gegen die sowjetischen Streitkräfte einzuleiten. Mit diesem Befehl entspricht Hitler durchaus den Auffassungen und Wünschen seiner Generäle. Daneben wird beabsichtigt, den Kuban-Brückenkopf zu verkleinern (Gotenkopf-Stellung), die Heeresgruppe Süd (GFM v. Manstein) in der linearen Verteidigung zu belassen und zugleich an ihrem Nordabschnitt eine starke Panzergruppe zu bilden, die im Zusammenwirken mit einer Angriffsgruppe am Südflügel der Heeresgruppe Mitte den Bogen von Kursk abschnüren soll.
Bis Mitte April 1943 hat die Heeresgruppe Süd im Raum von Bjelgorod, die Heeresgruppe Mitte südlich von Orel je eine starke Angriffsgruppe zu versammeln. Neben den Kräften, die – nicht ohne bedenkliche Schwächung – aus den übrigen Frontabschnitten beider Heeresgruppen herangezogen werden, sind an Verstärkungen neun nach Abschluß der »Büffelbewegung« – der Räumung des Frontbogens von Rschew–Wjasma im Frühjahr 1943 – freigewordene Divisionen sowie einige wenige aus Frankreich und zwei aus dem Kuban-Brückenkopf in Aussicht gestellt. Sämtliche Angriffsdivisionen sollen in kürzester Zeit auf Kosten der übrigen Verbände an der Ostfront voll aufgefüllt und aufgefrischt werden. Mit dem Entschluß zur Offensive ignoriert das OKH jedoch das reale Kräfteverhältnis an der Ostfront und beurteilt dadurch die sowjetischen Möglichkeiten und Absichten falsch. Ein Fehler, der sich bitter rächen wird.
Dem OKH unterläuft zugleich ein weiterer schwerwiegender Irrtum: Es geht von der Überlegung aus, man könne die Sowjets über die Vorbereitungen einer Offensive täuschen, die geplanten Hauptstoßrichtungen geheimhalten und so das strategische Überraschungsmoment ausnutzen. An diesem Tag bildet STAWKA, der sich seit Anfang März bereits mit diesem Gedanken trägt, eine als Steppenmilitärbezirk (GenOberst Konjew) getarnte Reservefront.
Das Tauwetter beginnt in diesem Frühjahr im Raum Kursk ungewöhnlich früh. Trotz der Morgenfröste sind die Straßen in schlechtem Zustand, Lehmboden und Schwarzerde aufgeweicht. STAWKA hat frühzeitig von dem deutschen Aufmarsch Kenntnis und unternimmt ab Mitte März 1943 gegen die Aufmarschstrecken der Heeresgruppe heftige Störangriffe: Nacht für Nacht bombardieren sowjetische Flieger die Nachschubstrecke Smolensk–Brjansk. Sie versuchen auch, die wichtigen Eisenbahnausbesserungswerkstätten in Roslawl zu zerstören. Die Bahnhöfe dieser Strecke werden auf 60 Kilometer Länge angegriffen, die Nachrichtenverbindungen unterbrochen sowie die für diese eingleisige Strecke betriebswichtigen Ausweichanlagen vernichtet, so daß die Verbindungsstrecke tagelang blockiert wird. Es gelingt der Roten Luftflotte ebenfalls, das durch Partisanen erkundete Munitionslager in Brjansk gezielt mit Bomben zu belegen.

In der Nacht vom 20./21. März 1943 sprengen Partisanen die beiden Eisenbahnbrücken der Aufmarschstrecke Minsk–Brjansk über die Desna bei Wigonitischi. Der Anführer dieser Aktion berichtet bereits zwei Tage später darüber im Moskauer Rundfunk.

Raum Kursk, April 1943, eine Garde-Schützendivision der Zentralfront bei der Fahnenbegrüßung

In der letzten Märzwoche 1943 nehmen die Kenntnisse des STAWKA über die deutschen Absichten immer festere Umrisse an. Stalin, der wie kaum ein anderer die Möglichkeit zu schätzen weiß, dem Gegner in die Karten zu schauen, wird laufend über den neuesten Stand der Vorbereitungen des OKH für die deutsche Sommeroffensive informiert. Die dem Diktator vorgelegten nachrichtendienstlichen Berichte zeigen – wie einzelne zu einem Mosaik zusammengefügte Steinchen – ein von Tag zu Tag klareres Bild von den Absichten der deutschen Führung auf.

Bei Generalleutnant Onjanow, dem Leiter der für deutsche Aufklärung zuständigen Abteilung in der dem Generalstab unterstellten Hauptverwaltung für Aufklärung, Glawnoje Raswediwatelnoje Uprawlenije, GRU (GenLt. Iljitschow), auch Raswedupr genannt, laufen alle Fäden zusammen. Hier werden die Berichte des militärischen Geheimdienstes erfaßt und ausgewertet, danach Stalin täglich vorgelegt, der anordnet, welche davon an STAWKA weitergeleitet werden. Diese Berichte sind das Ergebnis der Arbeit einer Vielzahl von sowjetischen Agenten im besetzten Europa sowie der nachrichtendienstlichen Tätigkeit der Partisanenabteilungen unmittelbar hinter der deutschen Front. Ein nicht unbedeutender Teil geheimer Informationen wird von den Feldtruppen der Roten Armee oder den Luftstreitkräften gewonnen: durch Aussagen der Gefangenen oder Überläufer, Beutedokumente, Spähtrupp-Erkenntnisse, Luftaufklärung oder Funkabwehr.

Bereits Anfang 1943 hat STAWKA fünf Sonder-Funkbataillone aufgestellt. Sie sollen funktechnische Störungen des gegnerischen Funkverkehrs herbeiführen und zugleich den Schutz der eigenen Funkmittel übernehmen. Die 129., 130., 131., 132. und 226. Sonder-Funkbataillone werden die »ersten Einheiten für elektronische Funkstörsendungen« genannt. Ihre Aufstellung bezeichnet man im Generalstab als eine hohe Errungenschaft in der Entwicklung der funkelektronischen Kampfführung der Roten Armee. Nach der entsprechenden Ausbildung wird jedes Bataillon einem Frontoberkommando im Bereich des Kursker Bogens zugeteilt.

Jede dieser Spezialeinheiten verfügt über eine Ausrüstung für Funktarnung, funktechnische Täuschung, Funkaufklärung, Ortung und Peiloperationen. Dazu gehören auch je 8 bis 10 mobile Störsender, 18 bis 20 Empfangsgeräte für das Abfangen von geheimen Funkmeldungen sowie vier Peilanlagen. Die erbeuteten deutschen Funkgeräte verwendet man für Desinformationsoperationen. Bevorzugte Ziele der Lauschangriffe dieser Sonder-Funkbataillone sind operative und taktische Verbindungen des deutschen Nachrichtenübermittlungssystems auf Armee-, Korps- und Divisionsebene. Man versucht dabei, Angaben über Haupt- und Reservefrequenzen einzelner Funkstellen, deren Standorte sowie Stärke, Dislokation und Ausrüstung der Feindkräfte zu gewinnen.

Nach neuesten Erkenntnissen steht heute fest, daß nicht, wie in zahlreichen Publikationen über die Vorgeschichte der Schlacht bei Kursk dargestellt, die Berichte der sowjetischen Agentengruppe Alexander Rado (»Dora«) in der Schweiz ausschlaggebend für den Verlauf des Unternehmens »Zitadelle« waren. Das sowjetische Spionagenetz in Genf, das als »Rote Drei« oder »Dora« in die Geschichte des Zweiten Weltkrieges einging, war kaum dazu in der Lage, für die Sowjets wertvolle Nachrichten zu beschaffen, da es keineswegs über entsprechende Kontakte zu deutschen Stäben verfügte. Zwar liefert Rudolf Roessler (»Lucy«) einem der Rado-Informanten namens Christian Schneider (»Taylor«) scheinbar interessantes Material, das aber nach einiger Zeit in der Moskauer Raswedupr-Zentrale Verwirrung stiftet.

Roessler, ein deutscher Exil-Journalist, der zwar eine umfangreiche Militaria-Bibliothek und ein ansehnliches Zeitungsausschnitt-Archiv besitzt, im Grunde aber, was die Kenntnisse der deutschen Wehrmacht betrifft, ein Laie ist, vermengt die unterderhand von einem Mitarbeiter des Schweizer Geheimdienstes erhaltenen Berichte mit den Erkenntnissen aus dem eigenen Archiv. Als Hauptquelle der Schweizer dienen wiederum die Vernehmungsprotokolle aus der Befragung deutscher Deserteure oder von Internierten. Auf dem Umweg über Schneider läßt Rado diese Nachrichten, ohne ihren wahren Ursprung zu kennen, nach Moskau funken. Hier landen sie schließlich auf dem Schreibtisch von Generalleutnant Onjanow. Und als die Frontaufklärung der Roten Armee und der sowjetischen Luftstreitkräfte immer bessere Ergebnisse bringt, staunt Onjanow über die Diskrepanzen in Rados Funksprüchen, besonders in den Berichten über deutsche Truppen an der Ostfront.

Die zuverlässigsten Informationen über Hitlers Wehrmacht stammen jedoch weder von Moskaus Agenten noch Partisanen, sondern sind Erkenntnisse des von Stalin verhaßten britischen Secret Service, genauer gesagt dessen Abteilung MI 6 (Military Intelligence 6). Auf persönliche Anordnung des britischen Premierministers Churchill wird das jeweils Neueste, was der britische Geheimdienst in seiner Operation »Ultra Secret« über die deutsche Ostfront zu berichten hat, per Sonderkurier auf dem Luftweg nach Moskau gebracht. Diese Informationen der wichtigsten westalliierten Nachrichtenquelle sind keineswegs zusammengestellte Agentenberichte aus Zweithand, sondern die Originalfunksprüche höchster deutscher Kommandostellen.[1] Es hat etwa ein Jahr gedauert, bis die Engländer so weit waren, die abgefangenen, mit einem

»absolut unentzifferbaren« Code verschlüsselten deutschen Funksprüche – dank dem Nachbau der deutschen Chiffriermaschine »Enigma« und durch Brechen des Codes – seit 1940 fast zur gleichen Zeit wie ihre Empfänger mitlesen zu können.

Dieses geheimste aller britischen Unternehmen mit dem passenden Namen Operation »Ultra Secret« hat eine lange Vorgeschichte: Im Jahre 1932 gelingt es in Warschau einem Team von drei jungen polnischen Mathematikern, J. Rozycki, M. Rejewski und H. Zygalski, beim intensiven Studium der Zyklentheorie, den Code der deutschen Chiffriermaschine »Enigma« zu entziffern. Und einige Monate vor dem deutschen Überfall auf Polen, im Sommer 1939, landen die drei Wissenschaftler den großen Coup: Sie bauen die »Enigma« nach. Auf eine geheime Mitteilung hin reist Major G. Bertrand, Chef der

Raum Kromy, Funkstelle des AOK 9, Frühjahr 1943, der Funker (im Kreis) verschlüsselt an der »Enigma«-Chiffriermaschine die Funksprüche: Der britische Secret Service hört mit

Abteilung DY des französischen Geheimdienstes, am 24. Juli 1939 in die polnische Hauptstadt. Auch die britischen Spezialisten, Commander Denniston und der Mathematiker D. Knox, sind zur Stelle. Der polnische Geheimdienst schenkt ihnen zwei nachgebaute deutsche Chiffriermaschinen. Eine davon bleibt in Paris, die andere wird nach London gebracht und dort anfangs nur recht skeptisch aufgenommen. Im Herbst 1939 schlagen Kryptologen des Secret Intelligence Service (SIS) in Bletchley Park, einem Landsitz nördlich von London, ihr Hauptquartier auf. Hier steht nun ein Urahn des Computers, der helfen soll, abgefangene chiffrierte »Enigma«-Funksprüche – zuerst nicht ohne Mühe – zu entziffern.
So gelangen ab Sommer 1940 Befehle vom Oberkommando des Heeres, der Luftwaffe und Marine sowie ihrer untergeordneten Stellen, dazu Meldungen

über Operationsabsichten, Stärke der Verbände und ihre Standorte, Kommando-Gliederungen und andere wichtige geheime Nachrichten in die Hände von Churchill. Der britische Premier bestimmt als oberste Instanz persönlich ihre Verteilung.

Das »Ultra Secret«-Geheimnis wird so gut gehütet, daß die Deutschen erst dreißig Jahre nach Ende des Krieges davon erfahren. Es klingt heute paradox, daß gerade die Engländer ihre Detailkenntnisse über die sowjetischen Streitkräfte aus dem entschlüsselten deutschen »Enigma«-Material des besonders ergiebigen Luftwaffen-Funkverkehrs beziehen müssen, da ihnen ihr östlicher Alliierter Informationen über die eigenen Truppen, die übrigens von den Anglo-Amerikanern nach besten Kräften mit allen möglichen Ausrüstungen und Materialien versorgt werden, vorenthält.[2] Schlimmer noch: Moskau weigert sich sogar, Großbritannien Einzelheiten über deutsche Beutewaffen mitzuteilen. Aufgrund des entzifferten »Enigma«-Verkehrs haben die Engländer den eindeutigen Beweis, daß es den Deutschen gelungen ist, den sowjetischen Armee-Code zu knacken.[3]

Trotz der bisher unerfreulichen Erfahrungen mit den Sowjets legt seit Anfang Juli 1941 Lieutenant General Mason-McFarlane, Chef der britischen Militärmission in Moskau, und ab Mai 1942 dessen Nachfolger, Konteradmiral Miles, dem sowjetischen Generalstab »Ultra Secret«-Informationen vor. Sie werden jedoch auf Anweisung Churchills ausschließlich Stalin oder dem Chef des Generalstabs, Marschall Schaposchnikow, und ab Juni 1942 dessen Nachfolger, Marschall Wassilewski, persönlich übergeben.[4]

Als Quelle wird aus Sicherheitsgründen entweder »ein namentlich nicht genannter höherer Offizier in der deutschen Führung« oder »eine gut plazierte Quelle in Berlin«, manchmal auch »eine sehr vertrauenswürdige, zufällige Quelle« genannt. Man achtet auch in London streng darauf, Einzelheiten – wie z. B. Funk-Erkennungszeichen von deutschen Einheiten – nicht weiterzugeben, die man nur aus entziffertem Material kennt. Einzige Maßgabe der Engländer: ihre Bitte an die Sowjets, über Funk nicht offen darüber zu sprechen, daß sie Geheimmaterial aus britischen Quellen beziehen.[5] Es werden in die nach Moskau beförderten »Ultra«-Berichte in der Regel auch verschiedene kleine Unstimmigkeiten in der deutschen Schreibweise russischer Städte und anderer geographischer Bezeichnungen eingebaut, um jegliche Hinweise auf den wahren Ursprung der Berichte zu vertuschen.[6]

Bereits im August 1941 wird in der britischen Hauptstadt eine Spezialabteilung von MI 6 errichtet, die unter direkter Kontrolle des War Office mit der sowjetischen Militärmission in London zusammenarbeitet.[7] Ab Mai 1942 finden

Ostrow, April 1943: Oberbefehlshaber der 13. Armee, GenLt. Puchow, und Mitglied des Kriegsrates, GenMaj. Koslow, an der Karte für zukünftige Operationen

Raum Brjansk, April 1943: Col. Puaud, Kommandeur des Inf.Regt. 638 (L.V.F.) begrüßt einen hochdekorierten Feldwebel der L.V.F.

zwar reguläre wöchentliche Treffs zwischen den beiden ungleichen Partnern statt, doch bewirkt es nichts; der Fluß der Geheimnachrichten bewegt sich weiterhin in einer Richtung: von West nach Ost. Selbst persönliche Interventionen des britischen Botschafters in Moskau, die er des öfteren dem sowjetischen Außenminister Molotow vorträgt, ändern nichts an dieser Tatsache.[8]
Anfang Juni 1942 erfährt Konteradmiral Miles, Chef der britischen Militärmission in Moskau, vom sowjetischen Generalstab, daß es der Roten Armee im Mittelfrontabschnitt gelungen sei, den deutschen »Auca«-Codeschlüssel, dessen sich die Luftwaffe bei ihrem Funkverkehr Luft-Boden-Luft bedient, zu erbeuten. Die Sowjets wenden sich an die Engländer mit der Bitte, ihnen Ratschläge beim Abhören und der Auswertung dieses taktischen Codes zu geben.[9] Der »Auca«-Code dient nämlich zur Verschlüsselung der Funkverbindung zwischen Flugzeugbesatzung und Bodenstation oder Offizieren der Luftwaffe, die den Panzerverbänden zugeteilt sind, um den Bodentruppen Luftunterstützung durch Schlachtflieger optimal zuzuführen.

Am Montag, dem 22. März 1943, erhält das britische War Office einwandfreie Beweise über deutsche Vorbereitungen zur Sommeroffensive im Kursker Bogen: Durch die Entschlüsselung des »Enigma«-Verkehrs der Luftwaffe erfährt man gerade von der Verlegung deutscher Panzerdivisionen in den Mittelfrontabschnitt, ferner Einzelheiten über neue Bewegungen im Bereich der Luftflotte 4 (GFM Frhr. v. Richthofen), wohin das VIII. Fliegerkorps in den Raum Charkow zur Unterstützung der Bodentruppen verlegt wird und letztlich, daß der Beginn der deutschen Offensive für Ende April geplant ist.[10] Diese wichtige Meldung wird unverzüglich nach Moskau weitergegeben.

An diesem Tag wird nach Mitteilung des War Office zum Nachfolger des bisherigen Chefs der britischen Militärmission in Moskau, Konteradmiral Miles, der ehemalige Kommandeur des »Royal Armoured Corps«, Lieutenant General Gissard Lequesne-Martel, ernannt. Der Wechsel bleibt nicht ohne Einfluß auf die künftige Übermittlung des »Ultra Secret«-Materials an die Sowjets, was deutsche Panzerkräfte betrifft, da der neue Missionschef den Ruf eines Panzerspezialisten hat und bei der Aufstellung der britischen Panzerverbände eine gewichtige Rolle spielt.

Ab Freitag, dem 26. März 1943, nimmt an den Kämpfen der Ostfront zum ersten Mal das Jagdgeschwader »Normandie« (Maj. de Tulasne) teil. Das Geschwader war auf Initiative von General de Gaulle, des Chefs der »Freien Franzosen«, aus den ehemaligen Jagdfliegern der französischen Armée de l'Air im Dezember 1942 in Iwanowo bei Moskau aufgestellt und mit sowjetischen Jägern vom Typ Jak-1 ausgestattet worden. Man setzt es jetzt zur Bekämpfung deutscher Truppenkonzentrationen und bei Angriffen auf Verkehrsverbindungen nördlich von Orel als Begleitschutz der sowjetischen Bomber ein.
Während die Jäger der »Freien Franzosen« mit ihren Jak-1-Maschinen unter dem wolkenverhangenen russischen Märzhimmel kreisen und Ausschau nach deutschen Truppenbewegungen halten, versuchen nur einige Dutzend Kilometer davon entfernt andere Söhne Frankreichs, diesmal im Auftrage Hitlers, sowjetische Partisanen aufzuspüren oder die Angriffe der Roten Armee an der Desna, westlich des Kursker Bogens, abzuwehren. Es sind Einheiten der »Légion des Volontaires Français contre le Bolchevisme« (L.V.F.). Die Legion der Französischen Freiwilligen ist auf Initiative der »Drei D« entstanden: Doriot (Gründer des Parti Populaire Français), Deloncle (Mouvement Social Révolutionnaire) und Déat (Rassemblement National Populaire), mit den Deutschen im besetzten Frankreich zusammenarbeitende französische Politiker.
Mit Zustimmung der deutschen Militärbehörden in Paris und dem Segen des Kardinals Baudrillart sowie anderer Kirchenfürsten war die »L.V.F.« am 5. August 1941 aufgestellt worden. Nach dem Eid auf Adolf Hitler, den sie in deutschen Uniformen leisteten, wurde aus den 181 Offizieren sowie 2271 Unteroffizieren und Mannschaften unter Führung des ehemaligen französischen Militärattachés in Ankara, Colonel Labonne, das deutsche Infanterieregiment 638 aufgestellt. Am 23. November 1941 wird dieses Regiment erstmals eingesetzt, und zwar vor Moskau, nahe Djukowo, im Verband der deutschen 7. Infanteriedivision (GenMaj. Frhr. v. Gablenz). Hier ergeht es der »L.V.F.« nicht besser als Napoleons Grande Armée 129 Jahre zuvor: Bis zum 7. Dezember 1941 verliert das Regiment nach harten sowjetischen Gegenangriffen und Temperaturen unter 40° minus über 50 Prozent seiner Einsatzstärke und muß den Rückzug auf Smolensk antreten.
Nach einer Auffrischung in Dembiza/Südpolen wird die »L.V.F.« im Frühjahr 1942 in den Mittelabschnitt der Ostfront verlegt. Sie führt dort das ganze Jahr hindurch wechselvolle Kämpfe gegen Partisanen und sichert deutsche Nachschublinien.
Vom Frühjahr 1943 an ist die »L.V.F.«, inzwischen unter Colonel Puaud, einem Haudegen aus der Fremdenlegion, der in den Bergen von Marokko die freiheitsliebenden arabischen Stämme befriedete, erneut im Einsatz: Ein Teil des III. Bataillons (Maj. Panné) unter Captain Madec beteiligt sich an »Bandenbekämpfungsaktionen« in den Wäldern um Brjansk, das Gros des III. Infanterie-

regiment 638 steht an der Desna, und das I. Bataillon (Capt. Bridoux) versucht im Raum Borissow zusammen mit deutschen Sicherungseinheiten, der Partisanenplage Herr zu werden.

Am Dienstag, dem 30. März 1943, nachdem die Heeresgruppe Mitte Generaloberst Model den Befehl erteilt hat, Vorbereitungen für das Unternehmen »Zitadelle« zu treffen, wird das AOK 9 zu Tarnzwecken vorübergehend in Festungsstab 11 umbenannt und nach Orel verlegt.

Armeegeneral Rokossowski: »Das Oberkommando der Front war davon überzeugt, daß der Gegner seinen Schlag mit starken Kräften führen würde. Es hatte den Truppen schon Ende März konkrete Anweisungen für den Ausbau von Verteidigungsstellungen gegeben. Der Chef der Pioniertruppen der Front, Generalmajor Proschljakow, hatte einen detaillierten Plan ausgearbeitet und tat alles, damit die Arbeiten gewissenhaft und zu den festgesetzten Terminen abgeschlossen wurden.«

Obwohl die sowjetischen Truppen nun an der ganzen Front zeitweise zur Verteidigung übergehen, wirken sich die von ihnen erreichten strategischen Vorteile weiterhin zu ihren Gunsten aus.

Das Dritte Reich bleibt zwar auch nach Stalingrad für die Sowjetunion noch ein gefährlicher Gegner, doch hat sich seit dem Winter 1942/43 das Kräfteverhältnis grundlegend verändert: Durch die steigende wirtschaftliche, wissenschaftlich-technische und militärische Überlegenheit der UdSSR – nicht zuletzt dank der enormen alliierten Lieferungen im Rahmen des Land-Lease-Abkommens – besteht für Offensivabsichten Hitlers ab Frühjahr 1943 kaum noch Aussicht auf Erfolg. Zu dieser Zeit hat die Rote Armee ihre personellen und materiellen

Raum Ssumy, April 1943, deutsche Soldaten beim Schützengrabenbau: ». . . durch Defensivmaßnahmen Angriffsvorbereitungen vortäuschen.«

Verluste bereits voll ersetzt. Neue operative Großverbände, vor allem Panzer- und Luftarmeen, sowie zahlreiche größere Artillerieverbände sind aufgestellt worden, von denen einige bereits in der Schlacht von Stalingrad Kriegserfahrungen sammeln konnten.
Die blutigen Säuberungswellen des Stalin-Regimes unter den alten Kommandeuren der Roten Armee kurz vor Ausbruch des Zweiten Weltkrieges haben den schnellen Aufstieg einer Generation dynamischer junger Generäle bewirkt. So liegt jetzt das Durchschnittsalter der sowjetischen Befehlshaber fast zwanzig Jahre unter dem ihrer deutschen Gegenspieler. Diese brutale Verjüngungskur führt letzten Endes zu einer Erhöhung der Leistung und Aktivität sowohl in der Generalstabsarbeit als auch in der taktischen Beweglichkeit der Truppen.
Ebenso wird die Taktik der sowjetischen Großverbände durch die neuesten Kriegserfahrungen bestimmt: die organisatorische Weiterentwicklung der Panzer- und mechanisierten Korps zielt z. B. darauf, deren Selbständigkeit bei Einsätzen in der operativen Tiefe durch Eingliederung der Artillerie- und Granatwerfertruppenteile in ihren Bestand zu erhöhen. Dadurch verbessern sich die Gefechtsmöglichkeiten der Panzerbrigaden und -regimenter, die jetzt stärker mit schweren und mittleren Panzern sowie Sturmgeschützen ausgerüstet sind. Selbst der Mangel an Beförderungsmitteln, eines der Hauptprobleme der Roten Armee, wird nun durch ständig wachsende Lieferungen der ausgezeichneten, geländegängigen US-Lastwagen gelöst. Andererseits erleichtern Millionen von Tonnen hochwertiger US-Verpflegung das Nachschubproblem, das bei den schlechten Verkehrsverbindungen und aufgrund der riesigen Masse der sowjetischen Truppen immer schon das größte Hindernis für eine volle Entfaltung der Stärke der Roten Armee darstellte.
Während Ende März 1943 die Ostfront zum Stellungskrieg übergeht, bahnt sich in Nordafrika eine neue militärische und politische Katastrophe größten Ausmaßes für die Wehrmacht an: Die Niederlage der deutschen und italienischen Truppen, die jetzt auf einem schmalen Landstrich in Tunis von überlegenen anglo-amerikanischen Verbänden zusammengedrängt worden sind.
Da es den Sowjets nicht verborgen bleiben kann, daß bereits ab Anfang April 1943 im Raum Charkow Angriffsverbände versammelt werden, so daß mit einer Operation großen Stils gerechnet werden muß, versucht die deutsche Führung durch Tarnung und diverse Täuschungsmaßnahmen, ihre Angriffsabsichten zu verschleiern. Es werden u. a. in großem Umfang rückwärtige Stellungen und Artilleriefeuerstellungen gebaut, um den Eindruck zu erwecken, daß die deutschen Truppen sich ganz auf Verteidigung einstellen. Marschall Schukow: »Nach Absprache mit dem Generalstabschef Wassilewski und den Frontbefehlshabern veranlaßten wir eine gründliche Aufklärung im Bereich der Zentral-, der Woronesch- und der Südwestfront. Die Frontarmeen unternahmen in ihren Abschnitten ebenfalls gewaltsame Luft- und Truppenaufklärung. Anfang April besaßen wir bereits genügend Material über den Aufmarsch der gegnerischen Truppen im Raum Orel, Ssumy, Bjelgorod und Charkow.«

Am Sonnabend, dem 3. April 1943, verfaßt STAWKA eine Direktive, in der auf die Notwendigkeit hingewiesen wird, »unbedingt Gefangene zu machen, um ständig alle Veränderungen in der Dislokation des Gegners zu verfolgen und rechtzeitig die Abschnitte zu erkunden, in denen die Deutschen ihre Truppen, insbesondere Panzerverbände, konzentrieren«. Marschall Wassilewski beauftragt zugleich die Verwaltung für Aufklärung im Generalstab (GenLt. Iljitschow) und den Zentralstab der Partisanenbewegung, die Stärke der deutschen

Der Schießstand auf dem Werkflugplatz in Dembiza, Südpolen, April 1943: Die beiden 3,7-cm-Fla-Kanonen 18 einer Ju 87 G-1 von der 10. (Pz) SG 2 zur Panzerbekämpfung werden justiert

Reserven, deren Aufstellung sowie Umgruppierung und Eintreffen neuer Truppen aus Frankreich, Deutschland und anderen Ländern zu ermitteln.

Am Montag, dem 5. April 1943, bezieht das AOK 9 (GenOberst Model) sein neues Hauptquartier in Kiskinka bei Orel.

Am Donnerstag, dem 8. April 1943, legt Marschall Schukow Stalin seinen Plan vor, die bei Kursk angreifenden deutschen Verbände zuerst durch aktive Verteidigung zu zermürben und ihre Panzerkräfte zu vernichten, um sie dann mit frischen Reserven in einem Großangriff zu zerschlagen. Schukow: »Ich halte es für unzweckmäßig, unsere Truppen in der nächsten Zeit zum Angriff übergehen zu lassen, um dem Gegner zuvorzukommen.« Stalin billigt den Plan. Frische Verbände werden in den Raum Kursk verlegt, darunter die des Steppenmilitärbezirks (GenOberst Konjew). Sie sind die stärkste strategische Reserve des STAWKA, die es im Zweiten Weltkrieg gegeben hat. Der Steppenmilitärbezirk (später Steppenfront genannt) wird östlich von Kursk aufgestellt und soll sich sowohl zur Verteidigung als auch zum Angriff bereithalten.
Ebenfalls am 8. April 1943 berichtet aus Luzern Rudolf Roessler (»Lucy«), Hauptagent der »Roten Drei« (Rado), auf Drängen Moskaus das Neueste zur deutschen Kursk-Offensive: Sie sei »bis Anfang Mai« verschoben worden. In Wirklichkeit trifft Hitler erst eine Woche später, am 15. April 1943, die Entscheidung, das Unternehmen »Zitadelle«[11] am 4. Mai 1943 zu starten.

Am Freitag, dem 9. April 1943, legt Generaloberst Model seinen Vorschlag für die Durchführung von »Zitadelle« vor: Der Oberbefehlshaber der 9. Armee

Raum Ssewsk, April 1943, Warten auf Verlegung in den Bereitstellungsraum. Im Hintergrund ein PzKpfw V »Panther«

will demnach mit zwei Panzerkorps frontal von Norden nach Süden auf Kursk vorstoßen, während ein Panzerkorps den rechten Flügel und ein Armeekorps den linken Flügel schützen soll. Das Ziel ist das Höhengelände ostwärts von Kursk, da es nach den Worten Models den »Schlüssel für die Beherrschung sämtlicher Ost-West-Verbindungen darstellt«.

Am Sonnabend, dem 10. April 1943, weist Marschall Stalin den Generalstab an, bei STAWKA eine Beratung über den Plan des Sommerfeldzuges vorzubereiten, um vor allem die Meinung der Oberbefehlshaber der Fronten über die zu erwartende Stoßrichtung der deutschen Kräfte zu erfahren. Die Oberbefehlshaber der Zentralfront (Armeegen. Rokossowski) und der Woronesch-Front (Armeegen. Watutin) sind fest davon überzeugt, daß der Feind in der Kursker

Richtung angreifen wird. Marschall Schukow: »Am 11. April spätabends traf ich in Moskau ein. Wassilewski informierte mich, daß Stalin bis zum 12. April abends eine Lagekarte mit den erforderlichen Unterlagen und Vorschlägen vorgelegt haben wolle ... Da zwischen uns völlige Übereinstimmung herrschte, war bis zum Abend alles fertig. Antonow [Stellvertretender Chef des Generalstabes; J. P.] galt mit Recht als vorzüglicher Meister seines Faches, und während wir das Konzept des Berichtes an Stalin aufsetzten, entwarf er rasch eine Lagekarte und einen Aufmarschplan der Fronten im Raum des Kursker Bogens. Somit wurde schon Mitte April vom Hauptquartier eine Vorentscheidung über eine planmäßige Verteidigung getroffen. Wir kamen immer wieder darauf zurück, ehe Ende Mai, Anfang Juni 1943 der endgültige Beschluß über die planmäßige Verteidigung vom Hauptquartier bestätigt wurde. Zu diesem

Zeitpunkt war das Vorhaben des Feindes, mit Hilfe der Panzergruppen und dem Einsatz der neuen ›Tiger‹-Panzer und der Selbstfahrlafetten ›Ferdinand‹ einen wuchtigen Angriff gegen unsere Woronesch- und Zentralfront zu führen, faktisch schon in Einzelheiten bekannt.«

Am Montag, dem 12. April 1943, wird, nachdem die Heeresgruppe Mitte auf den Vorschlag von Generaloberst Model vom 9. April hin einen eigenen Entwurf über das Unternehmen »Zitadelle« ausgearbeitet hat, dieser an das OKH weitergeleitet. Darin ist u. a. vorgesehen: »Die 9. Armee durchbricht am X-Tag unter Zusammenfassung der Kräfte beiderseits der Bahnlinie Orel–Kursk die feindlichen Stellungen zwischen Trossna und Maloarchangelsk und stößt mit der Schwerpunktgruppe ... in einem Zuge bis auf das Höhengelände nördlich und ostwärts Kursk durch, um anschließend Kursk zu nehmen ... Die Verbindung mit den von Süden über Obojan und auf Tim angreifenden Kräften der Heeresgruppe Süd ist baldigst herzustellen ...«
Am gleichen Tag, dem 12. April, findet in Moskau die Beratung über Pläne des STAWKA für die Sommeroperationen statt. Anwesend: Stalin, Schukow, Wassilewski und Antonow. Generalleutnant Schtemenko, Chef der Operativen Verwaltung des Generalstabs: »Auf der Besprechung im Hauptquartier am 12. April abends stimmten alle Teilnehmer nach gründlicher Analyse überein, daß das wahrscheinlichste Ziel der gegnerischen Sommeroffensive die Einschließung und Vernichtung der Hauptkräfte der Zentral- und Woronesch-Front im Kursker Bogen sein werde ... Der Übergang zu einer zeitlich begrenzten aktiven Verteidigung stellte unter den gegebenen Bedingungen die beste Lösung dar, die Stoßverbände der faschistischen Wehrmacht auszubluten und uns günstige Bedingungen für den Übergang zu einer großangelegten Sommeroffensive zu schaffen.«
Anschließend erhalten der Generalstab, die Oberkommandos der Zentral- und der Woronesch-Front von STAWKA die Weisung, eine Verteidigungsoperation im Kursker Bogen vorzubereiten. Gleichzeitig beginnt die Ausarbeitung von Plänen für die Gegenoffensive in den Richtungen Orel und Bjelgorod–Charkow. Die Angriffsoperation in Richtung Orel, die von den Truppen des linken Flügels der Westfront (GenOberst Sokolowski) und der Brjansker Front (GenOberst Popow) sowie des rechten Flügels der Zentralfront (Armeegen. Rokossowski) durchzuführen ist, erhält den Decknamen »Kutusow«. Die Zerschlagung der deutschen Kräfte im Raum Bjelgorod–Charkow soll durch die Verbände der Woronesch-Front und des Steppenmilitärbezirks im Zusammenwirken mit den Truppen der Südwestfront erfolgen. Der Deckname dieser Operation lautet: »Polkowodez Rumjanzew«.

Am Dienstag, dem 13. April 1943, enthüllt der »Enigma«-Funkverkehr, daß das deutsche Luftwaffenkommando Ost Weisung erhalten hat, seine Vorausabteilungen, die für die Sommeroffensive bereitstehen, nach vorn zu verlegen. Zum ersten Mal erfährt der britische Geheimdienst in diesem Zusammenhang den Tarnnamen der geplanten Operation: »Unternehmen Zitadelle«. Auch diese Information leitet England sofort nach Moskau weiter.[12]

Am Donnerstag, dem 15. April 1943, befiehlt Hitler im Rahmen des Operationsbefehls Nr. 6, das Unternehmen »Zitadelle« als ersten der diesjährigen Angriffsschläge durchzuführen. Der Offensive auf Kursk kommt eine entscheidende Bedeutung zu, sie muß der deutschen Führung die Initiative für dieses

Aus einer Dienstvorschrift der Roten Armee für die Tarnung des Geländes im rückwärtigen Frontgebiet: eine perfekte Täuschung des Feindes

Frühjahr und den Sommer verschaffen. Hitler: »Der Sieg von Kursk muß für die Welt wie ein Fanal wirken.« Nach dem Erfolg des Unternehmens »Zitadelle« will Hitler so schnell wie möglich aus der Bewegung zum Angriff nach Südosten (Unternehmen »Panther«) antreten lassen, um die Verwirrung des Feindes auszunutzen.

Der Operationsplan »Zitadelle« entspricht der klassischen Methode des »Abscherens« eines Frontbogens durch Zangenangriff gegen seine Basis. Die schwerwiegende Schwäche eines solchen Vorhabens: Der überaus wichtige Überraschungseffekt ist bei einer solchen Operation gleich Null. Dies kann eigentlich nur noch durch einen überraschenden Angriffsbeginn, die Wucht der eingesetzten Mittel sowie die Unkenntnis des Gegners über den Schwerpunkt in einem gewissen Maße ausgeglichen werden. Der Operationsplan bietet zwei Lösungen an: Schlagen aus der Nachhand, das heißt, der Roten Armee zunächst die Initiative zu überlassen, sie dann gegen ein starkes Feldbefestigungssystem anrennen zu lassen und anschließend selbst zum Gegenangriff überzugehen.

Diese Meinung vertreten das OKH und die beiden Oberbefehlshaber der Heeresgruppen Süd und Mitte, Manstein sowie Kluge. Sie sind für eine elastische Verteidigung und wollen erst, nachdem die Sowjets ihre Angriffskräfte festgelegt haben, sie mit dem Gegenschlag in der Bewegung treffen. So kann in einer freien Feldschlacht die noch vorhandene Überlegenheit der deutschen Führung und Truppe eher zum Erfolg führen als nach dem verlustreichen Durchkämpfen eines starken sowjetischen Stellungssystems unter starrem Festhalten an einer überdehnten Gesamtfront. Hitler entschließt sich jedoch für die zweite Lösung, Schlagen aus der Vorhand. Er scheut jeden Geländeverlust und

Feldflugplatz bei Achtyrka, 17. 4. 1943: ein Nahaufklärer vom Typ Focke-Wulf Fw 189 vor dem Start

meint, Stalin brauche ihm »ja gar nicht den Gefallen einer Offensive zu tun. Deutschland hat daher auch mit Rücksicht auf die zu erwartende Invasion im Westen keine Zeit zu verlieren.«

Durch eine Zangenbewegung der Heeresgruppe Mitte aus dem Raum südlich Orel und der Heeresgruppe Süd aus der Gegend beiderseits Bjelgorod sollen nach Hitlers Vorstellung die im Bogen von Kursk stehenden starken sowjetischen Kräfte eingeschlossen und vernichtet werden. Das OKH hofft, den Durchbruch auf Kursk erzwingen zu können, wenn man andere, zweitrangige Frontabschnitte entblößt, die Breite der Durchbruchsabschnitte – pro Division 2,8 bis 3,3 Kilometer – radikal verengt und die neuen schweren Panzer von Typ »Tiger« und »Panther« in einer Dichte von 30 bis 40 Kampfwagen je Frontkilometer massiert einsetzt.

General der Infanterie Zeitzler, Chef des Generalstabs des OKH, unterstützt zwar diesen Plan, stellt aber als Bedingung, daß der Angriff so schnell wie möglich, am besten noch im April, beginnt: Warte man nämlich länger, dann werde die sowjetische Verteidigung zu stark. Hitler ist jedoch mit diesem Termin keineswegs einverstanden. Er will erst die Indienststellung der »Panther«- und vor allem der »Tiger«-Panzer abwarten, die der Truppe nach seiner Meinung einen gewaltigen Auftrieb geben werden. Der größte Nachteil des ganzen Planes ist jedoch, daß die Sowjets hier im Kursker Bogen schon immer eine Offensive erwarten.

Und während Manstein aus der Bewegung – aus der Nachhand, wie er sagt – heraus im offenen Felde Angriffsschläge durchführen will, stellt der Bogen von Kursk selbst eine Bastion dar, die nur mühsam und unter größten Verlusten zu erobern ist. Der Beginn des Angriffs wird jetzt auf den 4. Mai 1943 festgelegt.

Raum Obojan: Die Bevölkerung hilft der Roten Armee beim Bau von Straßen

Zu dieser Zeit sind auf sowjetischer Seite des Kursker Bogens die Befestigungsarbeiten in vollem Gange. Generalleutnant Moskalenko, Oberbefehlshaber der 40. Armee der Westfront (GenOberst Sokolowski): »Alle unsere Soldaten wurden gleichsam zu Pionieren. Wir hoben Hunderte Kilometer Schützen- und Verbindungsgräben aus, bauten Deckungen für Panzer, Geschütze, Kraftfahrzeuge und Pferde und überdachte Unterstände für die Soldaten, gegen die sogar eine 150-mm-Granate wirkungslos war. Alles war so dem Gelände angepaßt, daß die Erd- und Luftbeobachtung wenig erkennen konnte.«
General der Panzertruppe v. Knobelsdorff, Kommandierender General des XXXXVIII. Panzerkorps der Heeresgruppe Süd (GFM v. Manstein): »Hand in Hand mit der Heranführung neuer Kräfte setzte beim Gegner ein großzügig und taktisch sorgfältig durchdachter Stellungsbau in großer Rückwärtsstaffelung ein. Im Frontabschnitt des Korps erreichte der Stellungsbau des Feindes eine Tiefe von etwa 20 km. Der Russe hatte sich hier in der Auswahl, Anlage und im Ausbau seines Stellungssystems sowie in der Tarnung gegen Luft- und Erdeinsicht erneut als Meister gezeigt.« Generalleutnant Dragunski, Kommandeur der 1. mechanisierten Brigade der zur Woronesch-Front (Armeegen. Watutin) gehörenden 1. Panzerarmee: »Für jeden Panzer, jedes Geschütz und Maschinengewehr waren Feuerstellungen vorbereitet, Schußsektoren und Orientierungspunkte festgelegt, die Anfangsangaben für das Schießen vorbereitet sowie Haupt-, Reserve- und Scheinstellungen angelegt.«
Armeegeneral Rokossowski, Oberbefehlshaber der Zentralfront: »Soldaten und Kommandeure waren zuversichtlich und von der Festigkeit der von ihnen gebauten Stellungen überzeugt. Da sie an dieser Linie schon im Februar und März die gegnerischen Angriffe erfolgreich abgewehrt hatten, verfügten sie

über große Erfahrungen.« Von der Stärke der gerade entstehenden sowjetischen Verteidigungslinie kann sich die deutsche Führung kaum eine Vorstellung machen.
Etwa acht Bunker kommen auf einen Frontkilometer. Die Bataillonsverteidigungsknoten durchzieht ein Netz voll ausgebauter Verbindungsgräben, über die man alle Bunker und Deckungen erreicht. Im Durchschnitt gibt es 3,8 Kilometer Graben je Frontkilometer. Am stärksten ist der Hauptverteidigungsstreifen befestigt: Mehrere miteinander verbundene, durchgehende Gräben bilden zusammen mit Stacheldrahthindernissen, Minenfeldern, Panzergräben, Bunkern und Unterständen, zahllosen Maschinengewehrnestern, unzähligen Pak-Riegeln, tiefgestaffelten Artilleriestellungen, eingegrabenen Panzern ein Verteidigungssystem, das nicht in einem Zuge durchbrochen werden kann.
Die Artillerie verfügt über zahlreiche Wechselstellungen, die so gut getarnt sind, daß man sie beim Angriff nur schwer ausmacht. Die taktische Verteidigungszone, bestehend aus dem Haupt- und dem zweiten Verteidigungsstreifen, erreicht eine Tiefe von 15 bis 20 Kilometern. Rund 20 bis 30 Kilometer hinter dem Hauptverteidigungsstreifen ist ein durchgehender, rückwärtiger Armeeverteidigungsstreifen angelegt, der von Armeereserven besetzt ist. Jede Armee der ersten Linie verfügt über drei ausgebaute, mit Truppen besetzte Verteidigungsstreifen. Außerdem haben die Zentral- und die Woronesch-Front drei Frontverteidigungslinien geschaffen und der Steppenmilitärbezirk östlich des Kursker Frontvorsprungs eine Verteidigungslinie zwischen Rossoschnoje und Belij Kolodes ausgebaut. Die operativ-taktische Verteidigung beider Fronten ist bis zu einer Tiefe von 70 Kilometern mit Truppen besetzt.
Insgesamt beträgt die Tiefe der acht Verteidigungsstreifen und Linien 250 bis 300 Kilometer. Dieses System von Verteidigungs-, Schützen- und Verbindungsgräben hat an der Ostfront keine Parallelen. So sind z. B. nur im Abschnitt der Zentralfront und der Woronesch-Front fast 10 000 Kilometer Gräben ausgehoben. Allein im Woronescher Frontabschnitt gibt es 83 912 Schützenstände, MG- und Panzerbüchsenstellungen, 5322 Gefechtsstände und Beobachtungsstellen sowie 17 505 Unterstände und Erdbunker, dazu hat man 637 500 Panzer- und Infanterieminen gelegt und 593 Kilometer Drahtsperren errichtet. Zwischen diesen Verteidigungsstreifen werden in besonders bedrohten Abschnitten Riegelstellungen errichtet. Auch der als strategische Reserve im Hinterland der Woronesch- und Zentralfront konzentrierte Steppenmilitärbezirk bereitet am Kschen eine Verteidigungslinie vor.
Um das Zusammenwirken der verschiedenartigen Verbände besser organisieren zu können und die Truppenführung zu vereinfachen, werden die Stützpunkte zu Panzerabwehrräumen zusammengefaßt. Die Dichte der Panzerabwehrkanonen (Pak) erreicht in den wichtigsten Richtungen 12 bis 15 Pak je Frontkilometer. Zum Vergleich: In der Verteidigung vor Moskau betrug die Dichte nur fünf Geschütze, bei Stalingrad höchstens sechs bis acht Geschütze je Frontkilometer. Dazu Armeegeneral Rokossowski: »Großes Gewicht legten wir darauf, verschiedene Arten von Panzersperren zu schaffen. Vor der vorderen Linie und in den panzergefährdeten Richtungen in der Tiefe der Verteidigung entstanden durchgehende Zonen solcher Sperren. Sie bestanden aus Minenfeldern, Panzergräben, Höckersperren, Dämmen zum Überfluten des Geländes sowie aus Baumsperren.«
Im Gegensatz zu den Schlachten vor Moskau und Stalingrad wird die Panzerabwehr in der taktischen Verteidigungszone nach einem einheitlichen Plan für die gesamte Tiefe (120 bis 150 Kilometer) organisiert. Kern dieser Verteidigung ist

Bei Maloarchangelsk im Zentralfrontabschnitt, Mitte April 1943, Rotarmisten bei der Arbeit: Im Durchschnitt gibt es 3,8 km Graben je Frontkilometer

das Panzerabwehrsystem mit Kompanie-Panzerabwehrstützpunkten, Bataillons-Panzerabwehrknoten, Panzerabwehrräumen der Divisionen und Armeen sowie beweglichen Sperrabteilungen. Generalleutnant Moskalenko, Oberbefehlshaber der 40. Armee der Westfront: »In den wichtigsten Abschnitten hoben wir Panzergräben aus und schufen an den Flußufern Steilhänge. Selbst in den Wäldern wurden mit Sprengladungen versehene Baumsperren errichtet.«
Dieses System der Panzerabwehr basiert erstens auf den in die Tiefe gestaffelten und in die Gefechtsordnungen der Kompanien und Bataillone einbezogenen Panzerabwehrräumen, die innerhalb der Regimentsabschnitte organisiert sind; zweitens auf dem frühzeitig und sorgfältig vorbereiteten Einsatz von starken Artillerie-Panzerabwehrreserven; drittens auf den organisch mit dem Feuersystem verbundenen Panzersperren. Die grundlegende Idee ist, alle angreifenden Panzer in ein Netz von Längs- und Querfeuer zu ziehen. In der Regel decken sich diese Stützpunkte mit den Gefechtsordnungen der Schützentruppen.
In jedem Schützenregiment gibt es Panzerabwehrpunkte, die je Abschnitt organisiert werden und deren Bestand unterschiedlich ist. In der Division beträgt die mittlere Dichte der Panzerabwehrmittel 11 Geschütze und bis zu 10 Panzerbüchsen je Frontkilometer. Außerdem haben die Regiments- und die Divisionskommandeure für die Panzerbekämpfung motorisierte, äußerst manövrierfähige Panzerabwehrreserven. Das Feuersystem der Panzerabwehrknoten und -räume ist mit dem Feuer der Artillerie aus offenen und gedeckten Feuerstellungen sowie mit dem Feuer der Artillerie der Panzerabwehrreserven verbunden. Ein wichtiges Element der Panzerabwehr, deren Tiefe 30 bis 35 Kilometer erreicht, sind die im Frühjahr 1943 neu aufgestellten motorisierten Sperrabteilungen, eine Art beweglicher Pioniertrupps auf Lkw, mit einer Anzahl Panzerminen, Sprengkörpern und transportablen Sperren ausgestattet, die man sofort in die Panzerdurchbruchräume beordern kann.
Die Panzerbüchsenschützen beziehen in den panzergefährdeten Richtungen zug- oder gruppenweise Stellung. Nach demselben Prinzip ist das Feuersystem der Infanteriewaffen im zweiten und im rückwärtigen Armeeverteidigungsstreifen aufgebaut. Zur Bekämpfung der neuen deutschen schweren Panzertypen »Panther« und »Tiger« werden die Panzerabwehrstützpunkte durch 8,5-cm-Flak und sogar durch 15,2-cm-Haubitzen verstärkt. Alle Panzerabwehrstützpunkte haben untereinander Feuerverbindungen. Die Geschütze in den Stützpunkten sind oftmals so angeordnet, daß sie Feuersäcke bilden. Bei der 6. Gardearmee (GenLt. Tschistjakow) und der 7. Gardearmee (GenLt. Schumilow) der Woronesch-Front soll z. B. ein Teil jener Panzerbrigaden, Panzer- und Sturmgeschütz-Regimenter, die den Schützendivisionen zugeteilt sind, als Feu-

erpunkte in den Gefechtsordnungen der Infanterie oder als Panzerhinterhalt in panzergefährdeten Richtungen eingesetzt werden.
Auch Panzer und Sturmgeschütze gliedert man in die Panzerabwehrstützpunkte ein. Auf diese Weise können die »Tiger«- und »Panther«-Panzer, die eine starke Stirnpanzerung haben, durch Feuer in die Seite vernichtet werden. Die so gestaltete Panzerabwehr ist für STAWKA besonders wichtig, weil den sowjetischen Truppen in der Bekämpfung der schweren deutschen »Tiger«-Panzer und vor allem der schweren Sturmgeschütze »Ferdinand« noch die Erfahrung fehlt.
General der Panzertruppe v. Knobelsdorff (XXXXVIII. Pz.Korps): »Parallel mit dem Stellungsbau ging eine weitgehende und taktisch sehr geschickt angelegte Verminung des Geländes mit Schwerpunkt am Donez und an der Rasumnaja-Niederung sowie im Raum Bjelgorod vor sich.« Generalleutnant Batow, Oberbefehlshaber der 65. Armee: »Von der vordersten Linie bis in die Tiefe des rückwärtigen Raumes der Armee erstreckten sich weiträumige Minenfelder. Sie waren so zahlreich, daß wir Warnposten aufstellen und die verminten Abschnitte mit Schildern kennzeichnen mußten.«
Generalleutnant Moskalenko, Oberbefehlshaber der 40. Armee: »Im Abschnitt der 40. Armee wurden 59032 Panzerminen, 70994 Infanterieminen und 6377 Granaten verlegt: diese hatten wir zum erstenmal so zahlreich als Sperrminen verwendet. Mit Verzögerungsminen wurden Straßen und Brücken gesichert. Die meisten Sprenghindernisse lagen im Vorfeld und im Hauptverteidigungsstreifen.« So kommen im Kursker Bogen auf einen Kilometer etwa 1500 bis 1600 Panzerminen; fast 400 Prozent mehr als bei Moskau und 250 Prozent mehr, als vor Stalingrad verlegt worden waren.
In den zu erwartenden deutschen Hauptstoßrichtungen ist die Panzerabwehr noch stärker. Im Streifen der 81. Schützendivision der 7. Gardearmee (GenLt. Schumilow) liegen auf einem Frontkilometer sogar 2133 Panzer- und 2126 Infanterieminen. Daneben werden auch auf der Frontebene Reserven der Panzerabwehrartillerie aus drei Brigaden und zwei Regimentern gebildet.
Generalleutnant Moskalenko: »Außerdem wurden in den Schützenkompanien und in jedem Zug mit Handgranaten, Panzerminen und Sprengstoff ausgerüstete Vernichtungsgruppen aufgestellt, die darauf trainiert waren, jederzeit gegnerische Panzer zu bekämpfen.«
Auch die Artillerie ist ebenso wie alle anderen Waffen fest in das Panzerabwehrsystem einbezogen. Sie soll aus gedeckten Stellungen bewegliche Sperrfeuer und gegen Panzerballungsräume zusammengefaßtes Feuer eröffnen. Alle Batterien sind angewiesen, Panzerdurchbrüche im direkten Richten zu bekämpfen. Armeegeneral Rokossowski: »Obwohl die Dienstvorschriften den

Eine der Attrappen eines Panzers T-34 im Bereich der sowjetischen 2. Panzerarmee, nördlich Kursk

Einsatz von ›Garde-Werfern‹ zur Panzerbekämpfung nicht vorsahen, entschlossen wir uns doch, die ›Katjuschas‹ dazu heranzuziehen.«
Beim Aufbau der Gefechtsordnungen in den Kompanieverteidigungsräumen gilt es vor allem, einen unüberwindbaren Feuervorhang zu schaffen. Je nach den Geländebedingungen liegen die Einheiten schachbrettartig, um damit den gesamten Abschnitt innerhalb des Bataillonsraumes mit dem Feuer zu decken sowie Flanken- und Schrägfeuer zu führen. In den Bereichen nahezu aller Bataillone sind vor der vorderen Linie sowie in der Tiefe der Bataillonsräume und Regimentsabschnitte Sperrfeuer und konzentriertes Feuer der schweren MG vorbereitet.
Auch die Granatwerferkompanien haben sich auf Abschnitte und Linien eingeschossen. Selbst die Verbindungsgräben sind so angelegt, daß sie notfalls als Riegelstellungen benutzt werden können. Die Widerstandsknoten der Bataillone sind überwiegend für Rundumverteidigung eingerichtet. Armeegeneral Rokossowski: »Die Feuermittel waren in die gesamte Tiefe der Armeen gestaffelt. Vorgesehen waren Manöver mit dem Feuer sowie dessen Massierung in den bedrohten Richtungen. Um eine unkomplizierte und zuverlässige Feuerleitung zu sichern, wurde ein ganzes Netz von Beobachtungsstellen mit stabilen Nachrichtenverbindungen geschaffen.«
Die Tiefe der Verteidigung beträgt bei den Fronten 120 bis 150 Kilometer, bei den Armeen 40 bis 50 Kilometer. Im Unterschied zu früheren Verteidigungskämpfen haben die Reserven der Panzerabwehrkanonen (Pak) im Kursker Bogen eine beachtliche Stärke und befinden sich auf jeder Truppenebene. Auch Flakregimenter müssen einen Speziallehrgang zur Panzerbekämpfung durchmachen. Die Luftabwehr wird ebenso stark ausgebaut. Selbst über die Hälfte der leichten und schweren MG, sogar Panzerbüchsen sind zur Bekämpfung feindlicher Flugzeuge vorgesehen.
Um das Problem der Truppenführung zu lösen, werden die Kommandostellen so nah wie möglich zu den Truppen verlegt. STAWKA beauftragt jetzt zwei seiner besten Männer, Marschall Schukow und den Chef des Generalstabs, Marschall Wassilewski, die Kampfvorbereitungen der Fronten im Kursker Bogen zu koordinieren. Die beiden verstärken als erstes die bereits übliche strenge Geheimhaltung: Alle Nachrichtenverbindungen unterliegen ab sofort einer überaus scharfen Kontrolle. Gespräche über Feldtelefon werden bis zum äußersten eingeschränkt und Funkverbindungen nur zwischen jenen Funkstellen aufrechterhalten, die schon zuvor im Einsatz waren und so der deutschen Funkabwehr bekannt sind. Jegliche Gespräche über Operationsvorbereitungen der Truppen sind kategorisch untersagt. Die einzelnen Befehlshaber dürfen Gefechtsaufgaben an die ihnen unterstellten Kommandeure nur persönlich unter vier Augen übermitteln, Truppenverlegungen erfolgen ausschließlich bei Nacht.
Man versucht unterdessen, die deutsche Luftaufklärung nicht nur durch eine geschickte Tarnung der wirklichen Verteidigungsanlagen, sondern auch durch die Errichtung von zahlreichen Scheinanlagen zu täuschen: Es gibt über 1000 Kilometer falsche Gräben, Feuerstellungen und Beobachtungspunkte, dazu rund 900 fahrbare Panzerattrappen. Außerdem sind drei Scheinaufstellungsräume für größere Panzerverbände und 13 Scheinflugplätze mit über 200 Attrappen verschiedener Flugzeugtypen angelegt. Ebenso sorgfältig wird der pioniermäßige Ausbau des Geländes getarnt.
Außer den Arbeiten an Verteidigungsanlagen verbringen die Truppen ihre Zeit mit Übungen und politischer Schulung. Armeegeneral Rokossowski: »Neben

den Verteidigungsarbeiten waren die Truppen intensiv mit der Gefechtsausbildung beschäftigt. Mindestens ein Drittel der Übungen fanden nachts statt. Auch in den Stäben wurden intensive Schulungen abgehalten.«
Die Panzerbesatzungen üben das Schießen aus der Bewegung und das Vorgehen in geschlossener Formation. Die Infanterie wird auf speziell eingerichteten Übungsplätzen gründlich in der Panzerbekämpfung geschult. Generalleutnant Moskalenko: »Die Schützen lernten, Panzerhandgranaten und Brandflaschen anzuwenden und im Schutz der vorgehenden Infanterie Panzer zu vernichten. Um die Soldaten zur Standhaftigkeit zu erziehen, ließen wir sie in den Schützengräben aus verschiedenen Richtungen von T-34 überrollen. So gewannen sie die Sicherheit, daß man in einem gut aufgebauten Graben auch einen Panzer nicht zu fürchten braucht und ihn auch vernichten kann, wenn man seine verwundbaren Stellen kennt.«
Armeegeneral Rokossowski: »Da wir damit rechneten, daß der Gegner seine schweren ›Tiger‹ mit 8,8-cm-Kanonen einsetzen würde, machten sich Soldaten und Kommandeure mit den taktisch-technischen Daten und den Methoden der Bekämpfung dieser Panzer vertraut.«
Die Politische Verwaltung der Zentralfront verteilt in diesen Tagen Merkblätter für Panzerbüchsenschützen, Kanoniere und Infanteristen zur Bekämpfung von Panzern sowie Tausende von Plakaten mit Abbildungen der neuen deutschen Panzer und praktischen Ratschlägen zu ihrer Vernichtung.
Rund 500000 mit Kriegsmaterial beladene Eisenbahnwaggons rollen aus dem Inneren der Sowjetunion in den Kursker Frontbogen: Der beste Beweis für das Ausmaß der Konzentration schwerer Waffen in diesem Frontabschnitt. Selbst die Bevölkerung nimmt mehr oder weniger freiwillig am Ausbau der Verteidigungsanlagen und Feldflugplätze teil. Insgesamt sind es etwa 300000 Menschen, vor allem Frauen, Kinder und Greise. Sie müssen auch bei der Wiederherstellung von Straßen und Wegen sowie Eisenbahnstrecken helfen und in den Lazaretten arbeiten. Marschall Schukow: »In den Industriezentren der Frontgebiete wurden in großem Umfang Panzer, Flugzeuge, Kraftwagen, Artilleriegeräte und andere schwere Waffen sowie Ausrüstungen überholt ...«
Sämtliche Ortschaften werden innerhalb des Stellungssystems, in manchen Abschnitten sogar bis 150 Kilometer hinter der Hauptkampflinie, restlos evakuiert. Man hat diese Orte festungsartig ausgebaut und mit Sicherungstruppen für die Verteidigung belegt. Auch alle größeren Städte, vor allem Kursk, werden in Festungen verwandelt und zur Rundumverteidigung ausgebaut. Für Ablösungen und Reserven entstehen in Wäldern und Hohlwegen riesige Lager und Munitionsdepots mit schußsicheren Unterständen.

Raum Lgow, Zentralfront, Mitte April 1943, eine sowjetische Panzerabwehrstellung: Schützen mit Panzerbüchsen vom Typ PTRD-41 Degtjarew

Umfang und Stärke der Verteidigungsanlagen im Bogen von Kursk sind das Ergebnis einer genauen Feindaufklärung, die das gesamte rückwärtige Gebiet von der Weichsel bis zur Frontlinie erfaßt hat. Die Gruppen der Zentral- und Woronesch-Front haben in ihren Abschnitten neben Tausenden von Gefechtsständen und Artilleriebeobachtungsstellen mehr als 2700 Beobachtungsstellen ausschließlich für Feindaufklärung. Sie führen über 100 gewaltsame Aufklärungsunternehmen durch, dazu etwa 2600 Stoßtrupps bei Nacht und nehmen dabei 187 deutsche Soldaten und Offiziere gefangen, deren Aussagen eine wichtige Ergänzung des aktuellen Feindbildes bedeuten. Außerdem beordern die Sowjets in die Tiefe des deutschen Hinterlandes Sonder-Aufklärungsgruppen. Sie verrichten ihren Dienst zusätzlich zu den zahlreichen Aufklärungsoperationen der Partisanen und der Arbeit von Agenten des sowjetischen Geheimdienstes. So erkundet z. B. eine einzige dieser Sonder-Aufklärungsgruppen unter Oberleutnant Buchtojarow sieben Flugplätze, 13 Munitionslager, acht Treibstofflager und bringt über 30 Gefangene mit. Die Informationen, die STAWKA bekommt, enthalten außer einigen Angaben über die Pläne des deutschen Oberkommandos auch Mitteilungen über Stärke, Bewaffnung und Dislokation deutscher Verbände der Heeresgruppe Mitte und der Heeresgruppe Süd.
Eine intensive Luftaufklärung erfaßt die deutschen Konzentrationsräume und liefert weitere Einzelheiten über Flugplätze, Verteidigungsanlagen, Stützpunkte und Stellungen der Artillerie. Marschall Schukow: »Der Stab der Partisanenbewegung wurde beauftragt, in den Gebieten Orel, Charkow und anderen nicht nur die wichtigsten Verbindungswege im Hinterland des Feindes lahmzulegen, aber auch die wichtigsten Informationen über den Gegner zu sammeln und an das Hauptquartier weiterzuleiten.«
Laut Schukow sind insgesamt etwa 500 000 Partisanen im deutschen Hinterland tätig gewesen. Die Aufklärungsarbeit der Partisanenverbände leiten nachrichtendienstlich geschulte Kommissare, meist NKWD-Angehörige. Ihre Berichte gehen gewöhnlich an die Operationsgruppe beim Stab der Partisanenbewegung des zuständigen Frontabschnittes. Hier werden die Nachrichten nochmals gesiebt und dann der meist am gleichen Ort stationierten Operationsabteilung des Front-Oberkommandos der Roten Armee übermittelt. Von dort gelangen sie mit Sonderkurieren auf dem Luftweg nach Moskau und werden noch am gleichen Tag STAWKA vorgelegt. Erst hier erfolgt ihre Auswertung. Die Ergebnisse erhalten die Oberbefehlshaber der in Frage kommenden Front per Funk mitgeteilt. Die Entschlüsselung des Inhalts dieser Funkmeldung darf der Oberbefehlshaber nur persönlich vornehmen.
In dem Merkblatt der Aufklärungsabteilung des Generalstabs der Roten Armee, unter dem Titel »Organisation der Aufklärung im rückwärtigen Feindgebiet« (Verfasser Oberst Ssurin), heißt es u. a.: »Nur durch eine permanente Aufklärung im Rücken des Feindes kann man die Aufstellung seiner Kräfte rechtzeitig feststellen, was im gewissen Grad die Kommandeure und die Truppe vor unerwarteten und überraschenden Handlungen des Gegners schützen kann ... Zum genauen Studium der Feindlage in der taktischen Tiefe des Gegners soll man Partisanen und die einheimische Bevölkerung, deren Meldungen oft sehr wertvoll sind, auf breiter Basis heranziehen. Es können in den Partisanengruppen auch deutsche Spione sein, deshalb darf die Verbindung mit den Partisanen erst nach Eingang ausdrücklicher Weisungen des Aufklärungsoffiziers erfolgen.« Um die Überprüfung zu erleichtern, geben die Partisanenstäbe Fragebogen heraus, die neben dem wichtigen, strategischen oder taktischen Fragenkomplex auch eine Anzahl scheinbar unbedeutender Fragen

▶ Bogduchow, eine zur 4. Panzerarmee gehörende »Tiger«-Abteilung: vor Beginn einer Übung

enthalten, aus deren Beantwortung der Aufklärungsoffizier oder politische Kommissar schließen kann, ob der Befragte wahrheitsgetreu berichtet.
Eine der Dienstvorschriften für Erkundungseinsätze des Zentralstabes der Partisanenbewegung enthält insgesamt 172 Fragen, in 21 verschiedene Sachgebiete gegliedert. Da die unteren Partisanenstäbe den Formularen noch eine Reihe regional unterschiedlicher Fragen hinzufügen, deren Beantwortung Ortskenntnis voraussetzt, gelingt es ihnen gewöhnlich, selbst einen raffinierten deutschen V-Mann zu entlarven. So hat man schließlich die Gewähr, daß STAWKA aus dem deutschen rückwärtigen Frontgebiet weitgehend zuverlässige Aufklärungsergebnisse erhält. Auf Anweisung von STAWKA führt die Rote Armee mit Unterstützung verschiedener Dienststellen der sowjetischen Gegenspionage und der Geheimpolizei NKWD auch zahlreiche Täuschungsaktionen durch. Ihr Ziel: Das OKH soll über die Pläne der sowjetischen militärischen Führung und die operative Lage im unklaren bleiben. Man bezweckt damit vor allem, die Vorbereitungen der Sowjetarmee zur Gegenoffensive im Kursker Bogen als reine Defensivmaßnahme zu verschleiern.
Gestützt auf die riesigen Stellungssysteme, bereitet man die Rote Armee darauf vor, sich im Kursker Bogen beweglich zu verteidigen und den deutschen Angriffen offensiv zu begegnen. Je eine Panzerarmee der Zentral- und Woronesch-Front sowie mehrere Panzerkorps warten darauf, in drei oder vier Abschnitten Gegenschläge zu führen. Die sowjetischen Panzerkräfte haben sowohl qualitativ als auch quantitativ einen hohen Grad erreicht und sind durch eine Reihe neu aufgestellter Panzerregimenter und Panzerbrigaden verstärkt. So stehen z. B. erstmalig seit Kriegsbeginn neben den selbständigen Panzerregimentern, Panzerbrigaden und Panzerkorps auch Panzerarmeen. Ihre Aufgabe:

Hauptmann Rudel von der III. Gruppe des Stukageschwaders 2 »Immelmann« (II./St.G 2) führt die Taktik der Panzerbekämpfung durch Stukas mit zwei 3,7-cm-Fla-Kanonen 18 vor: ». . . die beste Angriffsstelle für uns ist die Rückseite. Dort befindet sich der Motor, und die Kühlnotwendigkeit dieses Kräftezentrums gestattet nur eine dünne Panzerplatte.«

Angriffe der deutschen Panzerverbände auf Kursk abzuweisen und Voraussetzungen für eine Gegenoffensive zu schaffen.
Diese neuen Panzerarmeen sind anstelle der alten schwerfälligen Großverbände entstanden. Zu ihnen gehören in der Regel zwei Panzerkorps und ein mechanisiertes Korps sowie Einheiten und Truppenteile zur Verstärkung und Sicherstellung. Die Bildung dieser Panzerarmeen mit neuer Struktur ermöglicht der sowjetischen Führung eine noch stärkere Massierung von Panzern. Sie stehen zwar STAWKA zur Verfügung, sind aber den Fronten operativ eingereiht. Zur Standardausrüstung der Panzerarmeen gehören u. a.: Panzer vom Typ T-34 mit verbessertem Fahrwerk und stärkerem Motor sowie Sturmgeschütze vom Typ SU-122 und SU-152. Gerade die SU-152-Sturmgeschütze werden zu einem gefürchteten Gegner: Ihre schweren 15,2-cm-Granaten durchschlagen die Panzerung jedes deutschen Panzers.
Zur Vorbereitung des stärksten Artilleriefeuers, das die Kriegsgeschichte bisher gekannt hat, holt STAWKA seinen besten, sich bereits in der Schlacht um Stalingrad bewährten Spezialisten, Marschall Woronow. Er wird nun von Stalin beauftragt, den Artillerieeinsatz, der den Sommerfeldzug der Roten Armee einleiten soll, zu koordinieren. Die Feuermittel, über die Woronow jetzt verfügt, sind dreimal so stark wie die bei Stalingrad.
Kaum eine Tatsache beeinflußt so nachhaltig die strategische Planung des OKH und den späteren Verlauf der Kampfhandlungen wie die Fehleinschätzung der gegenwärtigen Stärke der Roten Armee: Man hält eine sprunghafte Entwicklung in der sowjetischen Ausrüstung für unmöglich und berücksichtigt bei der Planung nicht die gestiegene Schlagkraft der gegnerischen Truppen. Dabei sind die Verbände der Zentral-, der Brjansker und der Westfront spätestens seit April 1943 auf eine Offensive der zur Heeresgruppe Mitte gehörenden 9. Armee (GenOberst Model) gegen den Frontabschnitt bei Orel vorbereitet.

Bereits am Montag, dem 19. April 1943, beordert Generaloberst Model alle Kommandeure und Ia (1. Generalstabsoffiziere) der ihm unterstellten Panzerdivisionen in sein Hauptquartier nach Orel. Model stellt dabei zu seiner Verblüffung fest, daß die Kräftezuteilung für die 9. Armee den gesteckten Zielen kaum gerecht wird. Er funkt sofort an die Heeresgruppe Mitte: »Mehr Panzer! Mehr Offiziere! Mehr Artillerie! Bessere Ausbildung der Angriffstruppen!«
Unterdessen hofft das OKH, endlich ein Wundermittel zur Schwächung der Sowjets in der Hand zu haben: Die Überläufer aus der Roten Armee. In der Tat, Anfang 1943 dienen in der deutschen Wehrmacht fast eine Million russische »Hilfswillige«, kurz Hiwis genannt. In jedem Regiment sind sie als Sanitäter, Fahrer, Pferdepfleger, Köche, Dolmetscher oder Wegführer eingesetzt. Die Mehrzahl der Gefangenen fristet jedoch ihr Dasein in Kriegsgefangenenlagern. Rund 2,5 Millionen von ihnen finden dabei den Tod durch Hunger, Krankheit und unmenschliche Behandlung.

Am Dienstag, dem 20. April 1943, gibt das OKH den »Grundsätzlichen Befehl Nr. 13«. Die Formel klingt einfach und überzeugend: »Je besser Überläufer behandelt werden, um so mehr kommen. Je mehr Überläufer, desto weniger kämpfende Feinde!« Laut Befehl Nr. 13 sollen die Überläufer »sofort reichlich verpflegt« (Schwerarbeitersätze) werden. Tabakwaren, Zeitschriften, geeignete Literatur, ja sogar Musikinstrumente und Filmabende erwarten sie. Je drei Offizieren oder einem General steht eine Ordonnanz zu. Sie bekommen Ersatz

Grundsätzlicher Befehl Nr. 13

des Oberkommandos der deutschen Wehrmacht über die Behandlung der auf deutsche Seite übergehenden Angehörigen der Roten Armee

Die große Zahl der freiwillig zu uns Übertretenden beweist, daß die einsichtigen Offiziere und Soldaten der Roten Armee nicht gewillt sind, sich auch weiterhin sinnlos für das Sowjetregime zu opfern. Alle Offiziere und Soldaten, welche ehrlich den Kampf aufgeben und freiwillig zu uns übertreten, sind daher als Gegner des Sowjetregimes zu betrachten und dementsprechend bevorzugt zu behandeln:

In Ergänzung und Erweiterung der bisher gegebenen Befehle wird daher angeordnet:

I. Als freiwillig zu uns übergetreten gilt jeder Angehörige der Roten Armee (Offizier, Politruk, Unteroffizier oder Mann), der sich nach Lösung aus dem

ПРИКАЗ № 13

Верховного командования Германской Армии.

О военнослужащих Красной Армии, добровольно переходящих на сторону Германской Армии.

Благоразумные солдаты и офицеры Красной Армии не желают дальше безсмысленно жертвовать собой ради сохранения советского режима, о чем свидетельствует большое количество военнослужащих Красной Армии, переходящих добровольно на нашу сторону.

Всех офицеров и солдат Красной Армии добровольно переходящих к нам следует рассматривать, как противников советской власти и в соответствии с этим, с ними обращаться.

Приказываю:

I. Каждого военнослужащего Красной Армии (офицера, политработника, бойца и др.) покинувшего свою часть и самостоятельно или в составе группы добровольно являющегося к нам, считать *не военнопленным, а добровольно перешедшим на сторону Германской Армии.*

Grundsätzlicher Befehl Nr. 13 als Flugblatt im Rahmen des Unternehmens »Silberstreif«: ein Wundermittel zur Schmälerung der Roten Armee?

für fehlende Bekleidung und beschleunigte ärztliche Hilfe. Man soll ihnen »das persönliche Eigentum, Uniformstücke (auch Stiefel!) belassen« – und »alle möglichen Transportbequemlichkeiten ausnutzen« sowie »in den ersten Tagen Ruhe gönnen!« Dann hat jeder Überläufer eine Woche Bedenkzeit, um sich »möglichst der Neigung und Vorbildung des einzelnen entsprechend zu entscheiden«. Er kann wählen zwischen Eintritt in eine »Ost-Legion«, Dienst als »Hiwi« oder dem »freiwilligen Arbeitseinsatz in den befreiten Ostgebieten«. In jedem Armeebereich entstehen im Eilverfahren »Freiwilligen-Sammelstellen«. Hier sollen zunächst alle Überläufer aus dem jeweiligen Armeebereich überführt und durch besonders geschulte russische Betreuungsstaffeln im Sinne des OKH-Befehls Nr. 13 behandelt werden. Zugleich plant das OKH in Zusammenarbeit mit der Abteilung Fremde Heere Ost eine Monster-Propaganda-Aktion, Tarnname »Silberstreif«: In der Nacht vom 5./6. Mai 1943 soll das Unternehmen »Zitadelle« mit dem Abwurf von rund 400 Millionen Flugblättern eröffnet werden, darunter 200 Millionen Exemplare des »Grundsätzlichen Befehls Nr. 13« in verschiedenen Ostsprachen.
An diesem Tag meldet aus Luzern Rudolf Roessler (»Lucy«): Den Beginn der deutschen Kursk-Offensive habe man erneut von »Anfang Mai« auf einen späteren Termin verschoben. In Wirklichkeit hat der von Hitler am 15. April 1943 ausgegebene Befehl noch Gültigkeit, wonach das Unternehmen »Zitadelle« am 4. Mai 1943 anlaufen soll.[13]

Am Freitag, dem 23. April 1943, ergeht die Weisung des STAWKA an den Steppenmilitärbezirk (GenOberst Konjew), »in erster Linie für das Angriffsgefecht und die Angriffsoperation auszubilden«. Eine der wichtigsten Aufgaben dieses Militärbezirks, der kraftvollen strategischen Reserve des STAWKA: Er soll einen Durchbruch sowohl aus Richtung Orel als auch aus Bjelgorod verhindern und bei Übergang zur Gegenoffensive die Wucht des Angriffs steigern.

Zwei Tage später, am Sonntag, dem 25. April 1943, befaßt sich STAWKA mit der Lage an der Woronesch-Front (Armeegen. Watutin). General Schtemenko: »Der Verteidigungsplan der Front wurde gebilligt und der 10. Mai als Termin für die Verteidigungsbereitschaft festgesetzt.« Gleichzeitig befiehlt STAWKA Armeegeneral Watutin, spätestens am 1. Juni angriffsbereit zu sein. Die Truppen des linken Flügels der West- und der Brjansker Front sowie des rechten Flügels der Zentralfront sollen bis zum 20. Mai zum Angriff in Richtung Orel übergehen.

Am Montag, dem 26. April 1943, erinnert Hitler nochmals die Heeresgruppen Süd und Mitte an die sorgfältige Vorbereitung des Unternehmens »Zitadelle«.

Am Mittwoch, dem 28. April 1943, findet in München eine Besprechung der beteiligten Oberbefehlshaber mit Hitler über »Zitadelle« statt. Generaloberst Model trägt Hitler als erster unter den Befehlshabern seine Bedenken vor. Er äußert Zweifel am Erfolg der geplanten Offensive, weist auf den personellen Fehlbestand von 26442 Mann bei seiner 9. Armee und auf den bereits erkannten Aufbau der sowjetischen Verteidigung hin. Es sei notwendig, für den Bogen Orel–Karatschew eine starke Eingreifreserve zu bilden. Model verlangt zwei zusätzliche Panzer- sowie vier voll aufgefüllte, frische Infanteriedivisionen, dazu stärkere Heerestruppen, mehr schwere Artillerie, Werfer, Sturmgeschütze und Pioniere. Er schlägt ebenfalls vor, wie Generalfeldmarschall v. Manstein es bereits im März getan hat, die für den Angriff versammelten Kräfte im Orel-Bogen zurückzuhalten, die sowjetische Offensive abzuwarten und sie dann aus der Nachhand zu schlagen. Falls das OKW es für notwendig erachte, angesichts der Aktionen der Anglo-Amerikaner im Mittelmeer oder in Westeuropa Kräfte an anderen Fronten abzuziehen, bleibe nur die Räumung des Orel-Bogens. Man sollte dann eine Abwehrlinie beiderseits der Desna und beiderseits von Karatschew beziehen.
Hitler läßt sich jedoch nicht beeindrucken und verschiebt lediglich den ursprünglich auf den 4. Mai 1943 festgesetzten Termin für den Beginn des Angriffs, weil – wie er sagt – »die Panzer-, Sturmgeschütz- und Pak-Ausstattung der Angriffsdivisionen gegenüber dem sehr stark ausgebauten feindlichen Verteidigungssystem noch nicht ausreichend erscheint«. Als neuer Zeitpunkt für die Eröffnung des Unternehmens »Zitadelle« wird aufgrund der voraussichtlichen Lieferzeiten für schwere Panzerkampfwagen und Pak jetzt der 12. Juni 1943 festgelegt.
Inzwischen hat sich die Zahl der Partisanenanschläge im Vergleich zum März um 50 Prozent erhöht, besonders an der Aufmarschstrecke Minsk–Gomel. So verursacht z. B. die Sprengung der Besed-Brücke an der Eisenbahnlinie Kritschew–Unetscha, der einzigen Aufmarschstrecke der 9. Armee, volle zehn Tage für die Wiederherstellungsarbeiten.

Am frühen Morgen des 30. April 1943 wird die Leiche des Majors der britischen Royal Marines, William Martin, samt seiner Kuriertasche auf der Höhe des spanischen Hafens Huelva von einem Fischer aus dem Atlantik geborgen.

Raum Bjelgorod, Sonntag, 2. 5. 1943, in Erwartung des Befehls für einen Spähtruppeinsatz: Der deutsche Angriff »ist jeden Augenblick zu erwarten« – meldet vertraulich STAWKA

Dokumente, Briefe und andere Gegenstände lassen keinen Zweifel darüber, daß es sich um einen aus London zum Stab der britischen 18th Army Group (Gen. Alexander) in Tunis entsandten Kurier handelt, dessen Flugboot – wie bereits gemeldet – einige Tage zuvor ins Meer gestürzt ist. Als es einem mit dem Fall betrauten Mitglied des spanischen Generalstabs gelingt, die Briefe aus ihren Umschlägen zu ziehen, ohne deren Siegel zu brechen, ist ihm sofort klar, daß es sich um Dokumente von höchster militärischer Brisanz handelt. Eines dieser Papiere ist das Schreiben vom Vizechef des Empire-Generalstabs, General Nye, an General Alexander, den Stellvertreter des US-Generals Eisenhower in Nordafrika. Er erörtert darin verschiedene, die alliierte Kriegführung im Mittelmeerraum betreffende Fragen und macht eine unzweideutige Anspielung auf Griechenland als eines der beiden möglichen Invasionsziele. Ein anderer, persönlich gehaltener Brief von Admiral Lord Mountbatten, Chef des Stabes der Combined Operations, dem die britischen Commandos unterstellt sind, an Admiral Cunningham, Oberbefehlshaber der alliierten Seestreitkräfte im Mittelmeer, enthält einen ähnlichen Hinweis.

Unmittelbar nach Bergung der Leiche werden sowohl der britische Vizekonsul in Huelva, Mr. Haselden, als auch der britische Marineattaché in Madrid mit der zuerst recht diskreten, dann aber immer dringenderen Forderung nach Übergabe des Toten und aller Dokumente vorstellig. Die Spanier zögern die Sache gerade lange genug hinaus, um es den Agenten der deutschen Abwehr in Huelva zu ermöglichen, diesen phantastischen Glücksfall auszunutzen. Danach wird die Kurierpost wieder in ihre unversehrten Umschläge geschoben und dem britischen Ersuchen stattgegeben.

Die Geschichte des imaginären Offiziers ist das wahrscheinlich erfolgreichste

Desinformationsunternehmen des Zweiten Weltkrieges. Es ist auf persönliche Order von Churchill erfolgt. Sein Deckname: Operation »Mincemeat«. Um die Irreführung noch glaubhafter zu machen und den tatsächlichen Plan einer Landung auf Sizilien zusätzlich abzusichern, wird in einer den Deutschen durch die Leiche »Major Martins« – die das britische U-Boot »Seraph« (Cdr. Jewell) direkt vor Spaniens Küste ausgesetzt hat – zugespielten »Geheiminformation« erwähnt, daß man zur Tarnung der »wirklichen« Pläne versuchen werde, Sizilien als das tatsächliche Ziel der Landungen hinzustellen.
So soll im Fall eines Durchsickerns von Informationen über den echten Invasionsplan, was bei der Größe des Unternehmens kaum zu vermeiden ist, diese Information den Anschein absichtlicher Irreführung erwecken und die Deutschen in der Annahme bestärken, daß die Dokumente authentisch sind. Um dies noch glaubhafter zu machen, wird in der Korrespondenz unter »Personal and Most Secret« hervorgehoben, daß der tatsächliche Deckname für die Landung auf Sizilien, »Husky«, in »Wirklichkeit« der Deckname für die (angebliche) Landung auf dem griechischen Peloponnes sei. Falls jedoch die deutsche Abwehr irgendwie auf den Namen »Husky« stoßen sollte, wird sie annehmen müssen, daß der Peloponnes eines der beiden Invasionsziele sei.
Ebenfalls am 30. April überreicht der Chef der britischen Militärmission in Moskau dem sowjetischen Generalstab eine äußerst wichtige operative Meldung: Den am 25. April entzifferten »Enigma«-Bericht über das Unternehmen »Zitadelle«, unterzeichnet vom Oberbefehlshaber der Heeresgruppe Süd und gerichtet an das OKH, Abteilung Fremde Heere Ost. Sein Inhalt: Eine detaillierte Zusammenstellung der sowjetischen Kräfte im Kursker Bogen im Bereich der Heeresgruppe Süd, dazu Einschätzung der Schlagkraft und eine vermutliche Terminplanung für Aktionen einzelner Großverbände der Roten Armee. Im zweiten Teil des »Enigma«-Berichtes werden die operativen Absichten der beiden deutschen Heeresgruppen im Unternehmen »Zitadelle« aufgeführt.[14]
Mit dieser Meldung erfährt STAWKA auf einen Schlag zwei für das zukünftige Handeln entscheidende Informationen: Erstens kennt er spätestens ab jetzt die konkreten deutschen Pläne für den Kursker Bogen und weiß zugleich, wie weit die deutsche Führung über die dort liegenden sowjetischen Kräfte aufgeklärt ist. Mit derartigen Informationen kann jeder erfahrene Generalstabsoffizier schon eine ganze Menge anfangen.

Am Sonntag, dem 2. Mai 1943, erhalten die Oberbefehlshaber der Fronten im Kursker Bogen einen Funkspruch von STAWKA mit der eindringlichen Warnung, daß der deutsche Angriff »jeden Augenblick zu erwarten ist«. Dies ist die erste von insgesamt drei ähnlichen Warnungen des STAWKA, die dem Unternehmen »Zitadelle« vorausgehen und die für Aufregung in den Stäben der betroffenen Fronten sorgen.

Am Dienstag, dem 4. Mai 1943, befiehlt Marschall Stalin, »Schläge gegen Eisenbahnzüge und Angriffe auf Kraftfahrzeug-Kolonnen als wichtigste Aufgabe der Luftstreitkräfte anzusehen«. Die Kriegsräte werden angewiesen, »Flugzeuge des Gegners auf Flugplätzen und in der Luft zu vernichten, Eisenbahntransporte zu unterbrechen und motorisierte Bewegungen auf den Straßen zu stören«. Die Zeit der Kampfpause nutzen die deutschen Befehlshaber für einen kurzweiligen Heimaturlaub. Auch Generalfeldmarschall v. Manstein ist bei seiner Familie und läßt sich von Generalfeldmarschall Freiherr v. Weichs als OB der Heeresgruppe Süd vertreten.

Raum Orel, Feldflugplatz Karatschew, Anfang Mai 1943: nach einem Angriff sowjetischer Tiefflieger auf den Stützpunkt des Stukageschwaders 2 »Immelmann«

Generalfeldmarschall v. Manstein: »Am 4. Mai wollte ich in mein Hauptquartier (HQ) zurückkehren, da mit Beginn von ›Zitadelle‹ Mitte Mai, spätestens aber zu Beginn des zweiten Drittels des Monats, zu rechnen war. Am 3. Mai erschien mein Chef, General Busse, in Liegnitz mit der Meldung, daß wir am 4. Mai zu einer Besprechung beim Führer in München sein sollten.« Auch Generalfeldmarschall v. Kluge, Oberbefehlshaber der Heeresgruppe Mitte, sowie der Generalinspekteur der Panzertruppen, Generaloberst Guderian, und der Chef des Generalstabs der Luftwaffe, Generaloberst Jeschonnek, dazu Rüstungsminister Speer nehmen an dieser Unterredung teil.

Als sie zur Lagebesprechung erscheinen, erfahren sie, daß Generaloberst Model bereits bei Hitler Vortrag gehalten habe. Model, der Hitlers besonderes Vertrauen genießt, meldet ähnlich wie bereits am 28. April 1943 seine Bedenken über die Erfolgsaussichten der Offensive an und bekräftigt die Schwierigkeiten, die sich beim Durchbrechen der starken Feindstellungen ergeben würden. Dabei kommt es zwischen Hitler und Generaloberst Model zu einer scharfen Auseinandersetzung. Model, der den nördlichen Angriffskeil gegen Kursk führen soll, kann jetzt aufgrund umfangreicher Erkundungsergebnisse, vor allem durch Luftaufnahmen, beweisen, daß die Sowjets gerade an Frontabschnitten, gegen die sich der Hauptangriff der beiden Heeresgruppen richten wird, ein besonders tief gegliedertes Stellungssystem angelegt haben. Außerdem deuten Truppenbewegungen auf starke feindliche Reserven im Bogen von Kursk.

Model betont, daß die 9. Armee wegen des stark ausgebauten sowjetischen Verteidigungssystems vor einer schweren Belastung stehe, und weist darauf hin, daß nach Information der deutschen Abwehr die Sowjets eine neue Panzerbüchse entwickelt hätten, die die Panzerung des »Panzers IV« durchschlage. Generalfeldmarschall v. Manstein: »Diese Ausführungen hatten Hitler offenbar stark beeindruckt. Er fürchtete, daß unser Angriff nicht oder zumindest nicht schnell genug durchschlagen würde, um zu einem großen Einkreisungserfolg zu führen. Feldmarschall v. Kluge, der sich offenbar durch den unmittelbaren Vortrag Models bei Hitler übergangen fühlte, erklärte in seiner temperamentvollen Art, daß die Angaben Models über ein angeblich vorhandenes 20 Kilometer tiefes feindliches Stellungssystem übertrieben seien. In den Luftbildern seien auch sämtliche verfallenen Gräben aus früheren Kampfhandlungen enthalten. Des weiteren wies der Feldmarschall darauf hin, daß wir bei längerem Abwarten in die Hinterhand geraten könnten. Es könne dazu kommen, daß wir gezwungen sein würden, Kräfte von der ›Zitadelle‹-Front abzuziehen.«

Hitler möchte schließlich zu der Frage einer Verschiebung des Unternehmens »Zitadelle« die Meinung der Generalfeldmarschälle v. Manstein und v. Kluge hören. Beide Oberbefehlshaber sprechen sich entschieden gegen eine Offensive zu einem späteren Zeitpunkt aus. Diese Auffassung vertritt auch der Chef des Generalstabs, General Zeitzler. Hitler hält trotzdem eine Verschiebung der »Zitadelle« für notwendig, um die Panzerkräfte zu verstärken. Er stellt sogar eine Verdoppelung der Panzerzahlen in Aussicht. Nach Hitlers Meinung ist durch Zuführung von Sturmgeschützen, Panzern vom Typ »Panther« und »Tiger« sowie einer Abteilung überschwerer Sturmgeschütze »Ferdinand« diese Schwäche bis zum 10. Juni zu beheben. Die »Panzer IV« und Sturmgeschütze sollen seitliche Panzerschürzen erhalten, um den sowjetischen Panzerbüchsen zu widerstehen. Auch Generaloberst Jeschonnek drängt auf baldigen Angriffsbeginn, weil die Vorbereitungen zur Offensive nicht länger geheimgehalten werden könnten. Außerdem käme jede weitere Verschiebung nur einer Verstärkung der sowjetischen Verteidigung zugute. Sowohl das OKH als auch die Front-Kommandostellen rechnen mit einem Erfolg des Angriffs, allerdings unter der Voraussetzung, daß die Offensive noch vor Mitte Juni beginnt.
Generaloberst Guderian widerspricht allen Beteiligten und erklärt, ein Angriff bei Kursk sei zwecklos: Die zu erwartenden hohen Panzerverluste könne man mit Sicherheit nicht wieder ausgleichen. Sie würden zudem seine Pläne für eine Auffrischung der Panzerverbände wieder zunichte machen. Guderian betont dabei, daß die Panzer, auf deren Einsatz Generaloberst Zeitzler so großen Wert legt, noch zahlreiche Kinderkrankheiten einer Neukonstruktion aufweisen. Man sollte vielmehr daran denken, gepanzerte Eingreifreserven für die Westfront aufzusparen, um so 1944 der zweifellos zu erwartenden Invasion der Westalliierten mit beweglichen Verbänden wirksam entgegentreten zu können.
Der Generalinspekteur der Panzertruppen spricht sich generell für einen Aufschub der Offensive aus. Seine Argumente werden vom Reichsminister für Bewaffnung und Munition, Speer, unterstützt. Die anderen Generäle nehmen eine eher schwankende Haltung ein. Generalfeldmarschall v. Manstein vertritt z. B. die Auffassung, daß der günstigste Angriffszeitpunkt, der April, vorbei sei, hält aber auch eine weitere Verschiebung für unmöglich. Minister Speer macht auf die zahlreichen Konstruktionsschwächen der neuen Panzer, vor allem der »Tiger«, aufmerksam, und führt auch an, daß die vorgesehene monatliche Produktionsquote von 250 »Panthern« infolge der steigenden Schwierigkeiten bei der Materialbeschaffung nicht eingehalten werden kann. General der Artillerie Jodl, Chef des Wehrmachtführungsstabes im OKW, tritt

Raum Smijewo, südlich Orel, 3. 5. 1943. Trotz des Wartens auf den Einsatz immer beschäftigt: Eine Panzerbesatzung der 9. Panzerdivision vertieft ihre Feinderkennungskenntnisse

angesichts der ungeklärten Gesamtlage dafür ein, das Unternehmen »Zitadelle« ganz aufzugeben.
Die Mehrheit der Anwesenden ist jedoch trotz mancher Unsicherheiten in der Beurteilung der Lage im Grunde genommen für eine Sommeroffensive. Selbst der Führer kann sich nicht entscheiden, obwohl die Verzögerung des Angriffs den Sowjets wachsende Vorteile gewährt. Er will jedoch »keinesfalls auf die neuen ›Panther‹-Panzer verzichten«. General Busse, Chef des Stabes der Heeresgruppe Süd, drängt aber darauf, entweder für oder gegen den Angriffsplan zu stimmen, da man sonst den günstigsten Zeitpunkt verpasse.
Hitler, von den Befürwortern des Angriffs ebensowenig überzeugt wie von dessen Gegnern, verschiebt auch diesmal seine endgültige Entscheidung auf ein späteres Datum und macht erneut die Festlegung des Angriffstermins von der Aufstellung starker Panzerverbände abhängig, die mit den neuen schweren Panzertypen »Panther« und »Tiger« ausgerüstet werden sollen. Er sieht in einem überraschenden Masseneinsatz dieser Kampfwagen eine der entscheidenden Voraussetzungen, um bei Kursk den Erfolg zu erringen. Generalfeldmarschall v. Manstein: »Hitler wiederholte alsdann nochmals seine Argumente für einen Aufschub bis 10. Juni. Hinsichtlich des Zuwachses an Panzern auf beiden Seiten sagte er, daß ein mögliches Mehr an Panzern auf sowjetischer Seite durch die technische Überlegenheit der zusätzlichen ›Tiger‹, ›Panther‹ und ›Ferdinand‹ aufgehoben werden würde. Weitere Infanteriedivisionen könne er jedoch nicht zur Verfügung stellen.« Bei Abschluß dieser Konferenz macht Hitler allerdings die Bemerkung: »Es darf nicht schiefgehen!«

Am Donnerstag, dem 6. Mai 1943, bringen deutsche Aufklärer erstmalig Luftbilder mit, die eingegrabene sowjetische Panzer an vielen Stellen im Kursker Bogen zeigen. Am selben Tag führt die Rote Luftflotte den ersten massierten Schlag gegen deutsche Flugplätze durch. An dieser Operation sind sechs Luftarmeen beteiligt: die 1. Luftarmee (GenLt. Gromow) der Westfront, die 15. (GenLt. Naumienko) der Brjansker Front, die 16. (GenLt. Rudenko) der Zentralfront, die 2. (GenLt. Krasowski) der Woronesch-Front, die 17. (GenLt. Sudiez) der Südwestfront und die 9. der Südfront. Kurz vor der zwischen dem 10. und 12. Mai erwarteten deutschen Offensive im Raum Kursk sollen sie große Teile der Luftwaffe noch vor Beginn der Schlacht am Boden vernichten. Die Leitung der Operation liegt in den Händen von Luftmarschall Nowikow.
In den frühen Morgenstunden des 6. Mai 1943 greifen sowjetische Bomber 17 deutsche Flugplätze der Luftflotten 4 und 6 von Smolensk bis zum Asowschen Meer auf einer Frontbreite von 1200 Kilometern an. Dort stehen zur Zeit mehr als 60 Prozent aller Flugzeuge der genannten Luftflotten. Die sowjetische Operation wird unter strengster Geheimhaltung vorbereitet und ist nur einem begrenzten Personenkreis bekannt. Jede schriftliche, telegraphische oder telefonische Mitteilung über dieses Unternehmen ist verboten. Die sowjetischen Verluste: 21 Maschinen.

In den Morgenstunden des 7. und 8. Mai 1943 wiederholen die Sowjets ihre Angriffe auf deutsche Feldflugplätze, doch mit geringeren Ergebnissen: Einen Teil ihrer Flugzeuge haben die Deutschen inzwischen auf rückwärtige Flugplätze verlegt, die verbliebenen sorgfältig getarnt und den Jagdschutz verstärkt. Bereits nach drei Tagen befiehlt STAWKA, die Einsätze zu beenden. Diese Angriffsserie wird als die größte Operation der Roten Luftflotte im Zweiten

Raum Orel, in der Bildstelle einer Nahaufklärungsstaffel, 6. 5. 1943, Auswertung von Luftbildern: erstmalig eingegrabene sowjetische Panzer entdeckt

Weltkrieg bezeichnet. In drei Tagen werden etwa 1400 Einsätze geflogen und nach sowjetischen Angaben mehr als 500 deutsche Maschinen zerstört. Die Verluste der sowjetischen Fliegerkräfte betragen insgesamt 122 Flugzeuge.

Am Sonnabend, dem 8. Mai 1943, erreicht den Generalstab der Roten Armee die alarmierende Nachricht seines Geheimdienstes – eine zweite Falschmeldung, wie sich herausstellen soll –, daß zwischen dem 10. und 12. Mai ein deutscher Angriff in Richtung Orel–Kursk und Bjelgorod–Charkow bevorsteht. Einige Stunden später funkt STAWKA an die Oberbefehlshaber der Brjansker, der Zentral-, der Woronesch- und der Südwestfront die Weisung Nr. 30 123: Das Hauptquartier des Oberkommandos befiehlt, daß alle Truppen der ersten Verteidigungslinie und die Reserven bis zum 10. Mai voll gefechtsbereit sein müssen. Insbesondere ist die Gefechtsbereitschaft der Fliegerkräfte zu gewährleisten, damit diese bei einer eventuellen Offensive des Gegners nicht nur dessen Luftangriffe abwehren, sondern von Anfang an die Luftherrschaft erringen. Marschall Wassilewski: »In der Direktive an den Oberbefehlshaber des Steppenmilitärbezirks wurde gefordert, die Truppenauffüllung des Militärbezirks zu beschleunigen. Bis zum Morgen des 10. Mai 1943 mußten alle verfügbaren Truppen des Militärbezirks bereit sein, Verteidigungs- sowie Angriffshandlungen zu führen.«

Montag, der 10. Mai 1943, ist auch für die deutsche Panzerwaffe von Bedeutung. Generalinspekteur der Panzertruppen, Generaloberst Guderian: »Am 10. Mai war Hitler in Berlin, und ich wurde zu einer Besprechung über die ›Panther‹-Fertigung in die Reichskanzlei gerufen, weil die Industrie die

ursprünglich gemeldeten Termine nicht innehalten konnte. Als Entgelt sollte allerdings eine erhöhte Zahl, statt 250 bis zum 31. Mai die stattliche Zahl von 324 fertiggestellt sein.
Nach Beendigung der Besprechung hielt ich Hitler bei der Hand fest und bat ihn, mir ein offenes Wort zu gestatten. Er stimmte zu, und ich bat ihn inständig, auf den Angriff an der Ostfront zu verzichten; er sähe doch, mit welchen Schwierigkeiten wir jetzt bereits zu kämpfen hätten; der große Einsatz lohne sich bestimmt nicht; die Vorbereitung der Abwehr im Westen müsse erheblich leiden. Ich schloß mit der Frage: ›Warum wollen Sie in diesem Jahr im Osten überhaupt angreifen?‹ Hier mischte sich Keitel ins Gespräch: ›Wir müssen aus politischen Gründen angreifen.‹ Ich erwiderte: ›Glauben Sie, daß ein Mensch weiß, wo Kursk liegt? Es ist der Welt völlig gleichgültig, ob wir Kursk haben oder nicht.‹ Ich wiederholte meine Frage: ›Wozu wollen wir im Osten in diesem Jahr überhaupt angreifen?‹ Hitler sagte darauf wörtlich: ›Sie haben ganz recht. Mir ist bei dem Gedanken an diesen Angriff auch immer ganz mulmig im Bauch.‹ Ich erwiderte: ›Dann haben Sie das richtige Gefühl für die Lage. Lassen Sie die Finger davon!‹ Hitler versicherte, daß er sich noch in keiner Weise gebunden habe, und die Unterredung war beendet.«
Trotzdem denkt Hitler keineswegs daran, auf den Angriff bei Kursk zu verzichten. Es wird lediglich der Termin für das Unternehmen »Zitadelle« erneut – jetzt auf den 12. Juni 1943 – verschoben. Dies soll ermöglichen, die noch nicht frontreifen Panzer »Panther« und die überschweren Sturmgeschütze »Ferdinand« direkt aus den Fabriken an die Front zu bringen.
Nachdem die Nacht vom 12./13. Mai 1943 im Kursker Bogen ruhig verläuft, steht für die Oberbefehlshaber der Fronten fest, daß STAWKA offensichtlich auch bei dem erneuten falschen Alarm einer Mär zum Opfer gefallen ist.

Am Donnerstag, dem 13. Mai 1943, kapitulieren die letzten Teile des deutschen Afrika-Korps auf der tunesischen Halbinsel Kap Bon. Nordafrika befindet sich damit endgültig in den Händen der Anglo-Amerikaner. Dies hat wiederum einen Aufschub des Unternehmens »Zitadelle« zur Folge: Unsicher, ob Mussolini nach dieser Niederlage imstande sein wird, Italien auf pro-deutschem Kurs zu halten, trägt Hitler sich jetzt mit dem Gedanken, notfalls das Unternehmen völlig aufzugeben. Er plant im stillen, seine sechs besten Panzerdivisionen von der Ostfront nach Südeuropa zu verlegen. Um nicht ständig mit diesem lästigen Problem konfrontiert zu werden, vertagt Hitler das Unternehmen »Zitadelle« abermals – diesmal bis Ende Juni –, um, wie er sagt, »die Entwicklung auf der Apenninenhalbinsel abzuwarten«.
Im Kursker Bogen laufen unterdessen die deutschen Vorbereitungen auf Hochtouren. Um den Abhörstellen des Gegners den Aufmarsch großer Panzerverbände vorzutäuschen, läßt Generaloberst Model Tonbandaufnahmen von Panzerübungen mit Panzergeräuschen anfertigen und dann in den umliegenden Wäldern abspielen. Die Sowjets lassen sich jedoch nicht beirren: Durch Luftaufklärung können sie bereits Mitte Mai im Raum Orel–Kromy die Konzentrierung von mehr als 900 deutschen Panzern und von 580 Flugzeugen auf 16 Flugplätzen feststellen.

Am Freitag, dem 14. Mai 1943, glaubt das OKH zu wissen, wohin sich der nächste Schlag der Westalliierten nach dem Erfolg in Nordafrika richten wird: Höchstwahrscheinlich gegen den Peloponnes. An diesem Tag wird nämlich die Echtheit der Geheimdokumente, die man bei dem ertrunkenen britischen

Bei Bytschki, 12. 5. 1943, im Abschnitt der sowjetischen 70. Armee der Zentralfront, in einer Stellung von Gardewerfern, den gefürchteten Katjuschas, auch Stalinorgel genannt: Bis zu 30 dieser Raketengeschosse schießt der Mehrfach-Raketenwerfer im Flächenfeuer mit unheimlichem Getöse über 6 km weit ab

Kurier bei Huelva fand, vom Stab der deutschen Seekriegsleitung (SKL) des Oberkommandos der Kriegsmarine (Adm. Dönitz) bestätigt: »Eingehende Prüfung bei 3. SKL. ergab folgendes: 1) Die Echtheit der erbeuteten Dokumente steht außer Zweifel. Die Prüfung, ob sie uns absichtlich in die Hände gespielt sind – wofür nur geringe Wahrscheinlichkeit besteht – sowie der Frage, ob dem Feind die Erbeutung der Dokumente durch uns oder nur ihr einfacher Verlust über See bekannt geworden ist, wird weiter verfolgt. Es ist möglich, daß der Gegner von der Erbeutung der Dokumente keine Kenntnis hat . . .« Dies entspricht genau der Lagebeurteilung Hitlers vom November 1942 über die Absichten der feindlichen Führung im Mittelmeer.

Die Tatsache, daß die Gefahr einer Invasion auf dem Balkan oder anderswo im Mittelmeerraum bevorsteht, verunsichert die deutsche Führung zusätzlich und macht eine Offensivoperation an der Ostfront zweitrangig. Aber selbst auf der gegnerischen Seite ist man sich zu diesem Zeitpunkt nicht so recht schlüssig. Marschall Schukow: »Stalin schwankte indes nur noch, ob unsere Truppen letzten Endes dem Feind in der Abwehr begegnen oder ihm einen Präventivschlag versetzen sollten. Stalin befürchtete, daß unsere Verteidigung einem Stoß der deutschen Truppen nicht gewachsen sein würde, wie es in den Jahren 1941 und 1942 wiederholt der Fall war. Andererseits war er sich nicht sicher, ob unsere Truppen imstande seien, den Feind im Angriff zu bezwingen. Nach mehrfachen Besprechungen entschied Stalin Mitte Mai 1943 endgültig, dem Angriff der Faschisten mit allen Mitteln einer tiefgestaffelten Verteidigung, mit mächtigen Schlägen der Luftstreitkräfte und Gegenstößen der operativen und strategischen Reserven zu begegnen, sie auf diese Weise zu zermürben und auszubluten, dann durch einen wuchtigen Gegenangriff in Richtung Bjelgorod–Charkow und Orel zu zerschlagen und anschließend in die wichtigsten Richtungen tiefe Angriffskeile vorzutreiben.«

Obwohl die Schlammperiode vorbei ist, stehen sich die riesigen Heere der beiden Gegner scheinbar tatenlos gegenüber, es kommt an kaum einem Abschnitt des Kursker Bogens zu Stoßtrupptätigkeit. Nur deutsche Flieger sind jetzt unermüdlich Tag und Nacht im Einsatz. Armeegeneral Rokossowski: »Im Mai und Juni verstärkte sich die Aktivität der Luftwaffe. Sie flog Angriffe auf Eisenbahnknotenpunkte, Bahnhöfe und Brücken, um uns daran zu hindern, Truppen, Ausrüstung, Munition oder Treibstoff an die Front zu schaffen. Weit hinter der Front gelegene Objekte bombardierten die Faschisten nachts in Stärke von 20 bis 25 Flugzeugen. Tagsüber griffen sie Ziele im frontnahen Gebiet und an der Front mit kleinen Bomberkräften, begleitet von Jägern, an, mitunter waren es auch nur einzelne Maschinen.«

Wie ein vorsintflutliches Ungetüm wirkt der He-111-Bomber des Kampfgeschwaders »Boelcke« 27 am Rande des Waldes

Der Oberbefehlshaber der Zentralfront weiß, was er damit meint; er selbst hat dabei schlimme Erfahrungen gemacht. Generalmajor Antipenko, Chef der Rückwärtigen Dienste der Zentralfront: »Als ich mich eines Tages Mitte Mai dem Dorf näherte, in dem der Gefechtsstand untergebracht war, sah ich, wie ein gegnerisches Flugzeug zwei oder drei Anflüge auf das Dorf unternahm. Im Dorf bot sich ein furchtbares Bild: das Haus, in dem Rokossowski seine Unterkunft hatte, war völlig zerstört, und sein Adjutant lag verwundet in den Trümmern. Unsere Freude war groß, als uns Rokossowski entgegenkam. Er hatte gerade in der Kantine, 100 Meter von seinem Quartier entfernt, gefrühstückt und war so unverletzt geblieben. Rokossowski wollte mich sofort anhören. Beim Lagebericht machte ich den Oberbefehlshaber darauf aufmerksam, daß der Gegner die Eisenbahnlinie Kastornoje–Kursk völlig ungehindert angriff und sogar nachts Züge und Lokomotiven zerstörte. In zwei Monaten seien über 400 Bomben auf diese Strecke gefallen.«

Unterdessen nutzt die deutsche Führung die Kampfpause und startet mit dem Unternehmen »Zigeunerbaron«, einer Reihe großangelegter Operationen, um der immer bedrohlicheren Partisanengefahr in den riesigen Wäldern im Rücken der Heeresgruppe Mitte Herr zu werden. In diesen Wald- und Sumpfgebieten, die etwa der Größe von Rheinland-Pfalz entsprechen, halten sich mehrere tausend Partisanen versteckt, die das ganze Hinterland nicht zur Ruhe kommen lassen: Sie sprengen Eisenbahnen und Brücken, überfallen Dörfer, kleinere Marschgruppen, Urlauber, Transport- und Lazarettzüge. Sie bilden für die Versorgung der 9. Armee eine ernste Gefahr.

Das Generalkommando des XXXXVII. Panzerkorps (Gen.d.Pz.Tr. Lemelsen) wird mit ihrer Vernichtung beauftragt. Ihm unterstehen für diese Opera-

Raum Bjelgorod, 15. 5. 1943, im Abschnitt der 168. Inf.-Div., ein Minenfeld aus Artilleriegeschossen: Immer wieder werden dem Feind die Defensivabsichten vorgetäuscht

tion außer den buntgemischten Sicherungstruppen aus russischen Ostverbänden, ungarischen Sicherungsdivisionen, einem flämischen und einem Teil des französischen III. Freiwilligen (»L.V.F.«)-Bataillons (Maj. Panné) unter Captain Madec, einem Reiterverband und anderen ortsgebundenen Einheiten auch die zur Heeresgruppe Mitte gehörende 4. (GenLt. v. Saucken) und 18. Panzerdivision (GenMaj. v. Schlieben), die 10. Panzergrenadierdivision (GenLt. A. Schmidt) sowie die 7. (GenLt. v. Rappard) und die 292. Infanteriedivision (GenLt. v. Kluge).

Bis zum 15. Mai 1943 ist der Aufmarsch zum Unternehmen »Zigeunerbaron« beendet. Die ausgedehnten Sümpfe mit ihren riesigen, urwaldähnlichen Waldgebieten und dichtem Unterholz, dazu Milliarden von Mücken erschweren das Durchkämmen des Geländes und lassen es zu einer außerordentlichen körperlichen Strapaze werden. Durch die heimtückische Kampfart der Partisanen und die Verminung sämtlicher Waldwege mit Holzminen, auf die Minensuchgeräte nicht ansprechen, wird das Unternehmen »Zigeunerbaron« zu einem Himmelfahrtskommando.
Der rastlose sowjetische Geheimdienst ist inzwischen davon überzeugt, schlüssige Beweise zu haben, daß die Deutschen in der zweiten Maihälfte 1943 das Unternehmen »Zitadelle« endlich beginnen werden. Und zum zweiten Mal innerhalb von zehn Tagen – der letzte Alarm war am 8. Mai ausgelöst worden – wird STAWKA vorgewarnt. Diesmal würden die Deutschen »mit größter Wahrscheinlichkeit« – so der Text der Warnung – angreifen. General Schtemenko: »Am 19. Mai 1943 erhielt der Generalstab neue – wie wir damals glaubten – zuverlässige Angaben darüber, daß der Gegner in der Zeit vom

19. bis 26. Mai zum Angriff antreten würde.« Erneut gibt STAWKA den Oberbefehlshabern der Fronten im Bereich des Kursker Bogens Weisung für erhöhte Kampfbereitschaft in der kommenden Woche.

Am Freitag, dem 21. Mai 1943, kehrt Hitler nach Berchtesgaden auf seinen »Berghof« zurück. Am nächsten Tag unterzeichnet er die Geheimanweisungen für Generalfeldmarschall Rommel, der Pläne und Zeittafeln für ein heimliches Einsickern von vier Divisionen in den Norden Italiens ausarbeitet. Wenn Hitler das Stichwort Unternehmen »Alarich« auslöst, sollen wenigstens noch 18 unter seinem persönlichen Befehl stehende Infanterie- und Panzerdivisionen von der Ostfront und aus dem besetzten Europa folgen. Inzwischen verrinnt die Zeit, und immer noch zögert Hitler, den Befehl zum Beginn »Zitadelle« zu geben, da er befürchtet, Italiens Generäle könnten in Rom unvermutet einen totalen Abfall aus dem Bündnis mit den Deutschen inszenieren oder die Westalliierten vorzeitig mit der Invasion Italiens beginnen.

Ungeachtet dessen beginnt am Sonnabend, dem 22. Mai 1943, die Luftwaffe als Vorbereitung für »Zitadelle« mit ihren bisher schwersten Bombardements auf strategische Objekte im Kursker Bogen. Das Hauptziel: der Eisenbahnknotenpunkt Kursk. Sowjetische Jagdflieger der 16. und 2. Luftarmee sowie der 101. Jagdfliegerdivision von der Landesluftverteidigung versuchen, den Angriff der etwa 170 Bomber abzuwehren.
Die beiden für die Offensive aus den Räumen Orel, nördlich von Kursk, und Bjelgorod, südlich von Kursk, vorgesehenen deutschen Angriffsarmeen haben jetzt eine Stärke von rund 500 000 Mann erreicht. Auch die Fliegerverbände mit rund 1200 Maschinen stehen einsatzbereit.

Mittwoch, der 26. Mai 1943, jener Tag, an dem spätestens – laut Warnung des STAWKA – die Deutschen ihre Offensive beginnen würden, geht ohne besondere Vorkommnisse zu Ende. Da die höheren sowjetischen Militärs diese Warnungen sehr ernst nehmen, vermuten sie keine Falschmeldung, sondern etwas anderes. Marschall Wassilewski: »Als nichts geschah, glaubte der Kriegsrat der Woronesch-Front, der Gegner sei in seinen Absichten unschlüssig geworden und habe den Angriff gänzlich aufgegeben. So ersuchte er Marschall Stalin zu entscheiden, ob es nicht zweckmäßig wäre, dem Gegner mit einem eigenen Angriff zuvorzukommen. Stalin griff diesen Vorschlag sofort auf, und es kostete Schukow, mich und Antonow einige Mühe, ihn davon abzubringen.«

Ende Mai 1943 muß das OKH in einer Lagebeurteilung feststellen, daß man durchaus mit einer überraschenden Offensive der Roten Armee rechnen könne.
Seit Wochen liegen die deutschen Truppen in den Stellungen und warten auf den Angriffsbefehl. Die Kräftekonzentration und Sorgfalt der Vorbereitungen sind ohne Parallelen im Ostfeldzug: Die Heeresgruppe Mitte zählt über 1500 Panzer und Sturmgeschütze, die Heeresgruppe Süd 1600 Panzer und Sturmgeschütze. Insgesamt steht auf dem relativ schmalen Frontabschnitt eine deutsche Streitmacht von rund 3000 Panzerkampfwagen und 1800 Flugzeugen, kaum weniger als beim Angriff auf die Sowjetunion am 22. Juni 1941. Damals waren es auf einer etwa 3000 Kilometer langen Front von der Ostsee bis zum Schwarzen Meer insgesamt 3580 Panzerkampfwagen und 1830 Flugzeuge.
Mehr als zwei Drittel der an der Ostfront befindlichen deutschen Panzer- und

Feldflugplatz Schatalowka, südöstlich Stary-Oskol, 28. 5. 1943, Stützpunkt des Stukageschwaders 1: Eine Maschine der 7. Staffel (Hptm. Stoll-Berberich) wird für den Einsatz klargemacht

motorisierten Infanteriedivisionen sollen im Raum Kursk eingesetzt werden. Da das Gros der Heeresartillerie in Stalingrad verlorenging, mangelt es den Angriffsverbänden jetzt an schwerer Artillerie, um starke Feuermassierungen in der Tiefe der sowjetischen Verteidigung entfalten zu können. Bei der Heeresgruppe Süd fehlt es sogar an genügend starken Infanteriekräften.

Anfang Juni 1943 sind die Sowjets nicht nur hinsichtlich der Bodentruppen in der Übermacht. Die Rote Luftflotte verfügt nun über 30 Luftkorps mit etwa 10 000 Flugzeugen erster Linie. Ihre Maschinen und Ausrüstung haben ein bemerkenswert hohes technisches Niveau. Während die deutschen Jagdverbände im Osten überwiegend Messerschmitt Me 109 F fliegen – die meisten der Focke-Wulf FW 190 werden zur Reichsverteidigung eingesetzt –, sind die sowjetischen Jagdgeschwader zum größten Teil mit modernen Maschinen vom Typ MiG, Jak oder LaGG ausgestattet. Die Luftwaffe hat in ständigen Einsätzen ihre Stärke eingebüßt. Nur Reste der einst so schlagkräftigen deutschen Bomberverbände sind an der Ostfront übriggeblieben und führen nur selten operative Aufgaben durch.

Am Mittwoch, dem 2. Juni 1943, fliegt die Luftwaffe mit 543 Flugzeugen, darunter 424 Bomber, einen zweiten, noch stärkeren Tagesangriff auf den Eisenbahnknotenpunkt Kursk. Um die deutschen Maschinen abzufangen, starten 280 sowjetische Jäger der 16. und 2. Luftarmee der Zentralfront und 106 Jagdflugzeuge der 101. Jagdfliegerdivision der Landesluftverteidigung. Generalleutnant Moskalenko: »Unsere Jagdflugzeuge vermochten nicht, sämtliche von allen Seiten anfliegenden Bombenflugzeuge abzufangen, rund 100 warfen ihre Bombenlast ab.«

Am Donnerstag, dem 3. Juni 1943, findet in Charkow vor Generalfeldmarschall v. Manstein ein großangelegtes Planspiel »Zitadelle« statt. Dabei wird den Teilnehmern bekanntgegeben, daß Überläufer, die man scharenweise nach Beginn des deutschen Angriffs erwarte, für die Aufstellung einer russischen Befreiungsarmee zu verwenden seien.
Mittlerweile wirkt sich die britische Täuschungsoperation »Mincemeat« von Huelva aus: Nachdem für die deutsche Führung feststeht, daß die Alliierten beabsichtigen, demnächst in Griechenland zu landen, wird ein Teil der für »Zitadelle« so wichtigen Panzerkräfte auf Hitlers ausdrücklichen Befehl nach dem fernen Peloponnes verlegt. Generaloberst Guderian: »Inzwischen war das OKW auf die absonderliche Idee gekommen, die 1. Panzerdivision als Wache gegen englische Landungen nach Griechenland auf den Peloponnes zu entsenden. Diese Division war gerade aufgefüllt und mit der ersten fertiggewordenen ›Panther‹-Abteilung ausgestattet worden. Sie stellte unsere stärkste Reserve dar . . . Mein entrüsteter Einspruch verhallte unter den grotesken Argumenten Keitels, der behauptete, man könne eine Gebirgsjägerdivision, die ich als wesentlich geeigneter für Griechenland empfahl, nicht mit dem nötigen Rauhfutter versorgen, weil dieses zu viel Transportraum beanspruche . . . Die 1. Panzerdivision sollte uns bald in Rußland bitter fehlen.«
In der Abenddämmerung des 3. Juni, um 20.00 Uhr, starten 168 Maschinen, überwiegend He 111 und Ju 88 der Kampfgeschwader KG 3, KG 4, KG 27 und KG 100. Das Ziel dieses operativen Einsatzes der Luftflotte 4 (GFM v. Richthofen) ist das Molotow-Kombinat Awtosawod in Gorki, eine der größten sowjetischen Panzerproduktionsstätten diesseits des Ural. Das vier Quadratkilometer große Objekt liegt gerade noch in Reichweite der in den Raum Brjansk verlegten Kampfverbände. Und man erhofft sich von dem soeben gelieferten neuen Zielgerät »Lotfe 7D« präzise Bombenabwürfe. Als Navigationshilfsmittel bedienen sich die Besatzungen des Moskauer Senders. Von Süden her umfliegen sie in großem Bogen die sowjetische Hauptstadt, um nicht in den Bereich des Moskauer Flak-Riegels zu geraten.
Die 149 ans Ziel gelangten Maschinen werfen gegen Mitternacht 224 Tonnen Bomben ab. Fünf Flugzeuge werden von der sowjetischen Luftabwehr abgeschossen. In einer schnellen Folge von Nachtangriffen versucht jetzt die Luftwaffe noch vor dem Beginn des Unternehmens »Zitadelle«, die Molotow-Werke, in denen angeblich pro Woche 800 Panzer des berühmten Typs T-34 produziert werden, auszuschalten.

Am Freitag, dem 4. Juni 1943, meldet die Londoner »Times« ordnungsgemäß den Tod von Major W. Martin. Damit soll die deutsche Abwehr, die englische Zeitungen sofort nach dem Eintreffen in Lissabon und Madrid sorgfältig auswertet, einen weiteren »Beweis« für die Echtheit der bei der Leiche von Huelva gefundenen geheimen Dokumente haben.
In der Nacht vom 4./5. Juni 1943 laden 128 deutsche Kampfflugzeuge 179 Tonnen Bomben über den Fabrikhallen in Gorki ab. Zwei Maschinen kehren nicht zurück.

Am Sonnabend, dem 5. Juni 1943, ist die Großoperation gegen Partisanen, das Unternehmen »Zigeunerbaron«, abgeschlossen. Am Abend rücken die an dieser Aktion beteiligten Panzerdivisionen nach zwei Nachtmärschen wieder in ihre früheren Unterkünfte nördlich Orel ein, während die Infanteriedivisionen zur Verstärkung zwischen die Stellungsdivisionen geschoben werden.
In der Nacht vom 5./6. Juni greift abermals die Luftwaffe Gorki an. Diesmal sind es 242 Tonnen Bomben, die auf die Molotow-Werke niedergehen. Bei einem Einsatz von 154 Maschinen geht ein Flugzeug verloren. Und in der Nacht vom 7. auf den 8. Juni fliegen bei einem vierten Angriff nur noch 20 Maschinen die Fabriken in Gorki an; sie lassen 39 Tonnen Bomben fallen. Das Ergebnis der Angriffsserie: Nach Agentenmeldungen sind die Gorki-Molotow-Werke für sechs Wochen lahmgelegt. (In Wirklichkeit arbeitet das Kombinat ohne Unterbrechung weiter.)

Von Dienstag, dem 8. Juni 1943, an nimmt auch das Freie Französische Jagdgeschwader »Normandie« (Maj. de Tulasne) an den Operationen der sowjetischen 1. Luftarmee (GenLt. Gromow) teil, die der Westfront (GenOberst Sokolowski) untersteht. Das Jagdgeschwader »Normandie« liegt jetzt auf dem Flugplatz in Kationka, zugeteilt der 303. Jägerdivision (Gen. Zacharow) und in das 18. Garde-Jägerregiment (Oberst Golubow) eingegliedert.
Am Abend des 8. Juni startet die Rote Luftflotte einen Großeinsatz, um die Luftwaffe an ihren Bombenangriffen auf Gorki zu hindern. Hauptziele sind die deutschen Flugplätze in Sseschtscha, Brjansk, Karatschew, Orel und Borowskoje. Zur Durchführung der Operation werden die Kräfte der 1., 15. und 2. Luftarmeen der Frontfliegerkräfte sowie Verbände der strategischen Bomber des 8. Fernfliegerkorps herangezogen. Nach sowjetischen Quellen »wurde ein volles Überraschungsmoment durch diese Operation jedoch nicht erreicht. Der Gegner hatte aus der Luftoperation im Mai Lehren gezogen. Seine Luftabwehr befand sich in voller Gefechtsbereitschaft.«

Raum Dimitrowsk-Orlowski, 8. 6. 1943, im Abschnitt der 72. Inf.Div.: in einem Schützenpanzerwagen auf Partisanenjagd

In der Nacht vom 8./9. Juni 1943 starten 132 Bomber vom Typ Ju 88 und He 111 zum Flächenangriff auf das Kombinat für synthetischen Gummi in Jaroslawl. Das sowjetische Flakfeuer ist derart massiv, daß nur 109 Maschinen es schaffen, das Ziel direkt anzufliegen. 190 Tonnen Spreng- und Brandbomben werden abgeworfen. Damit endet praktisch der strategische Einsatz der Luftwaffe an der Ostfront im Jahre 1943.

Am Abend des 10. Juni 1943 wiederholt die Rote Luftflotte ihren Angriff gegen insgesamt 28 deutsche Luftstützpunkte. Nach sowjetischen Angaben werden 223 deutsche Maschinen am Boden zerstört.

Am Montag, dem 14. Juni 1943, erläßt das OKH den endgültigen Operationsbefehl für das Unternehmen »Zitadelle«. Und am Tag darauf besucht der

Raum Bobrik, 15. 6. 1943, im Abschnitt der 20. Panzerdivision: Eine Batterie »Wespen« – 10,5 cm leichte Feldhaubitzen auf Fahrgestellen des Kampfwagens II – wird verlegt

Oberbefehlshaber der Heeresgruppe Mitte, Generalfeldmarschall v. Kluge, das XXXXI. Panzerkorps. General der Panzertruppe Harpe: »Wir gingen stundenlang durch die Gräben zweier Divisionen. Einzelne Beobachtungsposten wurden in größeren Zwischenräumen angetroffen. In den Unterständen ruhten die Besatzungen. Auf eine Kompanie entfielen 1 bis 1,5 Frontkilometer, auf 30 bis 40 Kilometer ein Reservebataillon. Zum Schluß sagte v. Kluge: ›Das ist der reinste Wahnsinn. Wie wollen Sie diese Stellung halten? Eine Unterstützung ist weder von der Armee noch von der Heeresgruppe zu erwarten!‹«

Am Dienstag, dem 15. Juni 1943, werden im Kursker Bogen die Arbeiten der örtlichen Bevölkerung – unter Leitung der Parteiorganisationen – an der sogenannten Staatslinie für die Verteidigung am linken Donufer zwischen

Wojeikowo, Woronesch und Bogutschar abgeschlossen. General Schtemenko: »So entstand hinter den eingesetzten Fronten im voraussichtlichen gegnerischen Angriffsstreifen eine bis zu 300 Kilometer tiefe Verteidigung. In diesem Raum sollten unsere strategischen Reserven den Gegner im Falle eines Durchbruchs vernichten.« Am Abend wird in das Hauptquartier der sowjetischen 40. Armee (GenLt. Moskalenko) ein Überläufer vom III. Bataillon des deutschen Infanterieregiments 164 gebracht. Er sagt aus, daß die der rechten Flanke der 40. Armee gegenüberstehende Division lediglich ihren Verteidigungsabschnitt zu halten habe, während der Angriff »an einem anderen wichtigeren Frontabschnitt« geführt werden soll.
Am Mittwoch, dem 16. Juni 1943, entscheidet Hitler endgültig, das Unternehmen »Zitadelle« nach dem bisherigen Plan durchzuführen, da er glaubt, an der Bereitschaft Italiens, den Krieg fortzusetzen, nicht mehr zweifeln zu müssen. Und während der Generalinspekteur der Panzertruppen, Generaloberst Guderian, eine Verlängerung der Ruhepause über den Juni hinaus zur Auffrischung der Panzerverbände für dringend erforderlich hält, ist nach Ansicht der Oberbefehlshaber der Heeresgruppen Mitte und Süd der späteste Termin Anfang bis Mitte Juni, um »Zitadelle« durchzuführen. Hitler schiebt jedoch alle diese Überlegungen beiseite und bagatellisiert wieder einmal die Stärke der Roten Armee. Für ihn sind die Ergebnisse der Feindaufklärung im OKH reine »Übertreibungen«. Dabei ist das, was man aufgrund der Fotos der Luftaufklärung im Bogen von Kursk ermitteln konnte, besorgniserregend genug.

Freitag, der 18. Juni 1943, ist für »Zitadelle« ein äußerst wichtiges Datum: Der Führer hat sich an diesem Tag »unter Würdigung der von seiten des Wehr-

Südlich Orel, Mitte Juni 1943: GFM v. Kluge inspiziert einen Panzerverband des XXXXVII. Panzerkorps

machtführungsstabes (WFSt) geltend gemachten Bedenken endgültig für die Durchführung des Angriffsunternehmens ›Zitadelle‹ ausgesprochen« – verzeichnet das Kriegstagebuch des OKW.

Erst drei Tage später, am 21. Juni 1943, bestimmt Hitler als Angriffstermin den 3. Juli 1943. Am gleichen Tag erfährt das OKH, daß die Luftaufklärung nördlich Bjelgorod im Angriffsstreifen der Heeresgruppe Süd eine der stärksten sowjetischen Verteidigungslinien festgestellt hat. Im Gegensatz zu der sonst üblichen Regel soll diesmal der Angriff nicht im Morgengrauen, sondern erst gegen Ende des Nachmittags eröffnet werden. Dies ist aber der ungünstigste Zeitpunkt überhaupt, da ihm jedes Moment der Überraschung fehlt. Strategisch gesehen wird das Unternehmen »Zitadelle« zu einem richtigen Vabanquespiel, da die gesamten deutschen operativen Reserven in dieser bedeutendsten Offensive des Jahres zum Einsatz kommen sollen.
Unterdessen trifft das OKH schon besondere Anordnungen für die Erfassung der in den ersten Stunden der »Zitadelle« zu erwartenden Massen von Überläufern und Kriegsgefangenen. Sie sollen – entgegen aller vorherigen Anordnungen und Versprechungen im »Grundsätzlichen Befehl Nr. 13« vom 20. April 1943 – als billige Arbeitskräfte sofort per Bahn nach Deutschland in den Bergbau und in Rüstungsbetriebe abtransportiert werden.

▶ Raum Graiworon, 24. 6. 1943, die letzten Vorbereitungen: Panzergrenadiere der Division »Großdeutschland« sammeln sich vor dem Abmarsch in die Bereitstellungen

Am Mittwoch, dem 23. Juni 1943, meldet plötzlich aus Luzern Rudolf Roessler (»Lucy«) das »Allerneueste aus dem Führerhauptquartier« (ein Ausschnitt seines authentischen Funkspruchs): »... auch der bis Ende Mai erwogene deutsche Angriff gegen Kursk nicht mehr beabsichtigt ...«[15]

Am Freitag, dem 25. Juni 1943, legt Hitler die Eröffnung der »Zitadelle« – diesmal endgültig – für den 5. Juli 1943 fest. Ihre Durchführung soll noch in der ursprünglichen, im »Operationsbefehl Nr. 6« festgelegten Weise erfolgen.

H.Gr. Mitte

Der Operationsplan sieht den konzentrischen Angriff von Süden und Norden auf Kursk vor: Die Heeresgruppe Mitte (GFM v. Kluge) mit 15 Infanterie-, 6 Panzerdivisionen und 1 Panzergrenadierdivision aus dem Abschnitt westlich Maloarchangelsk, die 9. Armee (GenOberst Model) mit Schwerpunkt in ihrer Mitte, das XXXXVII. Panzerkorps (Gen.d.Pz.Tr. Lemelsen) mit der 6. Infanteriedivision, der 20., 18., 2., 4. und 9. Panzerdivision soll auf 40 Kilometer Breite die sowjetischen Stellungen in der Hauptstoßrichtung Orel–Kursk durchbrechen, zwischen Straße und Bahn nach Kursk schnell auf die Höhen nördlich der Stadt vorstoßen und hier die Verbindung mit der Heeresgruppe Süd herstellen. Den Flankenschutz bildet: rechts das XXXXVI. Panzerkorps (Gen.d.Inf. Zorn) mit der 102. Infanteriedivision, der Gruppe v. Manteuffel, der 258., 7. und 31. Infanteriedivision; links das XXXXI. Panzerkorps (Gen.d.Pz.Tr. Harpe) mit der 292. und 86. Infanteriedivision, der 18. Panzerdivision und der 10. Panzergrenadierdivision. Dabei verfügt die Heeresgruppe Mitte nicht über die geringste Reserve: Jede Division hält sich lediglich ein Bataillon zur Verfügung. Die für den Bereich der Heeresgruppe Mitte verantwortliche Luftflotte 6 (GenOberst Ritter v. Greim) stellt für das Unternehmen »Zitadelle« die 1. Fliegerdivision (GenLt. Deichmann) mit der III. Gruppe Kampfgeschwader (KG) 1, der II./KG 51 und der II./KG 4 sowie Teile der 4. Fliegerdivision zur Verfügung. Die Verbände der 2. Panzerarmee (Gen.d.Pz.Tr. R. Schmidt) sind zu örtlichen Angriffen an der Westfront des Kursker Bogens vorgesehen.

H.Gr. Süd

Die Heeresgruppe Süd (GFM v. Manstein) soll mit 8 Infanterie- und 9 Panzerdivisionen aus dem Eckpfeiler beiderseits Bjelgorod vorstoßen. Ihre Armeeabteilung Kempf (Gen.d.Pz.Tr. Kempf) mit dem XI. Armeekorps (Gen.d.Pz.Tr. Raus), der 320., 106. und später der 198. Infanteriedivision; das III. Panzerkorps (Gen.d.Pz.Tr. Breith) mit der 168. Infanteriedivision, der 6., 7. und 19. Panzerdivision soll offensiv die rechte Flanke des Schwerpunktangriffs der 4. Panzerarmee (GenOberst Hoth) abdecken. Andererseits wird die 4. Panzerarmee zusammen mit dem II. SS-Panzerkorps (SS-Obergruppenf. Hausser) und Teilen der 167. Infanteriedivision, der 2. SS-Panzerdivision »Das Reich«, der 1. SS-Panzerdivision »Leibstandarte Adolf Hitler« und der 3. SS-Panzerdivision »Totenkopf«, mit dem XXXXVIII. Panzerkorps (Gen.d.Pz.Tr. v. Knobelsdorff), mit Teilen der 167. und 332. Infanteriedivision, der 11. Panzerdivision, der Panzergrenadierdivision »Großdeutschland«, der 3. Panzerdivision, der »Panther«-Brigade Decker und dem LII. Armeekorps (Gen.d.Inf. Ott) mit der 255. und 57. Infanteriedivision den Schwerpunktangriff auf Kursk führen. Ihr Ziel: schnellstens die Verbindung mit der von Norden aus dem Orel-Bogen auf Kursk angreifenden 9. Armee herstellen. Die 4. Panzerarmee und die Armeeabteilung Kempf sind im Raum nördlich Charkow konzentriert. Der vorgesehene Durchbruchsabschnitt in der Hauptstoßrichtung Obojan–Kursk hat eine Breite von 25 Kilometern. Gleichzeitig soll sie noch auf 15 Kilometer Breite die sowjetischen Verteidigungslinien in der Nebenrichtung Bjelgorod–Korotscha durchstoßen.

Insgesamt nehmen an der Operation teil: 23 Infanteriedivisionen und 16 schnelle Verbände. Von den Infanteriedivisionen werden 6 (2 bei der H.Gr. Süd, 4 bei der H.Gr. Mitte) bei Angriffsbeginn noch in der Front festgelegt und erst später einem wirksam werdenden Angriff folgen.

Die Luftwaffe setzt im Abschnitt der Heeresgruppe Süd die gesamte Luftflotte 4 (Gen.d.Fl. Deßloch) ein. Zu ihren Verbänden gehören: die Kampfgeschwader 3, 27 und 55, die III. Gruppe des KG 4, die I. Gruppe des KG 100, das Schlachtgeschwader 9 und die Jagdgeschwader (JG) 3 sowie 52. Die in den Luftflotten 4 und 6 zusammengefaßten Kräfte bilden mehr als zwei Drittel aller an der Ostfront eingesetzten Fliegerverbände. Insgesamt stehen somit dem Unternehmen »Zitadelle« zur Verfügung: 900 000 Mann mit fast 10 000 Geschützen und Granatwerfern, rund 2700 Panzer und Sturmgeschütze, 2050 Flugzeuge, davon 1200 Kampf- und Schlachtflugzeuge sowie 700 Jagdflugzeuge.

Zu diesem Zeitpunkt kennt STAWKA (nach sowjetischen Angaben) dank des Einsatzes der Sonderfunkbataillone die Dislokation und Stärke der deutschen Verbände, die im Kursker Bogen versammelt sind. STAWKA hat inzwischen für die erwartete Abwehrschlacht eine unüberwindliche Verteidigung und für die geplante Gegenoffensive die erforderliche Überlegenheit geschaffen: 40 Prozent aller operativen Verbände der Roten Armee, darunter sämtliche fünf Panzerarmeen, sind im Raum Kursk zusammengezogen. Allein der Heeresgruppe Mitte (GFM v. Kluge) gegenüber steht die Zentralfront in einer Breite von 132 Kilometern mit drei Armeen in der ersten Verteidigungslinie und einer Panzerarmee mit zwei selbständigen Panzerkorps in der zweiten Verteidigungslinie. Der Schwerpunkt liegt auf dem rechten Flügel vor Orel. In der Nebenrichtung werden auf breiter Front zwei weitere Armeen eingesetzt. Drei Korps und Artillerieverbände der Frontreserve befinden sich in der operativen Tiefe.

Der eigentliche Kursker Bogen wird von der Zentralfront (Armeegen. Rokossowski/Mitglied des Kriegsrates GenMaj. Telegin/Stabschef GenLt. Malinin)

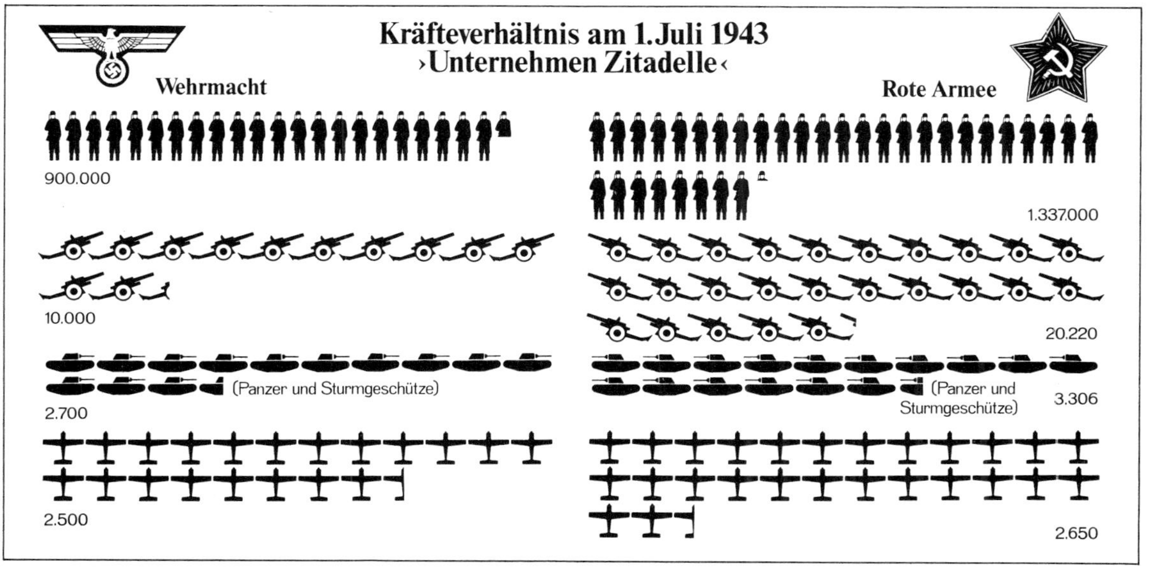

Das Kräfteverhältnis am 25. Juni 1943 (nach sowjetischen Angaben)

und der Woronesch-Front (Armeegen. Watutin/Mitglied des Kriegsrates GenLt. Chruschtschow/Stabschef GenMaj. Iwanow) gehalten. Sie verfügen über etwa 100 Divisionen mit insgesamt 1,3 Millionen Mann, fast 20 000 Geschütze und Granatwerfer, dazu 3600 Panzer und Selbstfahrlafetten sowie 2600 Flugzeuge. Die Zentralfront soll den Nordteil des Kursker Frontvorsprungs, von Alexandrowka bis Korenewo, mit einer Ausdehnung von fast 360 Kilometern, verteidigen und ihre Anstrengungen auf den rechten Flügel (13. Armee unter GenLt. Puchow und 70. Armee unter GenLt. Galanin) richten, wo man auf 95 Kilometer Breite den deutschen Hauptstoß erwartet. Im Abschnitt der 13. Armee zieht Armeegeneral Rokossowski rund 60 Prozent seiner Artilleriebrigaden und Artillerieregimenter sowie rund 33 Prozent der Panzerbrigaden und Panzerregimenter zusammen.

Den gegenüber der Heeresgruppe Süd (GFM v. Manstein) liegenden Südteil des Kursker Bogens, von Korenewo bis Woltschansk, mit einer Länge von 244 Kilometern, hält die Woronesch-Front mit drei Armeen in der ersten Verteidigungslinie und zwei Armeen, davon einer Panzerarmee, in der zweiten Verteidigungslinie. Den Schwerpunkt bilden hier die Mitte und der linke Flügel im Abschnitt der 6. Gardearmee (GenLt. Tschistjakow) und 7. Gardearmee (GenLt. Schumilow). Die Frontreserve besteht aus einem Schützen- und zwei Panzerkorps. Ostwärts des Kursker Bogens wird als strategische Reserve der Steppenmilitärbezirk (ab 10. Juli 1943 in Steppenfront umbenannt; unter GenOberst Konjew/Mitglied des Kriegsrates GenLt. Sussaikow/Stabschef GenLt. Sacharow) mit fünf Armeen und fünf selbständigen Korps bereitgestellt. Drei Luftarmeen und Teile der Fernkampffliegerverbände mit insgesamt mehr als 3000 Flugzeugen sollen die Zentral- und Woronesch-Front unterstützen und während der Offensive durch weitere Kräfte verstärkt werden.

Der Steppenmilitärbezirk, der hinter der Zentral- und der Woronesch-Front auf der Verteidigungslinie Ismalkowo–Liwny–Kschen-Fluß–Beli Kolodes steht, soll eventuelle Durchbrüche des Gegners in die Zentral- und Woronesch-Front aufhalten und in einer späteren Phase der Schlacht zum Angriff übergehen.

Diese Aufteilung der sowjetischen Kräfte ist von entscheidendem Einfluß auf den Sommerfeldzug 1943. Während in der Schlacht um Stalingrad auf eine

Raum Bjelgorod, 26. 6. 1943, eine Abordnung von Offizieren der türkischen Armee unter dem Chef des Generalstabs, GenOberst Cemil Zahit Toydemyr (Mitte), während einer nicht ganz gelungenen Vorführung des Panzers »Tiger«, vorne rechts GFM v. Manstein

sowjetische Division 35 Frontkilometer und auf einen Frontkilometer 0,7 Panzer und Sturmgeschütze sowie 2,5 Geschütze und Granatwerfer kamen, so entfallen jetzt im Bereich der Zentralfront auf eine Division nur 6,9 Frontkilometer und auf einen Frontkilometer 26,5 Kanonen und Granatwerfer sowie 4,7 Panzer und Sturmgeschütze. Hier im Raum Kursk befindet sich die stärkste sowjetische Konzentration an Material und Truppen während des ganzen Krieges, etwa ein Drittel der Mannschaften und Flugzeuge, die Hälfte aller Panzer und Selbstfahrlafetten und mehr als ein Viertel der Geschütze und Granatwerfer.

Generaloberst Konjew: »Unser Oberkommando ging davon aus, daß die faschistische Wehrmacht über keine Reserven verfügte und nur an einem strategischen Abschnitt angreifen konnte. Dafür mußte sie eine genügend

starke Stoßgruppierung bilden ... Griff der Gegner jedoch nicht an, hatten unsere Truppen als erste zum Angriff überzugehen. Deshalb konzentrierte das Hauptquartier an der Linie Tula–Jelez–Stary Oskol–Rossosch starke strategische Reserven. In diese Räume wurden Verbände verlegt, die an der Schlacht bei Stalingrad oder an den Kämpfen bei Leningrad teilnahmen und auch an anderen Abschnitten der sowjetisch-deutschen Front gekämpft hatten.«
Am Abend des 25. Juni 1943 landet auf dem Flugplatz Charkow-Nord eine türkische Offizierskommission unter Führung des türkischen Generalstabschefs Generaloberst Toydemyr, zu der fünf weitere Offiziere gehören. Den ausländischen Gästen werden in Anwesenheit von Generalfeldmarschall v. Manstein deutsche Waffen, darunter die Panzer »Tiger«, vorgeführt. Anschließend findet eine Truppenübung statt.

Am Montag, dem 28. Juni 1943, teilt Hitler Reichsminister Speer mit, daß nach Fronterfahrungsberichten sämtliche Panzerjäger vom Typ »Hornisse« nicht verwendungsfähig seien, weil die ungenügende Abstützung des Rohres ein Fahren unmöglich mache. Da die »Hornissen« für das Unternehmen »Zitadelle« von besonderer Bedeutung sind, soll sofort Abhilfe geschaffen werden. Andererseits verursachen westalliierte Bombenangriffe Schwierigkeiten in der Panzerproduktion und verzögern immer wieder das rechtzeitige Eintreffen an der Front, vor allem der neuen Panzertypen. So zählt zu diesem Zeitpunkt die 9. Armee (GenOberst Model) an Panzern vom Typ »Tiger« nur zwei Kompanien der schweren Panzerabteilung 505 (Maj. Sauvant). Die Heeresgruppe Süd verfügt über 45 »Tiger« der schweren Panzerabteilung 503 (Hptm. Graf v. Kageneck) sowie »Tiger«-Kompanien mit je 14, 13, 14 und 15 dieser schweren Panzer der Panzergrenadierdivision »Großdeutschland« (GenLt. Hoernlein), der 1. SS-Panzerdivision »Leibstandarte Adolf Hitler« (SS-Brigadef. Wisch), der 2. SS-Panzerdivision »Das Reich« (SS-Gruppenf. Krüger) und der 3. SS-Panzerdivision »Totenkopf« (SS-Brigadef. Prieß). Mit dieser Handvoll schwerer Panzer, die dazu noch nicht frontreif sind, plant Hitler, die Sowjetarmee in die Knie zu zwingen.

General der Panzertruppe v. Knobelsdorff: »Es war beunruhigend, darüber nachzudenken, daß ungeachtet all unserer sorgfältigen Ausbildung, ungeachtet unseres gründlichen Studiums der Kriegskunst und der bitteren Erfahrungen des vergangenen Jahres der Generalstab des Heeres sich pfuscherhaft auf ein gefährliches Spiel einlassen wollte, bei dem unsere letzten Reserven aufs Spiel gesetzt würden.«

Gleichzeitig werden die strategischen Reserven des STAWKA laufend ver-

Ende Juni 1943 an der Frontlinie im Kursker Bogen, MG-Stellung eines vorgeschobenen Postens: in Erwartung der kommenden Ereignisse stärkt. Zum Steppenmilitärbezirk (GenOberst Konjew) gehören nun: die 4. Gardearmee (GenLt. Kulik), die 5. Gardearmee (GenLt. Schadow), die 27. Armee (GenLt. Trofimienko), die 47. Armee (GenMaj. Koslow) und die 53. Armee (GenLt. Managarow), die 5. Garde-Panzerarmee (GenLt. Rotmistrow) und die 5. Luftarmee (GenLt. Goriunow) sowie ein Schützenkorps, drei Panzerkorps, drei mechanisierte und drei Kavalleriekorps. Insgesamt sind es einschließlich der Luftstreitkräfte 537 000 Mann. Die neue Steppenfront verfügt über 3397 Geschütze, 4004 Granatwerfer der Kaliber 8,2 cm und 12 cm sowie 1551 Panzer und Sturmgeschütze.

Am Mittwoch, dem 30. Juni 1943, erhält Marschall Wassilewski von Stalin den Befehl, sich eingehend mit den Vorbereitungen der zur Woronesch-Front gehörenden Truppen zu befassen. Marschall Schukow soll das Zusammenwirken der Zentral-, der Brjansker und der Westfront koordinieren. Für die Einsätze der Fliegerkräfte sind der Oberbefehlshaber der Luftstreitkräfte, Marschall Nowikow, und dessen Stellvertreter, die Generäle Woroschejkin und Chudjakow, verantwortlich.
An diesem Tag meldet Oberst Teske, zuständig für das Transportwesen bei der Heeresgruppe Mitte, daß die Partisanentätigkeit hinter der deutschen Front im Monat Juni ihren Höchststand seit Kriegsbeginn erreicht hat: 298 Lokomotiven, 1222 Waggons und 44 Brücken seien zerstört worden. Im Durchschnitt seien täglich an 32 verschiedenen Stellen die Gleise gesprengt worden.
Auch die Seekriegslage hat sich verschlechtert: Während im ersten Quartal 1943 die deutsche U-Boot-Waffe Schiffe mit insgesamt 1,5 Millionen BRT versenkt hat, sind es im zweiten Quartal nur 0,7 Millionen BRT gewesen. Gleichzeitig haben die eigenen Verluste sprunghaft zugenommen.
Unterdessen hat die Rote Armee ihre Arbeiten an den Verteidigungslinien im Kursker Bogen beendet. Von April bis Juni 1943 hat man beispielsweise im Bereich der Zentralfront etwa 5000 Kilometer Schützen- und Verbindungsgräben ausgehoben sowie rund 400 000 Minen und eingebaute Sprengladungen gelegt. Armeegeneral Rokossowski: »Allein im Abschnitt der 13. und 70. Armee wurden 112 Kilometer Stacheldrahthindernisse errichtet – 10,7 Kilometer davon elektrisch geladen – und über 170 000 Minen verlegt.« Die Zahl der automatischen Waffen bei den Fronttruppen der Sowjetarmee und der Panzer hat sich von April bis Juni fast verdoppelt. Marschall Schukow: »Im Sommer 1943 gehörten zum Bestand unserer Feldtruppen mehr als 6,4 Millionen Mann, fast 99 000 Geschütze und Granatwerfer, etwa 2200 Raketenartillerielafetten, mehr als 9500 Panzer und Sturmgeschütze sowie rund 8300 Kampfflugzeuge.«
Generalmajor Fomitschenko: »Als sich im Sommer 1943 unsere Truppen auf das Zurückschlagen des feindlichen Angriffs auf Kursk vorbereiteten, tarnten sie ihre Stellungen in meisterhafter Weise: Deutsche Aufklärungsflugzeuge, die in einer Höhe von weniger als 20 Metern flogen, konnten nichts als leere Felder sehen. In diesem scheinbar verlassenen Gelände waren jedoch ganze Regimenter mit Artillerie, Granatwerfern und Panzern verborgen.«
General v. Knobelsdorff: »Es war selbstverständlich, daß auch an den übrigen Frontabschnitten des Korps die Aufklärung intensiv betrieben wurde. Besonders interessant war der Raum von Mzensk. Doch nirgends zeigte sich der geringste Anhaltspunkt für Angriffsabsichten des Gegners.«

Am Donnerstag, dem 1. Juli 1943, kehrt Hitler aus Berchtesgaden nach Ostpreußen in sein Führerhauptquartier »Wolfsschanze« zurück. Noch am Abend

Raum Woronesch, ein Feldflugplatz der sowjetischen 5. Luftarmee, Anfang Juli 1943: Ein bereits veralteter mittlerer Bomber vom Typ Tupolew SB-2 (mit M-103-Motoren) wird für einen Nachteinsatz vorbereitet

empfängt er alle Armeeführer der Ostfront sowie die am Unternehmen »Zitadelle« beteiligten Kommandierenden Generäle in seinem Teehaus und erklärt ihnen ohne Umschweife: »Ich habe entschieden, den Angriffstermin für ›Zitadelle‹ auf den 5. Juli festzusetzen.« Hitler gibt einen Überblick der Lage, schildert eingehend die geplante Operation und bemerkt: »Die Schuld an unseren Mißerfolgen geht auf das Konto unserer Verbündeten. Die Italiener haben völlig versagt. Deutschland braucht das eroberte Gebiet, sonst kann es auf die Dauer nicht existieren. Es muß die Hegemonie in Europa gewinnen. Wo wir sind, bleiben wir!« Nach Hitlers Worten sei die Verschiebung der »Zitadelle« notwendig geworden, da man mit der Möglichkeit einer unmittelbar bevorstehenden Landung anglo-amerikanischer Truppen an der italienischen Westküste rechnen müsse. In diesem Fall sei teilweise auf die für »Zitadelle« bereitgestellten Kräfte zurückzugreifen.
In den letzten Stunden dieses 1. Juli glaubt der sowjetische Nachrichtendienst, unmißverständliche Beweise zu haben, daß die Deutschen im Kursker Bogen in den nächsten Tagen angreifen werden. Marschall Wassilewski: »Die Verwaltung Aufklärung teilte dem Generalstab in der Nacht zum 2. Juli mit, es sei sicher, daß der Gegner in den nächsten Tagen, spätestens aber am 6. Juli, zum Angriff übergehen werde. Das meldete ich sofort Stalin und bat um die Erlaubnis, die Fronten unverzüglich benachrichtigen zu dürfen.« Generalleutnant Batow, Oberbefehlshaber der 65. Armee: »Seit dem 1. Juli warteten wir gespannt. Jeden Tag konnte der Angriff beginnen. Bestimmt würden die Faschisten bei Tagesanbruch losschlagen. Niemand fand in diesen kurzen Sommernächten richtig Schlaf. Die Offiziere verließen die Beobachtungsstelle nicht einmal für eine Stunde. Wir verboten unseren Soldaten, sich weiter als 100

Meter von den Unterständen zu entfernen. Alle Funkgeräte waren auf bestimmte Frequenzen eingestellt.«
In der gleichen Nacht erhalten deutsche Pioniereinheiten den Befehl, Minengassen für die Stoßkeile zu schaffen, ferner Wege zu räumen und zu bezeichnen, sowohl für die nachstoßenden Panzerdivisionen als auch für das Nachziehen der Artillerie und Fahrzeuge der einzelnen Verbände.
Generalleutnant Moskalenko: »In der Nacht darauf erfuhren wir, daß ein deutscher Soldat der 168. Infanteriedivision im Raum Kondyrjew, 5 Kilometer nördlich Bjelgorod, bei der benachbarten 6. Gardearmee aufgegriffen worden war und die Informationen des Hauptquartiers bestätigt hatte. Nach seiner Aussage sollte der Angriff in der Nacht zum 5. Juli nordwestlich von Bjelgorod beginnen. Die deutschen Soldaten hätten bereits ihre Kaltverpflegung und – wie meist vor einem Angriff – Branntwein empfangen. Außerdem wären Pioniere dabei, Minenfelder zu räumen und Drahtsperren zu beseitigen.«

Am Morgen des 2. Juli 1943 fliegt Generalfeldmarschall v. Manstein direkt von Ostpreußen nach Bukarest. Der Besuch in Bukarest wird bereits über Rundfunk und Presse angekündigt. Manstein überreicht feierlich dem rumänischen Diktator Antonescu anläßlich des Jahrestages der Eroberung Sewastopols den goldenen »Krimschild« und fliegt in aller Stille einige Stunden später zu seinem Hauptquartier in Tscherkassy zurück. Dies gehört zu einem Täuschungsplan, der STAWKA über die bevorstehende deutsche Operation im unklaren lassen soll: Wenn der Oberbefehlshaber der Heeresgruppe Süd in der rumänischen Hauptstadt weilt, kann keine Gefahr eines Angriffs bestehen.
Das War Office weist einen Vertreter der britischen Militärmission in Moskau an, beim sowjetischen Generalstab vorstellig zu werden, um auf die Aktivitäten der deutschen Geheimdienste hinter den sowjetischen Linien und vor allem auf das fortgesetzte Brechen sowjetischer Armee-Codes durch die Deutschen erneut aufmerksam zu machen. Auch diese Kenntnis verdankt der britische Geheimdienst seiner Operation »Ultra Secret«.[16]

Budapest, 2. 7. 1943, GFM v. Manstein verläßt seine Maschine: ein Blitzbesuch vor Beginn des Unternehmens »Zitadelle«

4. 7. – 11. 7. 1943

Erste

Angriff de
Süd un
Einbrüche in di
Verteidigungslinie
des Kurske

Phase

eeresgruppen
itte
owjetischen
n Norden und Süden
ogens

GFM v. Manstein in Bukarest

Sonntag, 4. Juli 1943, Berlin. Das DNB meldet:

Im Auftrage Hitlers überreichte Generalfeldmarschall v. Manstein dem Staatsführer Rumäniens, Marschall Antonescu, den goldenen »Krimschild«.

Aus dem Kriegstagebuch des OKW

Montag, 5. Juli 1943:

Frontlage: Am 5. 7. früh hat bei der Armeeabt. Kempf, der 4. Pz.- und der 9. Armee das Unternehmen »Zitadelle« planmäßig begonnen. – An der übrigen Ostfront nur Aufklärungsvorstöße. Die Luftwaffe unterstützte trotz ungünstigen Wetters die eigenen Angriffsunternehmungen mit starken Kräften.

Die Schlacht nördlich Bjelgorod

... In einer Tiefe von über 60 Kilometern hatten die Sowjets ihre Bereitstellung aufgebaut. Drei Stellungen, die sich an die natürlichen Hindernisse des welligen offenen Landes anlehnten, bildeten ihr Rückgrat. Die Zwischenfelder waren keine luftleeren Räume, sondern randvoll gefüllte Sammelbecken von frontnahen Reserven und beweglichen Kampfgruppen. Dahinter standen tief gestaffelt die operativen Kräfte in Gestalt von mehreren Panzer- und mechanischen Korps.

Trotz der am frühen Morgen des 5. Juli auf sie niederhagelnden Gewitterschauer von Bomben und Granaten hielten die Besatzungen der ersten feindli-

Am 5. 7. 1943 früh beginnt planmäßig das Unternehmen »Zitadelle«: Eine Batterie Feldkanonen M-18, Kal. 14,9 cm, nimmt die sowjetische Hauptkampflinie unter Beschuß

chen Linien mit verbissener Zähigkeit. Die Garde-Schützen-Divisionen, die hier in die Erde eingekrallt lagen, glaubten sich im Schutze ihrer starken und tiefgegliederten Befestigungen geborgen. Sie wußten nicht nur versumpfte Senken und Täler, breite Minengürtel, Drahtverhaue, Flammenwerfersperren und Panzergräben vor sich, sie saßen selbst in einem Gewirr tiefer Gräben und Bunker, Pakstellungen, Schützenlöcher und Granatwerferstände. Hinter ihnen aber spann sich ein Netz von kleinen Stützpunkten und Verteidigungsanlagen über das Land. Feste Querriegel von 50, 60 und noch mehr eingebauten Panzern waren an manchen Stellen als Knoten eingefügt.
Gegen dieses mit Raffinesse ausgeklügelte System von Verteidigungsanlagen gingen die Divisionen der Panzerarmee vor. Grenadiere und Panzer brachen nach mehrstündigem hartem Kampf in die feindliche Hauptkampflinie ein, schlugen hier und dort eine Bresche, erweiterten sie und rollten im Nahkampf die Stellung auf. Die Luft dröhnte von Minenexplosionen, von den Sprengungen der Pioniere und dem wütenden Geheul der Granaten.
Mitten im stärksten Feuer wurden Drahthindernisse zerschnitten, die Panzergräben eingeebnet und die Kampfwagen durch schmale Gassen geschleust. Noch bevor die vom Gegner im Hintergrund des Hauptkampffeldes bereitgehaltenen Panzerreserven eingreifen konnten, hatten sich die deutschen Verbände bereits durch die entstandenen Frontlücken hindurchgeboxt und überfluteten das deckungslose Gelände.
Der Abend des ersten Kampftages war noch nicht gesunken, da lief von den Stoßdivisionen schon die Meldung ein, daß die erste Linie in ihrer ganzen Tiefe von drei Kilometern durchbrochen sei.

Völkischer Beobachter, Juli 1943

Abschnitt Bjelgorod, 5. 7. 1943, deutsche Panzer rollen zum Angriff: ». . . schwere Kämpfe auf der Erde und in der Luft«

Schwere Kämpfe

Dienstag, 6. Juli 1943. Das Oberkommando der Wehrmacht gibt bekannt:

Aus einem erfolgreichen örtlichen Angriffsunternehmen deutscher Infanterie im Abschnitt Bjelgorod entwickelten sich durch starke russische Gegenangriffe im Verlaufe des gestrigen Tages schwere Kämpfe auf der Erde und in der Luft, die sich bis in den Raum nördlich Kursk ausdehnten und bis zur Stunde immer größere Heftigkeit annehmen.

Aus dem Kriegstagebuch des OKW

6. Juli 1943:

Frontlage: Bei dem Unternehmen »Zitadelle« hat die Südgruppe 18 km, die Nordgruppe 10 km Gelände gewonnen. Dem Gegner ist der Zeitpunkt des Angriffs bekannt gewesen; dadurch ist eine operative Überraschung nicht erreicht. An der übrigen Ostfront nur örtliche Kämpfe. Die Luftwaffe unterstützte die Angriffshandlungen mit starken Kräften. Im Laufe des 5. 7. verlor der Gegner 432 Flugzeuge bei 26 eigenen Verlusten.

Eine Panzerschlacht

Von SS-Kriegsberichterstatter Robert Krötz:

Mit einem Hechtsprung kippen wir aus der Luke, rollen nach rückwärts ab und pressen uns hinter die Raupen. Schlag auf Schlag fetzen die Langrohre des bolschewistischen Panzerzuges auf unseren waidwunden Panzer, der wie ein

Wunder nicht brennt. Was sollen wir tun? Der Obersturmführer, auch jetzt in voller Ruhe, sieht sich um, deutet mit der Hand nach dem Wäldchen zur Rechten und springt als erster hoch, macht zehn lange Sätze, wirft sich hin, springt wieder und kriecht dann weiter. Als zweiter springt der Richtschütze. Der Feind, der mit über vierzig Panzern, dem schwerbestückten Artilleriezug und MG-Postierungen die Höhe vor uns hält, die entlang der Haupteisenbahnstrecke Bjelgorod–Kursk verläuft, hat die Flüchtenden erkannt und legt ein dichtes Feuer um sie.

Der Fahrer und ich springen als letzte. Wir laufen um das Leben. 150 Meter durch die Hölle wollen kein Ende nehmen. Das Herz scheint stehenzubleiben. Wissen wir denn, ob das Wäldchen sauber ist? Wir haben bei einem Aufklärungsvorstoß mit unseren Panzern die eigenen Angriffsspitzen drei Kilometer weit hinter uns gelassen. Ist die feindliche Infanterie ausgewichen oder sitzt sie noch in ihren Waldbunkern? Das alles, obwohl es so naheliegt, überdenken wir nicht genau. Die Nerven fiebern, und die Beine wollen nicht mehr. Aber das Zischen der Sprenggranaten und die Staubwölkchen von den rasend einschlagenden Maschinengewehrkugeln hetzen uns weiter. Nach 20 oder 30 Sekunden lassen wir uns erschöpft in die verlassenen feindlichen Schützenlöcher fallen, die in die südliche Nase des grünen Waldbandes gegraben sind. Gerade dort, wohin wir gerannt sind, hören die Bäume unvermittelt auf und grenzen an die grüne Steppe.

Wir pressen die heißen Gesichter in die kühle Erde und schnaufen uns erst ein paar Minuten aus. Dann befiehlt der Obersturmführer Beobachtung nach Norden, kriecht selbst an den Rand des Gehölzes und blickt zu unserem Panzer zurück, der noch immer im Hagel der Granaten liegt. Durch die Bäume zischen

vereinzelte Gewehrschüsse. Gut, daß die Nachzügler der zurückgewichenen Bolschewisten nicht wissen, wie schwach wir sind, daß wir fünf Männer nur eine einzige Pistole haben und den Willen, uns durchzuschlagen.
Erst als wir ruhiger werden, rollen die Ereignisse der zurückliegenden Morgenstunden noch einmal wie ein Film vor uns ab. Wie kam das alles? Um 3 Uhr waren wir abmarschiert, nach Norden gerollt und dann in kleinem Verbande einer bolschewistischen Panzeransammlung ausgewichen, um sie aus der linken Flanke zu fassen. In halbstündiger Fahrt waren wir weit nach Westen ausgebogen, hatten gemeinsam mit der Infanterie ein Dörfchen erreicht und waren von dort aus wieder nach Norden marschiert. 800 Meter vor der Eisenbahnlinie hatte dann das Gefecht begonnen. Die Sonne stand gegen uns, und wir konnten Stärke und Art des Gegners nicht genau ausmachen. Zwei schwere amerikanische Panzer in der rechten Flanke wurden nach kurzem Schußwechsel in Brand gesetzt. Auch auf der Höhe, im Schatten der Häuser einer kleinen Siedlung, brannten um diese Zeit schon drei oder vier »T-34«. Aber das Feindfeuer ließ nicht nach. Wir erhielten Treffer schweren Kalibers. Die an den Bordwänden angeschweißten Geräte flogen uns um die Ohren. Wir blieben ruhig, richteten, schossen, veränderten die Stellung und schossen wieder. Wir sahen wohl Mündungsfeuer, aber die Feindpanzer waren nicht auszumachen.
Als wir, schon ziemlich verschossen, hinter Bäumen verborgen den schweren Panzerzug entdeckten, bekamen wir einen Volltreffer auf das Rohr der Kanone. Wir waren waffenlos. Trotzdem befahl der Obersturmführer, der die drei Deckungspanzer befehligte, den Angriff. Die drei anderen Panzer rollten inzwischen durch die Mulde in das Dorf an der Eisenbahnlinie. Schon nach den ersten 50 Metern schnellster Fahrt bekamen wir einen schweren Treffer in die linke Kette, der offenbar das Antriebsrad mit zerschlug. Mit einem Ruck stand der Panzer, wirbelte uns gegen die Wände und zuckte nur noch unter den sich häufenden Aufschlägen der schweren Granaten.
Dachten wir in dieser Sekunde an den Tod? Eher fluchten wir über das böse Mißgeschick, hätten wir heulen mögen um unseren schönen Panzer, der schon so viele Feinde zur Strecke gebracht hatte. Eine halbe Minute lang rang der Kommandant um den Entschluß. Dann ließ er ausbooten. Wir stießen die Luken auf und sprangen kopfüber hinter das Gerät. Was dann kam, habe ich schon zu beschreiben versucht. Sind wir denn jetzt gerettet? Immer noch sitzen wir in den Deckungslöchern im Walde und spähen zum Bahndamm hinauf.
Aus dem Dörfchen herüber hallt der Lärm des Panzergefechts. Wir fühlen uns allein und dürfen nicht so lange warten, bis die feindlichen Schützen auf uns Jagd machen. Dem Obersturmführer folgend, springen wir in die offene Steppe

Raum Kursk, 6. 7. 1943, eine sowjetische Schützeneinheit geht zum Gegenangriff vor: Ein Pak-Geschütz wird in Stellung gebracht hinaus, die uns gut zwei Kilometer von der Vorhut der eigenen Infanterie trennt. Wieder laufen wir mit dem Tode um die Wette. Werfen uns hin, kriechen, springen wieder hoch und legen an die 500 Meter zurück, bis zwei Tiger über die Anhöhe kommen. Das kann die Rettung sein. Wir springen auf das erste gestoppte Fahrzeug, klemmen uns hinter den Turm und versuchen zur Ruhe zu kommen. Die Pulse jagen. Wir zucken zusammen, wenn die Treffer der feindlichen Artillerie an Turm und Wanne klatschen. Noch einen Kilometer, noch 500 Meter. Endlich haben wir die Höhe und rollen in das gedeckte, flache Tal. Der Beschuß erreicht uns nicht.

Völkischer Beobachter, Juli 1943

Die Schlacht bei Kursk

6. Juli 1943, Moskau. Ein Sonderkommuniqué des STAWKA berichtet:

Seit dem Morgen des 5. Juli führen die sowjetischen Truppen in den Abschnitten Kursk–Orel und Bjelgorod schwere Abwehrkämpfe gegen starke Infanterie- und Panzerkräfte der Faschisten, die, unterstützt von einer großen Zahl Flugzeugen, zum Angriff übergegangen sind.

Die feindlichen Angriffe wurden unter schweren Verlusten für die Angreifer abgewehrt, und lediglich an einzelnen Punkten gelang es kleineren deutsch-faschistischen Formationen, etwas in unsere Stellungen einzudringen. Nach noch unvollständigen Angaben wurden am ersten Kampftag 586 deutsche Panzer und 203 Flugzeuge zerstört. Die Kämpfe dauern an. Der Beginn der deutschen Offensive hat das sowjetische Oberkommando nicht überrascht.

De Brinon über seine Reise an die Ostfront

6. Juli 1943, Paris. Das Office Français d'Information teilt mit:

Botschafter de Brinon schilderte vor Pressevertretern seine Eindrücke: »Sobald man nach Rußland kommt, drängt sich einem als wesentliche Tatsache auf, daß sich dort zwei Kriege abspielen, einer an der eigentlichen Front und einer im Hinterland. Tatsächlich sind nicht alle Dörfer und sogar nicht alle Städte besetzt, sondern nur die wichtigen Bahn- und Straßenknotenpunkte, und ihre Vororte werden durch ein gut ausgebautes Verteidigungssystem gegen die Tätigkeit der Partisanen geschützt.«

De Brinon schilderte hierauf die Aktivitäten der von Moskau organisierten Partisanengruppen, die von den deutschen Streitkräften intensiv bekämpft würden. Anschließend erklärte de Brinon, die französischen Legionäre seien vom glühenden Wunsche beseelt, sich an den Kämpfen im Osten zu beteiligen. Das deutsche Oberkommando sei mit ihrem Einsatz zufrieden. Er fügte hinzu, es stehe noch nicht fest, ob in Kürze mit neuen Operationen gerechnet werden könne, eines sei jedoch sicher, daß es die Deutschen nicht nötig hätten, neue Gebietseroberungen zu machen. Die Versorgung sei völlig gesichert und Vorbereitungen seien getroffen, um allen Eventualitäten zu begegnen.

Aus dem Kriegstagebuch des OKW

Mittwoch, 7. Juli 1943:

Frontlage: Im Raum von Kursk wurden die eigenen Angriffe erfolgreich fortgesetzt. Der Einbruch in die zweite feindliche Stellung ist gelungen. Bei der Nordgruppe erfolgten feindl. Panzer-Gegenangriffe nach Heranführung star-

Bei Puschkarnoje, nördlich Bjelgorod, 6. 7. 1943, im Abschnitt des II. SS-Panzerkorps: »Tiger« auf dem Vormarsch, vorn ein MG-Nest zur Sicherung des gewonnenen Geländes

ker operativer Reserven des Gegners. Die eigenen Panzerverluste durch Minen sind vor allem bei Armeeabt. Kempf erheblich.
An der übrigen Ostfront nur örtliche Kämpfe. Die Luftwaffe unterstützte wie an den Vortagen die Erdkämpfe trotz schlechten Wetters mit 3200 Einsätzen und schoß 205 feindl. Flugzeuge bei 15 eigenen Verlusten ab.

Panzerschlacht bei Bjelgorod
Von SS-Kriegsberichterstatter Gauss:

... Es ist 11 Uhr. Seit den frühen Morgenstunden greift die Infanterie, unterstützt von starken Stuka- und Schlachtfliegerverbänden, die erste Auffangstellung der Bolschewisten an, die nach dem Durchbruch durch den ersten Feindriegel den Vormarsch eine Weile aufhält. Auf der langgestreckten Höhe im Nordwesten staffeln sich die Erdbunker und Grabenstellungen des Feindes. Im Hinterhang sind die Batterien aufgefahren und hageln ihr Trommelfeuer in unsere Angriffsverbände. Pausenlos kippen die Stukas ihre tödliche Last in die feindliche Sperre. Eine Batterie nach der anderen wird ausgelöscht. In dem Kornfeld hinter unserer Panzerbereitstellung ist eine Artillerieabteilung aufgefahren und pflügt die Feindstellungen um. Langsam arbeitet sich unsere Infanterie vor. In dünnen Schleiern, geduckt in das hohe Steppengras, kriechen die Gruppen vor und brechen gegen 10.30 Uhr in die bolschewistischen Gräben und Bunker ein ...

Das ist die Stunde der Panzer. Wir sind in der Talsohle unbemerkt aufmarschiert, die »Tiger« flankiert von mittleren und leichten Kompanien. Unsere Gläser suchen den Horizont ab, tasten sich hinein in den Brodem der Schlacht, der wie ein Trauerflor die Kimmung der Bunkerhöhe verhüllt. Der Führer der »Tiger«-Halbkompanie, ein Obersturmführer aus dem Rheinland, dessen Ruhe in uns alle überströmt, gibt den Befehl zum Angriff. Die Motoren heulen auf. Wir laden die Kanonen. Langsam rollen die schweren Panzer in die Szenerie des Gefechts. Nach 200 Metern schießt die erste feindliche Pak. Mit einem Schuß heben wir sie aus der Erde.

... Es ist 12 Uhr geworden. Die Sonne sticht uns im Rücken. Wir haben die Luken aufgemacht und spähen ins Vorgelände. Erst eine Stunde später bekommen wir Feuer. Auf einer beherrschenden Höhe im Norden stehen ein paar T-34 in Lauerstellung. Die ersten Granaten schlagen in unserer Nähe ein. Dann klatschen Treffer gegen unsere Stirnplatte. Laden, entsichern, Schuß! Treffer! Wir setzen nach. Der erste T-34 brennt. Unser Nachbar hat einen zweiten in Brand geschossen.

Die übrigen rollen hinter die Höhe. Nach weiteren 500 Metern Vormarsch kommen 20, 30, 40 Feindpanzer über den Horizont. Sie marschieren an den beiden brennenden Wracks vorbei, stehen, schießen, rollen wieder und schießen in schneller Folge weiter. Treffer klatschen gegen Stirn und Wanne. Aber die Granaten tun uns nicht viel. Wir rücken noch ein wenig vor in günstige Schußposition und eröffnen das Feuer.

Eine Panzerschlacht hat begonnen. In etwa 1000 Meter Entfernung liegen sich auf zwei gegenseitigen Hängen die Kräfte gegenüber wie Figuren auf dem Schachbrett, die Zug um Zug das Schicksal für sich entscheiden wollen. Alle »Tiger« schießen. Der Kampf steigert sich zur Ekstase der ringenden Maschinen. Die Menschen, die sie führen und bedienen, müssen ruhig sein, noch ruhiger.

Sie richten schnell, sie laden schnell, befehlen schnell. Sie fahren einige Meter vor, ziehen rechts an, links an, manövrieren sich aus dem feindlichen Fadenkreuz und rücken den Gegner in den eigenen Beschuß.

Wir zählen die Fackeln der feindlichen Panzer, die nie mehr auf deutsche Soldaten schießen werden. Nach einer Stunde brennen zwölf T-34. Die anderen dreißig kurven wild hin und her und feuern, was die Rohre hergeben. Sie schießen gut. Aber unsere Panzerung ist sehr stark. Jetzt zucken wir auch nicht mehr zusammen, wenn ein stählerner Knöchel an unser enges Gehäuse klopft. Wir wischen die abbröckelnden Lacksplitter aus dem Gesicht und laden wieder, richten, schießen. Vier Stunden lang ... Die erste Phase der Panzerschlacht, die wir nach dem Durchbruch durch die doppelte Befestigungslinie erwartet hatten, ist siegreich bestanden.

Völkischer Beobachter, Juli 1943

▲ Eine Karikatur aus der PRAWDA, Juli 1943. Überschrift: Geschlagene wilde Tiere. Unterschrift: Hin und zurück . . .

▶ »Nach eintägigem Kampf lassen sich zwei Schwerpunkte der deutschen Offensive erkennen«: ein brennender »Tiger«

Die »Tiger« brennen

7. Juli 1943, Moskau. Das Sowinformbüro teilt mit:

Die Nachricht vom Beginn der deutsch-faschistischen Offensive wurde sowohl von den Militärs wie auch von der Bevölkerung mit Ruhe und größter Zuversicht aufgenommen. Obwohl die Ziele der Offensive sich noch nicht abzeichnen, kann doch aus ihrer Anlage geschlossen werden, daß der Plan der deutschen Führung die Abschneidung des Frontvorsprungs südlich von Orel ist.

Nach eintägigem Kampf lassen sich zwei Schwerpunkte der deutschen Offensive bei Orel und bei Bjelgorod erkennen. An beiden Stellen griffen Hitler-Truppen mit starken Panzer-, Infanterie-, Artillerie- und Fliegerverbänden an. Zwei Ortschaften bei Bjelgorod wurden von faschistischen Panzertruppen gestürmt.

Nachdem das Oberkommando der Roten Armee im Schutz der Dunkelheit einige Umgruppierungen vorgenommen hatte, gingen unsere Panzer- und Schützenverbände gestern morgen zum Gegenangriff über und entrissen beide Ortschaften dem Feind, der im Laufe des Vormittags weiter zurückgedrängt wurde. Es entwickelte sich ein blutiger, verbissener Kampf, dessen Ergebnisse zur Stunde noch ausstehen. Gegen Mittag ist jedoch bekanntgeworden, daß die Deutschen ihrerseits neue Reserven heranzogen und das sowjetische Übergewicht, das in den Vormittagsstunden bestanden hatte, wieder ausgleichen.

Das Rückgrat des deutschen Offensivstoßes, die »Tiger«-Verbände, wurde von unserer Panzerabwehr besonders unter Feuer genommen, sie erlitten dabei schwere Verluste. Wenigstens 250 dieser großen Kampfwagen verbrannten bereits am ersten Tag auf dem Schlachtfeld. Während des ganzen Tages fanden über der Front erbitterte Luftgefechte statt. Die »Sturmowiks« beteiligten sich ununterbrochen an der Bekämpfung des deutschen Panzeransturms, ebenso unsere neuen Kampfflugzeuge, die neuartige panzerbrechende Granaten abfeuern.

Bjelgorod-Front: Nach schwerer Artillerievorbereitung, die über eine Stunde anhielt und bei weitem heftiger war, als die, die der Eröffnung der Offensive vorausging, griffen Hitlersche Panzerverbände, denen mehrere Divisionen motorisierter Infanterie und Sturmartillerie gefolgt waren, auf etwa 50 Kilometer breiter Front an. Der Zusammenprall dieser mechanisierten Waffen war derart heftig, daß unsere Einheiten auf mehreren Abschnitten zurückgenommen werden mußten, um einen Durchbruch der Front zu vermeiden. Der Rückzug wurde jedoch auf einer etwa sechs Kilometer hinter der ursprünglichen Linie liegenden Stellung aufgefangen, die vorher sorgfältig ausgebaut und besetzt worden war.

Kurz vor Mitternacht traf in Moskau ein Funkbericht ein, daß die sowjetische Armee in den gefährdeten Frontabschnitten erneut zum Gegenangriff vorgegangen ist. Es werden gute Fortschritte erzielt. Man erwartet für den Donnerstagmorgen neue schwere deutsche Angriffe, da Reserven auf dem Weg zur Front festgestellt wurden. In der vergangenen Nacht griff die taktische sowjetische Luftflotte erneut in die Schlacht ein und bombardierte im rückwärtigen feindlichen Gebiet Material- und Truppenansammlungen.

Nach soeben eingetroffenen, noch nicht vollständigen Meldungen verloren die Deutschen heute in der Schlacht von Orel–Bjelgorod 520 Panzerwagen, davon 70 »Tiger«, 229 Flugzeuge und etwa 5000 Gefallene. Damit erhöhen sich die Gesamtverluste, die die Hitler-Wehrmacht in drei Kampftagen erlitt, auf 1539 Panzer, 649 Flugzeuge und über 20 000 Tote.

Gefangenenaussagen bestätigen übereinstimmend, daß die Führung der deutschen Offensive in den Händen des Generalfeldmarschalls v. Kluge liegt.

Aus dem Kriegstagebuch des OKW

Donnerstag, 8. Juli 1943:

Frontlage: Im Raume von Kursk sind schwere Panzerkämpfe im Gange. Seit Beginn des Unternehmens »Zitadelle« (5. 7.) wurden insgesamt 460 feindl. Panzerkampfwagen vernichtet. An der übrigen Ostfront keine nennenswerten Kämpfe. Die Luftwaffe unterstützte mit 4000 Einsätzen die Erdkämpfe und schoß 193 feindl. Flugzeuge ab.

Die Sowjets melden ihrerseits als abgeschossen: 649 deutsche Flugzeuge und 1539 Panzer

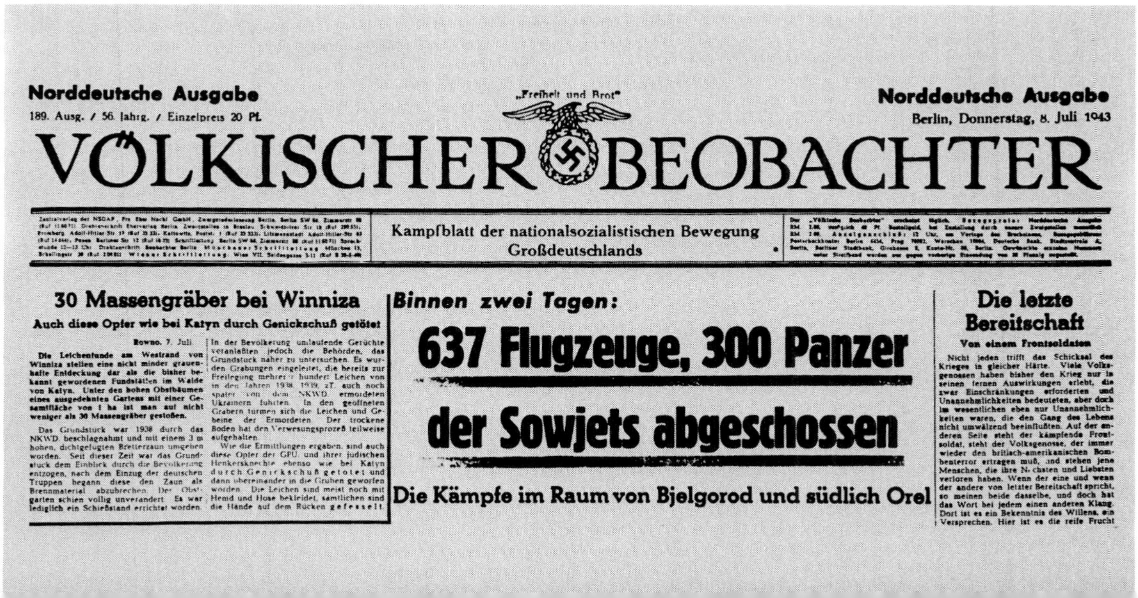
Norddeutsche Ausgabe
189. Ausg. / 56. Jahrg. / Einzelpreis 20 Pf.
„Freiheit und Brot"
Norddeutsche Ausgabe
Berlin, Donnerstag, 8. Juli 1943

VÖLKISCHER BEOBACHTER

Kampfblatt der nationalsozialistischen Bewegung Großdeutschlands

30 Massengräber bei Winniza

Auch diese Opfer wie bei Katyn durch Genickschuß getötet

Rowno, 7. Juli.

Die Leichenfunde am Westrand von Winniza stellen eine nicht minder grauenhafte Entdeckung dar als die bisher bekannt gewordenen Fundstätten im Walde von Katyn. Unter den hohen Obstbäumen eines ausgedehnten Gartens mit einer Gesamtfläche von 1 ha ist man auf nicht weniger als 30 Massengräber gestoßen.

Das Grundstück war 1938 durch das NKWD beschlagnahmt und mit einem 3 m hohen, dichtgefügten Bretterzaun umgeben worden. Seit dieser Zeit war das Grundstück dem Einblick durch die Bevölkerung entzogen, nach dem Einzug der deutschen Truppen begann diese den Zaun als Brennmaterial abzubrechen. Der Obstgarten schien völlig unverändert. Es war lediglich ein Schießstand errichtet worden. In der Bevölkerung umlaufende Gerüchte veranlaßten jedoch die Behörden, das Grundstück näher zu untersuchen. Es wurden Grabungen eingeleitet, die bereits zur Freilegung mehrerer hundert Leichen von in den Jahren 1938, 1939, z.T. auch noch später von dem NKWD ermordeten Ukrainern führten. In den geöffneten Gräbern türmen sich die Leichen und Gebeine der Ermordeten. Der trockene Boden hat den Verwesungsprozeß teilweise aufgehalten.

Wie die Ermittlungen ergaben, sind auch diese Opfer der GPU und ihrer jüdischen Henkersknechte ebenso wie bei Katyn durch Genickschuß getötet und dann übereinander in die Gruben geworfen worden. Die Leichen sind meist noch mit Hemd und Hose bekleidet, sämtlichen sind die Hände auf dem Rücken gefesselt.

Binnen zwei Tagen:

637 Flugzeuge, 300 Panzer der Sowjets abgeschossen

Die Kämpfe im Raum von Bjelgorod und südlich Orel

Die letzte Bereitschaft

Von einem Frontsoldaten

Nicht jeden trifft das Schicksal des Krieges in gleicher Härte. Viele Volksgenossen haben bisher den Krieg nur in seinen fernen Auswirkungen erlebt, die zwar Einschränkungen erforderten und Unannehmlichkeiten bedeuteten, aber doch im wesentlichen eben nur Unannehmlichkeiten waren, die den Gang des Lebens nicht umwälzend beeinflußten. Auf der anderen Seite steht der kämpfende Frontsoldat, steht der Volksgenosse, der immer wieder den britisch-amerikanischen Bombenterror ertragen muß, und stehen jene Menschen, die ihre Nächsten und Liebsten verloren haben. Wenn der eine und wenn der andere von letzter Bereitschaft spricht, so meinen beide dasselbe, und doch hat das Wort bei jedem einen anderen Klang. Dort ist es ein Bekenntnis des Willens, ein Versprechen. Hier ist es die reife Frucht

Bei Murawl, südlich Orel, Juli 1943, sowjetische Schützenkompanie im Einsatz: »Aus jedem der kleinen Waldstücke macht der Feind eine Festung«

Deutsche Abschußerfolge

8. Juli 1943, Berlin. Das DNB meldet:

Deutsche Jäger und Flakartillerie der Luftwaffe schossen im Laufe des 7. Juli im Kampfraum von Bjelgorod und südlich von Orel nach vorläufigen Meldungen 140 Flugzeuge ab. Acht eigene Flugzeuge gingen verloren. Damit wurden über diesem Kampfraum zwischen dem 5. und 7. Juli 777 Flugzeuge der Russen bei 49 eigenen Verlusten abgeschossen.

Jedes Waldstück eine Festung

Das sowjetische Artilleriefeuer, das vorher schon von ungeahnter Heftigkeit gewesen war, steigerte sich jetzt zum Orkan. Aus jedem der weit verstreuten Dörfer und jedem der kleinen Waldstücke machte der Feind eine Festung. In den reifen Kornfeldern hielten sich seine Schützenkompanien verborgen, hinter den spärlichen Hecken standen Dutzende von schweren Pak, und über die Bodenwellen krochen in immer neuen Schwärmen seine Panzer vom Typ T-34 und »General Lee« sowie neuartige Sturmgeschütze mit schwerster Bestückung heran, die aber in unseren »Tigern« nicht nur ebenbürtige, sondern überlegene Gegner fanden . . . Der dritte Kampftag war der härteste. Hier bewies jedoch der deutsche Soldat, daß er ebenso zäh im Angriff wie der Bolschewist in der Verteidigung sein konnte. Er drückte mit einer schier übermenschlichen Anstrengung die sperrenden Kräfte des Gegners zurück und zerschlug sie. Damit war auch die zweite Linie zertrümmert.

Völkischer Beobachter, Juli 1943.

Nur geringe Geländegewinne

8. Juli 1943, Moskau. Das Sowinformbüro teilt mit:

Der dritte Tag der deutsch-faschistischen Großoffensive, die durch den Einsatz neuer Reserven immer größeres Ausmaß annimmt, brachte den deutschen Verbänden wieder nur geringe Geländegewinne, die in keinem Verhältnis zu den schweren Verlusten stehen, mit denen sie erkauft werden mußten.
Während an der Orel-Front keine nennenswerten Veränderungen eingetreten sind, konnten die Deutschen die bei Bjelgorod erzielten Einbrüche etwas erweitern. Gegen Abend standen unsere Truppen wieder fast überall in den alten Frontlinien, und die durch die Panzerdurchbrüche vorübergehend abgeschnittenen Einheiten konnten entsetzt werden.

Die deutschen Panzerverluste allein an diesem Frontabschnitt belaufen sich auf über 220, davon 40 »Tiger«. Während des ganzen Tages fanden über der Front erbitterte Luftkämpfe statt, ohne daß es einem der Gegner gelungen wäre, die Luftherrschaft an sich zu reißen.

Die größte Materialschlacht

8. Juli 1943, Berlin. Die italienische Agentur Stefani berichtet:

Die Schlacht im Abschnitt von Kursk hat in den letzten 24 Stunden weiter einen für die deutschen Truppen sehr zufriedenstellenden Verlauf genommen. Die Initiative liegt nunmehr, wie man in Berlin feststellt, vollständig bei ihnen, und sie sind in den entscheidenden Abschnitten in kräftigem Vorgehen. Die Kämpfe bei Kursk gelten in Berlin als die größte Materialschlacht, die bisher im Osten geschlagen wurde. Einen wahren Orkan von Feuer und Eisen hätten die Russen über sich ergehen lassen müssen, die sich ihrerseits in Stellungen zur Wehr setzten, die sie seit dem Abschluß des Winterfeldzuges sorgfältig ausgebaut hatten. Von deutscher Seite wird von zahllosen Hindernissen, Kampfständen, Bunkern, breiten Panzergräben und tiefen Minenfeldern berichtet. Beide Seiten verfügen über starke Panzerverbände.
Nach einer Berliner Meldung stammen 20 Prozent der zerstörten sowjetischen Kampfwagen aus den USA. Die russischen Panzerverluste werden übrigens als sehr hoch bezeichnet; sie beliefen sich gestern allein auf 400. Damit hätten die Russen seit dem Beginn der Schlacht rund 700 Panzer eingebüßt. Bezeichnend ist auch nach Berliner Darstellung die deutsche Überlegenheit der Luftwaffe. Sie habe die Luftherrschaft über dem Schlachtfeld errungen, so daß die Stukas und Schlachtflieger die Erdtruppen wirksam unterstützen könnten und der Nachschub ungehindert nach vorn rolle. In militärischen Kreisen in Berlin macht man die Feststellung, daß die Operationen noch nicht ihren Höhepunkt erreicht hätten, woraus man schließen kann, daß das deutsche Vordringen in den nächsten Tagen fortgesetzt werden könnte. Die Absichten der deutschen Führung sind selbstverständlich streng geheim.
Die Zuversicht, daß die Kämpfe bei Kursk für die deutschen Truppen günstig aussehen, hat seit gestern eher noch zugenommen. Die Presse befleißigt sich zwar noch einer gewissen Zurückhaltung, aber ihr entschiedener Ton ist unverkennbar. Sie hebt hervor, daß der deutsche Soldat neuerdings sich dem Russen überlegen zeige. Es triumphiere der bis ins letzte durchgebildete, selbständig denkende und handelnde Einzelkämpfer, der hochstehende Europäer gegen den entseelten Menschen bolschewistischer Züchtung.

Im Kursker Bogen, Juli 1943: Deutsche Infanterie säubert das gewonnene Gelände

Aus dem Kriegstagebuch des OKW
Freitag, 9. Juli 1943:

Frontlage: Der Gegner versuchte den deutschen Angriff im Raum von Kursk durch Einsatz starker Panzerkräfte zum Stehen zu bringen, was ihm zum Teil gelang. Die Angriffe der 9. Armee konnten die neue feindliche Widerstandslinie nicht durchbrechen.
Bei der 4. Pz.-Armee wurden am 8. 7. 195 feindl. Panzerkampfwagen abgeschossen. An der übrigen Ostfront keine nennenswerten Kämpfe. Starke Kräfte der Lfl. 4 und 6 unterstützten den eigenen Angriff. 194 feindl. Flugzeuge wurden bei 13 eigenen Verlusten abgeschossen.

Schwere sowjetische Gegenangriffe
9. Juli 1943, Berlin. Das DNB meldet:

Die Operationen im Bogen von Kursk waren gestern gekennzeichnet durch schwere Gegenangriffe der Sowjets, die durch den massierten Einsatz von Panzern die von den Deutschen an den vorhergehenden Tagen erzielten Durchbrüche einzudämmen versuchten. Wie schwer die Kämpfe waren, geht daraus hervor, daß man ihnen nun die Bezeichnung »Doppelschlacht von Orel und Bjelgorod« gibt.

▶ Was der »Nordmährische Grenzbote« am 10. 7. 1943 als Schlagzeile bringt . . .

▶ . . . kann dieser Landser während einer Kampfpause in seiner Stellung südlich von Orel nur zu gut bestätigen

Neue Taktik der deutschen Panzerkräfte
9. Juli 1943, Moskau. Das Sowinformbüro teilt mit:

Der nach vier Kampftagen durch faschistische Eindringlinge errungene Geländegewinn im Abschnitt Bjelgorod stellt nur einen Bruchteil des von den Deutschen in allen ihren bisherigen Offensiven bereits am ersten Tag eroberten Geländes dar. In den vier Tagen, in denen sich unsere Truppen erfolgreich verteidigten, hatte das sowjetische Oberkommando genügend Zeit, Gegenmaßnahmen zu treffen. Die hinter der Front stehenden Truppen befinden sich bereits im Anmarsch. Und wieder bewähren sich die »Sturmowiks«, gegen die die Deutschen bis jetzt keine Abwehrwaffe haben. Hunderte dieser Flugzeuge stoßen mit ihren panzerbrechenden Bomben auf die deutschen Panzerwagen herab.
Die schweren deutschen Panzerverluste scheinen zu einer gewissen Änderung der Taktik ihrer Panzerdivisionen geführt zu haben. So konnte wiederholt festgestellt werden, daß deutsche Panzerwagen, wenn sie auf Minenfelder stoßen, sofort abdrehen, und deutsche Flugzeuge durch Abwurf leichter Bomben versuchen, die Minenfelder zu säubern. Diese Taktik hat aber auch höhere Flugzeugverluste zur Folge.
Eine weitere taktische Neuerung ist die Schnelligkeit, mit der die deutschen Panzerwagen operieren. Sobald sich den Panzern starker Widerstand entgegenstellt, drehen sie ab, um sich sofort einem anderen Abschnitt zuzuwenden, wo ein neuer Durchbruch versucht wird. Bis jetzt konnte aber unsere Verteidigung an keiner Stelle überrumpelt werden.
Überall, wo feindliche Panzerwagen unsere vordersten Stellungen überschritten, gab unsere Infanterie den Kampf nicht auf, sondern trennte die nachfolgende faschistische Infanterie von den Panzern, deren Zerstörung den im rückwärtigen Gebiet stehenden Sonderverbänden und den »Sturmowiks« überlassen wird.

ernsprechanschluß Nr. 238

Blatt erscheint jeden Dienstag, Donnerstag und Samstag.

chriftleitung und Verwaltung hr.-Schönberg, Wallgasse Nr. 1.

Nordmährischer Grenzbote

Postspark.-Konto Breslau Nr. 47.211.

Bezugs-Preise:

Beim Bezug durch die Post siehe Postzeitungsliste.

Beim Bezug durch den Verlag:

Durch Austräger vierteljährig . . . RM 3.50

Durch Abholen vierteljährig . . . RM 3.40

Anzeigen werden nach dem aufliegenden Inseratentarif berechnet.

Einzelpreis 9 Pfennig

. 78 **Mähr.-Schönberg, Samstag, den 10. Juli 1943** **69. Jahrgang**

Gewaltige Panzerschlacht zwischen Orel — Bjelgorod

Aus dem Führerhauptquartier. Das Oberkom-ndo der Wehrmacht gibt bekannt:

Das große Ringen im Raum Bjelgorod-Orel t mit gesteigerter Heftigkeit an. Seit vorgestern sich hinter dem durchstoßenen sowjetischen llungssystem eine gewaltige Panzerschlacht ent-kelt, in der die Sowjets die größten Anstren-ngen unternahmen, unsere stetig vordringenden nzerkeile aufzufangen. Hierbei verlor der Feind ben hohen Verlusten an Menschen abermals 420 nzer sowie eine große Anzahl von Geschützen d Salvengeschützen. Kampf-, Sturzkampf- und hlachtgeschwader der Luftwaffe griffen in die dkämpfe ein und bekämpften vor allem neu

Aus dem Kriegstagebuch des OKW
Sonnabend, 10. Juli 1943:

Frontlage: Das Unternehmen »Zitadelle« wird fortgesetzt. Die Armeeabt. Kempf wies feindl. Angriffe an der Ostflanke ab, stieß nach Süden eindrehend bis nördl. Belowskaja durch und schnitt eine feindl. Gruppe ab. Die 4. Pz.-Armee griff weiter nach Norden an und erzielte 10 km Geländegewinn. Die Luftwaffe unterstützte die Erdkämpfe an den Schwerpunkten und schoß 119 feindl. Flugzeuge bei 8 eigenen Verlusten ab.

Räumung bandenverseuchter Gebiete
10. Juli 1943:

Befehl an den Chef der Bandenkampf-Verbände und die Höheren SS- und Polizeiführer Ukraine bzw. Rußland-Mitte.
1. Der Führer hat entschieden, daß die bandenverseuchten Gebiete der Nordukraine und von Rußland-Mitte von jeder Bevölkerung zu räumen sind.
2. Die gesamte arbeitsfähige männliche Bevölkerung wird gemäß der noch abzumachenden Bestimmungen dem Reichskommissar für den Arbeitseinsatz zugewiesen, jedoch unter den Bedingungen von Kriegsgefangenen.
3. Die weibliche Bevölkerung und alle elternlosen Kinder kommen in unsere Auffanglager.
4. Die bevölkerungsmäßig evakuierten Gebiete sind tunlichst nach noch zu treffender Abmachung mit dem Reichsernährungsminister und dem Minister für die besetzten Ostgebiete von den Höheren SS- und Polizeiführern in Bewirtschaftung zu nehmen und dort zum Teil mit Kok-Sagys zu bebauen und, soweit es möglich ist, landwirtschaftlich auszunutzen. Die Kinderlager sind an den Rand der Gebiete zu legen, so daß die Kinder als Arbeitskräfte zur Verfügung stehen.
gez. Himmler

Aus der Sicht des STAWKA
10. Juli 1943, Moskau. Das Sowinformbüro teilt mit:

Das sowjetische Oberkommando kommt immer mehr zu der Überzeugung, daß das strategische Ziel der deutsch-faschistischen Offensive sich auf die Abschnürung des Frontvorsprungs Orel–Bjelgorod beschränkt, jedoch bei günstigem Verlauf der Operationen das Ziel weiter gesteckt werden könnte.

Bubny, Raum Bjelgorod, 10. 7. 1943, gefährlich und undankbar: Minenräumen in einem frisch gewonnenen Gelände

Die Kämpfe auf der ganzen Front, besonders aber bei Orel und Bjelgorod, dauerten gestern den ganzen Tag an. Es ist noch zu früh, um sagen zu können, die Kämpfe flauen ab, doch haben sie an Heftigkeit nicht zugenommen.
Abschnitt Orel: Nachdem vier Tage lang die Angriffe der Hitler-Truppen südöstlich von Orel fehlgeschlagen sind, griffen sie gestern früh in einem benachbarten Frontabschnitt an und konnten leichte Fortschritte erzielen. Am Abend wurde noch immer auf der Linie Maloarchangelsk–Ponyri–Lgow gekämpft.
Abschnitt Bjelgorod: General Rokossowski ließ hier den ganzen Tag schwere Gegenangriffe gegen den am Donnerstag entstandenen Keil deutscher Panzerkräfte durchführen. Nach neuesten Funkmeldungen wurden Teile der deutschen Panzerspitze südwestlich von Nowy Oskol in erbitterten Gefechten mit unseren Panzerbrigaden zersplittert und ihnen empfindliche Verluste zugefügt.
Von der Front von Orel lauten die Meldungen weiter günstig. Längs der Eisenbahnlinie Orel–Kursk wurden schwere deutsche Angriffe abgewiesen; die Rote Armee ist zum Gegenangriff übergegangen.

Aus dem Kriegstagebuch des OKW
Sonntag, 11. Juli 1943:

Frontlage: Im Zuge des Unternehmens »Zitadelle« konnte der russische Angriffskeil verengt und die Front bei Bjelgorod gesäubert werden. Die 9. Armee gewann gegen zäh kämpfenden Gegner nur 2–3 km Boden. Da ein schneller Erfolg nicht erreicht werden konnte, kommt es nunmehr darauf an, unter möglichst geringen eigenen Verlusten dem Gegner hohe Verluste beizubringen. Hierzu ist eine Verschiebung der eigenen Reserven eingeleitet. – Die Luftwaffe unterstützte wie an den Vortagen die Erdkämpfe und vernichtete 126 feindl. Flugzeuge.

Wechselvolle Kämpfe
11. Juli 1943, Moskau. Die Agentur Reuter meldet:

Die Angriffe und Gegenangriffe folgen im Frontabschnitt von Bjelgorod, wo die Deutschen sich bemühen, ihre gewonnenen Positionen weiter auszubauen, in immer rascherem Tempo. Die Lage ist recht undurchsichtig. Es wird jedoch kein feindlicher Geländegewinn seit letztem Freitag gemeldet. Deutsche Panzerkräfte mit »Tiger«-Panzern an der Spitze haben an verschiedenen Punkten der Front bei Bjelgorod angegriffen. Die russische Artillerie bekämpfte erfolgreich diese deutschen Panzer.

Und so war es

Fast 100 Tage herrschte Ruhe. Am Sonntag, dem 4. Juli 1943, ist das Wetter zunächst heiß und schwül. Nahe Bjelgorod, im Süden des Kursker Bogens, laufen bei der Heeresgruppe Süd die letzten Vorbereitungen für das Unternehmen »Zitadelle«. Generalfeldmarschall v. Manstein: »Das Oberkommando der Heeresgruppe begab sich am 4. Juli mit einem Gefechtsstab dicht hinter die Angriffsfront, um die Operationen der beiden Armeen straff leiten zu können. Als Gefechtsstand diente uns unser in einem Walde abgestellter Befehlszug. Er bestand aus je einem Wohn- und Arbeitswagen für den Chef und mich, Arbeits- und Schlafwagen, sowie einem Speisewagen für die Abteilung Ia [Operations- *H.Gr. Süd*

Eine Staffel Stukas Ju 87D im Anflug auf ihr Ziel: Die »Feuerwehr der Luft«, schwach bewaffnet und zu langsam, hat gegen die modernen sowjetischen Jäger kaum eine Chance

abteilung] und eine verkleinerte Abteilung Ic [Feindnachrichtenabteilung] sowie die sonstigen Persönlichkeiten, deren Anwesenheit unbedingt erforderlich war. Fernsprech- und Funkwagen, Wagen für die Stabswache und für 2-cm-Flak gehörten ebenfalls dazu.«

Pünktlich um 14.50 Uhr stürzen sich heulend Stuka-Staffeln auf die sowjetischen Befestigungen. Bei plötzlich einsetzendem strömendem Regen beginnt die Schlacht um Kursk. Nach dem Stuka-Angriff eröffnet die Artillerie ihr Wirkungsfeuer, danach, um 15.30 Uhr, greifen die Divisionen der 4. Panzerarmee (GenOberst Hoth) den Südabschnitt der sowjetischen Verteidigungslinie im Kursker Bogen zwischen Bjelgorod im Osten und dem Dorf Rakitnoje im Westen an. Ihr Ziel: die Einnahme der Höhenzüge vor der Front, um so eine günstigere Ausgangsposition für die in den Morgenstunden des nächsten Tages beginnende Offensive zu schaffen. Rund 800 Stukas, Bomber und Schlachtflieger, dazu Panzerjägerstaffeln, unterstützen in rollenden Einsätzen die Verbände der 4. Panzerarmee bei ihrem Vorstoß durch das starke sowjetische Verteidigungsfeld der 6. Gardearmee (GenLt. Tschistjakow). In tiefem Schlamm, nach wolkenbruchartigen Gewitterregen, fällt schon beim Marsch in die Bereitstellung ein Viertel des Panzerbestandes der zugeteilten »Panther«-Brigade durch technische Schäden aus.

Der Chef des sowjetischen Generalstabs, Marschall Wassilewski: »Am 4. Juli, 16.00 Uhr, führte der Gegner an einem breiten Abschnitt der Woronesch-Front mit rund vier Bataillonen, die von 20 Panzern sowie Artillerie und Fliegerkräften unterstützt wurden, eine gewaltsame Aufklärung durch. Alle Versuche, in unsere erste Stellung einzudringen, wurden vereitelt.« Im Feuer der sowjetischen Artillerie bleiben mehrere Panzerfahrzeuge liegen.

Inzwischen stoßen die 11. Panzerdivision (GenLt. Balck) und die Panzergrenadierdivision »Großdeutschland« (GenLt. Hoernlein) nach Butowo vor. Auf der rechten Flanke gewinnen die drei Sturmgruppen des II. SS-Panzerkorps (SS-Obergruppenf. Hausser) die Höhen bei Jachontow und Strelezkoje. Die Gefechtsvorposten der 6. Gardearmee werden auf die Hauptkampflinien zurückgeworfen und die Höhenrücken nahe Butowo mit ihren Beobachtungsstellungen vom Panzerjägerregiment »Großdeutschland« sowie der 11. Panzerdivision gestürmt.
Ab 16.45 Uhr leiten bereits die deutschen Artilleriebeobachter von den erstürmten Höhen aus das Feuer auf die vor ihnen liegenden sowjetischen Verteidigungslinien. Im Angriffsstreifen des XXXXVIII. Panzerkorps (Gen.d. Pz.Tr. v. Knobelsdorff) stoßen Panzergrenadiere und motorisierte Schützen vor. Von Sturmgeschützen und Sturmpionieren unterstützt, überrollen sie die vordersten Feindstellungen und erreichen bis zum Abend Tscherkasskoje, südwestlich von Alexejewka. Vor den Gerzowka-Höhen aber bleiben die Männer des Panzergrenadierregiments 394 der 3. Panzerdivision (GenLt. Westhoven) im Abwehrfeuer der sowjetischen 71. Garde-Schützendivision (Oberst Siwakow) liegen. Erst in der Dunkelheit gelingt es ihnen, das Ziel zu erreichen.

H.Gr. Mitte

Unterdessen herrscht 200 Kilometer weiter nördlich an der Front der Heeresgruppe Mitte bei Orel, zwischen Maloarchangelsk und Trossna, weiterhin Ruhe. Die 9. Armee (GenOberst Model) wartet noch auf den Befehl zur Offensive.
An diesem Abend läßt Armeegeneral Rokossowski die Minenfelder vor der Hauptkampflinie der Zentralfront genau überwachen. Gegen 22.00 Uhr stößt südlich Tagino eine sowjetische Patrouille der 13. Armee (GenLt. Puchow) auf einen deutschen Minenräumtrupp. Der gefangene Gefreite Bruno Fermella sagt aus: »Heute, am 4. Juli 1943, ließ der Führer unserer Pioniereinheit – worunter auch ich mich befand – antreten und befahl uns, zusammen mit den Landsern Durchgänge durch die Minenfelder zu schaffen.« Fermella gehört zum Pionierbataillon der rheinisch-westfälischen 6. Infanteriedivision (GenLt. Großmann). Bei seiner Vernehmung berichtet der Slowake, daß die deutschen Truppen bereits in einigen Stunden, um 3.30 Uhr, nach kurzer Artillerievorbereitung durch die geräumten Minengassen angreifen würden und daß die Verbände ihre Bereitstellungen bezogen hätten. Armeegeneral Rokossowski, Oberbefehlshaber der Zentralfront: »Bis zu diesem Termin blieb nur noch eine gute Stunde. Waren die Gefangenenaussagen glaubwürdig? Wenn sie der Wahrheit entsprachen, mußte sofort mit der geplanten Artillerievorbereitung begonnen werden ...«
In den Abendstunden des 4. Juli 1943 haben die sowjetischen Armeeoberbefehlshaber, die Korps- und Divisionskommandeure ihre vorgeschobenen Beobachtungsposten bereits bezogen. Armeegeneral Watutin, Oberbefehlshaber der Woronesch-Front, läßt um 22.30 Uhr mit dem Trommelfeuer auf die deutschen Bereitstellungen beginnen. Inzwischen treffen weitere Meldungen über die Aussagen des gefangengenommenen Gefreiten Fermella im Hauptquartier der Zentralfront ein, wo sich zur Zeit auch Marschall Schukow befindet. Schukow entschließt sich sofort, die deutschen Bereitstellungen vor der Zentralfront unter Artilleriebeschuß zu nehmen.
In der Nacht vom 4./5. Juli 1943 wird bei allen Einheiten der von Hitler am 4. Juli unterzeichnete Aufruf verlesen: »Mit dem heutigen Tage tretet Ihr zu einer großen Angriffsschlacht an, deren Ausgang kriegsentscheidende Bedeu-

tung haben kann. Euer Sieg muß in der ganzen Welt mehr noch als früher die Überzeugung verstärken, daß jeder Widerstand gegen die deutsche Wehrmacht am Ende doch vergeblich ist . . .!«

Um 1.10 Uhr nachts eröffnen die Sowjets mit Artillerie, Salvengeschützen aller Kaliber, Granatwerfern und anderen schweren Waffen einen Feuerüberfall von bisher ungewöhnlichem Ausmaß auf die deutsche Hauptkampflinie, die zweite Linie, das rückwärtige Gebiet, Anmarschwege und Bereitstellungen. Die sich zum Sturm vorbereitenden deutschen Infanterie- und Panzerverbände sowie Artilleriebatterien, Beobachtungsstellen, Stäbe, Munitions- und Treibstofflager erleben einen fürchterlichen Feuerhagel. Von der sowjetischen 13. Armee, der 6. und 7. Gardearmee werden 2460 Geschütze, Granatwerfer und Katjuschas für die Beschießung eingesetzt. Um die Lage der sowjetischen Panzerabwehrräume nicht vorzeitig zu erkennen zu geben, schweigt deren Artillerie. Es sieht so aus, als würde ein sowjetischer Großangriff bevorstehen. Das Trommelfeuer läßt jedoch nach einer Stunde nach. Es hat schwere Verluste in den Bereitstellungen verursacht. Daraufhin muß das deutsche Oberkommando, um die Truppenführung wieder in den Griff zu bekommen, den Angriff gegen die Zentralfront um zweieinhalb Stunden und gegen die Woronesch-Front sogar um drei Stunden verschieben.

H.Gr. Süd

Am Montag, dem 5. Juli 1943, um 3.30 Uhr früh, erfolgt aus dem Raum Bjelgorod der Angriff der Heeresgruppe Süd mit der Armeeabteilung Kempf (Gen.d.Pz.Tr. Kempf) sowie der 4. Panzerarmee (GenOberst Hoth) mit insgesamt sieben Infanterie-, elf Panzerdivisionen und drei Sturmgeschützbrigaden. Den Hauptstoß führen hier das deutsche XXXXVIII. Panzerkorps (Gen.d.

Pz.Tr. v. Knobelsdorff) und das II. SS-Panzerkorps (SS-Obergruppenf. Hausser) mit etwa 700 Kampfwagen gegen die 6. Gardearmee (GenLt. Tschistjakow) entlang der Chaussee nach Obojan. Im Abschnitt der 7. Gardearmee (GenLt. Schumilow) versucht das III. Panzerkorps (Gen.d.Pz.Tr. Breith) und das Korps z. b. V. Raus (Gen.d.Pz.Tr. Raus) mit rund 300 Kampfwagen in Richtung Korotscha vorzustoßen.
Mit der 6. Panzerdivision (GenMaj. v. Hünersdorff) und Verbänden der 168. Infanteriedivision (GenMaj. Châles de Beaulieu) als Unterstützung stößt das Korps Raus bei Bjelgorod in Richtung Norden auf Stary Gorod und mit einer Kampfgruppe auf Tschernaja Poljana durch. Die 19. Panzerdivision (GenLt. G. Schmidt) trägt, aus dem Brückenkopf Bjelgorod nach Südosten vorstoßend, einen Angriff auf Michailowka vor, der jedoch liegenbleibt, während die 7. Panzerdivision (GenLt. Frhr. v. Funck) auf schwächeren Widerstand trifft und Brückenköpfe westlich von Dorogobuschino bei Ssolomino bilden kann. Der auf dem Westufer des Donez liegende Stadtteil von Bjelgorod ist bereits vor Beginn des Angriffs von den Sowjets geräumt worden. Generalleutnant Katukow, Oberbefehlshaber der 1. Panzerarmee: »Wie vermutlich alle, die von der bevorstehenden Offensive des Gegners wußten, fand auch ich in der Nacht zum 5. Juli keinen Schlaf. Von innerer Unruhe getrieben, sprang ich aus dem Bett und schaute auf die Uhr; es war 2.30 Uhr. Ich wusch mich schnell und trat ins Freie. Das Gras war naß vom Tau. Am Horizont dämmerte der Morgen. Die Stille schien ewig und unzerstörbar.«
Als am 5. Juli 1943, um 3.00 Uhr, die deutschen Kampfgeschwader starten, meldet die Luftaufklärung 132 sowjetische Schlacht- und 285 Jagdmaschinen im Anflug auf die Flugplätze des VIII. Fliegerkorps der Luftflotte 4 (Gen.d.Fl. Deßloch). Bei der im Morgengrauen beginnenden Luftschlacht mit den Jägern des Jagdgeschwaders (JG) 3 »Udet« verlieren die Sowjets innerhalb kurzer Zeit 120 Maschinen. So erkämpft sich das VIII. Fliegerkorps im Südabschnitt die Luftherrschaft. Im Verlauf des Tages schießen die Deutschen bei 26 eigenen Verlusten insgesamt 432 Flugzeuge ab. Generalleutnant Schtemenko, Chef der Operativen Verwaltung im sowjetischen Generalstab: »Eine Meldung, daß man unsere Jagdflugzeuge mit mangelhaft ausgebildeten Piloten an den Kursker Bogen geschickt hätte, ließ Stalin zu dem Schluß kommen, daß die gesamten Jagdfliegerkräfte nichts taugten. Zum Glück stellte sich heraus, daß es nicht so tragisch war und die Besatzungen verhältnismäßig rasch ausgetauscht werden konnten.«

◄ Raum Bjelgorod, 3.30 Uhr am 5. 7. 1943: Angriff der Heeresgruppe Süd beginnt

Um 3.30 Uhr starten die Kampf- und Stuka-Staffeln der zur Luftflotte 6 (GenOberst Ritter v. Greim) gehörenden 1. Fliegerdivision zum Angriff auf sowjetische Linien. Das Stuka-Geschwader 1 (OberstLt. Pressler) greift den wichtigen Verkehrsknotenpunkt Maloarchangelsk, den größten Ort im Angriffsstreifen der 9. Armee (GenOberst Model), an. Zugleich setzt der deutsche Feuerschlag zur Vorbereitung des Angriffs ein. Am wolkenlosen Morgenhimmel erscheinen immer neue Stuka- und Bomberstaffeln mit Jagdschutzbegleitung und fliegen ihr Ziel an.

H.Gr. Mitte

Um 5.30 Uhr tritt, nach heftiger Artillerievorbereitung und mit Unterstützung der Schlachtflieger, die Heeresgruppe Mitte (GFM v. Kluge) mit den Verbänden der 9. Armee aus dem Raum westlich Maloarchangelsk in etwa 40 Kilometer breiter Front von Norden her zum Angriff auf Kursk an. Der Schwerpunkt liegt im Bereich der sowjetischen 13. Armee (GenLt. Puchow) und der angrenzenden 48. Armee (GenLt. Romanienko) sowie der 70. Armee (GenLt.

Raum Krassnaja Sloboda – Werchne Tagino, 5. 7. 1943, Vorstoß deutscher Verbände auf Olchowatka

Galanin) zwischen Olchowatka–Maloarchangelsk–Gnilez. Den Hauptschlag führen das XXXXI. Panzerkorps (Gen.d.Pz.Tr. Harpe) und das XXXXVII. Panzerkorps (Gen.d.Pz.Tr. Lemelsen) mit drei Infanteriedivisionen und zwei Panzerdivisionen aus dem Raum Krassnaja Sloboda–Werchne Tagino in Richtung Olchowatka.
Um den Durchbruch in den Flanken zu erweitern, stößt zugleich das XXIII. Armeekorps (Gen.d.Inf. Frießner) mit zwei Infanteriedivisionen gegen Maloarchangelsk und mit den Kräften von drei Infanteriedivisionen des XXXXVI. Panzerkorps (Gen.d.Inf. Zorn) gegen Gnilez vor. In Richtung Olchowatka setzen die Deutschen etwa 300 Panzer ein, darunter schwere Panzer vom Typ »Tiger« und Sturmgeschütze »Ferdinand«.
Starke Bomberstaffeln greifen pausenlos die Stellungen der sowjetischen 13. Armee an, um den Panzerverbänden den Weg zu bahnen. Besonders die Soldaten der sowjetischen 70. Armee, aufgestellt aus Angehörigen des NKWD und den ihm unterstellten Grenzschutztruppen aus dem Fernen Osten, Transbaikalien und Mittelasien, wehren sich erbittert.
Um 6.20 Uhr gehen die Verbände der 9. Armee im Norden des Kursker Bogens erneut zum Angriff vor: Nach fast einstündiger Artillerievorbereitung rollen »Tiger«-Panzer, »Ferdinande« und »Hornissen«, begleitet von mehreren hundert »Panzern IV«, dazwischen aufgesessene Infanterie auf Schützenpanzern, nach vorn. Sie brechen in die Stellungen der 15. und 81. Schützendivision der sowjetischen 13. Armee ein. Generaloberst Model bedient sich an der Nordfront des Kursker Bogens einer anderen Angriffstaktik als Generalfeldmarschall v. Manstein mit seiner Heeresgruppe Süd: Nicht die Panzerverbände, sondern die Infanterie soll den Durchbruch erzwingen.

H.Gr. Süd

Im Süden des Kursker Bogens gelingt es der 4. Panzerarmee im Zusammenwirken mit der Luftwaffe, einige Kilometer an Gelände zu gewinnen. Das II. SS-Panzerkorps erreicht sogar das Vorfeld, kann aber die zweite sowjetische Stellung nicht durchbrechen. Die 7. Panzerdivision (GenLt. Frhr. v. Funck) des III. Panzerkorps überschreitet westlich Dorogobuschino den Donez. Danach stößt sie durch sowjetische Feldbefestigungen und erreicht Rasumnoje. Ein starker sowjetischer Gegenstoß hält sie nun fest. Die Erfolge der Heeresgruppe Süd sind zum Teil Stalin selbst zu verdanken: Aufgrund irgendeiner Meldung des sowjetischen Geheimdienstes ist er zu der Ansicht gekommen, daß der deutsche Hauptstoß nicht aus dem Süden, sondern im Norden von der 9. Armee erfolgen werde. Daraufhin befiehlt Stalin dem STAWKA, stärkere Kräfte aus der Woronesch-Front (Armeegen. Watutin) der Zentralfront (Armeegen.

Im Abschnitt Stary Gorod, 5. 7. 1943, ein zerschossener »Tiger« der 6. Pz.Div.: »Selbst Tiger kommen nicht vorwärts«

Rokossowski) zuzuführen. Jetzt kann sich General Watutin nicht so massiv gegen den deutschen Ansturm wehren, wie es erforderlich wäre. Generalmajor Popiel, Mitglied des Kriegsrates der 1. Panzerarmee: »Kaum eine Stunde standen die Regimenter im Gefecht, und schon war ein Drittel der Geschütze ausgefallen. Die Reihen der Bedienungsmannschaften hatten sich gelichtet. Unsere Verluste wurden weniger durch Panzer als durch die deutsche Luftwaffe verursacht.«
Um 12.00 Uhr meldet die deutsche 6. Panzerdivision (GenMaj. v. Hünersdorff): »Tiefangelegtes, von Scharfschützen und MG-Schützen aus Schießscharten bestrichenes Minenfeld gestattet nur einen Einbruch mit geringen Kräften in Stary Gorod. Selbst ›Tiger‹ kommen nicht vorwärts. Vorgehen eingestellt. Nachmittags Truppe zurückgezogen.«

H.Gr. Mitte

Im Norden des Kursker Bogens dringen trotz erbitterten sowjetischen Widerstandes die Verbände der 9. Armee weiter vor und zwingen die sowjetische 15. und 81. Division zum Rückzug. Nach harten Kämpfen und hohen Verlusten bleibt der Angriff der 9. Armee jedoch nach etwa 10 Kilometern stecken. Zwei Drittel des Panzerbestandes sind bereits verloren. Selbst die Versuche der Pionierbataillone, die sowjetischen Stellungen aufzubrechen, bleiben ohne Ergebnis, und Generalfeldmarschall v. Kluge fordert die Einstellung des Angriffs. General Lemelsen: »In diesem Zusammenhang muß erneut auf die meisterhafte Tarnung der Russen hingewiesen werden. Weder Minenfelder noch Pakfronten waren irgendwo zu entdecken, bevor der erste Panzer auf Minen gelaufen war oder die erste russische Pak überraschend das Feuer eröffnet hatte.«

H.Gr. Süd

Der Angriff der 4. Panzerarmee im Süden des Kursker Bogens verliert nun an Stoßkraft: Nachdem die linke Flügeldivision der Armeeabteilung Kempf zurückhängt, muß jetzt das II. SS-Panzerkorps einen Teil seiner Verbände nach Osten zum Schutz seiner Flanke abdrehen. Und das XXXXVIII. Panzerkorps (Gen.d.Pz.Tr. v. Knobelsdorff) wird wenige Kilometer hinter der ersten Feindstellung durch einen versumpften, stark verteidigten Bachabschnitt bis in den späten Nachmittag aufgehalten. Das sowjetische tiefe Stellungssystem mit zahlreichen eingegrabenen Panzern, Gräben, Stützpunkten, Minenfeldern und Panzerhindernissen läßt den deutschen Angriff nur schrittweise vorwärtskommen. Die deutschen Panzerregimenter stoßen frontal in die sowjetischen Minenfelder und das Abwehrfeuer. Die neuen »Tiger« und »Panther« schießen zwar zahlreiche sowjetische Kampfwagen ab, doch der entscheidende Durchbruch gelingt weder im Norden noch im Süden.
Innerhalb kurzer Zeit werden die stürmenden Grenadiere vom sowjetischen MG-Feuer niedergehalten. Auch die schweren Panzer und Sturmgeschütze können ihre Stoßkraft nicht wie erhofft zur Geltung bringen. Dabei rächt sich eine sträfliche Unterlassung deutscher Konstrukteure: Das überschwere neue Sturmgeschütz »Ferdinand«, ein wahres Monstrum von 68 Tonnen, mit einem fast unverwundbaren Panzerschutz versehen und der bewährten 8,8-cm-Kanone ausgerüstet, ist von jedem sowjetischen Infanteristen im Nahkampf mit einer Sprengladung zu knacken, da man versäumt hat, es zur Selbstverteidigung mit wenigstens einem MG auszustatten. So müssen die Besatzungen ihre wertvollen 8,8-cm-Geschosse vergeuden und damit auf einzeln angreifende Infanteristen schießen. Generaloberst Guderian: ». . . buchstäblich mit Kanonen auf Spatzen!«

Im Norden, bei der Heeresgruppe Mitte, kämpft sich zwar das den Angriffsschwerpunkt bildende XXXXVII. Panzerkorps (Gen.d.Pz.Tr. Lemelsen) bis auf acht Kilometer an das sowjetische Stellungssystem heran, wird jedoch in kurzer Zeit von sowjetischen Verbänden an den Flanken bedroht. Das zur Deckung des Ostflügels in Richtung Maloarchangelsk vorrückende XXIII. Armeekorps (Gen.d.Inf. Frießner) stößt bereits auf halbem Wege auf starke Gegenwehr. Armeegeneral Rokossowski: »Ich befahl dem Oberbefehlshaber der 16. Luftarmee, an der Durchbruchstelle den Gegner neu anzugreifen. Rudenko ließ sofort 200 Jäger und 150 Bomber starten, deren Angriffe das Tempo der Faschisten einschränkten und es uns ermöglichten, das 17. Schützenkorps, zwei Panzerjägerbrigaden und eine Granatwerferbrigade in diesen Abschnitt zu verlegen. Mit deren Hilfe gelang es uns, das Vordringen der feindlichen Verbände aufzuhalten.« *H.Gr. Mitte*

Bei der Heeresgruppe Süd erreicht die Armeeabteilung Kempf südlich von Bjelgorod den Übergang über den Donez. Ihre Truppen dringen in die drei Kilometer ostwärts des Flusses am Bahndamm gelegene sowjetische Stellung ein, während eine Panzerdivision den südlichen Teil durchstößt. Generalmajor Popiel: »Die Kämpfe waren beispiellos hart. Von unseren beiden Panzerjägerregimentern waren innerhalb weniger Stunden nur noch die Nummern übrig, doch ihre Namen gingen für immer in die Geschichte der 1. Panzerarmee ein.« *H.Gr. Süd*

Bei Bjelgorod und nördlich der Stadt bleibt indessen der deutsche Angriff in dem festungsartig ausgebauten Stellungssystem stecken. Der nun einsetzende Kampf durch die Verteidigungslinie ist sowohl im Süden als auch im Norden des Frontbogens äußerst schwer. Die Sowjets wehren sich überall zäh und hartnäkkig. Die zu geringe Zahl an Infanteriedivisionen wirkt sich bei dem Durchkämpfen der feindlichen Stellungen gerade bei der Heeresgruppe Süd von Anfang an nachteilig aus.

Bei der Heeresgruppe Süd meldet um 16.00 Uhr die 6. Panzerdivision (GenMaj. v. Hünersdorff) des III. Panzerkorps (Gen.d.Pz.Tr. Breith), daß sie den Angriff auf Stary Gorod eingestellt habe, da die Ortschaft von Süden her nur unter großen Opfern zu nehmen sei, die in keinem Verhältnis zum Erfolg stünden. Es gelingt jedoch dem XXXXVIII. Panzerkorps (Gen.d.Pz.Tr. v. Knobelsdorff) trotz des verbissenen Widerstandes der 67. Garde-Schützendivision, die sowjetischen Linien zu durchbrechen und den Psel zu überschreiten. Generalmajor Popiel: »Die deutsche Infanterie umging unsere Feuerstellungen und sickerte zwischen den Batterien ein. Die Hartnäckigkeit der Faschisten grenzte an Wahnsinn. Sie wollten, ohne Rücksicht auf Verluste, unsere Verteidigung durchbrechen und die Straße nach Obojan besetzen. Die Infanteristen unserer ersten Staffel wurden überrannt, die Artillerieregimenter, darunter auch zwei von unserer Armee, zerschlagen. Die Reste der Schützentruppenteile zogen sich nach Norden zurück. In den Feuerstellungen lagen nur noch zertrümmerte Geschütze und Gefallene.«

Der Vorstoß auf Obojan ist in vollem Gange. Generalfeldmarschall v. Manstein: »Bei der Armeeabteilung Kempf gelang es dem rechten Flügelkorps, dem XI. Armeekorps (Gen.d.Pz.Tr. Raus), nicht, im Angriff bis an den als neue Abwehrfront vorgesehenen Korotscha-Abschnitt, sondern nur bis auf die Höhen westlich des Koren-Abschnitts vorzudringen.«

Am späten Nachmittag des 5. Juli 1943 schafft es das II. SS-Panzerkorps, die Pakriegel und Artilleriestellungen der 52. Garde-Schützendivision endgültig zu durchbrechen und 20 Kilometer tief in das sowjetische Stellungssystem einzu-

▶ Südlich Bjelgorod, 5. 7. 1943, mit dem Rest ihrer Habe der Schlacht ausweichend: die letzten Wagen eines Flüchtlingstrecks

dringen. Marschall Schukow: »Am Nachmittag unternahm der Gegner mit schweren ›Tiger‹-Panzern einen zweiten Vorstoß. Diesmal gelang es ihm, den Widerstand der von Oberst Nekrassow befehligten 52. Garde-Schützendivision zu brechen. Dem Feind fielen mehrere Ortschaften in die Hände. Die benachbarte 67. Garde-Schützendivision von Oberst Baksow mußte, da sie starkem Druck ausgesetzt war, Tscherkasskoje räumen und sich auf Krasni Potschinok zurückziehen.«
Bis zum Sonnenuntergang sind die deutschen Truppen unter riesigen Verlusten im Nordabschnitt 6 bis 8 Kilometer in der Hauptstoßrichtung vorgedrungen. Generaloberst Konjew, Oberbefehlshaber des Steppenmilitärbezirks: »Am Abend des 5. Juli beschloß das Oberkommando der Zentralfront, am nächsten Morgen die gegnerische Hauptgruppierung anzugreifen, die westlich der Bahnlinie Orel–Kursk gegen Olchowatka vorstieß. Dafür wurden drei Panzer- und zwei Schützenkorps herangezogen.«
Am Abend des 5. Juli 1943 kann die Luftflotte 4 insgesamt 303 Abschüsse sowjetischer Flugzeuge und die Luftflotte 6 rund 120 bei nur geringen eigenen Verlusten melden. In der Nacht vom 5./6. Juli 1943 gruppiert das III. Panzerkorps (Gen.d.Pz.Tr. Breith) alle Kräfte auf das ostwärtige Donez-Ufer: Die 6. Panzerdivision (GenMaj. v. Hünersdorff) wird hinter die 7. Panzerdivision (GenLt. Frhr. v. Funck) verlegt. Die 168. Infanteriedivision (GenMaj. Châles de Beaulieu) soll mit der 19. Panzerdivision (GenLt. G. Schmidt) gegen die Höhenstellung nordostwärts Bjelgorod vorgehen.

H.Gr. Mitte

In den ersten Morgenstunden des 6. Juli 1943 geht im Nordabschnitt des Kursker Bogens der Kampf in unverminderter Härte weiter. Bereits um 2.30 Uhr erscheinen Stukas und Bomber am Himmel, um die herannahenden sowjetischen Panzerreserven anzugreifen. Generalleutnant Katukow, Oberbefehlshaber der 1. Panzerarmee: »Gegen Morgen gelang es dem Gegner, die 52., 67. und 71. Schützendivision zurückzudrängen. Aber er ahnte nicht, daß ihn – gut getarnt – die Panzer unserer Armee erwarteten. Wie wir später von Gefangenen erfuhren, war es uns nämlich tatsächlich gelungen, unbemerkt in die Gefechtsordnungen der 6. Gardearmee vorzurücken. Um 3.00 Uhr griff der Gegner erneut im Streifen der 6. Gardearmee an ... Hinzu kam noch ein Nebenstoß aus dem Raum Bjelgorod in Richtung Korotscha. Am Himmel hingen pausenlos Flugzeuge.« Jetzt beordert Generaloberst Model die 2. Panzerdivision (GenLt. Lübbe), die 9. Panzerdivision (GenLt. Scheller) und die 18. Panzerdivision (GenMaj. v. Schlieben) auf das Schlachtfeld. Die 4. Panzerdivision (GenLt. v. Saucken) und die 12. Panzerdivision (GenLt. Frhr. v.

Raum Podssoborowka, in der Nacht vom 5./6. 7. 1943: Schwere Nebelwerfer unterstützen den Angriff deutscher Panzer von Norden her in Richtung Kursk

Bodenhausen) mit der 10. Panzergrenadierdivision (GenLt. A. Schmidt) werden noch zurückgehalten. Generalleutnant Katukow: »Staubwolken verdunkelten den frühen Morgenhimmel wie bei einer Sonnenfinsternis. Allen voran rollten als stählerner Schutzschild ›Tiger‹ und ›Panther‹, dann folgten leichte Panzer und dahinter Schützenpanzerwagen mit Infanterie.«
Nach einem starken Artilleriefeuerschlag beginnt um 3.50 Uhr die Zentralfront (Armeegen. Rokossowski) ihren Gegenangriff. Unter dem Schutz der Schlachtflieger gehen die Divisionen des 17. Garde-Schützenkorps (GenMaj. Bondariew), die 107. Brigade (Oberst Tielakow) und 164. Brigade (OberstLt. Kopylow) des 16. Panzerkorps (GenMaj. Grigoriew) zum Angriff vor. Sie stoßen aus dem Raum Olchowatka in nördlicher und mit dem 19. Panzerkorps (GenMaj. Wasiljew) aus Samodurowka in nordostwärtiger Richtung vor. Damit soll die Lage am linken Flügel der 13. Armee (GenLt. Puchow) wiederhergestellt werden.
Im Nordabschnitt der Zentralfront befiehlt Armeegeneral Rokossowski, die Panzer einzugraben und als gepanzerte Widerstandsnester zu verwenden. Die restlichen Panzer dürfen nur noch gegen Infanterie und Schützenpanzerwagen eingesetzt werden. So wird der Angriff der 9. Armee auf der Linie Maloarchangelsk–Nikolskoje vier Tage lang aufgehalten. Armeegeneral Rokossowski: »Dieser Befehl war von der Lage diktiert: Es hatte nämlich Fälle gegeben, in denen sich unsere Panzersoldaten in der Hitze des Gefechts im Gegenangriff auf die ›Tiger‹ gestürzt hatten und unter hohen Verlusten hinter die Infanterie zurückgeworfen worden waren.«

H.Gr. Süd

Im Süden des Kursker Bogens bei Bjelgorod hat das XXXXVIII. Panzerkorps (Gen.d.Pz.Tr. v. Knobelsdorff) nach großen Geländeschwierigkeiten durch Gewitterregen und harten Einzelkämpfen im sowjetischen Stellungssystem die erste Verteidigungslinie durchbrochen und ist in die zweite eingedrungen.
Am Morgen des 6. Juli 1943 bereitet sich das der Heeresgruppe Süd unterstellte II. SS-Panzerkorps (SS-Obergruppenf. Hausser) auf einen neuen Einsatz vor. Sämtliche »Tiger« der 1. SS-Panzerdivision »Leibstandarte Adolf Hitler« (SS-Brigadef. Wisch) sind neu aufgetankt und aufmunitioniert. Sie rollen nach Norden, dem Psel-Knie entgegen. Zur gleichen Zeit ist die 3. SS-Panzerdivision »Totenkopf« (SS-Brigadef. Prieß) auf Gresnoje eingeschwenkt, und die 2. SS-Panzerdivision »Das Reich« (SS-Gruppenf. Krüger) stößt in Richtung Teterewino vor. Etwa 120 Kampfwagen des II. SS-Panzerkorps rollen entlang der Straße Bjelgorod–Obojan.
Heftige Kämpfe entbrennen im Raum Jakowlewo, wo sich die 1. Garde-Panzer-

Raum Jakowlewo, 6. 7. 1943, die 1. SS-Pz.Div. »Leibstandarte Adolf Hitler« greift an: »100 Panzer und Sturmgeschütze je Frontkilometer«

brigade gemeinsam mit der 51. Garde-Schützendivision gegen die 1. SS-Panzerdivision »Leibstandarte Adolf Hitler« verteidigt. Die Deutschen tragen immer wieder massierte Panzerangriffe vor. In einzelnen Abschnitten erreicht die Dichte 100 Panzer und Sturmgeschütze je Frontkilometer. Generalleutnant Katukow: »Schon seit 10.00 Uhr griff der Gegner pausenlos das 31. Panzerkorps an. In vier Kolonnen rückten gegen Morgen 160 Panzer aus dem Raum Tschapajew–Schepelowka vor und versuchten aus der Bewegung heraus den kleinen Fluß Pena zu forcieren. Hier aber gerieten die Faschisten in das Artilleriefeuer des 6. Panzerkorps, der 86. Selbständigen Panzerbrigade und des 59. Selbständigen Panzerregiments.«
Bereits um 11.00 Uhr sind die Stellungen des sowjetischen 155. Garde-Schützenregiments von deutschen Panzern überrollt. Jetzt stoßen sie nach Westen gegen den Abschnitt des 151. Garde-Schützenregiments. Das letzte Hindernis vor der Straße Bjelgorod–Kursk ist überwunden. Generalleutnant Dragunski, Kommandeur der 1. mechanisierten Brigade: »Um 11.30 Uhr griff die gegnerische Infanterie nach eineinhalbstündiger Artillerievorbereitung und durch Hunderte von Panzern unterstützt erneut die 67. Garde-Schützendivision (Oberst Baksow) und die 52. Garde-Schützendivision (Oberst Nekrassow) der 6. Gardearmee (GenLt. Tschistjakow) an. In erbitterten Gefechten gelang es den Faschisten gegen 15.00 Uhr, unsere Divisionen zurückzudrängen. Diese zogen sich in die zweite Verteidigungslinie zurück, wo die Panzertruppenteile General Katukows Verteidigung bezogen hatten.«
Generalleutnant Katukow: »Obwohl es Mittag war, schien die Abenddämmerung hereingebrochen zu sein, denn Staub und Rauch verdeckten die Sonne. Flugzeugmotoren heulten, MG-Feuerstöße ratterten. Unsere Jagdflieger

bemühten sich, die gegnerischen Bombenflugzeuge zurückzutreiben, damit sie ihre todbringende Last nicht über unseren Stellungen abwerfen konnten. Die Beobachtungsstelle lag nur etwa vier Kilometer hinter der vordersten Linie. Trotzdem konnten wir nicht sehen, was sich vorn tat, denn ein Meer von Feuer und Qualm nahm uns die Sicht.«

Nachdem das Regiment »Der Führer« den Ort Lutschki genommen hat, steht das II. SS-Panzerkorps 20 Kilometer tief in den Verteidigungslinien der 6. Gardearmee. Generalmajor Popiel: »Vor uns bot sich das verheerende Bild des erst vor kurzem beendeten Gefechts. Das Gelände war durch Schützengräben und Bombentrichter aufgewühlt. Am Horizont stiegen Rauchsäulen brennender Panzer auf. Die Reste der Züge, Kompanien und Bataillone sammelten sich in den zerfurchten Schützengräben.« Südlich Obojan entbrennt nun eine gewaltige Panzerschlacht.

Die Erde bebt unter den Detonationen der Granaten und Bomben und vom Lärm der Panzer. Der Qualm brennender Fahrzeuge verfärbt den Himmel und läßt den Horizont verschwinden.

H.Gr. Mitte

Im Norden des Kursker Bogens stoppen die neu herangeführten sowjetischen Reserven den Vorstoß der 9. Armee auf Maloarchangelsk. Es gelingt dem XXXXVII. Panzerkorps (Gen.d.Pz.Tr. Lemelsen) jedoch erst nach harten Kämpfen, das aus dem Raum Teploje–Olchowatka vordringende sowjetische Panzerkorps und ein Infanteriekorps abzuweisen. Dagegen macht das ostwärts anschließende XXXXI. Panzerkorps (Gen.d.Pz.Tr. Harpe) Geländegewinne.

Am Nachmittag des 6. Juli 1943 wird die österreichische 9. Panzerdivision (GenLt. Scheller) in den Kampf geworfen. Sie greift das von der 307. Schützen-

Bei Lutschki, 6. 7. 1943, Kampfpause beim II. SS-Panzerkorps: ». . . 20 km tief in die Verteidigungslinien der 6. Gardearmee . . .«

division (GenMaj. Jenschin) verteidigte Ponyri an, trifft jedoch auf harten Widerstand der 13. Armee (GenLt. Puchow), die man rechtzeitig mit Garde-Werfern und Panzerabwehrartillerie verstärkt hat. Im Abschnitt der Heeresgruppe Mitte können in den eroberten Feindstellungen deutsche Soldaten befreit werden. Sie sind in Stalingrad den Sowjets in die Hände gefallen und berichten von schwerster Arbeit und Hungerrationen.

◀ Im Abschnitt des XXIII. Armeekorps, 6. 7. 1943, todmüde Bedienung einer bespannten Feldhaubitze bei der Rast: Bald geht es in Richtung Ponyri

Im Norden des Kursker Bogens scheitert der Angriff des XXIII. Armeekorps (Gen.d.Inf. Frießner) auf Maloarchangelsk. Das Verhalten der Roten Armee zeigt deutlich, daß die Sowjets unter allen Umständen den Kursker Bogen als Operationsbasis halten wollen. Bei Ponyri entbrennt nun eine erbitterte Panzerschlacht: Durch den Einsatz starker operativer Reserven versucht STAWKA, den Durchbruch des XXXXI. Panzerkorps in das freie Feld zu verhindern. Das XXXXVII. Panzerkorps ist zwar etwa fünf Kilometer vorangekommen, das rechts anschließende XXXXVI. Panzerkorps (Gen.d.Inf. Zorn) hängt dagegen fast fünf Kilometer zurück, eine offene Flanke droht hier zu entstehen. Das XXXXI. Panzerkorps befindet sich in sehr schweren Kämpfen um die vielen Ortschaften bei Ponyri. Das links anschließende XXXXI. Panzerkorps des XXIII. Armeekorps steht in schweren Abwehrkämpfen und kommt nicht weiter voran.

H.Gr. Süd

Am Abend des 6. Juli 1943, des zweiten Kampftages, muß die Heeresgruppe Süd fast 30 Prozent ihrer Panzerkräfte, insgesamt drei Panzerdivisionen, einsetzen, um die Flanken freizukämpfen oder zu sichern. Dies wiederum hindert die Verbände des Generalfeldmarschalls v. Manstein daran, mit geballter Stoßkraft in der Hauptangriffsrichtung loszuschlagen. Die Armeeabteilung Kempf trifft auf unerwartet harten Widerstand, kann aber trotzdem langsam bis auf das Hügelgelände zwischen Donez und Koren-Fluß vorrücken. Am erbittertsten verlaufen die Kämpfe um die zweite Verteidigungslinie der 6. Gardearmee (GenLt. Tschistjakow) im Raum Jakowlewo. Der Armeeabteilung Kempf gelingt es nicht, mit ihren relativ schwachen Kräften bis zum Ostufer des Korotscha-Flusses vorzustoßen und gleichzeitig durch einen Angriff nach Norden die Ostflanke der 4. Panzerarmee (GenOberst Hoth) zu entlasten. Das II. SS-Panzerkorps nutzt den vorübergehend etwas nachlassenden Widerstand und wirft den Feind aus Teterewino südwestlich von Prochorowka.
Bereits seit dem Nachmittag bedrängen starke sowjetische Panzerverbände von Osten her die tiefe Flanke des II. SS-Panzerkorps. Generalleutnant Dragunski: »Nur im Raum der Höhe 247,2 gelang es einzelnen Rudeln deutscher Panzer, in unsere Verteidigung einzubrechen und die Gefechtsordnung der 3. mechanisierten Brigade zu durchstoßen.« Bei Jakowlewo–Lutschki, im Abschnitt der 6. Gardearmee, können Verbände des II. SS-Panzerkorps in das zweite Verteidigungssystem eindringen.
Zur Verstärkung der Woronesch-Front ordnet STAWKA an, die 5. Garde-Panzerarmee (GenLt. Rotmistrow) aus dem Bestand der strategischen Reserve des Steppenmilitärbezirks (GenOberst Konjew) in Richtung Oskol vorzuziehen. Die 5. Garde-Panzerarmee muß nun im Eilmarsch große Entfernungen überwinden. Das Wetter ist heiß, die Truppen marschieren auf Feldwegen, Hitze und Staub machen auf beiden Seiten den Besatzungen der Panzer, Selbstfahrlafetten und Schützenpanzerwagen besonders zu schaffen.

H.Gr. Mitte

Am Abend des 6. Juli 1943 erreicht im Norden des Kursker Bogens die dem XXXXVI. Panzerkorps (Gen.d.Inf. Zorn) unterstellte Schwere Panzerabtei-

Nördlich Soborowka, 6. 7. 1943, eine 8,8-cm-Flak, nicht abgeprotzt, riegelt den Durchbruchsversuch der sowjetischen Panzer ab: »auf jeder Seite etwa 1000 Panzer und Sturmgeschütze im Einsatz«

▶ Südlich Smijewo, am Abend des 6. 7. 1943: die Panzeraufklärungsabteilung 9 der 9. Pz.Div. auf dem Marsch

lung 505 (Maj. Sauvant) mit ihren »Tiger«-Panzern Soborowka und nimmt diese Ortschaft im Sturm. Immer mehr sowjetische Panzer werden hier in die Schlacht geworfen, bis auf jeder Seite etwa 1000 Panzer und Sturmgeschütze im Einsatz stehen. Die Deutschen versuchen, den Sowjets die entscheidenden Höhen von Olchowatka mit ihrem Kernstück, der Höhe 274, zu entreißen. Diese Höhen sind der Schlüssel zur Stadt Kursk und Ziel des Angriffs der Heeresgruppe Mitte. Zu gleicher Zeit fordert Generaloberst Model bei der Heeresgruppe die Freigabe der 4. Panzerdivision (GenLt. v. Saucken) an, ohne deren Unterstützung der Durchbruch nach Kursk kaum noch eine Chance hat, zu gelingen.
Die sowjetische Panzerabwehr ist die entscheidende Ursache für das Scheitern der starken deutschen Panzerangriffe. Die Heftigkeit der Kämpfe steigert sich zusehends. Die deutsche Führung versucht, ihre Angriffe durch rollende Einsätze der Stukas und Schlachtflugzeuge zu unterstützen, doch kann die Luftwaffe trotz großer Erfolge weder operativ noch taktisch dem Heer eine durchschlagende Unterstützung geben. Dazu machen sich die Ausfälle sowie Mangel an Treibstoff immer mehr bemerkbar. Erst bei Dunkelheit flaut das Feuer ab. Die Panzerbesatzungen sind seit 48 Stunden nicht zum Schlafen gekommen, und als am Abend des 6. Juli gehalten wird, fallen sie neben ihren Panzern zu Boden und schlafen sofort ein.

H.Gr. Süd

Die deutschen Sturmangriffe im Süden des Kursker Bogens gegen die rechte Flanke der Woronesch-Front (Armeegen. Watutin) bringen das 2. Garde-Panzerkorps der Frontreserve und zwei Schützendivisionen der 69. Armee (GenLt. Krjutschenkin) sowie bewegliche Sperrabteilungen am Lipowy Donez zum Stehen.
STAWKA hat unterdessen begonnen, seine strategischen Reserven an den Woronesch-Frontabschnitt zu werfen. Um 23.00 Uhr erhält die 5. Garde-Panzerarmee (GenLt. Rotmistrow) vom Oberbefehlshaber des Steppenmilitärbezirks, Generaloberst Konjew, den Befehl, sich auf dem Westufer des Flusses Oskol zu versammeln. Rotmistrow wird ein Aufmarschraum von 30 bis 35 Kilometer Breite zugewiesen. Das Vorrücken der beiden Panzerkorps 18 und 29 erfolgt auf zwei Rollbahnen. Das 5. mechanisierte Gardekorps geht als zweite Staffel vor. Das 5. Selbständige Garde-Kradregiment, das 53. Garde-Panzerregiment, das 689. Panzerabwehr-Artillerieregiment und eine Batterie des 678. Haubitzen-Artillerieregiments sollen die Sicherung des Versammlungsraumes der 5. Garde-Panzerarmee übernehmen. Teile der 5. Garde-Panzerarmee müssen einen Marschweg von fast 300 Kilometern bewältigen.

H.Gr. Mitte

In der Hoffnung, den Durchbruch von Norden her in Richtung Kursk über Olchowatka zu vollenden, sammelt die 9. Armee (GenOberst Model) an diesem Abschnitt ihre Kräfte zu einem neuen Vorstoß. Die deutsche Führung ahnt zu dieser Zeit noch nicht, daß die Zentralfront (Armeegen. Rokossowski) die bedrohte Nahtstelle zwischen der 70. Armee (GenLt. Galanin) und der 13. Armee (GenLt. Puchow) mit Reserven der 65. Armee verstärkt. Generalleutnant Batow, Oberbefehlshaber der 65. Armee: »Da wir befürchteten, daß der Gegner den teilweisen Abzug unserer Truppen erkennen könnte, planten wir, am Morgen des 8. Juli operative Tarnmaßnahmen zu ergreifen. Den ganzen Tag über schickten wir Kraftfahrzeuge, Traktoren und kleinere Infanteriekolonnen aus dem rückwärtigen Raum in Richtung Front. Lastkraftwagen schleppten Fichtenwipfel hinter sich her, die Staub aufwirbelten und marschierende Kolonnen vortäuschen sollten. In der Annahme, daß wir starke Kräfte an die vorderste Linie heranführten, hielt der Gegner menschenleere Talmulden, Schluchten und Wälder pausenlos unter Artillerie- und Granatwerferbeschuß.«

Nun gelingt es der Zentralfront, durch Verlegung der Artillerie-Panzerabwehrreserven der 13. Armee eine ungeheure Dichte an Panzerabwehrmitteln – etwa 70 Geschütze je Frontkilometer – für die Kämpfe um Ponyri zu schaffen. So können die massierten deutschen Panzerangriffe gestoppt werden. Armeegeneral Rokossowski: »Am 7. Juli, bei Tagesanbruch, begann der Gegner den Angriff auf Ponyri. Die Detonationen von Bomben, Granaten und Minen, der Donner der Geschütze, das Dröhnen der Panzermotoren und das Geklirr der Ketten ließen die Erde erzittern.« Zugleich wird der Angriff auf Olchowatka fortgesetzt. Um den zweiten Verteidigungsstreifen entbrennen heiße Kämpfe. Im Raum von Ponyri wehrt die 307. Schützendivision (GenMaj. Jenschin) alle Vorstöße ab. Entlang der gesamten Front der 9. Armee breiten sich wütende Kämpfe aus. Trotz der sowjetischen Gegenangriffe wird jedoch von den deutschen Verbänden auf zehn Kilometer Breite langsam nach Süden Boden gewonnen.

▼ Ein Schlachtflugzeug vom Typ Ju 87 G-1, die »fliegende Pak«, des 10. (Pz)/SG 2 (Lt. Koral), ausgerüstet mit zwei 3,7-cm-Flak 18, startet zur Panzerbekämpfung . . .

H.Gr. Süd

Im Süden des Kursker Bogens richtet sich der deutsche Angriff gegen das 3. mechanisierte und das 31. Panzerkorps der 1. Panzerarmee (GenLt. Katukow). Besonders erbitterte Gefechte entbrennen im Abschnitt der 1. (GenLt. Dragunski) und 3. mechanisierten Brigade im Raum Syrzewo. Die Heeresgruppe Süd setzt für die 4. Panzerarmee (GenOberst Hoth) als Ziel die Einnahme der Höhen nördlich der Straße Prochorowka–Obojan fest. Selbst dies ist schwer zu erreichen: Früher als erwartet kommt es zum Zusammenstoß mit den heranna-

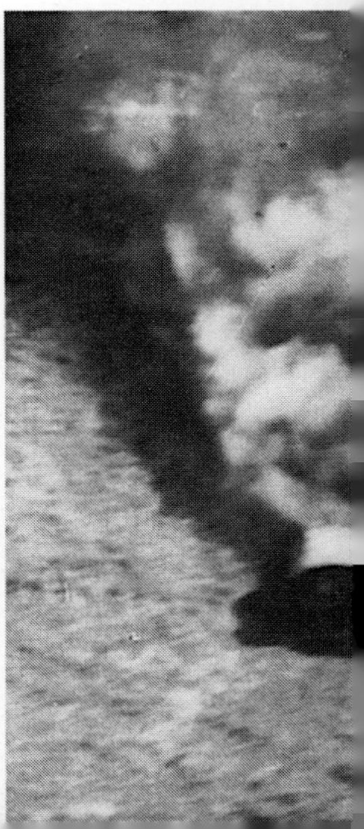

henden sowjetischen Panzerreserven. Bereits an diesem Tag wird die 4. Panzerarmee von Osten her über den Lipowy Donez, von Nordosten über Prochorowka von je einem sowjetischen Panzerkorps, von Norden und Nordwesten her beiderseits der Straße Obojan–Jakowlewo von einem Panzer- und einem mechanisierten Korps der Roten Armee angegriffen. In harten Kämpfen erreicht das XI. Armeekorps (Gen.d.Pz.Tr. Raus) der Armeeabteilung Kempf die Höhen etwa sechs Kilometer ostwärts der Bahnlinie Bjelgorod–Woltschansk.

In dem Waldgürtel am Westufer des Korenje-Baches wird das XI. Armeekorps endgültig in die Verteidigung gedrängt. Auch die Panzergrenadierdivision »Großdeutschland« (GenLt. Hoernlein) bleibt in der zweiten Widerstandslinie der Sowjets vor Erdbunkern mit eingegrabenen T-34, Pak und Flammenwerfern sowie im starken Artilleriefeuer liegen. Die Panzergrenadiere stecken zeitweise mitten im Kampffeld des Gegners fest. Zahlreiche Panzer fallen durch Minentreffer oder Schlachtbomberangriffe der Roten Luftflotte aus. General v. Knobelsdorff: »Selbst in dem bereits genommenen Gelände der ersten Angriffstage flackerte der russische Widerstand überall wieder auf.«

Es gelingt trotzdem den Angriffsspitzen des XXXXVIII. Panzerkorps (Gen.d. Pz.Tr. v. Knobelsdorff), mit der 11. Panzerdivision (GenLt. Balck) und der Panzergrenadierdivision »Großdeutschland« beiderseits der Straße nach Obojan bis auf zehn Kilometer südlich des Ortes vorzustoßen. Generalmajor Popiel, Mitglied des Kriegsrates der 1. Panzerarmee: »Der 7. Juli bestand nur aus gefährlichen Augenblicken. Der Gegner durchbrach an der Trennungslinie der 1. Panzerarmee und des 5. Garde-Panzerkorps den zweiten Verteidigungsstreifen. Die Front unserer Armee war jetzt nicht nur dem Süden, sondern auch dem Osten zugekehrt. Dadurch wurde sie um gute zehn Kilometer länger. Unsere Truppenteile aber waren erheblich zusammengeschmolzen.«

Die Panzergrenadierdivision »Großdeutschland« (GD) schafft es beiderseits Syrzewo, bis zu der wichtigen Höhe 230 durchzustoßen. Die in Richtung Syrzewo und Gremutschi ausweichenden sowjetischen Infanterieverbände erleiden zwar schwere Verluste durch deutsches Artilleriefeuer, doch bleiben die »GD«-Panzergrenadiere bei Syrzewo vor den starken Pak- und Minenriegeln liegen. Bei dem Versuch, das ausgedehnte Minenfeld zu durchqueren, werden die »Panther« von sowjetischen Kampfwagen in heftige Panzerduelle verwickelt und erleiden dabei starke Ausfälle. Generalmajor Popiel: »Der 7. Juli gehörte zu den schwersten Tagen der Kursker Schlacht.«

Inzwischen erreicht die Vorausabteilung der 5. Garde-Panzerarmee (GenLt. Rotmistrow) den Raum Prototschno, um die Sicherung des Aufmarsches der

◄ . . . ein sowjetischer Panzer T34/76B mit Behältern für Nebelkerzen am Heck: Nach einem Angriff einer Ju 87 G-1 . . .

▼ . . . ein anderer ausgebrannter sowjetischer Panzer, hier ein T-34/76D, Opfer eines Ju-87-G-1-Angriffs

▶ Obojaner Chaussee, 8. 7. 1943: irgendwo am Rande der staubigen Rollbahn ein Grenadier, durch einen Granatsplitter tödlich getroffen

Armee zu übernehmen. Währenddessen wirken sich verschiedene Fehlentscheidungen sowjetischer Befehlshaber nachteilig aus. Generalleutnant Rotmistrow: »Während der Schlacht wurden einige Schwächen der sowjetischen Panzerabwehr erkennbar, z. B. war in den Panzerabwehrstützpunkten oft eine zu hohe Zahl von Geschützen (bis zu 30) konzentriert, was die Feuerführung erschwerte. Auch erwies sich die Zersplitterung mehrerer Panzerjägerbrigaden aus der Reserve des Frontoberkommandos und deren Verteilung auf verschiedene Panzerabwehrstützpunkte als falsch. Dies schwächte erheblich die Schlagkraft der Panzerabwehrverbände des Frontoberkommandos und erschwerte dazu die Verlegung dieser Verbände in andere Abschnitte.«

Generalleutnant Dragunski, Kommandeur der 1. mechanisierten Brigade: »Wir konnten an diesem Tag den Gegner nicht zum Stehen bringen. Er drang weiter auf Obojan vor. Durch zahlenmäßig überlegene Kräfte und den massierten Einsatz von Panzern gelang es ihm, unsere Verteidigung zu durchbrechen und den Erfolg in nördlicher und nordwestlicher Richtung auszuweiten. Die 1. und 3. mechanisierte Brigade zogen sich kämpfend zurück. Erbittert focht auch die 1. Garde-Panzerbrigade unseres Korps.«

Am Donnerstag, dem 8. Juli 1943, erreicht frühmorgens nach schwierigen Eilmärschen das Gros der 5. Garde-Panzerarmee (GenLt. Rotmistrow) den Bereitstellungsraum auf dem Westufer des Oskol. In weniger als drei Tagen hat die Armee 250 bis 300 Kilometer zurückgelegt. Die Woronesch-Front erhält daneben als Verstärkung das 10. Panzerkorps von der 5. Gardearmee (GenLt. Schadow) und das 2. Panzerkorps von der Südwestfront. Mit dieser erheblichen Verstärkung erhofft STAWKA, den deutschen Angriff auf Obojan und Prochorowka zum Stehen zu bringen und den Durchbruch des zweiten Verteidigungsstreifens zu vereiteln.

Nach Meinung von Rokossowski bringen nicht die Wucht des deutschen Vorstoßes, sondern vielmehr falsche operative Entscheidungen von Armeegeneral Watutin, dem Oberbefehlshaber der Woronesch-Front, den deutschen Panzerverbänden Erfolge im Süden des Kursker Bogens. Armeegeneral Rokossowski: »Entscheidend war, daß die Zentralfront ihre Kräfte besser einsetzte. Sie konzentrierte diese an den bedrohten Abschnitten, die damit für den Gegner unüberwindlich wurden. Die Woronesch-Front dagegen verteilte ihre Truppen auf den gesamten Verteidigungsstreifen. Deshalb konnte der Gegner, der – wie bei uns – an einem schmalen Abschnitt angriff, hier verhältnismäßig tief in das Stellungssystem eindringen und nur durch bedeutende Reserven des STAWKA gestoppt werden.«

An diesem Tag versucht im Süden des Kursker Bogens die deutsche 4. Panzerarmee (GenOberst Hoth) mit dem Hauptstoß entlang der Obojaner Chaussee in Richtung Syrzewo–Gresnoje, den Durchbruch zu erreichen. Generalmajor Popiel: »Hoth wollte keine Stunde, keine Minute versäumen. Man muß zugeben, daß er damit am 8. Juli Erfolg hatte. Seine Panzer griffen an, bevor sich unsere Brigaden zum Gegenangriff konzentriert hatten.«

H.Gr. Mitte

Im Norden des Kursker Bogen toben auch am 8. Juli 1943 am rechten Flügel der Zentralfront die Kämpfe in Richtung Olchowatka mit unverminderter Heftigkeit. General Rokossowski: »Am 8. Juli 1943, um 8.20 Uhr, griffen etwa 300 faschistische Panzer, die durch Artillerie- und Granatwerferfeuer sowie durch Luftwaffenschläge unterstützt wurden, nordwestlich Olchowatka unsere Stellungen an der Nahtstelle zwischen der 13. und der 70. Armee an und drangen in die Gefechtsordnungen der Infanterie ein.«

H.Gr. Süd

An diesem Tag kann im Südabschnitt des Kursker Bogens die nach Norden vorgehende 6. Panzerdivision (GenMaj. v. Hünersdorff) nach zweieinhalbstündigem Kampf gegen neu herangeführte sowjetische Panzerkräfte den Ort Melechowo nehmen. Damit ist im wesentlichen der Durchbruch durch die feindliche Hauptkampfzone gelungen. Den ganzen Tag über führen sowohl die Luftwaffe als auch die Rote Luftflotte rollende Angriffe auf die gegnerischen Panzerverbände. Das Gelände ist übersät von den Trümmern abgeschossener Flugzeuge und brennender Panzer. Generalmajor Popiel: »Am glutheißen Himmel kam es zu blitzartigen Gefechten. Man konnte sie kaum verfolgen und nicht immer erkennen, ob es Freund oder Feind war, der, in Rauch und Flammen gehüllt, abstürzte. Einer unserer stumpfnasigen ›Habichte‹ setzte alles daran, eine Landung zwischen den feindlichen Panzern zu vermeiden. Aber er verlor immer mehr an Höhe. Man sah keine Flammen. Erst in der letzten Sekunde zeigte sich eine Rauchfahne. Er schaffte es nicht und ging vor den vordersten ›Tigern‹ krachend zu Boden. Ihre Kanonen gaben ihm aus 50 Meter Entfernung den Rest. Ein anderer stürzte, brennend wie ölgetränktes Werg, vor unserer Schlucht ab. Ein Flieger sprang aus der Maschine und kam auf uns zugekrochen. Es war ein stämmiger Pilot. Die Pistole in der blutigen Hand, machte er Katukow Meldung. Seine Kombination war zerrissen, man sah die behaarte Brust. In Kniehöhe baumelte an einem langen Riemen eine große Kartentasche.«

Während das II. SS-Panzerkorps (SS-Obergruppenf. Hausser) versucht, über den Psel in den Rücken der 1. Panzerarmee (GenLt. Katukow) vorzustoßen, beordert Armeegeneral Watutin eine Panzerkampfgruppe des 2. Garde-Panzerkorps zum Gegenangriff in die tiefe Flanke des II. SS-Panzerkorps, die für

Raum Trossna, 8. 7. 1943, ein 15-cm-Nebelwerfer 41 in Feuerstellung: Die sechs Sprengraketen mit 31,8 kg und etwa 6 km Schußweite sind bei den Sowjets durch ihre erhebliche Flächenwirkung gefürchtet, etwa so wie bei den Deutschen die Katjuschas

den Nachschub des deutschen Panzerkorps wichtige Rollbahn Bjelgorod–Obojan. Der sowjetische Aufmarsch gegen das nichtsahnende II. SS-Panzerkorps wird jedoch aus der Luft aufgerieben.

Zum ersten Mal in der Kriegsgeschichte vernichten Flugzeuge einen solch großen Panzerverband: Als Hauptmann Meyer, Kommandeur der IV. (Panzerjäger-)Gruppe des Schlachtgeschwaders 9 auf seinem Routine-Aufklärungsflug über den Wäldern von Gostischtschewo an der Flanke des II. SS-Panzerkorps eine sowjetische Panzeransammlung ausmacht, alarmiert er über Funk seine in Mikojanowka liegende Gruppe. Nach 15 Minuten erscheint mit 16 Maschinen die erste der vier Staffeln. Die Panzerschlachtflugzeuge Henschel Hs 129 B-2/R2, mit 3-cm-Kanonen MK 103 ausgerüstet, sind ein gefährlicher Gegner. Als erste Staffel greift die 4./Sch.G. 2 (Hptm. Matuschek) an, gefolgt von der 8./Sch.G. 2 (Oberlt. Oswald), der 4./Sch.G. 1 (Oberlt. Dornemann) und der 8./Sch.G. 1 (Lt. Thus), unterstützt durch die Jäger FW 190 der Schlachtgruppe II./Sch.G. 1 (Maj. Druschel). Innerhalb einer Stunde wird der sowjetische Panzerverband von der »fliegenden Pak« zerschlagen. Er büßt 50 Panzer ein, die ausgebrannt oder schwer beschädigt auf dem Gefechtsfeld zurückbleiben.

Ebenfalls am 8. Juli kommt es nördlich Syrzewo zu einem Panzergefecht zwischen der dort sichernden Panzergruppe Strachwitz (»GD«) und rund 40 sowjetischen Kampfwagen, von denen zehn vernichtet werden. Gegen Mittag wird Syrzewo nach erbitterten Kämpfen vom Panzer-Füsilierregiment »GD« im Zusammenwirken mit dem Panzerregiment 6 der 3. Panzerdivision (GenLt. Westhoven) genommen. Generalmajor Popiel: »Als die Artillerie das Feuer einstellte und sich der Rauch etwas verzogen hatte, sahen wir in der Ferne eine dichte Kette deutscher Panzer. Man konnte beschädigte nicht von unbeschädig-

Vor Syrzewo, 8. 7. 1943, Kampfpause bei den Panzergrenadieren der Div. »Großdeutschland«: im Hintergrund der sowjetische Beutepanzer T-34/76F mit Balkenkreuz, vorn der Leichte Gepanzerte Munitionskraftwagen SdKfz 252

ten unterscheiden. Die Reihe setzte sich in Bewegung. Nur wenige hundert Meter breites niedergebranntes Feld trennten uns vom Gegner, sonst nichts. Katukow ließ das Glas nicht von den Augen. Er murmelte vor sich: ›Sie gruppieren sich um ... stoßen in einem Keil vor ... Ich glaube, es ist aus.‹«

H.Gr. Mitte

Im Norden des Kursker Bogens setzt am Morgen des 8. Juli 1943 Generaloberst Model auch die 4. Panzerdivision (GenLt. v. Saucken) aus der dritten Reservestellung ein. Ein Granathagel aus eingegrabenen T-34 und KW-1, aus Pak und Infanteriegeschützen empfängt die Grenadiere. Sie erreichen das Dorf Teploje und bleiben hier liegen. Generalleutnant v. Saucken: »Kaum überschritten wir die deckende Höhe, schlug uns das Feindfeuer entgegen. Artillerie, Granatwerfer, Stalinorgel, Maschinengewehre und Scharfschützen, vor allem aber ausgedehnte Pakfronten spien Feuer und Verderben. Rudel von Feindpanzern brachen, aus allen Rohren schießend, immer wieder zum Gegenstoß vor. In dem offenen Gelände fuhren unsere Panzer, darunter auch ›Tiger‹, mit Vollgas, um den Feindpak das Treffen zu erschweren. Wir Schützen konnten dieses Tempo nicht halten und hingen daher weitab. In den von unseren Panzern überrollten Feindnestern lebte das Feuer wieder auf und zwang uns zu Boden. Einige Panzer mußten zur ›Schützenhilfe‹ immer wieder kehrtmachen.«
Trotz aller dieser Erschwernisse scheint es, daß den Deutschen doch noch ein Durchbruch gelingen wird. Armeegeneral Rokossowski: »Am Ende des dritten Kampftages waren die Reserven der Front schon fast ausnahmslos in den Kampf verwickelt, während die Faschisten in ihre Hauptstoßrichtung immer neue Kräfte einführten ... Womit sollten wir sie dann aufhalten? Ich entschloß mich zu einem gewagten Manöver und zog meine letzte Reserve in die Hauptstoßrichtung – das von General Bogdanow befehligte 9. Panzerkorps. Es lag im Raum Kursk und deckte die Stadt von Süden. Das vollaufgefüllte Korps war unsere letzte Hoffnung.«
Unterdessen versuchen die österreichische 9. Panzerdivision (GenLt. Scheller) und die 18. Panzerdivision (GenMaj. v. Schlieben) vergeblich, die stark verteidigte Höhe 253,5 und das Dorf Ponyri zu erobern. Auch der folgenden 86. Infanteriedivision (GenLt. Weidling) gelingt es nicht. Die äußerst starken sowjetischen Gegenangriffe und der strömende Regen, der das ganze Gelände in Morast verwandelt, machen weite Operationen unmöglich, und Generaloberst Model gibt den Befehl, alle Verbände zu stoppen.
Ab Abend nimmt die 20. Panzerdivision (GenMaj. v. Kessel) die benachbarte Ortschaft Samodurowka. Model faßt nun den Entschluß, statt einer Durchbruchsschlacht ab jetzt eine Materialabnutzungsschlacht zu führen. Die deutschen Verbände gewinnen zwar am späten Abend nördlich Olchowatka an Boden, doch ihre Stoßkraft ist erschöpft. Alle weiteren Versuche, Olchowatka und Ponyri zu nehmen, werden von den Kräften der Zentralfront abgewiesen. Obwohl fast die gesamte 9. Armee (GenOberst Model) in den Kampf geworfen wird, dringen deren Verbände bis zum 8. Juli in keinem Abschnitt weiter als fünf Kilometer vor.
Auch im Süden des Kursker Bogens befürchtet die sowjetische Führung das Schlimmste. Generalleutnant Katukow: »Der 8. Juli war für unsere Armee entscheidend. Offensichtlich hatte sich das faschistische Oberkommando entschlossen, diesmal alles auf eine Karte zu setzen. ›Einzelnen Gruppen von Panzern ist es gelungen, unseren zweiten Verteidigungsstreifen im Raum Iljinski zu durchbrechen‹, meldete Kriwoschein. An seiner Stimme hörte ich, wie besorgt er war.«

Am Nachmittag können die nach Norden angreifenden Teile des III. Panzerkorps (Gen.d.Pz.Tr. Breith) durch das zäh verteidigte sowjetische Stellungssystem zwischen den Flüssen Rasumnaja und Sjewernyj Donez bis zur Straße Bjelgorod–Korotscha vorstoßen. Hier werden sie jedoch von den frisch eingetroffenen sowjetischen Panzerreserven am weiteren Vordringen gehindert. Generalmajor Popiel: »Nach einer Kampfpause, die Sonne war bereits im Sinken, ließ Hoth, nachdem er Reserven herangezogen hatte, seine Panzer erneut vorgehen. Wieder heulten die Sturzkampfbomber, und das Krachen der Detonationen erfüllte die vor Hitze flimmernde Luft. Die Gefechte an den Zugängen nach Obojan gingen weiter.« Die Divisionen der deutschen 4. Panzerarmee sind jedoch durch die viertägigen Kämpfe mitgenommen, und eine vorübergehende Angriffspause für die im Raum Prochorowka eingesetzten Verbände ist dringend nötig.

H.Gr. Süd

Auch die sowjetischen Verbände, die in harten Verteidigungsgefechten vor Obojan stehen, sind kampfmüde. Der Kommandierende General der 1. mechanisierten Brigade, Generalleutnant Dragunski: »Gegen Abend des 8. Juli besaß unser Regiment nur noch zehn einsatzbereite Panzer. Die Nachbarbrigade mußte auf einen anderen Abschnitt zurückgehen. Unser Panzerregiment konnte seine Stellungen ebenfalls nicht mehr halten. Die Verbindung zu den Bataillonen war unterbrochen, und der Vorrat an panzerbrechenden Granaten ging zu Ende, hinzu kamen die vielen Verwundeten. Man konnte meinen, wir befänden uns auf einer Insel mitten in einem Feuermeer. Es war sinnlos, länger an diesem Abschnitt zu bleiben. Wir mußten uns zu den Hauptkräften der Brigade durchschlagen.«

An diesem Tag legt der Wehrmachtführungsstab (WFSt) einen Bericht über die Partisanenlage April–Juni 1943 vor. Man stellt darin fest, daß im letzten Vierteljahr die Partisanentätigkeit im gesamten Ostraum trotz erheblich verstärkter Gegenmaßnahmen weiter zugenommen hat. Die Gesamtzahl der Eisenbahnanschläge im Juni: 1092 gegenüber 397 im Januar, die Zahl der beschädigten Lokomotiven 409 gegenüber 112 und die der beschädigten Eisenbahnbrücken 54 gegenüber 22.

In der Nacht vom 8. auf den 9. Juli 1943 erhält um 1.00 Uhr die 5. Garde-Panzerarmee (GenLt. Rotmistrow) den Befehl, am Abend des 9. Juli den Raum Bobryschewo–Wessely–Alexandrowskij zu erreichen und aus der Bewegung heraus die vorrückenden Verbände der Heeresgruppe Süd zurückzuschlagen. Die Armee muß damit zusätzlich einen Anmarschweg von 100 Kilometern bewältigen.

Am Morgen des 9. Juli 1943 greifen die Truppen des Generalfeldmarschalls v.

◄ Vorstoß von Teilen des III. Panzerkorps zur Straße Bjelgorod-Korotscha, 9. 7. 1943: vorn ein leichter Schützenpanzerwagen SdKfz 250 mit 3,7 cm-Pak

◄ Raum Orel, 9. 7. 1943, im rückwärtigen Frontgebiet: ein Treff am Rande der großen Schlacht, vorn Panzerkampfwagen IV, Ausf. D (mit kurzen 7,5-cm-Kanonen)

Die NS-Presse meldet am 9. 7. 1943 weiterhin Erfolge

Norddeutsche Ausgabe

190. Ausg. / 56. Jahrg. / Einzelpreis 20 Pf.

„Freiheit und Brot"

Norddeutsche Ausgabe

Berlin, Freitag, 9. Juli 1943

VÖLKISCHER BEOBACHTER

Kampfblatt der nationalsozialistischen Bewegung Großdeutschlands

Hohe Sowjetverluste bei schweren Panzerschlachten

Am Mittwoch wieder über 400 Panzer vernichtet

193 Flugzeuge im Mittelabschnitt abgeschossen

Aus dem Führerhauptquartier, 8. Juli.

Das Oberkommando der Wehrmacht gibt bekannt:

Im Raume von Bjelgorod und südlich Orel kam es gestern zu schweren Panzerschlachten, in deren Verlauf durch Truppen des Heeres, durch Flakartillerie, Kampf- und Nahkampfgeschwader der Luftwaffe mehr als 400 sowjetische Panzer vernichtet wurden. Das

Sowjetfront bei Bjelgorod durchbrochen

Berlin, 8. Juli.

Die harten Abwehrkämpfe im Raum von Bjelgorod gingen im Laufe des 6. Juli in sich ständig steigernde Angriffsbewegungen der Truppen des Heeres und der Waffen-SS über.

Die Verbände der Infanteriedivisionen, der Panzergrenadiere sowie die SS-Panzer-Grenadierdivisionen standen vor einem Stellungssystem des Feindes, das in den letzten Monaten von den Bolschewisten durch die Anlage zahlloser Hindernisse,

Als die Hunderte der Sturmgeschütze, Panzer und Schützenpanzer, ihnen voran Abteilungen der mächtigen „Tiger"-Panzer, gegen den inneren Befestigungsgürtel der Sowjets heranrollten, schlug den Kolossen ein wütendes Abwehrfeuer ent-

Spitze seiner Männer gewann er den Panzergraben, drang tief in das dahinterliegende Festungssystem des Feindes ein, schlug damit den nachfolgenden Panzerkräften und Divisionen eine Bresche und schuf dann in vorbildlichem Zusammenwirken mit der Luftwaffe die Voraussetzungen zur Öffnung der sowjetischen Front.

Mit voller Wucht stießen die deutschen Truppen in diese Bresche, die sich im

Blick nach Frankreich

Von Dr. Heinz Becker

Dem deutschen Beobachter, der von Zeit zu Zeit einen Blick nach Frankreich wirft, um sich über die Entwicklung bei seinem westlichen Nachbarn Rechenschaft zu geben, bietet sich auch heute kein einheitliches Bild. Der Wirrwarr der Meinungen, Gedanken und Taten macht es ihm noch schwerer als sonst zu erkennen, welchen Weg dieses Volk zu gehen gewillt ist, das Jahrhunderte lang den Anspruch erhob, Mittelpunkt der europäischen Zivilisation, ja Geburtsstätte aller großen Ideen der Welt gewesen zu sein. Welche Klüfte heute zwischen den Anschauungen der Franzosen klaffen und wie völlig unverständlich uns so manches scheinen muß

Manstein mit etwa 500 Panzern auf einem zehn Kilometer breiten Frontabschnitt an. Die 3. Panzerdivision (GenLt. Westhoven) kann noch auf dem linken Flügel des XXXXVIII. Panzerkorps (Gen.d.Pz.Tr. v. Knobelsdorff) westlich der Straße Rakowo–Kruglik vorankommen und damit eine günstigere Position für einen links umfassenden Angriff gegen Beresowka gewinnen.

H.Gr. Mitte

Bei der Heeresgruppe Mitte (GFM v. Kluge) im Norden des Kursker Frontbogens gelingt es der 9. Armee (GenOberst Model) nach schweren Kämpfen, einige Kilometer Boden zu gewinnen und in die dritte feindliche Stellung einzubrechen. Sie bleibt aber vor den stark befestigten Höhen von Olchowatka, etwa 18 Kilometer von ihrer Ausgangsstellung, im feindlichen Feuer liegen.

H.Gr. Süd

Am Nachmittag des 9. Juli 1943 sammeln sich die Verbände der Heeresgruppe Süd und drängen in Richtung Obojan und Korotscha vor. Der 35 Kilometer tiefe deutsche Vorstoß bei Obojan und etwa zehn Kilometer bei Korotscha bestätigt die Meinung von Armeegeneral Rokossowski über die Fehleinschätzung von Armeegeneral Watutin. Dieser hat die Absichten von Generalfeldmarschall v. Manstein falsch bewertet, seine Kräfte an der 164 Kilometer langen Front gefährlich zersplittert und die 6. Gardearmee, gegen die sich die ganze Wucht des deutschen Angriffs richtet, auf einem viel zu breiten Verteidigungsabschnitt auseinandergezogen.

Generalmajor Antipenko, Chef der Rückwärtigen Dienste der Zentralfront: »Von Süden richtete der Gegner einen überaus heftigen Stoß gegen die Truppen der Woronesch-Front, wobei die Hauptkräfte auf die 6. Gardearmee unter Generalleutnant Tschistjakow zielten, deren Verteidigungsabschnitt übermäßig breit war. In vier Tagen stießen hier die Faschisten 30 bis 40 Kilometer vor, was schon einen operativen Durchbruch bedeutete. Nur dank der rechtzeitigen Hilfe durch den Steppenmilitärbezirk konnte die gefährliche Lage beseitigt werden.«

Trotz dieser Fortschritte im Süden des Frontbogens zwingt der erbitterte sowjetische Widerstand Generaloberst Hoth, sein Vorhaben – auf kürzestem Weg über Obojan nach Kursk durchzubrechen – aufzugeben, die Angriffsrichtung zu ändern und sie jetzt auf Prochorowka zu verlegen, um Kursk auf dem Umweg zu erreichen. Den Angriff sollen die Hauptkräfte seiner 4. Panzerarmee von Westen her mit rund 700 Panzern und Sturmgeschützen, von Süden das III. Panzerkorps (Gen.d.Pz.Tr. Breith) und die Armeeabteilung Kempf führen. Damit will Generalfeldmarschall v. Manstein die sowjetischen Truppen zwischen den Flüssen Lipowy Donez und dem Nördlichen Donez einschließen.

Die Materialschlacht fordert immer neue Opfer: Die 320. Inf.-Div. begräbt ihre Toten bei Olschonez

Vor Beresowka, am Abend des 9. 7. 1943: Die Grenadiere säubern das soeben gewonnene Gelände

Nach Vernichtung des Gegners sollen die deutschen Panzerverbände eine Bresche in die sowjetische Front schlagen und Kursk von Südosten her einnehmen.
Die 5. Garde-Panzerarmee (GenLt. Rotmistrow) aus der strategischen Reserve des STAWKA, verstärkt durch das 2. Panzerkorps und das 2. Garde-Panzerkorps, hat inzwischen den Bereitstellungsraum nördlich Prochorowka erreicht. Ihre Gesamtstärke: rund 800 Panzer und Sturmgeschütze.
Der deutsche Angriff im Südabschnitt des Kursker Bogens, den die Luftwaffe energisch unterstützt, entwickelt sich zu einem Vorstoß nach Norden. Das II. SS-Panzerkorps (SS-Obergruppenf. Hausser) nähert sich in schweren Kämpfen Prochorowka. Das XXXXVIII. Panzerkorps (Gen.d.Pz.Tr. v. Knobelsdorff) dringt bis in den Raum von Kotschetowka und westlich an der Straße nach Obojan vor.
Unterdessen säubern in der Nacht vom 9./10. Juli 1943 die Panzer der 3. Panzerdivision (GenLt. Westhoven) von Westen her Beresowka vom Feind. Eine Fortsetzung des Angriffs in Richtung auf Kruglik wird jedoch von den Sowjets erneut am Südrand eines kleinen Wäldchens nördlich von Beresowka gestoppt. Ostwärts der Straße von Obojan nimmt die zur 11. Panzerdivision (GenLt. Balck) gehörende Panzerkampfgruppe Graf Schimmelmann die Höhe 260,8. Der höchste Punkt im Vorgelände von Obojan ist erreicht. Dies bedeutet zugleich den tiefsten Einbruch eines deutschen Verbandes in die sowjetische Verteidigungslinie im Kursker Bogen während des gesamten Unternehmens »Zitadelle«.
Am Sonnabend, dem 10. Juli 1943, beginnt kurz vor Sonnenaufgang unter dem Oberbefehl von General Eisenhower die Landung der Alliierten (Deckname:

Gefährlicher Einsatz: Sowjetische Pioniere räumen ein deutsches Minenfeld vor dem sowjetischen Panzerangriff

Operation »Husky«) an der Südostküste Siziliens. Die neue Situation im Mittelmeerraum macht nach Ansicht des OKH einen baldigen erfolgreichen Abschluß der Schlacht im Kursker Bogen dringend erforderlich.

H.Gr. Mitte

In den Morgenstunden des 10. Juli 1943 rollen im Norden des Frontbogens bei Wind und Regenschauern die Panzer der deutschen 2. Panzerdivision (GenLt. Lübbe) und der 4. Panzerdivision (GenLt. v. Saucken) in ihre Bereitstellungsräume. Etwa gleichzeitig eröffnet die deutsche Artillerie schweres Vorbereitungsfeuer. Die Höhen von Olchowatka mit den Feindstellungen und zahlreichen eingegrabenen Panzern verschwinden im Rauch und Qualm der Einschläge. Stukas und He 111 bombardieren die Angriffsziele der deutschen Panzerdivisionen. Zusammen mit den anfliegenden Bombern rollen die Panzer vor, Grenadiere bewegen sich über die 2 bis 3 Kilometer breite, deckungslose Mulde auf die sowjetischen Höhenstellungen zu. Trotz Einsatzes von Fliegerleitoffizieren und Sichtzeichen fallen wiederholt Bomben auf die eigenen Bereitstellungen, verursachen Ausfälle und Kraftfahrzeugschäden.
Die Sowjets haben das Vorbereitungsfeuer und die Luftangriffe ohne wesentliche Einbuße überstanden und schießen jetzt aus allen Rohren. Obwohl zum Sturm gegen die letzte feindliche Stellung, den Höhenzug von Olchowatka, insgesamt 300 Panzer der 4. und 2. Panzerdivision zusammengefaßt werden, scheitern die wiederholten Angriffe unter erheblichen Opfern. Das langgestreckte, fast kahle Plateau mit stellenweise kilometerweiter Fernsicht verlangt von den Panzern, mit Vollgas anzugreifen. Die Grenadiere müssen, anstatt wie üblich im Schützenpanzerwagen aufgesessen, zu Fuß folgen. So verlieren sie bereits auf den ersten 100 Metern die Verbindung zu den Panzern. Dadurch ist

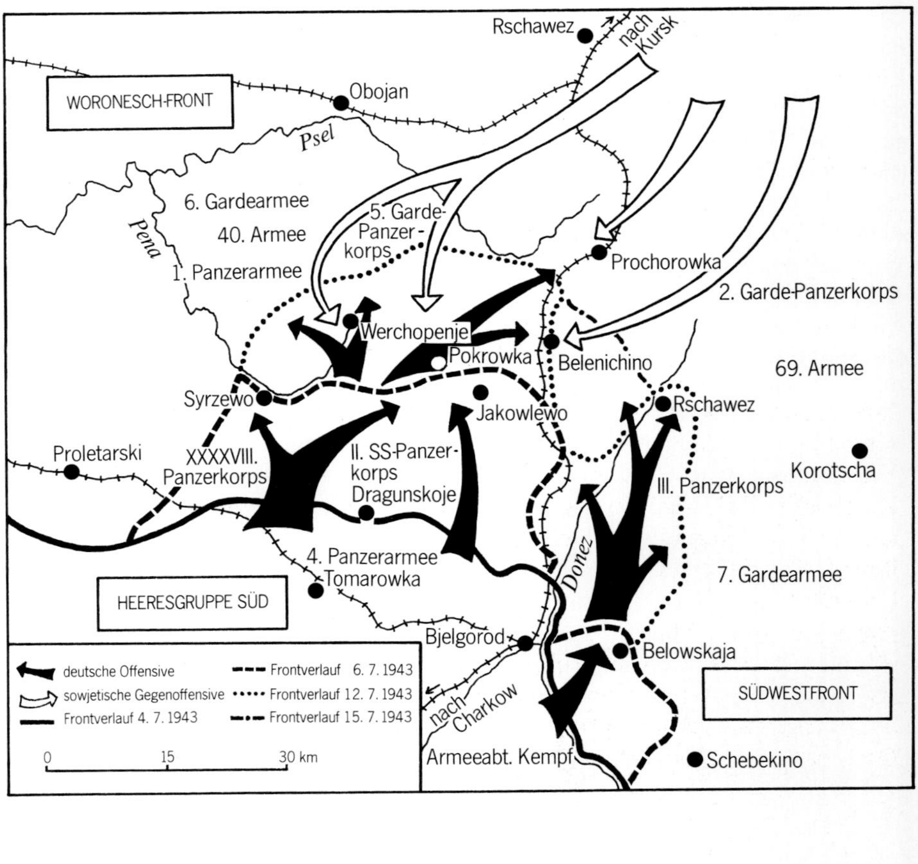

Erst auf einer Karte sieht man deutlich, wie mühsam im Nordabschnitt des Kursker Bogens die deutsche Offensive fortschreitet

Südlich Orel, 10. 7. 1943: Noch vor einer Woche stand hier eine nagelneue 24-t-Behelfsbrücke, gebaut vom Panzerpionierbataillon 86 der 9. Pz.Div. Vorn ein Panzerkampfwagen IV

▶ Feldflugplatz des Schlachtgeschwaders 1, westlich Bjelgorod, 11. 7. 1943: Eine Jagdmaschine vom Typ Fw 190F-8 der II. Schlachtgruppe (Maj. Druschel) wird munitioniert

eine gemeinsame Kampfführung kaum mehr möglich: Die meisten Panzer müssen immer wieder kehrtmachen, um die Grenadiere vor den inzwischen wieder aufgelebten Gegenangriffen aus der Flanke zu schützen. Die sich in den Kornfeldern versteckt haltenden sowjetischen Panzernahkämpfer warten nur auf die Aufsplitterung der Panzerkeile, um die einzelnen Panzer anzugreifen.
Die 9. Panzerdivision (GenLt. Scheller) nimmt Ssnowa, Bitjug und Beresowyi-Log, durchquert die Ssnowa und erreicht den Nordteil von Ponyri II. Trotz blutiger Verluste und Materialausfälle haben sich die deutschen Divisionen durch die erste Hälfte des ausgeklügelten sowjetischen Abwehrsystems gekämpft: Nördlich Olchowatka durchbrechen sie den Hauptverteidigungsstreifen und dringen in die zweite Verteidigungslinie ein. Sie erzielen in vier Tagen jedoch nur einen Geländegewinn von 10 bis 12 Kilometern.
Am Abend des 10. Juli bricht die deutsche 9. Armee den Angriff ab und muß zur Verteidigung übergehen. Generaloberst Model hofft noch, daß nach Abwehr der feindlichen Gegenangriffe der Einsatz seiner gesamten Kräfte den endgültigen Durchbruch durch die sowjetische Verteidigung bringen wird. Diese Hoffnung trügt indessen. Ein letzter Vorstoß des rechten Flügels der 9. Panzerdivision kommt bis an den Höhenrand bei Olchowatka, ohne ihn jedoch zu überwinden.

H.Gr. Süd

Am selben Tag, dem 10. Juli 1943, überquert im Süden des Kursker Bogens das Panzerregiment 6 der 3. Panzerdivision, begleitet von Panzergrenadieren, Sturmgeschützen, Jagdpanzern und Infanterie, die Brücke über den Psel, das letzte natürliche Hindernis vor Kursk im Abschnitt von Obojan. Das Panzerregiment rollt südwärts in den Rücken der sowjetischen 71. Garde-Schützendivision, die bereits von der 255. Infanteriedivision (GenLt. Poppe) und der 332. Infanteriedivision (GenLt. Schaefer) frontal angegriffen wurde. Mehrere tausend Rotarmisten müssen sich ergeben. Unterdessen stößt das XXXXVIII. Panzerkorps (Gen.d.Pz.Tr. v. Knobelsdorff) weiter in Richtung Obojan vor. Zu gleicher Zeit wird der Panzergrenadierdivision »Großdeutschland« befohlen, nach Süden und dann Südwesten einzuschwenken, um die Feindkräfte in ihrer linken Flanke auszuräumen.
Unterstützt von der Luftwaffe, gehen die »GD«-Panzergrenadiere zum Angriff gegen die Höhen südlich von Kruglik und gegen die über Kruglik nach Norden führende Straße vor. Unterdessen treten die Verbände der 4. Panzerarmee (GenOberst Hoth) und der Armeeabteilung Kempf zu einem Angriff in Richtung Prochorowka an. Teilkräfte brechen nach Norden entlang der Obojaner Chaussee durch. Generalmajor Popiel: »Am 10. Juli, dem vorletzten Angriffs-

tag in Richtung Obojan, fügte der Feind unseren beiden Panzerbrigaden schwere Verluste zu. Wir hatten es nicht leicht.«

In den ersten Nachmittagsstunden gelingt es der durch Sturmgeschütze verstärkten Division »GD«, bis auf einen Kilometer südlich an die Höhe 247,0 vorzustoßen, die Straße nach Norden auf Kruglik zu sperren und dann die Höhe 247,0 zu stürmen. Generalleutnant Katukow: »Obwohl Manstein am 9. und am 10. Juli nach wie vor massenhaft Panzer und Bombenflugzeuge in das Gefecht warf, spürten wir, daß das eher ein Zeichen der Verzweiflung als der Stärke war.«

Die Heftigkeit der Kämpfe beweist u. a. das Schicksal der 6. Panzerdivision (GenMaj. v. Hünersdorff): Sie unternimmt den Versuch, einen durch Pak gesicherten Panzergraben zu überwinden. Erst nach Einsatz von Pionierabteilungen können die Panzer die Hindernisse überwinden. Danach aber geraten sie in ein ausgedehntes Minenfeld, in dem sie endgültig steckenbleiben. Die Division, die am ersten Angriffstag über 100 Panzer verfügte, besitzt am 10. Juli nur noch 47.

Generalleutnant Moskalenko, Oberbefehlshaber der 40. Armee der Woronesch-Front: »Die Deutschen wollten in vier Tagen in Kursk sein. Doch sie konnten nicht einmal die Hälfte unserer Verteidigung durchbrechen.« Es besteht kein Zweifel mehr: Das »schnelle« Abschneiden des Kursker Bogens ist mißglückt. In vier Tagen haben die Heeresgruppen Mitte und Süd tatsächlich nur geringe Erfolge erzielt: Sie brachen an einer Front von mehr als 20 Kilometer Länge im Norden etwa 18 Kilometer tief und an einer 50 Kilometer breiten Front im Süden ungefähr 50 Kilometer tief ein. Zirka 120 Kilometer sind die beiden deutschen Angriffskeile noch voneinander entfernt, als sie endgültig gestoppt werden.

Am 10. Juli wird auch die stärkste Reserve des STAWKA, der Steppenmilitärbezirk (GenOberst Konjew), in Steppenfront umbenannt.

Obwohl an diesem Tag, wie erwähnt, westalliierte Truppen an der Küste Siziliens gelandet sind, heißt es im Lagebericht des OKW: »Das Unternehmen ›Zitadelle‹ wird fortgesetzt.« Die Geschehnisse an dieser neuen Front werden jedoch bald das Schicksal des Unternehmens »Zitadelle« beeinflussen.

H.Gr. Mitte

In der Nacht vom 10./11. Juli 1943 läßt Generaloberst Model im Norden des Frontbogens die letzten Reserven der 9. Armee, die 10. Panzergrenadierdivision (GenLt. A. Schmidt) und die 31. Infanteriedivision (GenLt. Hoßbach), zum Angriff antreten. Die Panzergrenadiere werfen einen starken Panzerangriff der Sowjets, der sich gegen den Bahnhof von Ponyri richtet, zurück. Aber

Ein junger Grenadier, geprägt durch die Härte des Kampfes

bereits einige Stunden später steht endgültig fest, daß der erwartete Sieg bei Kursk kaum mehr zu erreichen ist: Der sorgfältig vorbereitete und von der Luftwaffe bis aufs äußerste unterstützte Angriff der 9. Armee gegen die Höhen von Olchowatka ist gescheitert. Doch Generaloberst Model beabsichtigt weiterhin – spätestens 24 Stunden später unter Verlegung des Schwerpunktes zum XXXXVI. Panzerkorps (Gen.d.Inf. Zorn) –, den Durchbruch durch die sowjetischen Stellungen zu vollenden.

H.Gr. Süd

Am Sonntagmorgen, dem 11. Juli 1943, läßt Generalfeldmarschall v. Manstein, nachdem er seine Kräfte südlich Kursk innerhalb von 24 Stunden umgruppiert hat, erneut zum Angriff übergehen. Seine von Westen und Süden auf Prochorowka vorrückenden Truppen erzielen bereits nach kurzer Zeit Erfolge. Nun ist der Gegner durch konzentrischen Angriff des III. Panzerkorps (Gen.d.Pz.Tr. Breith) und des II. SS-Panzerkorps (SS-Obergruppenf. Hausser) von Osten, Süden und Westen im Südteil des Flußdreiecks zusammengedrängt. Unter großen Verlusten beginnen die sowjetischen Truppen den Rückzug auf die Stellung bei Gostischtschewo.
Von Südwesten aus rollen die drei Panzerdivisionen des II. SS-Panzerkorps mit ihren über 600 Panzern nach Nordosten vor: Auf der linken Flanke die 3. SS-Panzerdivision »Totenkopf« (SS-Brigadef. Prieß), in der Mitte die 1. SS-Panzerdivision »Leibstandarte Adolf Hitler« (SS-Brigadef. Wisch) und auf der rechten Flanke die 2. SS-Panzerdivision »Das Reich« (SS-Gruppenf. Krüger). Die 1. SS-Panzerdivision trägt ihren Angriff zwischen Bahnlinie und Psel in Richtung Prochorowka vor. Vor den Stellungen des sowjetischen 18. Panzerkorps (GenMaj. Bacharew) und des 29. Panzerkorps (GenMaj. Kiritschenko) entwickeln sich sehr schwere Panzerkämpfe. Über dem Gefechtsfeld liegt eine undurchdringliche Wolke aus Pulverdampf und Qualm.
Inzwischen steht das III. Panzerkorps als rechter Flügel der Armeeabteilung Kempf mit der 6. Panzerdivision (GenMaj. v. Hünersdorff) vorn, der 19. Panzerdivision (GenLt. G. Schmidt) und der 7. Panzerdivision (GenLt. Frhr. v. Funck) dahinter im Raum ostwärts des Donez. Das III. Panzerkorps stößt von Süden nach Nordosten auf Prochorowka vor, das bereits von SS-Panzerkampfwagen bedroht ist. Die Division »Totenkopf« bildet an diesem Tag auch einen Brückenkopf zwischen Bogorodiskoje und Wessely auf dem Nordufer des Psel im Raum Obojan. Unterdessen stürmen die Divisionen »Das Reich« und »Leibstandarte Adolf Hitler« zwischen Psel und Bahnlinie den Landrücken bei Prochorowka.
Ebenfalls am 11. Juli nähern sich die Panzerspitzen der Armeeabteilung Kempf

Die für das Unternehmen »Zitadelle« so verhängnisvolle Invasion Siziliens, nur am Rande erwähnt

Norddeutsche Ausgabe
192. Ausg. / 56. Jahrg. / Einzelpreis 20 Pf.

„Freiheit und Brot"

Norddeutsche Ausgabe
Berlin, Sonntag, 11. Juli 1943

VÖLKISCHER BEOBACHTER

Kampfblatt der nationalsozialistischen Bewegung Großdeutschlands

Großkampf an der Ostfront und im Süden

Mit dem Sturmgeschütz in die Panzerschlacht

Von Kriegsberichter Günther Herbst

PK. Südlich Orel, 10. Juli.

Um 12 Uhr in der Nacht sind wir zurückgekommen. Noch in der Dämmerung haben wir einen Feuerkampf mit bolschewistischen Panzern gehabt und dabei einen von ihnen abgeschossen. Todmüde, haben wir uns dann noch unter unserem Sturmgeschütz eingegraben und tief, ganz tief geschlafen. — kein Flieger hat uns wecken können.

Und jetzt ist es ¼4 Uhr. In einer halben Stunde müssen wir gefechtsklar sein. Eben kommt der Batteriechef vom Kommandeur zurück. Befehl: Panzergrenadierbataillon X nimmt mit Unterstützung einer Abteilung Sturmgeschütze das Dorf K. — Kaum sind die Fahrzeuge aufgetaucht und aufmunitioniert, kommt bereits der Abmarschbefehl. Wenige Augenblicke später klingt durch den Sprechfunk die an. Zwischen uns krepieren die ersten Granaten. Das Chefgeschütz — unser Geschütz — ist jetzt allen anderen weit voraus gerollt, kaum können die Grenadiere folgen. „Geschütz — halt!" Mit einem Ruck steht das Ungetüm. Dort drüben in der Mulde sechs, sieben schwarze Punkte, — der Chef hat sie zuerst entdeckt: Panzer, feindliche Panzer! Eine knappe Zielbeschreibung geht an den Richtoffizier, dann: „Feuer frei! Feuer!" Donnernd jagt der Schuß aus den Rohren. Die Panzerschlacht hat begonnen.

Nun schießen auch die andern Geschütze. Die Bolschewisten erwidern sofort. Wir sehen das Aufblitzen des Mündungsfeuers, wir hören das Sausen der Granaten, die über uns hinwegfegen, wir spüren in allen Sinnen das Fieber des Jägers. Wir schießen, schießen ... Das Glas an die Augen gepreßt, starren wir — sonst

Neue Erfolge im Raum von Kursk
Der Angriff auf Sizilien hat begonnen

VB. Berlin, 10. Juli.

Der Fortgang der Kämpfe in dem großen Frontbogen zwischen Bjelgorod und Orel zeigt von Tag zu Tag deutlicher, welche weittragenden Absichten die Sowjetmacht mit ihren Truppenmassierungen in diesem Raume verfolgte: Der Anstoß unserer gewaltsamen Erkundung vom 4. Juli hat genügt, um den Feind zur vollen, vorzeitigen Entfaltung seiner bereitgestellten Menschen- und Materialmassen zu zwingen. Seit diesem Tage versucht er durch rücksichtslosen Einsatz das Gesetz des Handelns in die eigene Hand zu bekommen, um seinen ursprünglichen Plan doch noch durchführen zu können. Die deutsche Führung aber nutzt ihren Anfangserfolg — eben den Stoß in die feindliche Bereitstellung hinein — mit Energie und Erfolg aus: Auch am Freitag wurde, wie der heutige OKW.-Bericht meldet, neuer erheblicher Geländegewinn erzielt und die Vernichtung der bolschewistischen Massen fortgesetzt. Die Einbußen des Feindes, insbesondere an Panzern und Flugzeugen, haben bereits ein Ausmaß wie bei den großen Ostschlachten des Jahres 1941 angenommen.

SIZILIEN

Der unbekannte Ostpionier

Von unserem in die Ukraine entsandten Schriftleiter Dr. Fritz Zierke

Auf den Feldern des Ostens wogt das Meer der reifenden Ernte. Ob unser Auge über die winzigen, ineinander verschachtelten Parzellen Wolhyniens gleitet, wo polnischer Unverstand die Fluren bis zur Sinnlosigkeit unrentabler Zwergwirtschaften aufteilte, ob über die in große Wälder eingebetteten Äcker der Nordukraine oder über die endlosen Ebenen des Schwarzerdegebietes, wo ein einziger Schlag oft das Vielfache der Fläche eines ansehnlichen deutschen Rittergutes bedeckt — überall verheißt der Stand der Frucht einen Ertrag, der über das Ergebnis guter Durchschnittsjahre hinausgeht. Zwar waren der an Niederschlägen arme Winter und das trockene Frühjahr der Sommerbestellung wenig günstig, aber der Mai machte alles gut, was seine Vorgänger versäumt hatten, und nun ergreift uns im Angesicht des Segens der Erde jenes Empfinden, das den Bauernstand stets am nächsten zu Gott bleiben ließ und das in Friedenszeiten die Gesamtheit der deutschen Nation wenigstens an einem Tage voll in sich einströmen ließ: wenn sie zum Erntedankfest auf dem Bückeberg sich neigte vor der allmächtigen Kraft der Natur.

Südlich Werchne Olchanez, 11. 7. 1943, die Panzerspitzen der 6. Pz.Div. erreichen den Ort. Von links nach rechts: Panzerkampfwagen III mit 5-cm-Kanone; 7,5-cm-Sturmgeschütz 40, Ausf. F, mit Zusatzpanzerplatten an den Seiten. Die sog. Schürzen wurden erforderlich, da die neuen sowjetischen Hohlgeschosse die Panzerung des Panzers III sowie der Sturmgeschütze glatt durchschlugen; rechts der bewährte Achtrad-Panzerspähwagen Büssing-NAG mit Bügel-Antenne

den Ufern des nördlichen Donez, 20 Kilometer vor Prochorowka. Die Vorausabteilung Bäke (Maj. Bäke) der 6. Panzerdivision ist gerade im Begriff, den oberen Donez zu überqueren, ebenso die 7. Panzerdivision und die 19. Panzerdivision mit insgesamt 300 Panzern und Sturmgeschützen. Der 6. Panzerdivision gelingt es bei ihrem Vorstoß nach Norden, Schljachowo nach schweren Kämpfen zu nehmen und bis Werchne Olchanez vorzudringen.
Damit ist der sowjetische Widerstand vor der Front des III. Panzerkorps (Gen.d.Pz.Tr. Breith) zwischen den Flüssen Rasumnaja und Donez zusammengebrochen. Jetzt steht das III. Panzerkorps im freien Raum. Generalleutnant Moskalenko: »Marschall Wassilewski, der Vertreter des Hauptquartiers, und Watutin kamen nach der Beurteilung der Lage zu dem Schluß, daß die Vereitelung dieses gegnerischen Stoßes alle Angriffe auf Kursk von Süden her ein für allemal beenden mußte. Die in Richtung Obojan und Prochorowka eingebrochenen faschistischen Verbände ließen sich aber nur durch mehrere wuchtige Gegenstöße der mit strategischen Reserven verstärkten Front zerschlagen.«
Währenddessen kommt Armeegeneral Watutin eine Idee, die mitentscheidend ist für das Schicksal des Unternehmens »Zitadelle«. Der Oberbefehlshaber der Woronesch-Front zieht sich dabei zwar den Groll Marschall Schukows und selbst Stalins zu, aber der couragierte General setzt sich letzten Endes mit Unterstützung von Generalleutnant N. Chruschtschow, dem Mitglied des Kriegsrates der Front, der aus dem nahen Kalinowka bei Kursk stammt, durch: Um das III. Panzerkorps (Gen.d.Pz.Tr. Breith) zum Stehen zu bringen und die Bedrohung vor Obojan abzuwenden, entschließt er sich, die angeschlagene 1. Panzerarmee (GenLt. Katukow) vor der bevorstehenden Aufreibung zu bewahren, indem er den Panzerkorps befiehlt, sich mit den Schützentruppen der 6. Gardearmee (GenLt. Tschistjakow) einzugraben: Die bis zur Kuppel in den Boden versenkten Panzer sollen nun eine gewaltige Pakfront bilden und die Deutschen auf dem Weg nach Obojan und weiter nach Kursk stoppen.
Doch der Stellvertreter Stalins, Marschall Schukow, verlangt, daß die Panzerkorps ausschließlich zum beweglichen Einsatz gegen eingedrungene deutsche Verbände beordert werden. Nachdem Watutin und Chruschtschow von ihrem Entschluß nicht abgehen wollen, trägt Schukow schließlich Stalin seine Beschwerde vor, der kurz entschlossen der Woronesch-Front befiehlt, mit ihren Panzerkampfwagen einen Gegenangriff zu führen.
Erst im letzten Augenblick gelingt es dem Kriegsrat der Woronesch-Front, den anderen Vertreter von STAWKA, Marschall Wassilewski, für seinen Plan zu gewinnen, der wiederum den Diktator von der Richtigkeit dieses unkonventionellen Panzergebrauchs überzeugen kann: Wäre es nach Schukow und Stalin

In einem Schützenpanzerwagen verfolgen die Grenadiere das Kampfgeschehen . . .

gegangen – so stellt die offizielle sowjetische Geschichtsschreibung fest –, ». . . wären in diesem Fall also Gegenstöße der Panzerkorps der Woronesch-Front wirkungslos geblieben. Sie hätten nur zu schweren Verlusten an Panzern geführt und dem Gegner damit den Durchbruch der Verteidigung in Richtung Obojan erleichtert.«

H.Gr. Mitte

Überraschend beginnen im Laufe des 11. Juli 1943 im Norden des Kursker Bogens, östlich von Orel, im Bereich der deutschen 2. Panzerarmee (Gen.d.Pz.Tr. R. Schmidt) schwere Feuerüberfälle der Sowjets, zunächst nur zögernd in Bataillons- und Regimentsstärke, dann allerdings immer massiver. Das Armeeoberkommando 2 wertet sie aufgrund der bisherigen Erfahrungen nur als harmlose Fesselungsangriffe und Ablenkungsmanöver, um die im Orel-Bogen stehenden deutschen Reserven vom Einsatz beim Angriff auf Kursk fernzuhalten. Auch Generalfeldmarschall v. Kluge mißt daher zur Stunde diesen Angriffen keine besondere Bedeutung bei.
STAWKA entschließt sich unterdessen, zur Stärkung der bevorstehenden Offensive der Brjansker Front (GenOberst Popow) weitere strategische Reserven in die Schlacht zu werfen. Dies ist jedoch mit einigen Schwierigkeiten verbunden: Die Reserven liegen weit entfernt von der Frontlinie, und ihr Vorrücken auf den durch Regen völlig aufgeweichten Straßen verzögert sich immer wieder. Jetzt sollen die Verbände, wie z. B. die 11. Gardearmee (GenLt. Bagramian), die drei Monate lang in der Reserve von STAWKA gestanden hat, zum Teil aus der Bewegung heraus in den Kampf gehen.
Ähnlich ergeht es einem anderen, zur strategischen Reserve des STAWKA gehörenden Großverband im Süden des Kursker Bogens, der ebenfalls kaum

. . . ein sowjetisches Schützenregiment greift an

die Möglichkeit hat, seine Vorbereitungen für den Einsatz zu beenden. Generalleutnant Rotmistrow: »Während der Vorbereitung zum Gegenangriff wurden die 1. Garde-Panzerarmee und die 5. Gardearmee von einem unerwarteten Angriff starker feindlicher Panzerverbände sowie von der Luftwaffe überrascht und auf Obojan zurückgedrängt. Teile der 6. Gardearmee, die auf dem linken Flügel standen, mußten auf Prochorowka zurückweichen.«

H.Gr. Süd

Am Nachmittag des 11. Juli 1943 entschließt sich v. Manstein nach einer Meldung über den erfolgreichen Vorstoß, nun seine Verbände und alle Reserven in Eilmärschen in den durchbrochenen Verteidigungsabschnitt zu verlegen und bei Tagesanbruch erneut anzugreifen. Um die sowjetischen Kräfte im Raum von Prochorowka über die wahren Absichten zu täuschen, geht die Heeresgruppe Süd im Raum von Nowo–Oskotschnoje–Rschawez gegen die Kräfte der 69. Armee (GenLt. Krjutschenkin) zum Angriff über. Der Oberbefehlshaber der verstärkten sowjetischen 1. Panzerarmee, Generalleutnant Katukow, dem STAWKA nach dem Zusammenbruch der 6. Gardearmee (GenLt. Tschistjakow) einen Gegenschlag befiehlt und der gleichzeitig den Vorstoß deutscher Panzerverbände nach Obojan verhindern soll, befindet sich selbst in einer kritischen Lage. Marschall Schukow: »Gegen Abend dieses Tages trat am Abschnitt der Woronesch-Front eine gefährliche Krise auf.«

H.Gr. Mitte

Am Abend des 11. Juli 1943, während noch die letzten Vorbereitungen für den Gegenangriff der Brjansker Front (GenOberst Popow) und des linken Flügels der Westfront (GenOberst Sokolowski) im Gange sind, drängen immer stärker die Vorausabteilungen und Panzerspitzen der Brjansker Front und der linke Flügel der Westfront gegen die bereits in harten Kämpfen mit den Vorhuten inmitten der vorgeschobenen Stellung stehende 2. Panzerarmee (GenOberst R. Schmidt), die Orel von Osten und Norden her verteidigt. Hinter den sowjetischen Vorhuten warten jetzt die Sturmverbände beider Fronten auf den Befehl zum Angriff. Die Ereignisse an diesem Frontabschnitt zwingen in den nächsten Stunden das Heeresgruppenkommando Mitte, den Angriff der 9. Armee (GenOberst Model) auf Kursk zu stoppen, um Teilkräfte zur Stützung der 2. Panzerarmee schnellstens einzusetzen: Man muß die Verbände für die Abwehrschlacht im Orel-Bogen freibekommen.

H.Gr. Süd

Bis zum Sonnenuntergang stoßen an diesem 11. Juli 1943 im Süden des Kursker Bogens deutsche Panzergrenadiere und andere Truppen nach, dann dringt das gesamte III. Panzerkorps (Gen.d.Pz.Tr. Breith) in den Raum nördlich Scheino

Eine Karikatur aus der PRAWDA, Juli 1943.
Überschrift: Im Winter und im Sommer das gleiche Bild.
Hitler im Winter: Dafür werde ich im Sommer angreifen!
Unterschrift: Und so sah sein Angriff im Sommer aus

vor. Generalfeldmarschall v. Manstein: »Der Weg war frei, um im unbefestigten Gelände den Kampf mit den heraneilenden schnellen Verbänden der ostwärts Charkow gestandenen operativen Reserven des Gegners aufzunehmen.«

In Richtung Prochorowka gewinnt zwar der Angriff des II. SS-Panzerkorps nur wenig an Boden, doch gelingt es der 3. SS-Panzerdivision »Totenkopf«, einen Brückenkopf über den Psel zu bilden. Das XXXXVIII. Panzerkorps (Gen.d.Pz.Tr. v. Knobelsdorff) kann einen erheblichen Erfolg verbuchen: die Eroberung von 100 sowjetischen Panzern. Nach Meinung der deutschen Führung machen sich bei dem Gegner Anzeichen der Erschöpfung bemerkbar. Generaloberst Hoth kann sogar die Abwehrstellung 35 Kilometer tief eindrücken, doch die Lage der 9. Armee macht diesen Erfolg fragwürdig.

◀◀ Raum Rschawez, 11. 7. 1943: deutsche Panzerkampfwagen IV

◀ Erstmalig während des Unternehmens »Zitadelle« eingesetzt: der leichte Ladungsträger »Goliath«. Dieser Mini-Panzer mit 75 kg Sprengstoff, wird bei Borgward entwickelt und dann bei Zündapp gebaut

Bei Einbruch der Dunkelheit am 11. Juli steht die sowjetische 5. Garde-Panzerarmee (GenLt. Rotmistrow) mit dem 18. und 29. Panzerkorps sowie dem 5. mechanisierten Gardekorps angriffsbereit. Bis zu dieser Stunde hat das XI. Armeekorps (Gen.d.Pz.Tr. Raus) der Armeeabteilung Kempf Abwehrerfolge errungen und seine Stellung halten können. Das III. Panzerkorps hat jetzt die letzte sowjetische Verteidigungsstellung erreicht. Im Kampf gegen die Heeresgruppe Süd hat die Rote Armee innerhalb einer Woche 24 000 Gefangene, 1800 Panzer, 267 Geschütze sowie 1080 Pak eingebüßt. Und Generalfeldmarschall v. Manstein hält immer noch das bewährte XXIV. Panzerkorps (Gen.d.Pz.Tr. Nehring) mit der 17. Panzerdivision und der 5. SS-Panzergrenadierdivision »Wiking« (SS-Gruppenf. Gille) in Reserve.
Am Abend des 11. Juli 1943 bekommt v. Manstein die Meldung von der unvermuteten Lageentwicklung bei der Heeresgruppe Mitte. Trotzdem hält er an seinem Entschluß fest, den Angriff – jetzt jedoch nur mit »beschränktem Ziel« – fortzuführen. Beim Wehrmachtführungsstab (WFSt) kommen allerdings Zweifel an den Erfolgsaussichten auf, und an diesem Tag verzeichnet das Kriegstagebuch des WFSt: »Da ein schneller Erfolg nicht erreicht werden konnte, kommt es nunmehr darauf an, unter möglichst geringen eigenen Verlusten dem Gegner hohe Verluste beizubringen. Hierzu ist eine Verschiebung der eigenen Reserven eingeleitet.«
Zu dieser Stunde bezieht die sowjetische 5. Garde-Panzerarmee (GenLt. Rotmistrow) zusammen mit den im Raum Belenichino und Prochorowka stehenden Verbänden 2. Garde-Panzerkorps und 2. Panzerkorps ihre Bereitstellungsräume für die Gegenoffensive.
STAWKA ist nun gezwungen, die Lage schnellstens zu bereinigen: Im Rücken dieser starken sowjetischen Panzermassierung steht nämlich das deutsche III. Panzerkorps, dem es möglich ist, nach Herstellung der Verbindungen mit der 4. Panzerarmee (GenOberst Hoth) im Raum Prochorowka die sowjetischen Verbände einzukesseln und aufzureiben. Generalleutnant Rotmistrow: »Am Abend des 11. Juli erreichten deutsche Verbände den Raum unmittelbar vor Prochorowka. Meine vorher gefaßten Entschlüsse über die Einleitung des Gegenangriffs konnten unter diesen Umständen nicht ausgeführt werden: Durch den Rückzug unserer Verbände auf Prochorowka mußte die zweitägige Artillerievorbereitung zur Unterstützung des Gegenangriffs der 5. Garde-Panzerarmee unterbrochen und ein neuer Bereitstellungsraum für deren Kräfte bestimmt werden; die Aufträge für die Verbände waren abzuändern und erneut zu besprechen. Ich wurde durch die am 11. Juli erfolgte Einnahme von Prochorowka gezwungen, zwei Panzerbrigaden am Abend des 11. Juli westlich Prochorowka einzusetzen, um den Angriff der Feindkräfte zum Stehen zu bringen.
Die Armee mußte erneut für den Gegenangriff vorbereitet werden. Dafür standen lediglich zehn Stunden zur Verfügung, und davon fielen auf die Zeit nach Tagesanbruch nur noch drei. Unter diesen Umständen mußte die Kampfvorbereitung der Truppe leiden. Die Korps- und die Brigadekommandeure hatten keine Zeit, die neu zugewiesenen Bereitschaftsräume der Korps und der Brigaden zu erkunden und an Ort und Stelle die Hauptangriffsrichtungen für ihre Kräfte zu bestimmen.«
Rotmistrow befiehlt jetzt der 11. und 12. mechanisierten Brigade des 5. mechanisierten Gardekorps sowie der 26. Panzerbrigade des 2. Garde-Panzerkorps, in den Morgenstunden des nächsten Tages den deutschen Panzerverbänden entgegenzutreten. Sie haben den Befehl, im Zusammenwirken mit der 92. Garde-Schützendivision zunächst die Kräfte des deutschen III. Panzerkorps in

▶ Der neueste sowjetische schwere Panzer vom Typ IS-I (IS-122) mit 12,2-cm-Kanone. Dieser Panzer, der zur dritten Generation sowjetischer schwerer Kampfwagen gehört, wird bis Juli 1943 in dem evakuierten Werk Kirow nur in wenigen Stükken gebaut und zur Zeit des Unternehmens »Zitadelle« unter Kampfbedingungen erprobt

▶ Auf dem Feldflugplatz der Roten Luftflotte im Raum Kursk: eine Teepause der sowjetischen Jagdflieger

Gegenangriffen aufzuhalten und dann zurückzudrängen. Generalmajor Popiel: »Hinter der vordersten Linie bereitete sich alles auf den morgigen Tag vor. In den Schluchten und im Gehölz – überall, wo man halbwegs der Fliegersicht entzogen war – standen neben Lazaretten, Reparaturwerkstätten, Feldbäckereien und Nachschublagern getarnt nagelneue, staubbedeckte T-34. Sie gehörten zu der eben erst eingetroffenen 5. Garde-Panzerarmee des Generals Rotmistrow.«

In den frühen Nachtstunden setzt man Teile der 6. Panzerdivision (GenMaj. v. Hünersdorff) auf das stark befestigte Rschawez an. Sie sollen in der Nähe der Ortschaft im Handstreich einen Brückenkopf über den nördlichen Donez bilden und dann auf Proworot vorstoßen. Die Masse der 6. Panzerdivision und der 19. Panzerdivision (GenLt. G. Schmidt) bekommt den Befehl, zu gleicher Zeit die Verfolgung der geschlagenen sowjetischen Verbände fortzusetzen und der 5. Garde-Panzerarmee (GenLt. Rotmistrow) sowie der 69. Armee (GenLt. Krjutschenkin) in die linken Flanken zu stoßen. Jetzt tritt das Panzerregiment 11 (Oberst v.Oppeln-Bronikowski) mit seinen beiden Panzerkompanien, einem Panzergrenadierbataillon und den Resten der »Tiger«-Abteilung 503 (Hptm. Graf v. Kageneck) den Nachtmarsch auf Rschawez an: Mit zwei Beutepanzern T-34 an der Spitze der Kolonne, bei striktem Sprech- und Schießverbot, rollt die Kampfgruppe der rund zehn Kilometer entfernten Ortschaft entgegen. Nach ungehinderter Durchquerung des Dorfes Kurakowska befindet sie sich bereits auf sowjetischer Seite. Nun fädelt sich die Kolonne in den regen Verkehr auf der Landstraße ein und zieht in stockfinsterer Nacht mit den sowjetischen Einheiten in gleicher Richtung. Bei einer kurzen Verschnaufpause sitzen Deutsche und Rotarmisten ohne Argwohn fast nebeneinander. Einer der beiden T-34 bleibt unerwartet wegen Motorschaden stehen und wird von einem der »Panzer IV« in den Straßengraben gedrückt.

20 Minuten vor 1.00 Uhr erreicht die Spitze der Kolonne den Ortsrand von Rschawez und sucht sich in der Dunkelheit zwischen marschierenden sowjetischen Infanteristen und Lkw-Kolonnen den Weg zu »ihrer« Brücke. In der Aufregung verpaßt die Kampfgruppe im Dorf die zur Brücke führende Abzweigung und rollt in der Ortschaft an einer Kolonne von 22 sowjetischen T-34 vorbei. Anscheinend haben einige sowjetische Panzerfahrer Verdacht geschöpft, da sie plötzlich herausscheren und den Deutschen folgen. Major Bäke und Leutnant Zobel gelingt es zwar, drei von ihnen im Nahkampf mit Hafthohlladungen zu erledigen, aber jetzt steigen ganze Bündel von Leuchtsignalen auf, und MG knattern aus allen Richtungen.

Sie haben ihr Ziel noch nicht erreicht, als durch eine gewaltige Detonation die Brücke in die Luft fliegt. Die Grenadiere und Pioniere schaffen es jedoch, über einen Steg das Nordufer des Donez zu erreichen und dort einen Brückenkopf zu bilden. Die überraschten Rotarmisten leisten kaum Widerstand.

◀ Raum Bjelgorod, 11. 7. 1943, eine Panzerdivision auf dem Marsch in einen neuen Frontabschnitt: vorn, einer der zu dieser Zeit bereits seltenen leichten Panzerkampfwagen II (SdKfz 121)

12. 7. – 15. 7. 1943

Zweite

Prochorowk
Panzerschlacht de
Abbruch de

Phase

e größte
weiten Weltkrieges
nternehmens
itadelle«

Raum Prochorowka, in den Morgenstunden des 12. 7. 1943. Die Verbände des II. SS-Panzerkorps rücken vor: »Die Panzerschlacht hat begonnen«

Erfolge bei Bjelgorod und Orel

Montag, 12. Juli 1943. Das Oberkommando der Wehrmacht gibt bekannt:

In der Schlacht zwischen Bjelgorod und Orel gelang es unseren Truppen, eine größere feindliche Kräftegruppe einzuschließen und zu vernichten. Dabei wurden mehrere tausend Gefangene eingebracht, 129 Panzer abgeschossen, zahlreiche Geschütze und sonstige Waffen erbeutet. Insgesamt wurden gestern 220 Panzer und 70 Flugzeuge vernichtet. Entlastungsangriffe, die die Sowjets östlich und nördlich Orel unternahmen, wurden abgewiesen. Seit dem 5. Juli verlor der Feind 28000 Gefangene, 1640 Panzer und 1400 Geschütze.
Auf Sizilien versuchten die britisch-nordamerikanischen Landungstruppen vergeblich, den besetzten Küstenstreifen zu erweitern. Deutsche und italienische Truppen traten gestern an bestimmten Stellen planmäßig zum Gegenangriff an und warfen den Feind in der ersten Gefechtsberührung zurück.

Große Materialschlacht

12. Juli 1943, Berlin. Das DNB meldet:

Die Entwicklung der großen Materialschlacht an der Ostfront wird seit 24 Stunden dadurch gekennzeichnet, daß die Russen im Abschnitt von Bjelgorod dem ständig sich steigernden Druck der deutschen Panzerverbände in zunehmendem Maße weichen müssen. Nachdem an den beiden Vortagen die Basis der deutschen Gegenaktion verbreitert und weitere Verbände an den Durchbruchstellen aufmarschiert waren, wurde gestern sowohl hier als auch südlich Orel erneut angegriffen. Damit gehen die Operationen in Angriff und Abwehr

völlig planmäßig auf der ganzen Linie weiter. Allein bei der Ausräumung der eingekesselten russischen Kräftegruppen bei Bjelgorod wurden 129 russische Panzer vernichtet oder erbeutet und über 4200 Gefangene gemacht. Immer noch versuchen die Sowjets, die entstandenen Lücken durch den rücksichtslosen Einsatz weiterer Reserven zu schließen, die ohne jede Ruhepause sofort in die Schlacht geworfen werden, um die Initiative wieder an sich zu reißen. So unternahmen sie an einigen Brennpunkten, aber auch in benachbarten Frontabschnitten vergebliche Vorstöße, die aber sämtlich abgewiesen wurden.

Mit dem Sturmgeschütz in die Panzerschlacht bei Prochorowka
Von Kriegsberichterstatter Nitschke:

... Noch in der Dämmerung haben wir einen Feuerkampf mit bolschewistischen Panzern gehabt und dabei einen von ihnen abgeschossen. Todmüde haben wir uns dann noch unter unserem Sturmgeschütz eingegraben und tief, ganz tief geschlafen – kein Flieger hat uns wecken können.
Und jetzt ist es 3.30 Uhr. In einer halben Stunde müssen wir gefechtsklar sein. Eben kommt der Batteriechef vom Kommandeur zurück. Befehl: Panzergrenadierbataillon X nimmt mit Unterstützung einer Abteilung Sturmgeschütze das Dorf K. – Kaum sind die Fahrzeuge aufgetaucht und aufmunitioniert, kommt schon der Abmarschbefehl. Wenige Augenblicke später klingt durch den Sprechfunk die Stimme des Batteriechefs: »Erste Batterie – fertig? – Batterie – marsch!« Der Blick geht über die stolze Reihe der schweren Kolosse, die sich langsam aus dem Kornfeld herauswühlen und in die Bereitstellungen fahren ...

In diesem Augenblick, der voll gespannter Erwartung ist, brausen von Norden die Stukas heran und stürzen sich vor uns auf das kaum drei Kilometer entfernte Dorf, aus dem im Nu eine Wand von Rauch emporwächst. Schon hören wir jetzt die Stimme des Chefs: »Batterie marsch! – Wir greifen an!« –
Alle Gläser sind jetzt auf Dorf und Mulde und auf die jenseitigen Höhen gerichtet. Hinter uns greifen eben die bolschewistischen Schlachtflieger die Bereitstellungen der Panzer an. Zwischen uns krepieren die ersten Granaten ... Dort drüben in der Mulde sechs, sieben schwarze Punkte, – der Chef hat sie zuerst entdeckt: Panzer, feindliche Panzer! Eine knappe Zielbeschreibung geht an den Richtoffizier, dann: »Feuer frei! Feuer!« Donnernd jagt der Schuß aus den Rohren. Die Panzerschlacht hat begonnen. Nun schießen auch die anderen Geschütze. Die Bolschewisten erwidern sofort. Wir sehen das Aufblitzen des Mündungsfeuers, wir hören das Sausen der Granaten, die über uns hinwegfegen, wir spüren in allen Sinnen das Fieber des Jägers. Wir schießen, schießen ... Das Glas an die Augen gepreßt, starren wir – sonst ganz vom schützenden Stahl umfaßt – zum Feind hinüber. Da – grell schlägt eine rötlichgelbe Flamme aus unserem ersten Bolschewistenpanzer. »Abschuß!« schreit der Kommandant, »Abschuß ...!« dröhnt es in unseren Ohren durch das Summen und Brausen der Störungen, die wie ein Echo der Schlacht auch den Funk erfaßt haben ...
Wir hören kaum mehr das Knattern der Maschinengewehre, die in den Kampf eingegriffen haben, wir achten nicht auf das helle Klingen der Panzerbüchsengeschosse, die immer wieder gegen unseren Stahl schlagen, und nur wenn eine größere Granate irgendwo hart aufschlägt, geht ein kurzes, fast unwilliges Zucken durch das Geschütz ...
Die Schlacht ist in vollem Gang. Ringsum im strahlenden Sonnenschein stehen, riesigen Schildkröten gleich, die Sturmgeschütze, aus denen pausenlos das Feuer bricht. Wir hören im Funk die Abschußmeldungen der anderen Geschütze; wir hören die Stimme des Kommandeurs, seine knappen Anerkennungen, seine Weisungen. Wir rollen wieder vorwärts, hoch über der Erde, wie es uns scheint, wenn wir auf die Grenadiere neben uns hinabschauen, die aufspringen, kriechen, laufen, langsam vorrücken. Zischend, heulend, brummend, jaulend jagen die Geschosse aller Kaliber durch die Luft. Immer neue Feindpanzer tauchen auf ...
Da, wieder haben wir einen T-34 im Ziel. Zu kurz ... zu weit ... rechts vorbei. Der Feind schießt ebenfalls. Die Rauchwolken verdecken ihn immer wieder, und doch sind es knapp 1000 m – die ersten haben wir auf mehr als 2000 m abgeschossen! Der nächste Schuß schlägt hart vor dem Bolschewisten ein.

Raum Prochorowka, 12. 7. 1943. Die größte Panzerschlacht des Krieges, so wie sie der Geschützführer durch die Zieloptik seines Panzers sieht: ». . . ringsum im strahlenden Sonnenschein stehen, riesigen Schildkröten gleich, die Sturmgeschütze«

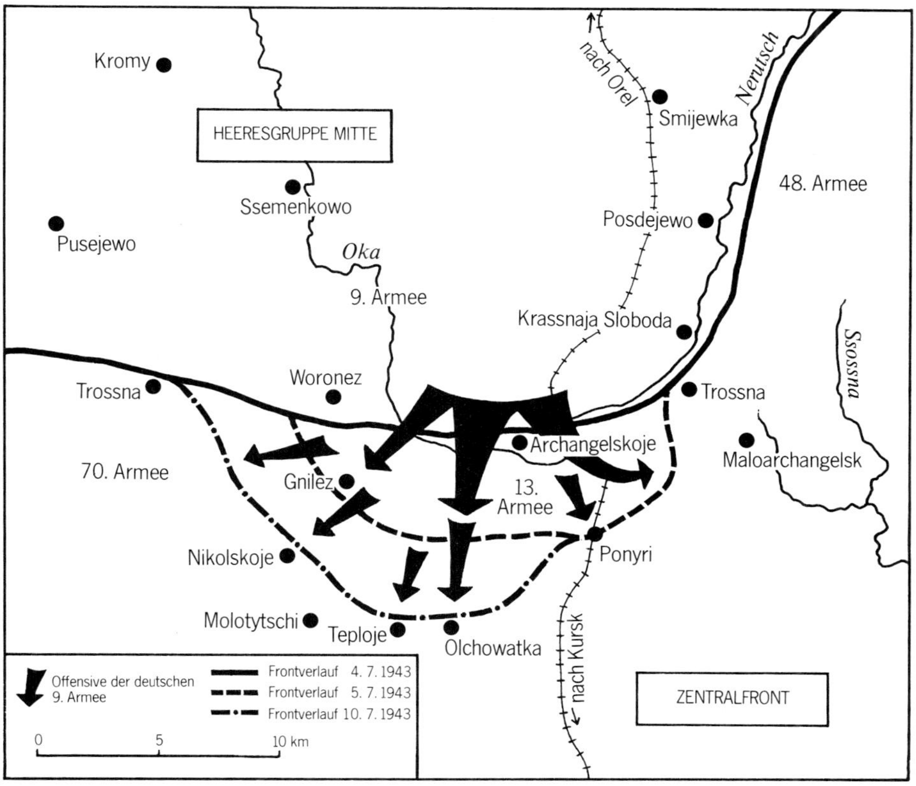

Auch im Südabschnitt des Kursker Bogens entwickelt sich die deutsche Offensive unerwartet langsam

»Ladehemmung«, schreit der Kanonier. Im gleichen Augenblick geht ein furchtbarer Schlag durch das Geschütz, Splitter umsausen uns. Und wieder ein Schlag und ein Krachen. »Raus!« schreit der Chef, »raus, aussteigen . . .!« Blitzschnell sind wir hoch, stürzen in das kühle, nasse Gras, liegen platt, atmen stoßweise . . .
Schon braust mit hoher Fahrt ein anderes Sturmgeschütz heran. Wir reißen die Trossen von unserem Panzer, werfen sie hinunter, haken sie beim Kameraden ein . . . Wir gewinnen die Höhe, wir erreichen die gepanzerte Zugmaschine im Hinterhang . . .
Einen Augenblick können wir jetzt verschnaufen. Wir teilen die letzte Zigarette und den letzten Schluck aus der Feldflasche. Neben uns steht unser Geschütz. Wir sehen die furchtbaren Wunden, die die Feindgranaten ihm gerissen haben und die dennoch nicht tödlich waren. Wir schauen uns an aus verdreckten, verbrannten Gesichtern, wir schauen uns an und – lachen . . . Wir leben, leben . . .! Es ist schön, zu leben!

Völkischer Beobachter, Juli 1943.

Die größte Panzerschlacht

Montag, 12. Juli 1943. Von Generalleutnant Rotmistrow:

Die Panzer bewegen sich in Rudeln unter dem Schutz kleiner Wäldchen und Hecken über die Steppe. Die Abschüsse der Geschütze vereinigen sich zu einem mächtigen, anhaltenden Dröhnen. Die sowjetischen Panzer stoßen in voller Fahrt auf die deutschen Vorausabteilungen und durchbrechen den deutschen Panzerschleier. Die T-34 schießen auf geringe Entfernung Tiger ab, denen im

Nahkampf ihre starke Bewaffnung und mächtige Panzerung keinen Vorteil mehr bringt. Die Panzer beider Seiten sind in engster Gefechtsberührung. Es ist weder Raum noch Zeit, sich vom Gegner zu lösen, die Gefechtsordnungen wiederherzustellen und zu operieren. Die aus nächster Entfernung abgeschossenen Granaten durchschlagen sowohl die Seiten- als auch die Stirnpanzerung der Kampfwagen. Auf diese Entfernung gibt es keinen Panzerschutz mehr, und die Länge der Rohre ist nicht mehr entscheidend. Häufig explodieren dabei Munition und Betriebsstoff, und abgerissene Panzertürme werden Dutzende Meter weit geschleudert.

Über dem Gefechtsfeld entbrennen gleichzeitig erbitterte Luftkämpfe. Sowohl die sowjetischen als auch die deutschen Flieger wollen ihren Erdtruppen helfen, die Schlacht zu gewinnen. Die Bomber, Schlacht- und Jagdflugzeuge scheinen am Himmel über dem Frontabschnitt von Prochorowka festzuhängen. Ein Luftkampf folgt dem anderen. Bald ist das ganze Firmament vom schweren Rauch der Brände überzogen. Auf der schwarzen, verbrannten Erde lodern die abgeschossenen Panzer wie Fackeln. Es ist schwer festzustellen, welche Seite angreift und wer sich verteidigt. Das II. Bataillon der 181. Panzerbrigade des 18. Panzerkorps, das am linken Ufer des Psjol (Psel) angreift, stößt auf eine Gruppe ›Tiger‹, die das Feuer auf die sowjetischen Panzer aus dem Halt eröffnet.

Die starken und weitreichenden Kanonen der ›Tiger‹ sind sehr gefährlich, und unsere Panzer müssen so schnell wie möglich die Entfernung verkürzen, um diesen Vorteil des Gegners auszuschalten. Bataillonskommandeur Hauptmann P. A. Skripkin befiehlt: ›Vorwärts, mir nach!‹ Die erste Granate des Kommandeurpanzers durchschlägt die Seitenwand eines ›Tiger‹. Sogleich eröffnet ein anderer ›Tiger‹ das Feuer auf Skripkins T-34. Eine Granate durchschlägt die

Raum Prochorowka, 13. 7. 1943, der leichte Schützenpanzerwagen eines Panzerregiments klärt das Vorfeld auf: ». . . Bald ist das ganze Firmament von schwerem Rauch der Brände überzogen«

Seitenwand, und ein zweiter Treffer verwundet den Bataillonskommandeur. Der Fahrer und der Funker ziehen ihn aus dem Panzer und bringen ihn in einem Granattrichter in Deckung. Als ein ›Tiger‹ direkt auf sie zurollt, springt der Tankist Nikolajew wieder in seinen angeschossenen, schon rauchenden Panzer, wirft den Motor an und stürmt dem Gegner entgegen. Wie ein lodernder Flammenball jagt der T-34 über das Feld. Der ›Tiger‹ stoppt. Aber es ist zu spät. Der brennende Kampfwagen fährt in voller Fahrt gegen den deutschen Panzer. Eine Detonation läßt den Boden erbeben.

Tagesmeldung des Pz. AOK 4
12. Juli 1943:

Beurteilung der Lage: Feind hat am 12. 7. mindestens mit Teilen von 9. Panzer- und mot. Mech.-Korps und mehreren Schützen-Divisionen einheitlich die 4. Panzerarmee auf ihrer gesamten Front angegriffen. Schwerpunkt der feindl. Angriffe gegen die beiden Flanken bei und nördlich Kalinin, westl. Prochorowka sowie westl. Werchopenje. Hierzu hat der Feind am heutigen Tage 2 Panzerkorps im Raum Prochorowka neu eingesetzt (18. und 29.) und das 10. Panzerkorps anscheinend in die Gegend Nowenkoje verschoben. Alle Versuche des Feindes, die Flanken der Panzerarmee einzudrücken, wurden in schweren Abwehrkämpfen vereitelt. Teilangriffe gegen Nordflügel 167. ID, Brückenkopf der SS-Div. »Totenkopf«, Nordfront XXXXVIII. Pz.-Korps und LII. AK südlich der Pena wurden abgewiesen bzw. sind Gegenstöße gegen örtliche Einbrüche noch im Gange.

Über 400 Panzer vernichtet
Dienstag, 13. Juli 1943. Das Oberkommando der Wehrmacht gibt bekannt:

Nördlich Bjelgorod gewann der deutsche Angriff, von der Luftwaffe unterstützt, nach Zerschlagen von zwei feindlichen Panzergruppen weiter Raum. Gegenangriffe starker Infanterie- und Panzerverbände, die die Russen von anderen Fronten abgezogen und aus der Tiefe herangeführt hatten, gegen die Spitze und Flanken der deutschen Angriffsseite und heftige Entlastungsangriffe im Raum östlich und nördlich Orel brachen unter schwersten feindlichen Verlusten zusammen. Am gestrigen Tag vernichteten Verbände des Heeres, der Waffen-SS und der Luftwaffe erneut über 400 Panzer. 103 feindliche Flugzeuge wurden in Luftkämpfen und durch Flakartillerie der Luftwaffe abgeschossen.

Gegenangriffe der Roten Armee
13. Juli 1943, Moskau. STAWKA meldet:

Bei anhaltend heftigen Artillerieduellen führten unsere Truppen in der vergangenen Nacht und heute in den Morgenstunden im Abschnitt Orel örtliche Gegenangriffe durch, in denen sie Geländegewinne erzielten. Neue Angriffe der Faschisten konnten abgewehrt werden.
Der um Mitternacht von General Rokossowski gegen die deutschen Höhenstellungen nördlich von Bjelgorod eingeleitete Angriff brachte günstige Ergebnisse. Die Deutschen wurden an verschiedenen Stellen zurückgeworfen und mußten am Morgen die Front um einige Kilometer zurücknehmen. Es wurden über 2000 Gefangene gemacht sowie große Beute an Kriegsmaterial aller Art.

Raum Prochorowka, 14. 7. 1943, der Stoßtrupp geht im Schutz eines Panzers in Deckung: ». . . die Grenzen menschlichen Vermögens sprengende Unerbittlichkeit des Kampfes . . .«

► Raum Maloarchangelsk, 14. 7. 1943, ein sowjetischer Tankist beim Munitionieren seines Panzers: ». . . Die Krise der Schlacht ostwärts Orel ist über ihren Höhepunkt hinweg . . .«

Harter Widerstand

13. Juli 1943, Moskau. Das Sowinformbüro teilt mit:

Die Schlacht zwischen Orel und Bjelgorod dauert mit unverminderter Heftigkeit an. Unsere Abwehr hat sich weiter versteift. Nachdem die Hitler-Truppen gestern vormittag im Abschnitt Orel einige örtliche Einbrüche erzielt hatten, zwangen sie die schweren Verluste, die sie dabei erlitten haben, die Angriffe bereits im Laufe des Nachmittags einzuschränken. Die Rote Armee ging zum Gegenangriff über und eroberte das am Vormittag eingebüßte Gelände wieder zurück. Auf dem Schlachtfeld blieben tausend gefallene Deutsch-Faschisten sowie mehrere Dutzend ausgebrannter Kampfwagen liegen.
Nördlich und nordöstlich von Bjelgorod wurde am Montag schwer gekämpft. An der ganzen Front griff der Feind vom Morgen bis zum Abend ununterbrochen an. Der Widerstand unserer Rotarmisten hat sich noch mehr versteift und der deutsche Versuch, den Keil, den die Panzer von General Rokossowski in ihrem Gegenstoß fast bis nach Bjelgorod zurückgeworfen hatten, wieder vorzutreiben, kam nicht weit. Unsere Luftflotte flog Tag und Nacht rollende Einsätze gegen die deutschen Truppen an der Front und deren Verbindungslinien.

Aus dem Kriegstagebuch des OKW

Mittwoch, 14. Juli 1943:

Frontlage: Trotz schlechten Wetters wurden die Angriffskämpfe erfolgreich weitergeführt. Die 4. Pz.-Armee gewann die Donez-Linie und bildete örtliche Brückenköpfe. Starke, von Panzern geführte feindliche Gegenangriffe wurden abgewiesen. Bei der 2. Pz.-Armee setzte der Gegner in dem Einbruchsraum seine heftigen, von Panzern und Flugzeugen stark unterstützten Angriffe fort. – Die eigene Luftwaffe griff Truppen- und Bahnziele sowie Panzeransammlungen an und vernichtete 103 feindl. Flugzeuge.

Entscheidende Stunden bei Orel

Von Kriegsberichterstatter Wedel:

Die nackten Zahlen, die sich nach den ersten 48 Stunden des Anlaufs der sowjetischen Entlastungsoffensive ostwärts von Orel über die dort angesetzten Kräfte des Feindes herausgestellt haben, veranschaulichen in ihrer nüchternen Beweiskraft das Gepräge dieser Kämpfe: Zwei Stellungsdivisionen und zehn Angriffsdivisionen sowie eine Artilleriedivision und zwei Panzerkorps sind von

den Sowjets auf schmalem Raum gegen den am weitesten ostwärts vorspringenden Frontabschnitt des Kampfraums von Orel angesetzt worden ... Die Stunden, die seit diesem Montagmorgen verronnen sind, haben hier mehr Menschen sterben als schlafen gesehen ...
Kompanien mußten als dünne Schützenschleier ohne Anlehnung nach rechts oder links in ein paar Nachtstunden aufgebaut werden als neue Abwehrlinie, die von irgendwoher ein paar Kanonen oder ein paar Sturmgeschütze oder Pak zugeführt erhielten, wenn sie nicht überhaupt nur auf ihre eigenen Maschinengewehre und ihre Panzersprengmittel angewiesen waren. Mit ihnen sahen sie sich den immer wieder neuanrollenden Feindpanzern und der hinter ihnen in Massen andrängenden erdfarbenen Infanterie der Sowjets gegenüber, während aus dem graufarbenen Himmel eine Meute von Schlachtfliegern und anderen Flugzeugen auf sie herabstößt und in frechen, ungehinderten Tiefangriffen mit Bomben, Bordkanonen und MG ihnen die letzten Widerstandskräfte zu nehmen versucht.
Sie liegen seit Tagen in diesem Kampf, sie haben in den vom Feind genommenen alten Stellungen ihre kleine Habe, ihre Ausrüstung und alles irgendwie Überflüssige zurückgelassen – aber sie haben ihre Waffen und ihre Munition, und sie kämpfen, da und dort, wo ihr Zug oder ihre Kompanie sich zu neuem Widerstand festgesetzt hat, zäh und verbissen, ohne daran zu denken, wie lange sie es schon tun und wie lange es noch so gehen kann oder wie lange sie schon keine warme Verpflegung mehr gesehen haben ...
Wer kann ermessen, was es heißt, trotz aller verzweifelten Aussichtslosigkeit und aller die Grenzen menschlichen Vermögens sprengenden Unerbittlichkeit des Kampfes doch noch zu Gegenstößen aufzustehen und mit schwachen Kräften dann der Infanterie des Feindes wieder ein paar Schritt breit Boden im erbitterten Nahkampf zu entreißen, die kurz vorher durch die alles überrollenden Panzer verlorengingen! ...
Die Krise der Schlacht ostwärts Orel ist über ihren Höhepunkt hinweg, ohne daß der großangelegte Offensivstoß der Sowjets das offenbar gesteckte Ziel erreichen konnte, nämlich mittels Durchbruchs in die Tiefe des Kampfraumes von Orel zu gelangen, um so den weiter südlich erfolgten deutschen Gegenangriff von rückwärts her zu vereiteln. Das ist bis jetzt trotz aller Übermacht an keiner Stelle gelungen, dank der hier in dem östlichen Wellenbrecher von Orel kämpfenden Grenadiere und Panzergrenadiere, die solange auf ihren verlorenen Posten kämpften, bis die eigene Führung ihre Maßnahmen getroffen hatte.

Völkischer Beobachter, Juli 1943

Deutsche Offensive eingestellt

14. Juli 1943. Das Sowinformbüro teilt mit:

Am neunten Tag der deutschen Offensive hat Hitlers Feldmarschall v. Kluge die Angriffstätigkeit bei Orel fast gänzlich einstellen müssen, dagegen tobt an der Front von Bjelgorod der erbitterte Kampf mit unverminderter Härte weiter.
Front von Orel: Die Angriffe der deutsch-faschistischen Panzer- und Infanterieverbände gegen das russische Verteidigungssystem bei Orel ließen gestern weiter nach; sie haben jetzt mehr den Charakter von Stoßtrupp- und Patrouillenunternehmungen angenommen. Starke deutsche Artillerie steht jedoch fortgesetzt in erbitterten Duellen mit unseren Batterien.

Front von Bjelgorod: Während des ganzen Tages stürmten hier deutsche Panzer- und Infanteriewellen gegen unsere Abwehrlinien vor, wurden aber überall abgewiesen. In einigen Abschnitten schritt die Sowjetarmee zu Gegenangriffen, die zu lokalen Frontveränderungen führten. Die Schlacht von Bjelgorod hat weiterhin größtes Ausmaß, nimmt aber immer mehr den Charakter des Stellungskrieges an. Blutige Straßenkämpfe spielen sich in zahlreichen Ortschaften ab. Die Angreifer erlitten bei ihren vergeblichen Einbruchsversuchen erneut schwerste Verluste.

Aus dem Kriegstagebuch des OKW
Donnerstag, 15. Juli 1943:

Frontlage: Im Raum von Kursk gewann der eigene Angriff gegenüber sehr zähem feindl. Widerstand nur langsam Boden. Mehrere feindl. Gegenangriffe wurden abgeschlagen. Bei der 2. Pz.-Armee erneuerte der Feind seine starken Panzerangriffe in den drei Einbruchstellen und erzielte weiteren Geländegewinn. An der übrigen Ostfront nur örtliche Kämpfe. Die Luftwaffe unterstützte mit rd. 3000 Einsätzen am Tage und in der Nacht die eigene Truppe und schoß 212 feindl. Flugzeuge bei 23 eigenen Verlusten ab.

Kursk–Orel: neues Stadium der Schlacht
15. Juli 1943, Berlin. Das DNB meldet:

Die augenblickliche Lage an der Ostfront wird beherrscht von dem beiderseitigen Einsatz neuer Reserven und neuen Materials östlich und nördlich von Orel. Die Russen ziehen vor allem Artillerie nach. Sie versuchen, mit dieser Waffe die in erfolgreichem Fortschreiten begriffenen deutschen Gegenangriffe zum Stehen zu bringen. Es ist ganz offensichtlich, daß die sowjetische Führung nach dem ungeheuren Kräfte- und Materialverschleiß nach Luft ringt und nördlich von Orel die Gelegenheit zum Luftholen für gekommen hält. Die gestern angedeutete Umgruppierung der Russen scheint in vollem Gang zu sein. Die große Doppelschlacht ist damit in ein neues Stadium eingetreten.

Auf dem Schlachtfeld
Von Kriegsberichterstatter M. Lang:

... Niedergerissene Baumgruppen, ausgebrannte Dörfer, von Panzern zerpflügte Felder, trichterübersäte Wiesen, zertrümmerte Fahrzeuge und tote

Raum Ponyri, 15. 7. 1943, das berüchtigte »Ratsch-Bumm« Divisionsgeschütz 7,62 cm, Modell 1942 (ZiS-3), eines der meistverwendeten sowjetischen Feldgeschütze in Feuerstellung

Pferde kennzeichnen das Bild der Schlacht, in der das unaufhörliche Wummern der schweren Geschütze, das Brausen der Nebelwerfer, deren Geschosse gleich einem feurigen Drachen zum Feind hinüberziehen, und das Brummen der Bomber und Jäger allein die Luft erfüllt. Der Mensch macht sich so klein wie möglich und verschwindet in der Erde, während über und um ihn das Material Orgien der Vernichtung feiert und über das Lebendige zu triumphieren scheint, bis dann doch wieder der Soldat aufsteht und den vernichtenden Schlag führt.

Völkischer Beobachter, 15. 7. 1943

Gegenschlag bei Orel

15. Juli 1943, Moskau. Das Sowinformbüro teilt mit:

Heute abend wurde folgendes Sonderkommuniqué veröffentlicht: Unsere Truppen sind im Norden und im Osten von Orel selbst zur Offensive gegen die deutschen Truppen übergegangen. Die Offensive wurde in zwei Richtungen ausgelöst, nämlich im Abschnitt nördlich Orel gegen Süden und im Abschnitt östlich Orel gegen Westen. Im Norden von Orel haben unsere Truppen die stark befestigten deutschen Verteidigungsstellungen auf einer Breite von 40 Kilometern durchstoßen. Sie sind in drei Tagen um 45 Kilometer vorgerückt. Zahlreiche feindliche Befestigungen sind vernichtet worden.

Deutsche Truppen in der Defensive

15. Juli 1943, Berlin. »Svenska Dagbladet« berichtet:

Wie aus militärischen Kreisen zu erfahren ist, haben die Russen in den letzten Tagen ihren Widerstand im Gebiet von Kursk erheblich versteift, ja man hat den Eindruck, daß die Schlacht im Osten gegenwärtig stagniert. Die Operationen haben somit fürs erste ein neues Bild erhalten. Die Deutschen, die lange im Angriff waren, sind in die Defensive gedrängt worden. In Berlin glaubt man jedoch, daß das nicht ungünstig sei. Man habe ja die Russen gezwungen, ihre für eine Offensive bestimmten operativen Reserven in den Kampf zu werfen; auch ständen ihre Verluste in keinem Verhältnis zu den eigenen. Die deutsche Führung betrachtet offenbar die Kämpfe vor allem unter dem Gesichtspunkt der Abnutzung, hinter der die operativen Ziele eher zurückzutreten scheinen. Der Grundgedanke ist offenbar der, dem Gegner unter möglichster Schonung der eigenen Mittel große Verluste an Menschen und Material zuzufügen, um ihn, nicht zuletzt im Hinblick auf den kommenden Winter, nicht allzu stark werden zu lassen.

Raum Prochorowka, 12. 7. 1943: Ein Verband des deutschen XXXXVIII. Panzerkorps wartet auf den Einsatzbefehl

Und so war es

In der Nacht vom 11./12. Juli 1943 rollen im Süden des Kursker Bogens die Verbände der 5. Garde-Panzerarmee (GenLt. Rotmistrow) in ihre Einsatzräume. Frühmorgens, um 3.15 Uhr, dringen bei starken Regenschauern und miserablen Wegeverhältnissen die Panzer der 1. SS-Panzerdivision »Leibstandarte Adolf Hitler« in Wassiljewka trotz harter Häuserkämpfe bis zum Ortskern vor. Sie stehen in verbissenen Kämpfen mit den aus Petrowka vorgehenden sowjetischen Panzern. *H.Gr. Süd*

Um 4.00 Uhr, gerade vor der Abfahrt zu seiner Befehlsstelle, erhält Generalleutnant Rotmistrow vom Oberbefehlshaber der Woronesch-Front, Armeegeneral Watutin, und dem Mitglied des Kriegsrates, Generalleutnant Chruschtschow, den Funkbefehl: Die Armeereserven müssen sofort in den Kampfabschnitt der 69. Armee (GenLt. Krjutschenkin) geworfen werden, da die Lage sich dort bedrohlich verschlechtert hat. Generalmajor Trufanow bekommt nun von Rotmistrow die Order, mit der Armeereserve sofort im Eilmarsch Richtung Mal. Psinka–Podgarugi vorzustoßen, zusammen mit den Kräften der 69. Armee Scheljachowoje–Isumenka anzugreifen und den Feind zu hindern, nach Norden durchzubrechen.

Zur Sicherung der linken Flanke der 5. Garde-Panzerarmee wird gleichzeitig die 26. Panzerbrigade des 2. Garde-Tatzinsk-Panzerkorps in den Abschnitt der 69. Armee geschoben. Damit sind bei der 5. Garde-Panzerarmee die Vorbereitungen für die Kampfhandlungen abgeschlossen. Die Einheiten der ersten Staffel haben ihre Sammelpunkte erreicht und beziehen die zugewiesenen Bereitstellungsräume.

In der Nacht vor der Offensive, der Operation »Kutusow«, fliegen im Norden des Kursker Bogens die der Westfront (GenOberst Sokolowski) unterstehende 2. Luftarmee (GenLt. Krasowski) und die zur Brjansker Front (GenOberst Popow) gehörende 15. Luftarmee (GenLt. Naumienko) eine Serie massiver Bombenangriffe gegen Artillerie- und Granatwerferstellungen, Panzeransammlungen und andere lohnende Ziele. *H.Gr. Mitte*

Die Truppen des linken Flügels der Westfront und der Brjansker Front, die am Vortage noch keine Feindberührung hatten, beenden jetzt in ihren Bereitstellungsräumen die letzten Vorbereitungen zur Operation »Kutusow«: Einen Angriff im Rücken der 9. Armee im Orel-Bogen mit dem Ziel, Generaloberst Models Verbände und die 2. Panzerarmee zu umfassen und zu vernichten. Marschall Schukow: »Nach langen Überlegungen beschlossen wir, den Angriff

nicht nach dem Vorbereitungsfeuer zu starten, was bis dahin üblich gewesen war und dem Gegner ermöglichte, sich über den Beginn des Angriffs zu orientieren, sondern während der Artillerievorbereitung, im Augenblick ihrer stärksten Wucht. Diese Methode bewährte sich ausgezeichnet.«

H.Gr. Süd

Im Süden des Kursker Bogens wird in der Morgendämmerung des 12. Juli 1943 der Brückenkopf am nördlichen Donezufer, den Oberst v. Oppeln-Bronikowski mit seiner Kampfgruppe geschaffen hat, durch das I. Bataillon (Hptm. Oekel) des Panzergrenadierregiments 114 verstärkt.
In den frühen Morgenstunden eröffnen im Norden des Kursker Bogens sowjetische Batterien das schwerste Feuer, das man bis dahin an der Ostfront erlebt hat: Die Artillerie der der Westfront unterstellten 11. Gardearmee (GenLt. Bagramian) verfügt in der Hauptrichtung über 200 Geschütze und Granatwerfer je Frontkilometer, im Angriffsstreifen des 8. Garde-Schützenkorps stehen sogar 260 Rohre je Frontkilometer. Zusätzlich hat man die 11. Gardearmee mit zwei Panzerkorps verstärkt, deren rund 250 Panzer ausschließlich der unmittelbaren Unterstützung der Infanterie dienen. Jetzt, nach der Artillerievorbereitung, gehen die Verbände der Brjansker und der Westfront zum Angriff über.
Die Sowjets erzielen sofort tiefe Einbrüche in die Flanke der 2. Panzerarmee (GenOberst R. Schmidt), rücken in Richtung Orel vor und bedrohen zugleich die 9. Armee. Die Verbände von Generaloberst Model befinden sich in höchster Gefahr: Gelingt der Durchbruch der von Norden vorstoßenden sowjetischen Truppen zusammen mit der im Süden stehenden sowjetischen 7. Gardearmee (GenLt. Schumilow), dann sind Models Divisionen mit rund 600000 Mann eingekesselt. Ein zweites Stalingrad von noch größeren Ausmaßen steht bevor.
Die Operation »Kutusow« gibt der Zentralfront zugleich die Möglichkeit, ihre Vorbereitungen für eine Gegenoffensive abzuschließen. Die Verbände von Armeegeneral Rokossowski haben am rechten Flügel dabei die Aufgabe, die in die Tiefe der sowjetischen Verteidigung eingedrungenen Truppen der Heeresgruppe Mitte zurückzuwerfen, danach auf Kromy und weiter nach Nordwesten anzugreifen, um die deutschen Verbände im Raum Orel von Süden und Südwesten einzukreisen. Gemeinsam mit der Westfront und der Brjansker Front soll dann Rokossowski die eingekesselten Deutschen zerschlagen.

H.Gr. Mitte

In dieser Lage muß die Heeresgruppe Mitte sofort die der 9. Armee am Abend zur Verstärkung gegebenen beiden Divisionen anhalten. Sie werden zusammen mit den im Orel-Bogen greifbaren drei Reservedivisionen zur Abwehr der sowjetischen Gegenoffensive eingesetzt. Die 9. Armee muß außerdem noch zwei Panzerdivisionen und eine Anzahl überschwerer Panzer, die sie für ihre eigene Angriffsoperation einsetzen wollte, abgeben. Dadurch ist die Fortsetzung des Unternehmens »Zitadelle« im Bereich der Heeresgruppe Mitte unmöglich.

H.Gr. Süd

Um 5.00 Uhr früh meldet an diesem 12. Juli im Süden des Kursker Bogens die 1. SS-Panzerdivision »Leibstandarte Adolf Hitler«: »Verbindung mit der Division ›Totenkopf‹ aufgenommen. Zahlreiche Panzergeräusche vor der Front. Rege feindliche Fliegertätigkeit. Im Bereich der Division ›Totenkopf‹ herrscht starkes Artillerie- und Infanterie-Störungsfeuer. Sowjetische Schlachtflugzeuge beginnen ihre rollenden Angriffe.«
Gegen 6.00 Uhr weist die »Leibstandarte« einen sowjetischen Angriff in Regi-

Raum Prochorowka, 12. 7. 1943, einer wagt den Durchbruch: Weit hinter den deutschen Linien wird ein sowjetischer Panzer T-34/76B durch Pak-Feuer abgeschossen

mentsstärke über die Linie Prochorowka–Petrowka zurück. Sehr starkes Artillerie- und Salvengeschützfeuer. Um 7.45 Uhr tritt die Kampfgruppe Horst zum Angriff auf Ssabyno an, um damit den letzten Eckpfeiler der sowjetischen Verteidigungsfront herauszubrechen.
Um 8.00 Uhr erreicht der Verband von General Trufanow den ihm zugewiesenen Raum. Unterdessen drängt das deutsche III. Panzerkorps (Gen.d.Pz.Tr. Breith) Teile der 69. Armee nach Norden ab und bedroht die linke Flanke der 5. Garde-Panzerarmee. Der Verband von General Trufanow mit der 26. Panzerbrigade (Oberst Piskarew) und dem 2. Garde-Tatzinsk-Panzerkorps geht aus der Bewegung zum Angriff über. Das 53. Garde-Panzerregiment (Maj. Kurnosow) stößt auf Nowo-Alexejewka–Wyselok vor.
Während die 5. Garde-Panzerarmee ihre Einsatzvorbereitungen trifft, beendet die Heeresgruppe Süd die Umgruppierung ihrer Kräfte bei Prochorowka. Über 700 Panzer, überwiegend »Panzer IV« G und H mit 7,5-cm-Kanonen, darunter auch über 100 »Tiger«- und »Panther«-Panzer sowie schwere Sturmgeschütze »Ferdinand« warten jetzt auf den Angriffsbefehl. Die Verbände sollen in den Morgenstunden ihren Vorstoß auf Prochorowka von Westen und Süden her wiederholen, um den Durchbruch nach Kursk zu erreichen. Generalleutnant Rotmistrow: »Um dem Feind zuvorzukommen, wurde der Beginn der Gegenoffensive von 10.00 Uhr auf 8.30 Uhr vorverlegt. Weil die ohnehin schwachen Artilleriekräfte für ihren Einsatz noch nicht vorbereitet waren, befahl ich eine Artillerievorbereitung von nur 15 Minuten.«
Als um 8.30 Uhr im Norden des Kursker Bogens die Verbände der Brjansker Front und des linken Flügels der Westfront den Angriff eröffnen, beginnen zugleich die 5. Garde-Panzerarmee und die 5. Gardearmee ihre Operationen

Raum Prochorowka, 12. 7. 1943, eine Einheit sowjetischer Panzerbüchsen-Schützen beim Stellungswechsel: »fette, schwere Wolken brennender Panzer verdecken den Himmel«

gegen die Heeresgruppe Süd. Da die Verlegung und Bereitstellung der 5. Garde-Panzerarmee so schnell und von der deutschen Führung unbemerkt vor sich ging, überrascht das Erscheinen der Panzerverbände von General Rotmistrow auf dem Kampffeld. Generalleutnant Rotmistrow: »Um 8.30 Uhr erhielt die 5. Garde-Panzerarmee den Befehl, im Abschnitt 3 km südwestlich Jakowlewo, rechts Beregowoje–Krassnaja Dubrawa, links Proworot–Belenichino anzugreifen. . . . Die erste Staffel rollte in voller Fahrt in die Gefechtsformation der deutschen Panzerverbände.«

Die 5. Garde-Panzerarmee und Teilkräfte der 5. Gardearmee (GenLt. Schadow) führen ihren Hauptangriff auf den Raum Prochorowka in Richtung Jakowlewo. Mit dem gleichen Ziel treten nördlich von Melowoje–Kruglik die sowjetische 1. Panzerarmee und die Masse der 6. Gardearmee an. Ostwärts Bjelgorod gehen drei Schützendivisionen der 7. Gardearmee (GenLt. Schumilow) zum Angriff über. Die sowjetische Führung verstärkt die Truppen durch Artillerie und befiehlt, sie im direkten Richten gegen die Panzer einzusetzen.

Generalleutnant Rotmistrow beschließt, seine Armee mit insgesamt 850 Panzern, meist T-34, und Sturmgeschützen SU-76 in zwei Staffeln zu entfalten: In der ersten sollen drei Panzerkorps und in der zweiten ein mechanisiertes Korps, unterstützt durch eine starke Armeereserve, angreifen. Die Armeereserve (GenMaj. Trufanow) besteht aus dem 53. Garde-Panzerregiment, dem 1. Selbständigen Kradregiment, dem 689. Panzerjägerregiment und dem 678. Haubitzenregiment. Das 2. Panzerkorps, das bereits in den früheren Kämpfen starke Verluste erlitten hat, sichert die Nahtstelle zwischen dem 2. Garde-Panzerkorps und der Hauptstoßtruppe der 5. Garde-Panzerarmee mit dem 18. und 29. Panzerkorps sowie dem 5. mechanisierten Gardekorps.

Jedes Korps der ersten Staffel ist mit einem Garde-Werfer(Katjuscha)-Regiment, einem oder zwei Sturmgeschützregimentern und Panzerjägerregimentern verstärkt. Den drei Panzerkorps der ersten Staffel wird für den Angriff ein Abschnitt von etwa 3,5 km zugewiesen. 45 Panzer auf einen Frontkilometer: Das 18. Panzerkorps (GenMaj. Bacharew) soll den Feind im Abschnitt Gresnoje–Krassnaja Dubrawa aufreiben, sich dann in nordwestlicher Richtung entfalten und den Angriff der Masse der 5. Garde-Panzerarmee Richtung Tomarowka sichern. Das 29. Panzerkorps (GenMaj. Kiritschenko) hat den Befehl, die Feindkräfte im Abschnitt der Sowchose »Komsomoletz«-Krassnaja Poljana zu vernichten und bis zum Abend den Raum Pokrowka zu säubern. Das 2. Garde-Tatzinsk-Panzerkorps (Oberst Burdjenog) hat bis zum Abend den Raum Jakowlewo einzunehmen.
Sofort nach Angriffsbeginn der 5. Garde-Panzerarmee wird das 2. Panzerkorps (GenOberst Popow) zur Verstärkung der ersten Staffel der Armee eingesetzt, um danach den Rücken des deutschen XXXXVIII. Panzerkorps (Gen.d.Pz.Tr. v. Knobelsdorff) in Richtung Safanowo–Obojan anzugreifen. Das 5. mechanisierte Gardekorps (Gen. Skwortzow) soll den Angriff auf Bykowka weiterführen.
Rund um Prochorowka, ein einstmals verträumtes Nest inmitten grünbedeckter Hügel, gesäumt vom Gold der reifenden Kornfelder, steigert sich von Minute zu Minute die größte Panzerschlacht des Zweiten Weltkrieges. Die Hauptakteure auf sowjetischer Seite sind Generalleutnant Rotmistrow und seine 5. Garde-Panzerarmee, auf deutscher Seite die Verbände der Waffen-SS mit Obergruppenführer Hausser und dem ihm unterstellten II. SS-Panzerkorps. Der aufwirbelnde Staub der Kampfwagen, Pulverdampf der Kanonen, gemischt mit den Explosionen und fetten, schwarzen Wolken brennender Panzer verdeckt den Himmel und macht die Sonne zu einer unansehnlichen orange-grauen Scheibe. Über dem in Staub und Qualm gehüllten Schlachtfeld toben ununterbrochene Luftkämpfe. Schwärme von sowjetischen »Sturmowiks« donnern im Tiefflug über die deutschen Panzerkeile, Stukas greifen heulend die sowjetischen Panzer an.

► Raum Prochorowka, 12. 7. 1943, am Rande des Schlachtfeldes: vorn, die Reste der Panzerwanne des sowjetischen leichten Panzers T-70 mit Leitrad, Lauf- und Schutzrollen

In dieser größten Bewegungsschlacht der Kriegsgeschichte bilden sich bald zwei Brennpunkte: Der eine westlich von Prochorowka, wo die 5. Garde-Panzerarmee steht, und der andere südlich der Ortschaft. Hier kämpfen die beiden sowjetischen mechanisierten Brigaden, eine Panzerbrigade und ein Panzerregiment unter Generalmajor Trufanow, dem stellvertretenden Oberbefehlshaber der 5. Garde-Panzerarmee.
Insgesamt nehmen an der Schlacht auf beiden Seiten gleichzeitig 1200 Panzer und Sturmgeschütze mit Unterstützung der beinahe gleichen Anzahl von Flugzeugen teil. Das Kräfteverhältnis ist in etwa ausgeglichen. Ein Vorteil der Sowjets: Ihre Panzer sind schneller und wendiger, was sie auch meisterhaft auszunutzen verstehen. Sie rollen immer wieder mit voller Fahrt ganz dreist in die deutschen Bereitstellungen hinein und befeuern auf kürzeste Entfernung die deutschen Panzer.
Die 2. Kompanie des SS-Panzerregiments 1 (Sturmbannf. Gross) stößt als erste auf die angreifenden Panzer. In einem Abschnitt von höchstens 500 Meter Breite und 1000 Meter Tiefe prallen die deutschen und sowjetischen Panzer aufeinander. Obwohl am Südrand von Ssabyno sowjetische Schützen hartnäckigen Widerstand leisten, wird der Ort um 9.00 Uhr von der 1. Kompanie des Panzergrenadierregiments 73 (Hptm. Volker) genommen.
Im Abschnitt des II. SS-Panzerkorps gelingt es trotzdem einem Teil der

▲ Karikatur in der PRAWDA, Juli 1943.
Überschrift: Trauriger Chor.
Unterschrift: Deutsche Generäle – »Und wer weiß schon, wem es an den Kragen geht!«

► Die Luftwaffe unterstützt in rollenden Angriffen die Panzerverbände: zwei Ju 87 kurz vor dem Sturzangriff

sowjetischen Panzerkräfte durch Abdrehen aus dem Pseltal nach Süden, die Flankensicherungen der 1. SS-Panzerdivision »Leibstandarte Adolf Hitler« zu durchbrechen. Sie stoßen weiter bis zu den Artilleriestellungen vor, wo sie jedoch reihenweise im Nahkampf oder direkten Beschuß der Artillerie vernichtet werden. Die 2. SS-Panzerdivision »Das Reich« nimmt im Nachstoß gegen den abgewiesenen Panzerangriff nach hartem Kampf den Ort Stochoroschewoje.
Generalleutnant Rotmistrow: »Der Feind setzte gegen Mittag zum Angriff auf die 5. Garde-Panzerarmee an und begann, ihre Flanke zu umgehen. Diese ungünstige Entwicklung wurde durch eine unerwartete ernste Krise im Abschnitt der 69. Armee noch weiter verschärft. Um die Lage der 69. Armee zu bereinigen, mußten nicht nur die Armeereserve (GenMaj. Trufanow), sondern auch bedeutende Teile der zweiten Staffel in Marsch gesetzt werden.« Das sowjetische 29. Panzerkorps (GenMaj. Kiritschenko) mit der 32. und 31. Panzerbrigade der ersten Staffel wehrt sich erbittert gegen die 3. SS-Panzerdivision »Totenkopf« und die 1. SS-Panzerdivision »Leibstandarte Adolf Hitler«.
Um 13.00 Uhr kann das 29. Panzerkorps die Höhe 252,2 einnehmen. Nach Verstärkung durch eine frische Panzerbrigade drängt es die deutschen Panzer 2 Kilometer westwärts zurück und erobert zusammen mit dem 18. Panzerkorps (GenMaj. Bacharew) die Sowchose Oktjabrskij. Zu gleicher Zeit gelingt es deutschen Panzerverbänden, die Front der 95. und der 52. Garde-Schützendivision des 33. Garde-Schützenkorps im Raum Krassnyj Oktjabr–Kotschetowka zu durchbrechen. Sie stoßen weiter bis zur Linie Wessely–Poleschajew vor und werfen die beiden sowjetischen Garde-Schützendivisionen nach Norden.
Nachdem die deutschen Panzer bei Poleschajew den Abschnitt der 5. Gardear-

mee erreicht haben, bedrohen sie jetzt die rechte Flanke und den Rücken der 5. Garde-Panzerarmee. Generalleutnant Rotmistrow: »Es entstand eine sehr gefährliche Lage: Meine Reserve – der Eingreifverband von General Trufanow – stieß nach Süden vor, wohin ebenfalls Teile der zweiten Staffel marschierten. Zur Sicherung der rechten Flanke konnte ich nur auf die Kräfte der zweiten Staffel zurückgreifen und setzte die 24. Panzerbrigade (OberstLt. Karpow) des 5. mechanisierten Gardekorps bei Sowchose Woroschilow ein. Sie sollte mit dem 18. Panzerkorps den Feind im Raum Poleschajew zum Stehen bringen. Zur Bereinigung der Lage in der linken Flanke der 5. Gardearmee im Raum Ostrenkij – etwa 9 Kilometer nordwestlich Prochorowka – wurde die 10. mechanisierte Gardebrigade (Oberst Michailow) des 5. mechanisierten Gardekorps eingesetzt. Ihre Aufgabe: Mit Unterstützung der Verbände der 5. Gardearmee das weitere Vorrücken des Feindes zum Stehen zu bringen. Jetzt stabilisierte sich langsam die Lage, der Vormarsch des Feindes wurde gestoppt und der Feind in diesem Raum gezwungen, zur Verteidigung überzugehen.« Allmählich wendet sich das Blatt.
Ab 14.00 Uhr drängt die erste Staffel der 5. Garde-Panzerarmee langsam, aber beständig das II. SS-Panzerkorps in westlicher Richtung zurück und fügt ihm schwere Verluste an Menschen und Material zu. Das sowjetische 18. Panzerkorps, die 181. und die 170. Panzerbrigade nehmen nach harten Kämpfen Koslowka und Wassiljewka.
Um 14.30 Uhr bricht das 2. Garde-Tatzinsk-Panzerkorps den deutschen Widerstand, erreicht den Raum östlich Kalinin und nimmt den Begegnungskampf mit der 2. SS-Panzerdivision »Das Reich« auf. Generalfeldmarschall v. Manstein: »Die Schlacht stand auf ihrem Höhepunkt! Die Entscheidung über Sieg oder Fehlschlag schien bevorzustehen. Wohl war dem Oberkommando der Heeresgruppe seit dem 12. Juli bekannt, daß die 9. Armee den Angriff hatte einstellen müssen und der Gegner gegen die 2. Panzerarmee zur Offensive übergegangen war. Aber der Entschluß des Oberkommandos der Heeresgruppe, die Schlacht nicht vorzeitig – vielleicht dicht vor dem endgültigen Erfolge – abzubrechen, stand fest. Noch hatte es das XXIV. Panzerkorps mit der 17. Panzerdivision und der SS-Division ›Wiking‹ in der Hand, um sie als Trumpf in die Schlacht zu werfen.«
Am Nachmittag ändert sich wiederholt die Lage: Die 5. Garde-Panzerarmee muß jetzt ihre Angriffe einstellen und beinahe auf der ganzen Linie zur Verteidigung übergehen. Auch das II. SS-Panzerkorps verliert im Abschnitt Prochorowka für einige Stunden den Schwung: Es heißt nun, die heftigen Angriffe zahlreicher Sowjetpanzer mit aufgesessener Infanterie abzuwehren. Dem Korps gelingt es zwar, sowohl südlich als auch westlich von Prochorowka dem schweren Ansturm standzuhalten und sogar in Gegenstößen am Psel-Brückenkopf etwas nach Norden voranzukommen. Doch im Raum des Pena-Bogens erzielen verstärkte sowjetische Verbände bedrohliche Einbrüche. Sie drängen dort das XXXXVIII. Panzerkorps (Gen.d.Pz.Tr. v. Knobelsdorff) in die Verteidigung.
Zu dieser Zeit wird die 2. SS-Panzerdivision »Das Reich« von einem starken Verband des sowjetischen 2. Panzerkorps angegriffen, der in die Lücke zwischen dem II. SS-Panzerkorps und dem III. Panzerkorps (Gen.d.Pz.Tr. Breith) eindringt: Das III. Panzerkorps ist nämlich bei Rschawez am nördlichen Donez von dem 3. mechanisierten Gardekorps in schwere Kämpfe verwickelt worden und kann nicht schnell genug anschließen. Nachdem durch starke sowjetische Angriffe an der rechten Flanke und Front weitere Vorstöße in Richtung

Raum Bjelgorod, eine kurze Kampfpause: vorn (von links) Lt. Linnser, Hauptfeldwebel (Hfw.) Hasse, Hptm. Burmester, Uffz. Lewandowski; im Hintergrund wird der »Tiger« 123 der 1. Kompanie der schweren Panzerabt. 503 (Hptm. Graf Kageneck) gerade aufgetankt. Auf dem Panzer: (v. links) der Fahrer Hans Thomé, Obgefr. Heinz Quast und der Funker Rolf Sichel

Prochorowka vereitelt werden, tritt die 3. SS-Panzerdivision »Totenkopf« auf dem Nordufer des Psel zum Angriff an. Nach Überwindung von zwei starken Pakfronten und Abwehr eines angreifenden feindlichen Panzerverbandes gewinnt sie die Höhen bei Poleschajew.

Unterdessen wird am Nachmittag in den Brückenkopf am nördlichen Donezufer, den Oberst v. Oppeln-Bronikowski mit seinen Männern hält, die Kampfgruppe Horst der 19. Panzerdivision (GenLt. G. Schmidt) nachgeschoben. Über die schnell wieder instandgesetzte Brücke rollen jetzt die Verbände des III. Panzerkorps auf das 17 Kilometer entfernte Prochorowka zu. Die nach Norden ausweichenden Teile der überrannten sowjetischen Verbände können abgefangen werden.

Das der Armeeabteilung Kempf unterstellte Korps Raus wird zur gleichen Stunde am rechten Flügel von überlegenen feindlichen Kräften angegriffen und an einer Stelle von sowjetischen Panzerverbänden durchstoßen. Es gelingt zwar zunächst, den Gegner zurückzuwerfen, doch bleibt die Lage in diesem Abschnitt äußerst gespannt.

Zusammen mit anderen Verbänden hält die 5. Garde-Panzerarmee die von Westen auf Prochorowka vorgehende deutsche 4. Panzerarmee (GenOberst Hoth) auf und zwingt sie in die Verteidigung. Auch der Versuch, von Süden nach Prochorowka durchzubrechen, wird vereitelt. Dabei ist es den Panzerbrigaden von General Rotmistrow gelungen, tief in die rechte Flanke des südlichen deutschen Angriffskeiles hineinzustoßen. Generaloberst Konjew: »Nur durch den Einsatz der 5. Garde-Panzerarmee unter Rotmistrow und der 5. Gardearmee unter Schadow wurde der gegnerische Angriff endgültig zum Stehen gebracht.«

Am selben Nachmittag wird das deutsche III. Panzerkorps (Gen.d.Pz.Tr. Breith) gleichzeitig von der 96. Panzerbrigade der 69. Armee (GenLt. Krjutschenkin) und dem 53. Garde-Panzerregiment der 5. Garde-Panzerarmee angegriffen. Es kommt zu einem erbitterten Panzergefecht mit der 6. Panzerdivision (GenMaj. v. Hünersdorff), das bis in die Dunkelheit hinein andauert. Die sowjetische Panzerwalze wird zwar am späten Abend zum Stehen gebracht, aber auch das II. SS-Panzerkorps muß anhalten und wird in die Defensive gedrängt. Während der Schlacht, an der alle drei »Tiger«-Kompanien der drei SS-Divisionen beteiligt sind, vernichten sie 120 sowjetische Panzer.
Aus den Kämpfen bei Prochorowka, der größten Panzerschlacht der Kriegsgeschichte, geht eigentlich keine Seite als klarer Sieger hervor, doch bedeutet der Ausklang dieser Schlacht das Ende des Unternehmens »Zitadelle«: Am Abend des 12. Juli 1943 sind die deutschen Panzerreserven verbraucht, die Initiative geht endgültig an die Rote Armee über. Auch die schweren Ausfälle an kampferprobten deutschen Panzerbesatzungen machen sich besonders bemerkbar: Die frisch ausgebildeten jungen Mannschaften fallen oft schon bei den ersten Einsätzen, bevor sie noch die geringsten Erfahrungen sammeln können. Eine der Ursachen für das endgültige Scheitern des Vorstoßes der deutschen Truppen gegen den südlichen Teil des Kursker Bogens ist der mächtige, durch strategische Reserven des STAWKA verstärkte Gegenstoß der Woronesch-Front. Die entscheidende Rolle hat dabei Generalleutnant Rotmistrow mit seiner 5. Garde-Panzerarmee gespielt.

H.Gr. Mitte

Zu gleicher Zeit toben im Norden des Kursker Bogens, im Bereich der deutschen 9. Armee, erbitterte Kämpfe gegen die angreifenden Truppen der Westfront und der Brjansker Front, unterstützt durch Verbände der Zentralfront. Das Ziel dieser sowjetischen Offensive, Operation »Kutusow«, ist der Großraum Orel. Der linke Flügel der Westfront geht in Richtung Chotynez und Bolchow und die Brjansker Front in Richtung Bolchow und Orel vor.
Generaloberst Sokolowski, Sowjetbürger adliger polnischer Abstammung, jetzt Oberbefehlshaber der Westfront, treibt den Angriff energisch voran: Schon bis zum Abend können beide Fronten die deutsche Verteidigung überrollen. Orel, die wichtigste Nachschubbasis für die Heeresgruppe Mitte, ist bedroht, der Rücken der 9. Armee in Gefahr. Ab heute befehligt Generaloberst Model seine 9. Armee und die 2. Panzerarmee (GenOberst R. Schmidt) in Personalunion. Jetzt kann Model zum ersten Mal in großem Stil sein Können in der Verteidigungsführung und als Meister der kritischen Lage beweisen.

Südlich Orel, Lagebesprechung inmitten eines wogenden Kornfeldes: links, GenOberst Model, rechts der Kommandeur der schweren Panzerabt. 505, Maj. Sauvant

Raum Prochorowka, 12. 7. 1943, eine Panzerkompanie in Erwartung des neuen Einsatzbefehls: rechts, Panzerkampfwagen IV Ausf. G mit 7,5 cm KwK 40 L/48

Am 12. Juli 1943 erhalten die Generalfeldmarschälle v. Kluge und v. Manstein die Weisung, zur Berichterstattung ins Führerhauptquartier zu kommen.
Ebenfalls am 12. Juli versammeln sich in Krasnogorsk, einem Städtchen unweit Moskau, dessen Bild von deutschen KG-Lagern bestimmt wird, deutsche Kriegsgefangene in einer der Baracken. Sie sind unter sowjetischer Bewachung aus zahlreichen, über die ganze UdSSR verstreuten Lagern angereist. Der kommunistische Schriftsteller Erich Weinert erläutert in seinem Referat die Grundziele des Nationalkomitees »Freies Deutschland« (NKFD). Die Delegierten der Gründungskonferenz wählen aus dem anwesenden Personenkreis 38 Mitglieder und Erich Weinert zum Präsidenten des Nationalkomitees. Einstimmig beschließen sie das von der Führung der Exil-KPD verfaßte Programm des NKFD. Die Gründung des NKFD ist das Ergebnis einer monatelangen Arbeit auf Stalins Geheiß, die der führende Kopf der Komintern, Manuelski, und NKWD-General Melnikow vollbracht haben.
Zu Vizepräsidenten werden General der Artillerie v. Seydlitz, Generalleutnant v. Daniels, Major Hetz, Fliegerleutnant Graf v. Einsiedel und Schütze Emendörfer ernannt. In ihren schwarz-weiß-rot umrandeten Flugblättern für die deutschen Fronttruppen fordern sie von den deutschen Generälen nicht mehr und nicht weniger als: Absetzung Hitlers als Oberster Befehlshaber, unverzügliche geordnete Rückführung der Truppen an die Reichsgrenze noch vor Einbruch des Winters, Rücktritt der Hitler-Regierung, mit der niemand Friedensverhandlungen führen wird.
Die Sowjets mit ihrem bewährten Sinn für Geheimnistuerei achten streng darauf, daß das NKFD in der Sowjetunion selbst so wenig wie möglich bekannt wird: Im Verkehr mit sowjetischen Dienststellen oder Behörden nennt man es

lediglich »UdSSR-Institut Nr. 99«. Kaum einer der Kriegsgefangenen, dessen Name mit dem NKFD verknüpft ist, ahnt, daß er nur als Schachfigur dem Spiel des Kreml dient: Stalin spricht zwar von Hitler, will aber damit seine westalliierten Verbündeten treffen.

Raum Bjelgorod, 13. 7. 1943, eine kurze Kampfpause am Rande der großen Schlacht: was nun?

Durch die Drohung, einen eventuellen Separatfrieden mit Deutschland zu schließen, sollen nämlich die Anglo-Amerikaner endlich zur baldigen Errichtung einer zweiten Front in Europa veranlaßt werden. Die Sowjets sparen dem NKFD gegenüber nicht mit Versprechungen – wie z. B. Einheit des Deutschen Reiches, die Grenzen von 1938 (einschließlich Österreich) und ähnliches mehr –, die sie bezeichnenderweise den prominenten Mitgliedern des NKFD nur mündlich geben. Die Westalliierten sehen in dem NKFD das Indiz für einen möglichen deutsch-sowjetischen Separatfrieden. Da das Gespenst des Hitler-Stalin-Paktes von 1939 noch herumgeistert, sichern die Westmächte der Sowjetunion zu, keinen Separatfrieden mit dem Dritten Reich zu schließen.
Als Stalin später auf der Konferenz von Teheran (28. 11.–1. 12. 1943) merkt, daß sein Erpressungsversuch geglückt ist und er sich gegen den Widerstand von Churchill und Roosevelt bei der Planung einer zukünftigen Gestaltung Europas durchsetzen kann, hat das NKFD seine für Moskau wichtigste Aufgabe erfüllt.
Die kämpfenden Truppen nehmen die Aktivitäten des NKFD zur Kenntnis und betrachten sie als sowjetische Propagandamanöver. Durch die Härte der Strapazen und die Gewalt des Kampfes wird ihnen bewußt, daß in diesem Krieg nur Sieg oder Untergang gelten.

H.Gr. Süd

Noch bei Sonnenaufgang des 13. Juli 1943 erreicht im Süden des Kursker Bogens das 5. mechanisierte Gardekorps (GenMaj. Krawtschenko) seine

Raum Rydinka, 13. 7. 1943: Ein 15-cm-Nebelwerfer 41 wird in Stellung gebracht

Bereitstellungen im Abschnitt Rydinka-Awdejewka. Zu dieser Stunde stehen die Panzerverbände von Generalmajor Trufanow und Teile der 69. Armee in erbittertem Kampf mit dem deutschen III. Panzerkorps (Gen.d.Pz.Tr. Breith) im Raum Alexandrowka–Bol. Podjarugi.

An diesem Morgen erreicht die 11. mechanisierte Gardebrigade (Oberst Grizenko) den Raum Prochorowka und greift aus der Bewegung in Richtung Rydinka an. Die 26. Garde-Panzerbrigade schießt unterdessen auf Schtschelokowo. Den Angriff der beiden Brigaden unterstützen schwere Artillerie und Schlachtflieger.

In diesem Gefecht wird die deutsche 19. Panzerdivision (GenLt. G. Schmidt) aufgerieben. Sie muß danach zur Verteidigung übergehen und wird anschließend zurückgenommen. Die 12. mechanisierte Gardebrigade (Oberst Borisenko) erreicht Awdejewka und greift aus der Bewegung heraus die Höhen zwei Kilometer südlich Awdejewka an.

Am Morgen des 13. Juli 1943 erleidet das III. Panzerkorps (Gen.d.Pz.Tr. Breith) eine erhebliche Schwächung: Durch den Fehlabwurf eines Heinkel-Bombers He 111 wird fast die gesamte Führungsmannschaft der schlagkräftigen deutschen 6. Panzerdivision ausgeschaltet. Sie ist für die Truppe, die den aufeinander eingespielten Offizieren voll vertraut, gerade jetzt unersetzbar. Der tragische Vorfall ereignet sich, als sämtliche Stabsangehörige den Angriff der Luftwaffe auf Rschawez vom Vorplatz des Hauses der Befehlsstelle aus beobachten. Plötzlich hakt eines der Kampfflugzeuge seine Bomben aus. 15 Gefallene und 49 Schwerverletzte sind Opfer dieses Fehlabwurfs.

Zu gleicher Zeit führen die Sowjets starke Gegenangriffe im Abschnitt des II. SS-Panzerkorps und der 11. Panzerdivision (GenLt. Balck). Im Laufe des Tages durchbricht die 6. Panzerdivision – ungeachtet ihres schweren Verlustes in den Morgenstunden – die sowjetische Verteidigungslinie zwischen Donez und Korotscha, stürmt die beherrschenden Höhen von Alexandrowka und öffnet damit den Weg zu einem Vorstoß des III. Panzerkorps nach Norden. Zwei weitere Verbände, die 7. und 19. Panzerdivision des III. Panzerkorps, rollen jetzt aus dem Brückenkopf Rschawez in Richtung Prochorowka. Trotz aller Anstrengungen können die letzten drei Kilometer bis zum Ort Prochorowka jedoch nicht überwunden werden.

Am selben Tag fliegt auch das Jagdgeschwader der »Freien Franzosen« – »Normandie« – mehrere Einsätze. Es bekämpft in Tiefangriffen deutsche Verbände vor dem Abschnitt der 11. Gardearmee (GenLt. Bagramian) im Raum Ilinskoje und im Abschnitt der 4. Panzerarmee (GenLt. Badanow). Die Franzosen verfügen jetzt über die neuesten sowjetischen Jäger vom Typ Jak-9

Südlich Bjelgorod: eine Feldwerkstatt der 6. Pz.Div. Die Männer der Instandsetzungsstaffel überholen unter freiem Himmel einen Panzer

► Raum Orel, Mitte Juli 1943, Erste Hilfe: improvisierte Verbandstelle im Schutz eines Panzerkampfwagens

und dienen oft als Begleitschutz für sowjetische Schlachtflugzeuge vom Typ »Sturmowik« (IL-2).
Am 13. Juli 1943 gibt Hitler das Scheitern des Unternehmens »Zitadelle« zu. Das OKW plant jetzt, von den Heeresgruppen Mitte und Süd einige Großverbände – darunter das II. SS-Panzerkorps (SS-Obergruppenf. Hausser) – abzuziehen und schleunigst nach Italien zu verlegen. Hitler: »Der Verlust Siziliens ist wegen der miserablen Kampfführung der Italiener so gut wie sicher. Vielleicht landet Eisenhower schon morgen auf dem italienischen Festland oder auf dem Balkan ... Das muß ich verhindern. Und deshalb brauche ich Divisionen für Italien und den Balkan. Da ich sie nach Verlegung der 1. Panzerdivision von Frankreich auf den Peloponnes von keiner anderen Stelle mehr abziehen kann, müssen sie aus der Kursker Front herausgelöst werden. Ich bin daher gezwungen, ›Zitadelle‹ einzustellen.«
Generalfeldmarschall v. Manstein: »... Es war also genau die Lage entstanden, vor deren möglichem Eintreten ich am 4. Mai in München gewarnt hatte, falls ›Zitadelle‹ verschoben werden würde!« Manstein, der noch nicht alle Verbände seiner Heeresgruppe eingesetzt hat, besteht auf Fortsetzung des Unternehmens »Zitadelle« als Abnutzungsschlacht. Dazu muß jedoch die 9. Armee (GenOberst Model) ihre Stellung im Orel-Bogen halten.
Manstein hofft immer noch, man könne einer sowjetischen Großoffensive an anderen Frontabschnitten der Ostfront vorbeugen, indem man ihre Panzerreserven im Kursker Bogen zerschlägt. Generalfeldmarschall v. Kluge, Oberbefehlshaber der Heeresgruppe Mitte, hält es aber für ausgeschlossen, daß die 9. Armee wieder zum Angriff übergehen kann. Hitler will einerseits von einer Zurücknahme der 9. Armee in ihre Ausgangsstellung, wie Kluge das verlangt, nichts wissen; andererseits stimmt er der Absicht von Generalfeldmarschall v. Manstein zu, mit seiner geschwächten Heeresgruppe Süd im Abschnitt der 4. Panzerarmee (GenOberst Hoth) noch einen Angriff zu führen. Die 4. Panzerarmee wird unterrichtet, daß das II. SS-Panzerkorps unverzüglich nach Italien verlegt wird. Und das XXXXVIII. Panzerkorps (Gen.d.Pz.Tr. v. Knobelsdorff) soll seinen schlagkräftigsten Verband, die Panzergrenadierdivision »GD«, der Heeresgruppe Mitte unterstellen.
Nun heißt es, das Herauslösen zahlreicher Divisionen der Heeresgruppe Süd, die zur Abriegelung der sowjetischen Einbrüche im Orel-Bogen gebraucht werden, zu verschleiern. Um die Zurücknahme dieser Verbände und damit eine erhebliche Schwächung der Heeresgruppe Süd vor den Sowjets zu verbergen, wird diese Verschiebung als großangelegte Vorbereitung zu einem massiven Angriff gegen Kursk deklariert. Die Truppen dürfen jedoch nicht erfahren, daß

diese Angriffsvorbereitungen den Feind nur täuschen sollen. Während in Hitlers Hauptquartier die Gespräche über eine neue Operation der Heeresgruppe Süd noch andauern, erneuert die Rote Armee ihre heftigen Angriffe gegen die Verbände Mansteins.
Am Abend stehen die sowjetische 26. Garde-Panzerbrigade sowie die 11. und 12. mechanisierte Brigade mit Teilen der 92. Garde-Schützendivision vor Schtschelokowo, Rydinka und Wypolsowka. Damit werden die Truppen v. Mansteins sechs Kilometer nach Süden zurückgeworfen. So gelingt es der 5. Garde-Panzerarmee, das Vorgehen des III. Panzerkorps anzuhalten und es daran zu hindern, den sowjetischen Vorstoß aus Prochorowka auf Jakowlewo abzufangen. Bei Sonnenuntergang beträgt die Tiefe des Durchbruchs in die deutschen Verteidigungslinien durch die sowjetische 3. und die 63. Armee rund 15 Kilometer.
Im Norden des Kursker Bogens durchbricht die auf Bolchow und Chotynez vorstoßende 11. Gardearmee (GenLt. Bagramian) der Westfront die deutsche Verteidigung in einer Tiefe von 25 Kilometern. Die Verbände der 61. Armee der Brjansker Front, deren Angriff in Richtung Bolchow entfaltet wird, erzielen einen acht Kilometer tiefen Einbruch. So ist nach zweitägigen heftigen Kämpfen die Verteidigung der deutschen 2. Panzerarmee in den drei wichtigsten Abschnitten aufgerissen.

Am Mittwoch, dem 14. Juli 1943, liegt gegen 6.00 Uhr im Süden des Kursker Bogens die Panzergrenadierdivision »Großdeutschland« (GD) bereits bei ihrem Antreten unter schwerem sowjetischen Artilleriefeuer. Während des ganzen Vormittags kann sie mehrere Gegenstöße von Norden und Westen

Ein sowjetisches Plakat, Mitte Juli 1943: »Die gemeinen Eindringlinge fegen wir aus dem Weg!«

Am Morgen des 14. 7. 1943, Raum Melechowo: rechts der Kommandierende General der 6. Pz.-Div., Gen.Maj. v. Hünersdorff bei der Lagebesprechung. Kurz danach wird Gen. v. Hünersdorff auf der Fahrt in Richtung Frontlinie tödlich verwundet

abwehren. Durch wiederholte Angriffe starker sowjetischer Panzerkräfte gegen die Flanke der rechten Kampfgruppe, die gegen die Höhe 247,0 vorgeht, kommt diese nur langsam voran. Der Panzergrenadierdivision »GD« gelingt es aber, mehrere Panzer abzuschießen und der aufgesessenen Infanterie schwere Verluste zuzufügen, die anschließend nach Westen und Südwesten zurückströmt. Hier gerät sie in das Artilleriefeuer des XXXXVIII. Panzerkorps und wird zerschlagen.

Ein um 7.00 Uhr begonnener sowjetischer Vorstoß aus Richtung Schachowo gegen die deutsche 7. Panzerdivision (GenLt. Frhr. v. Funck) wird abgewiesen. Eine Stunde später erleidet der Kommandeur der 6. Panzerdivision, Generalmajor v. Hünersdorff, auf der Fahrt zum vorgeschobenen Divisionsgefechtsstand durch einen sowjetischen Scharfschützen eine Kopfverletzung mit tödlichen Folgen.

Das XXXXVIII. Panzerkorps ist den ganzen Tag über in schwere Kämpfe verwickelt; seine Infanterie geht wie bisher in mehreren dichten Wellen vor, unterstützt durch das pausenlose Feuer der Artillerie. Die Sowjets versuchen mit dem Gros ihres 31. Panzerkorps einen geschlossenen Angriff und brechen trotz hoher Verluste in die deutschen Stellungen ein. General v. Knobelsdorff: »Ich setzte zur Stützung der Front mein letztes Reservebataillon ein.«

Bis zu diesem Tag wissen die Armeen der Heeresgruppe Süd noch nichts von Hitlers Absicht, das Unternehmen »Zitadelle« abzubrechen. Erst jetzt gibt v. Manstein den ihm unterstellten Verbänden dies bekannt und befiehlt zugleich der 4. Panzerarmee, die sowjetischen Truppen zwischen dem Psel-Brückenkopf und der Straße nach Obojan über den Psel zurückzuwerfen. Dieser Befehl kann jedoch nicht mehr durchgeführt werden.

Unterdessen tritt das II. SS-Panzerkorps erneut zum Angriff an. Es stößt bis dicht an den Stadtrand von Prochorowka vor und durchbricht südlich der Ortschaft die zäh verteidigte sowjetische Stellung am Lipowy Donez. Dem XXXXVIII. Panzerkorps gelingt es, so weit nach Norden vorzustoßen, daß es Einblick in das Psel-Tal westlich Obojan gewinnt.

Am späten Nachmittag stellen Teile der Panzergrenadierdivision »GD« im Abschnitt Beresowka die Verbindung zu der von Süden angreifenden 3. Panzerdivision (GenLt. Westhoven) her. Die von den Sowjets wiederholt unternommenen heftigen Gegenstöße scheitern jedoch.

Um 19.30 Uhr kann die 19. Panzerdivision (GenLt. G. Schmidt) zusammen mit der von Süden umfassenden 7. Panzerdivision (GenLt. Frhr. v. Funck) den Wald und den Ort Schachowo im Sturm nehmen.

Nach Abwehr neuer starker Angriffe hat sich das III. Panzerkorps ostwärts des

Sjewerny Donez nach Osten und Norden so viel Raum geschaffen, daß General Breith plant, am nächsten Morgen aus seinen Brückenköpfen am Sjewerny Donez zum Vorstoß in das Flußdreieck anzutreten.
Kurz nach Sonnenuntergang beenden die 7. Panzerdivision und die 19. Panzerdivision ihre Kämpfe auf dem Westufer des Donez mit einem erfolgreichen Angriff auf die sowjetischen Kräftegruppen bei Plota und Jablonowo sowie mit der Einkesselung einer stärkeren Feindgruppe bei Schachowo. Der Armeeabteilung Kempf gelingt die Vereinigung mit der 4. Panzerarmee etwa zehn Kilometer südlich von Prochorowka.
Den 14. Juli 1943 kann man an der ganzen Angriffsfront der Heeresgruppe Süd als erfolgreich bezeichnen. Generalfeldmarschall v. Manstein: »Am 14. Juli konnte das SS-Korps im Nachstoßen Prochorowka erreichen ... In diesen Kämpfen waren weiterhin namhafte Teile der feindlichen operativen Reserven teils zerschlagen, teils schwer mitgenommen worden.« Doch dies alles kommt zu spät, um dem Unternehmen »Zitadelle« noch zum Erfolg zu verhelfen. Ab Mitternacht regnet es in Strömen. Die Soldaten müssen – bis auf die Haut durchnäßt – noch ihre Stellungen ausbauen.

H.Gr. Mitte

Im Norden des Kursker Bogens reißen die Sowjets wiederum nordwestlich, nördlich und ostwärts von Orel tiefe Lücken in die Front der 2. Panzerarmee: Und anstatt der 9. Armee den Rücken zu decken, muß die 2. Panzerarmee jetzt von ihr Unterstützung bekommen, um nicht restlos aufgerieben zu werden. Diese Lage zwingt die Heeresgruppe Mitte, auf jede weitere Angriffstätigkeit zu verzichten. Generalleutnant Katukow, Oberbefehlshaber der sowjetischen 1. Panzerarmee: »Gegen Abend des 14. Juli stellten die Faschisten an unserem

▼ Raum Schachowo, 14. 7. 1943: ein Grenadier der 19. Pz.-Div. in einer soeben genommenen sowjetischen Stellung

Abschnitt ihre Angriffe ein. Als ich das telefonisch dem Frontoberbefehlshaber meldete, sagte er zu meiner Freude: ›An den anderen Abschnitten ebenfalls.‹«

Am Morgen des 15. Juli 1943 regnet es noch immer. Bereits vor Sonnenaufgang, um 3.00 Uhr, ertönt im Norden des Kursker Bogens wieder das sowjetische Trommelfeuer. Es dauert in unverminderter Stärke bis 5.30 Uhr an. Heute gehen nun die Armeen des rechten Flügels der Zentralfront (Armeegen. Rokossowski) nach dreitägiger intensiver Vorbereitung mit der 48. Armee (GenLt. Romanienko), der 13. Armee (GenLt. Puchow) und der 70. Armee (GenLt. Galanin) sowie der 2. Panzerarmee (GenLt. Rodin) zur Gegenoffensive über. Nach offiziellen sowjetischen Angaben hat die Zentralfront bis zu 70 Panzer und 230 Geschütze pro Frontkilometer massiert. Die Schützendivisionen greifen auf Abschnitten von etwa drei Kilometer Breite an. Der Hauptstoß führt in nordwestlicher Richtung auf Kromy–Orel und Gremjatschewo, wo die Verbände von Generaloberst Model liegen.
Unterdessen stoßen die Westfront und die Brjansker Front immer tiefer in den deutschen Verteidigungsriegel vor. Der mit der 63. Armee (GenLt. Kolpaktschi) und 3. Garde-Panzerarmee (GenLt. Rybalko) angesetzte Stoß trifft ostwärts Orel auf das XXXV. Armeekorps (Gen.d.Inf. Rendulic). Die lebenswichtige deutsche Nachschubstrecke Brjansk–Orel wird durch den Vorstoß sowjetischer Panzer und einzelner Sprengtrupps für zwei Tage unterbrochen.
Das erste Ergebnis des sowjetischen Gegenangriffs der Westfront und der Brjansker Front: Vier deutsche Großverbände werden gezwungen, vom Angriff bei Kursk zur Abwehr bei Orel überzugehen.

H.Gr. Süd

Im Süden des Kursker Bogens erreichen Mansteins Divisionen noch die Wasserscheide zwischen Donez, Sejm und Worskla, aber an der Rollbahn Bjelgorod–Obojaŋ kommt der deutsche Vorstoß zum Stehen: Am 15. Juli 1943 ergeht Hitlers Befehl an die Heeresgruppe Süd, den Angriff auf der gesamten Front einzustellen. Generalleutnant Moskalenko: »An diesem Tag wurde das Schicksal der Operation ›Zitadelle‹ endgültig besiegelt. Der Gegner mußte zur Verteidigung übergehen. Unser Oberkommando hatte die Initiative nun ganz in seinen Händen.«
Das OKH entschließt sich, die 4. Panzerarmee und die Armeeabteilung Kempf auf ihre Ausgangsstellungen zurückzunehmen. Hier soll im Eiltempo eine unüberwindliche Verteidigung aufgebaut werden. Einige Verbände will man aus dem Raum Bjelgorod in den Norden des Kursker Bogens nach Orel verlegen, um den sowjetischen Angriff in diesem Abschnitt aufzufangen. Vom Abend an erfolgt nun das Absetzen der Divisionen in drei Sprüngen in die Ausgangsstellung vom 5. Juli 1943. Es ist für die Truppe enttäuschend, das in harten Kämpfen gewonnene Gelände aufgeben zu müssen.

◀ Vor Tagino, 14. 7. 1943, nach einem Gefecht der 2. Pz.Div. mit Teilen der sowjetischen 60. Garde-Div.: der gefallene Hauptmann eines Rgt. der Garde-Div. mit Brustpanzer

16. 7. – 5. 8. 1943

Dritte

Sowjetisch
im Norde
de
Räumun
un

Phase

ommeroffensive
nd Süden
ursker Bogens
on Orel
jelgorod

530 Panzer vernichtet

Freitag, 16. Juli 1943. Das Oberkommando der Wehrmacht gibt bekannt:

Die schweren Kämpfe in der Mitte der Ostfront hielten auch gestern bei schlechtem Wetter an. Der Angriff unserer Truppen nördlich Bjelgorod gewann weiter Raum und führte zur Einkesselung einer starken feindlichen Kräftegruppe. Die Gegenangriffe des Feindes ließen in diesem Frontabschnitt infolge der in den bisherigen Kämpfen erlittenen schweren Verluste an Stärke nach. Dagegen führten die Sowjets mit starken Infanterie- und Panzerkräften Entlastungsangriffe an der gesamten Front von Kursk bis Suchinitschi durch. Sie wurden überall blutig abgewiesen, wobei allein im Bereich einer Armee über 250 feindliche Panzer abgeschossen wurden. Insgesamt verloren die Sowjets gestern in der großen Schlacht 530 Panzer. In Südsizilien schlugen deutsche und italienische Truppen auch gestern zahlreiche, gegen die Linie Agrigent–Catania vorgetragene britisch-nordamerikanische Angriffe ab und fügten dem Feind schwere Panzerverluste zu.

Minenräumen durch die Zivilbevölkerung

16. Juli 1943:

Befehl der 281. Sicherungsdivision über den zwangsweisen Einsatz der Zivilbevölkerung zum Minenräumen:
Zur Vermeidung der Minengefahr auf den Nachschubstraßen befehle ich auf Grund der gemachten Erfahrungen einer Einheit folgendes: Die durch Minen verseuchten Nachschubstraßen sind täglich unter Aufsicht durch mehrere hin-

Zwei Sommeroffensiven

Am 5. Juli begann Hitler die Generaloffensive auf Kursk. In 10 Tagen verloren die Deutschen:

1392 Flugzeuge,
2818 Panzer
(davon mehr als 700 „Tiger"),
an die 100 000 Soldaten und Offiziere
allein an Gefallenen.

Ohne den geringsten Erfolg erzielt zu haben, wurde Hitler in die Verteidigung gedrängt.

Am 12. Juli begann die russische Offensive im Ra
von Orel. Die Russen durchbrachen die deutsche V
teidigung in einer Front von 70 km und

rückten in 3 Tagen 45 km vor,
besetzten über 110 Ortschaften,
machten über 2000 Gefangene,

erbeuteten 40 Panzer, 210 Geschütze u. a. m. Auf d
Schlachtfeld blieben die Leichen von mehr als 12
deutschen Soldaten und Offizieren zurück.

Die Offensive der russischen Truppen dauert erfo reich an.

DAS SIND DIE TATSACHEN.

Psychologische Kriegführung im Kursker Bogen: ein sowjetisches Flugblatt, abgeworfen ab 16. 7. 1943

tereinander fahrende Panjefahrzeuge, die von den an den Straßen liegenden Ortschaften zu stellen sind, abzufahren. Die Fahrzeuge sind durch Steine zu erschweren, und hinter den Fahrzeugen sind durch Baumstämme beschwerte Eggen zu schleifen, um ausgelegte Minen zur Detonation oder Freilegung zu bringen.
Es liegt der Verdacht nahe, daß Teile der Zivilbevölkerung mit den Banditen Hand in Hand arbeiten und der Minenverlegung Vorschub leisten.
Durch die befohlenen Maßnahmen wird gleichzeitig die Bevölkerung abgeschreckt, den Banditen zu helfen.
Abt. Ia, im Entwurf gezeichnet: v. Stockhausen

Neue Offensive
16. Juli 1943, Moskau. STAWKA teilt mit:

Die neue Offensive der Sowjetarmee hat mit einem halbstündigen schweren Trommelfeuer eingesetzt. Durch dieses Feuer der Artillerie, das von zahlreichen Bomberverbänden unterstützt wurde, sind die ausgedehnten deutschen Befestigungsanlagen, die in den letzten 18 Monaten errichtet wurden, zerstört worden. Darauf setzte unser Panzer- und Infanterieangriff ein, der im Anfangsstadium auf so gut wie keinen Widerstand stieß. Unsere Offensive gegen Orel sowohl im Norden wie im Osten macht weitere Fortschritte. In beiden Frontabschnitten konnten die Einbruchstellen beträchtlich verbreitert werden. Unsere Panzerspitzen dringen in raschem Tempo weiter vor. Trotz ungünstigen Wetters finden seit drei Tagen bei Orel schwere Luftkämpfe statt.

Schwere Abwehrkämpfe
Sonnabend, 17. Juli 1943. Das Oberkommando der Wehrmacht gibt bekannt:

Während die Kampftätigkeit nördlich von Bjelgorod gestern nachließ, hielten die schweren Abwehrkämpfe im Raum von Orel weiter an. Die Angriffe der Russen wurden in harten und wechselvollen Kämpfen abgeschlagen. Im Gesamtabschnitt wurden gestern wieder 251 Panzer zerstört.

Vorstädte von Orel unter Artilleriefeuer
17. Juli 1943, Moskau. STAWKA teilt mit:

Seit gestern beschießt unsere Artillerie mit zunehmender Intensität die am Stadtrand von Orel angelegten deutschen Verteidigungsstellungen. Die fehlgeschlagenen Gegenangriffe an diesem Frontabschnitt kosteten die Deutschen 3500 Gefallene und etwa 70 Panzer. Größere Fortschritte hat der frontale Angriff unserer Rotarmisten auf die Bahnlinie Orel–Brjansk von Norden her erzwungen. Unsere Truppen stehen hier an mehreren Punkten weniger als 20 Kilometer von der Bahn entfernt und haben sie durch Artilleriebeschuß an einigen Stellen unterbrochen.

Frontdurchbruch gescheitert
Sonntag, 18. Juli 1943. Das Oberkommando der Wehrmacht gibt bekannt:

Die Schlacht an der Ostfront hat sich gestern auch auf die Südfront ausgedehnt und insgesamt an Heftigkeit zugenommen. Ihre [d. h. die sowjetischen] Versuche, mit starken Infanterie- und Panzerkräften die Front zu durchbrechen,

Eine Karikatur aus dem »Daily Express«, London, Juli 1943: THE TWO GENTLEMEN OF VERONA, eine Anspielung auf das letzte Treffen zwischen Hitler und Mussolini vor dessen Sturz in Feltre bei Verona

scheiterten an dem hartnäckigen Widerstand unserer Truppen. Gegenangriffe zur Bereinigung kleiner örtlicher Einbruchstellen sind im Gange. Im Raume von Orel halten die schweren Abwehrkämpfe in unverminderter Stärke an. Am gestrigen Tage wurden insgesamt 415 Sowjetpanzer abgeschossen.
Auch im sizilianischen Raum haben die Kämpfe an Härte zugenommen. Unter dem Druck starker Panzerkräfte wurde die Stadt Agrigent geräumt.

Starker feindlicher Widerstand vor Orel
18. Juli 1943, Moskau. Das Sowinformbüro teilt mit:

Die sowjetische Offensive gegen Orel hat in den letzten 24 Stunden wieder Geländegewinne von 10 bis 15 Kilometern erzielt. Trotz Masseneinsatz faschistischer Reserven, die direkt vom Marsch aus in die Schlacht geworfen werden, hält der scharfe sowjetische Druck an.
Der feindliche Widerstand ist östlich von Orel am stärksten. Panzer- und Infanteriedivisionen unternahmen seit Samstagmittag nicht weniger als 12 entschlossene Gegenangriffe, die in blutigen Nahkämpfen abgewiesen werden konnten. In Gegenstößen sind mehrere deutsche Widerstandsnester ausgeschaltet und Geländegewinne bis zu acht Kilometern gemacht worden. Die Vorhut einer sowjetischen Panzerbrigade, deren Stoßkeile direkt auf Orel zielten, stand am Sonntagmittag noch 18 Kilometer östlich der Stadt.
Die deutsche Gegenwehr in der Luft hat beträchtlich nachgelassen, so daß die Sowjets zur Zeit die Luftherrschaft besitzen.

Aus dem Kriegstagebuch des OKW

Montag, 19. Juli 1943:

Frontlage: Der Gegner setzte seine Offensive mit starken Art.- und Panzerkräften, von der Luftwaffe unterstützt, fort. Im Raum Charkow–Orel wurde die HKL überall gehalten, dagegen erfolgten nordwestl. Orel nach stark überlegenen feindl. Angriffen neue Einbrüche. Angesichts der heftigen feindl. Offensive erscheint die weitere Durchführung von »Zitadelle« nicht mehr möglich. Um durch Frontverkürzung Reserven zu schaffen, wird der eigene Angriff eingestellt.

Nachrichtensperre

19. Juli 1943, Moskau. Das Sowinformbüro teilt mit:

An der ganzen Front bei Orel rückt die sowjetische Armee weiter vor. An der Südfront werden nach nichtamtlichen Berichten die schweren sowjetischen Angriffe fortgesetzt. Unser Oberkommando hat jede weitere Berichterstattung vorläufig verboten.

Drei Schwerpunkte der Schlacht

19. Juli 1943, Berlin. Das Office Français d'Information berichtet:

Die Sowjets setzten gestern von Orel bis zum Asowschen Meer ihre Offensive mit unverminderter Härte weiter fort; sie konnten anscheinend aber keine entscheidenden Ergebnisse erzielen. Bis jetzt haben sich drei deutlich vonein-

Raum Orel, 19. 7. 1943, ». . . den eigenen Angriff eingestellt«: Ein Grenadier schafft mühsam die MG-Munition nach vorn

ander getrennte Schwerpunkte der Schlacht gebildet. Der erste liegt am Mius, wo die Rote Armee versuchte, die deutsche Front zu durchbrechen; nach amtlicher deutscher Darstellung sind sie jedoch gescheitert. Der zweite liegt bei Kursk, wo der russische Druck gestern nachließ, was man in Berlin darauf zurückführt, daß der Gegner die schweren Verluste, die er bei der deutschen Offensive erlitten habe, zu spüren beginne. Bei Orel schließlich verzeichnet man den dritten Schwerpunkt. Dort wird am härtesten gerungen, und die Lage ist offenbar äußerst gespannt.

Aus dem Kriegstagebuch des OKW
Dienstag, 20. Juli 1943:

Frontlage: Der Gegner setzte seine heftigen Angriffe fort, die bei der 6. Armee und 1. Pz.-Armee im allgemeinen abgewiesen werden konnten. Im Raum von Bjelgorod wurden durch Zurücknahme der eigenen Front Reserven frei. Bei der 2. Pz.-Armee erzielte der Gegner mit starken Panzerkräften einen Durchbruch und stieß bis zur Eisenbahn Brjansk–Orel vor. Die Luftwaffe bekämpfte feindl. Truppen- und Panzeransammlungen mit Schwerpunkt im Einbruchsraum von Bolchow.

Partisanen unterstützen die Kämpfe bei Orel
20. Juli 1943, Moskau. STAWKA teilt mit:

Unsere heldenhaften Truppen haben in den letzten 24 Stunden ihre gegen die Eisenbahnlinie Brjansk–Orel aus dem Norden vorgetriebenen Keile vertiefen

◀ Es ist noch Suppe da! Raum Bjelgorod, 20. 7. 1943: Auch während der Schlacht muß die Truppe verpflegt werden. Die Mannschaft eines mittleren Schützenpanzerwagens (SdKfz 251) nimmt ihre warme Ration in Empfang

Tomarowka, westlich Bjelgorod, 20. 7. 1943: eine Sammelstelle für Beutewaffen. Hier ein Stapel der bewährten sowjetischen Panzerbüchsen Typ PTRD, Kal. 1,45 cm, die bei der Schlacht im Kursker Bogen oft auch als Fliegerabwehrwaffen gerade gegen die langsamen Ju 87 verwendet wurden

und verbreitern können. An verschiedenen Stellen befinden sich unsere Vorhuten, die erbitterten deutschen Widerstand zu überwinden haben, nur noch 15 Kilometer nördlich der feindlichen Verteidigungslinie. Karatschew wird durch unsere Zangenbewegung bedroht, deren beide Arme nordöstlich und nordwestlich der Stadt operieren. Die Eisenbahnlinie verteidigen starke faschistische Verbände. Inzwischen haben auch größere Abteilungen von Partisanen in die Kämpfe um Orel eingegriffen. Sie zerstören deutsche Verbindungslinien und Stützpunkte hinter der Front.

Aus dem Kriegstagebuch des OKW
Mittwoch, 21. Juli 1943:

Frontlage: Der Schwerpunkt des feindl. Angriffs lag an der Straße Kursk–Orel, wo es dem Gegner gelang, mit 3 Panzerkorps bis zu 10 km Tiefe in Richtung Orel einzubrechen. An der übrigen Front weitere feindl. Fesselungsangriffe mit starker Art.-Unterstützung. Die Luftwaffe bekämpfte Truppenziele und Panzeransammlungen am Donez und bei Orel.

Sowjetischer Vorstoß an der Südfront
21. Juli 1943, Moskau. Das Sowinformbüro berichtet:

Zu den Angriffen der Roten Armee an der Südfront darf jetzt gemeldet werden, daß sie von ungewöhnlich starker Artillerieunterstützung begleitet waren. Sie wurden auf breiter Front von Isjum bis Taganrog vorgetragen und dienten der Schaffung von Ausgangsstellungen für unsere Offensive ins Donezbecken. Unsere Truppen stießen auf ein stark ausgebautes feindliches Verteidigungssystem, in dem die Deutschen erbittert kämpfen, um einen Einbruch in das Donezbecken, der die faschistische Armee am Mius mit der Einkesselung bedrohen würde, zu verhindern. Nach wenigen Stunden schwerer Kämpfe hat die Sowjetarmee an zahlreichen Stellen zwischen Isjum und Lissitschansk den Donez und zwischen Krasny Luch und Taganrog den Mius überschritten und ausgedehnte Brückenköpfe gebildet.

Die Schlacht um Orel
21. Juli 1943, Moskau. Die Agentur Reuter meldet:

Die Offensive gegen Orel nimmt weiter einen für die Russen günstigen Verlauf. Die beiden Zangenarme nordwestlich und südwestlich der Stadt beginnen sich

Während sich die Truppen im Kursker Bogen auf dem Rückzug befinden, muß die Heimat weiterhin an den Erfolg glauben

Norddeutsche Ausgabe
203. Ausg. / 56 Jahrg. / Einzelpreis 20 Pf.

„Freiheit und Brot"

Norddeutsche Ausgabe
Berlin, Donnerstag, 22. Juli 19..

VÖLKISCHER BEOBACHTER

Kampfblatt der nationalsozialistischen Bewegung Großdeutschlands

Unvorstellbare Verluste der Bolschewisten

Über 5000 Panzer in 14 Tagen!

2344 Flugzeuge abgeschossen, 2200 Geschütze vernichtet, 45000 Gefangene eingebracht

V. B. Berlin, 21. Juli

Der heutige Bericht des Oberkommandos der Wehrmacht gibt mit der Gesamtaufstellung der Materialverluste, die die Sowjets in den 14 Tagen vom 5. bis 19. Juli erlitten haben, ein kaum vorstellbares Bild der Angriffskräfte, die der Feind für seine geplanten Sommeroffensiven bereitgestellt hatte; noch eindrucksvoller freilich zeugen diese Zahlen für die ungeschwächte Schlagkraft der deutschen Ostheere, für die Überlegenheit des deutschen Kriegsmaterials und die Tapferkeit der deutschen Soldaten, die stärker ist als das große Materialaufgebot der Sowjets.

diesem Sommer errungen haben, wirklich einmalig sind.

Wenn, gemessen an der Zahl des vernichteten oder erbeuteten Materials, die Gefangenenzahl gering erscheint, so zeigt dies das veränderte Gesicht, das der Krieg im Osten gewonnen hat: Noch mehr als vorher hat der Feind seine Hoffnungen auf Maschine und Material gesetzt.

Das Ergebnis von Bjelgorod

Von Kriegsberichter Ritter von Schramm

PK. . . .

Innerhalb der großen Schlachten des Ostfeldzuges wird die Schlacht im Raume nördlich von Bjelgorod, die am 4. Juli diese Jahres begann, ihren eigentümlichen Charakter behaupten. Sie ist eine ausgesprochene Abwehrschlacht, obwohl sie, von vornherein zum Angriff bereitgestellten wuchtigen Feindkräften die Initiative aus der Hand geschlagen hat, sie ist nicht, obwohl sie den Aufmarsch

»Vorwärts Kameraden – wir müssen zurück!« Raum Bjelgorod, 22. 7. 1943, Grenadiere beim Stellungswechsel

zu schließen. Die auf etwa 200000 Mann geschätzte deutsche Armee im Raum Orel ist, obwohl der Einschließungsring im Südwesten von Orel noch in einer Breite von etwa 55 Kilometern offensteht, von der Einkesselung bedroht.

Erschwerte Lage der deutschen Verteidigung
21. Juli 1943, Berlin. »Svenska Dagbladet« berichtet:

Am Dienstag gewann man in Berlin nach den von der Ostfront eingehenden Nachrichten den Eindruck, daß die deutschen Truppen ihre Front gegen die anstürmenden Russen im ganzen zu halten vermocht hätten. Die russische Offensive hatte nach der deutschen Darstellung nirgends erhebliche oder gar entscheidende Fortschritte gemacht; doch warnten die militärischen Kreise vor übereilten Voraussagen über einen endgültigen Erfolg der Abwehr. Sie betonten vielmehr, daß die Schlacht den Höhepunkt noch nicht erreicht habe.
Das trifft nach den heute vorliegenden Berichten durchaus zu. Die Lage ist in den letzten 24 Stunden offensichtlich ernster geworden. Die deutsche Berichterstattung, die sich bisher einer gemäßigten Zuversicht befleißigte, hat einen gedämpften Ton erhalten. Die militärischen Kreise heben bezeichnenderweise hervor, daß man nicht voraussehen könne, wie die Schlacht zu Ende gehe. Sie scheinen auch damit zu rechnen, daß die Front an gewissen Abschnitten zurückverlegt werden müßte, denn sie sprechen heute »von der beweglichen Verteidigung«, ein Ausdruck, den man im Zusammenhang mit früheren deutschen Rückschlägen kennengelernt hat. Die Begründung dafür ist, daß die deutsche Führung eine Abnutzungsschlacht schlage, bei der es darauf ankomme, den Russen große Verluste zuzufügen, während die eigenen Truppen möglichst geschont werden müßten.

Nahkämpfe in der Hauptkampflinie
Donnerstag, 22. Juli 1943. Das Oberkommando der Wehrmacht gibt bekannt:

Die Russen setzten gestern an der gesamten Front vom Asowschen Meer bis in den Kampfabschnitt Orel ihre vergeblichen Bemühungen, die deutschen Stellungen zu durchbrechen, fort. Ihre zum Teil mit frischen Kräften vorgetragenen Angriffe, deren Schwerpunkte bei Kuibyschewo, Isjum, nördlich Bjelgorod und am Orelbogen lagen, brachen entweder im Abwehrfeuer und Bombenhagel vor den eigenen Linien zusammen oder wurden in der Hauptkampflinie im Nahkampf zum Stehen gebracht. Örtliche Einbrüche konnten überall im sofortigen Gegenangriff bereinigt werden.

Deutsche Verteidigungslinie bei Orel durchbrochen
22. Juli 1943, Moskau. STAWKA teilt mit:

Östlich und nördlich von Orel halten die Kämpfe innerhalb der deutschen Verteidigungszone an. Angesichts der zahllosen betonierten Maschinengewehr- und Artilleriestellungen, Panzerfallen, Minenfelder und Drahtverhaue kommen unsere Angriffsoperationen nur langsam vorwärts. Jeder gewonnene Kilometer wird sofort befestigt und die Artillerie ständig nachgezogen. Daß trotz dieser Schwierigkeiten in 36 Stunden die gegnerische Befestigungszone in einer Tiefe von fünf bis sieben Kilometern eingedrückt werden konnte, zeugt für die gewaltig gesteigerte Kraft der sowjetischen Armee.
Die Schlacht hat sich auf der ganzen Frontbreite fast überall in erbitterte Nahkämpfe verwandelt. Südlich von Orel ist der faschistische Widerstand nach wie vor am hartnäckigsten. Die Kämpfe im Abschnitt Bjelgorod werden immer heftiger. Hitlers Generäle unternehmen scharfe Gegenangriffe, ohne jedoch das Vordringen unserer Truppen aufhalten zu können. Mehrere Ortschaften wurden gestürmt. Die sowjetischen Luftstreitkräfte führten in der vergangenen Nacht wieder schwere Angriffe auf Orel und Karatschew durch. Sowohl an der Donez- als auch an der Miusfront hält das hartnäckige Ringen um Flußübergänge und beherrschende Höhenstellungen an.

Aus dem Kriegstagebuch des OKW
Freitag, 23. Juli 1943:

Frontlage: Auch am 22. 7. lag der Schwerpunkt der feindl. Angriffe bei Orel, wo die eigene Front zurückgenommen werden mußte. Die Absetzbewegungen bei Bjelgorod verliefen planmäßig. 566 feindl. Panzerkampfwagen wurden abgeschossen. Die Luftwaffe unterstützte trotz ungünstigen Wetters die harten Abwehrkämpfe.
Sonstiges: Vortragsnotiz des Wehrmachtführungsstabes (WFSt) über die wehrwirtschaftliche Bedeutung des großen Orel-Bogens (im Zusammenhang mit den Erwägungen über eine Räumung desselben).

Die Garde-Panzerarmee in den Vorstädten von Orel
23. Juli 1943, Moskau. STAWKA teilt mit:

Im Norden von Orel haben unsere Truppen einen etwa zehn Kilometer breiten Geländestreifen auf dem Westufer der Oka genommen. Gegen zähen und

Raum Karatschew, 23. 7. 1943: nach einem Angriff sowjetischer Schlachtflugzeuge auf eine deutsche Nachschubkolonne

erbitterten gegnerischen Widerstand hat im Osten von Orel eine Garde-Panzerarmee gestern nachmittag den Befestigungsgürtel direkt östlich der Stadt durchbrochen und rückt auf die Stadt zu, die allerdings noch durch eine Verteidigungsstellung geschützt ist.

Sender Beromünster (Schweiz)

23. Juli 1943:

Heute vor acht Tagen, den 16. Juli, gaben Churchill und Roosevelt das politische Ziel bekannt, das sie mit dem Feldzug in Italien verfolgen, indem sie eine Proklamation an das italienische Volk richteten! Eine ähnliche Zielsetzung mag die Sowjetregierung verfolgen, indem sie in Moskau die Bildung eines Komitees des »Freien Deutschland« förderte, das aus deutschen Kriegsgefangenen und emigrierten Politikern besteht . . . Die Lage an der Ostfront ist nicht mehr durch die deutsche Offensive gegen den russischen Frontvorsprung von Kursk gekennzeichnet, sondern durch die russische Gegenoffensive gegen den deutschen Frontvorsprung von Orel.
Mit größtem Einsatz an Panzern, beweglicher Artillerie und Flugzeugen hat das russische Oberkommando seine Gegenoffensive vorgetragen und den in der ersten Phase der Sommerschlacht von den Deutschen gemachten Geländegewinn wieder ausgeglichen. Zu diesen Aktionen trat ferner die neu aufgelebte Kampftätigkeit an der Donez- und an der Miusfront – das heißt in dem aus den Kämpfen des Vorjahres bekannten Gebiet zwischen Charkow und Rostow – hinzu.
Ob es sich dort bereits um größere russische Offensivstöße oder um Kämpfe von lokaler Bedeutung zur Erringung besserer Ausgangsstellungen für spätere Offensiven handelt, kann von hier aus noch nicht beurteilt werden . . .

Aus dem Kriegstagebuch des OKW

Sonnabend, 24. Juli 1943:

Frontlage: Der Gegner setzte seine Angriffe in den bisherigen Abschnitten, überall durch starke Artillerie-, Panzer- und Schlachtfliegereinsätze unterstützt, fort. Die H.Gr. Süd wehrte an der gesamten Front während des ganzen Tages andauernde Angriffe ab.
Bei der 9. Armee wurden starke feindl. Angriffe an der Straße Kursk, Orel abgewiesen. Die 2. Pz.-Armee konnte im wesentlichen die starken feindl. Panzerangriffe zurückschlagen.

Aus der PRAWDA, 25. 7. 1943. Linke Spalte: Befehl des Oberkommandos an Armeegen. Rokossowski, Armeegen. Watutin, GenOberst Popow. Gestern, am 23. 7., ist nach erfolgreichen Kämpfen unserer Truppen die deutsche Juli-Offensive aus dem Raum südlich Orel und nördlich Bjelgorod in Richtung Kursk endgültig zusammengebrochen

Пролетарии всех стран, соединяйтесь!

…сесоюзная Коммунистическая Партия (больш.).

…РАВДА

…ан Центрального Комитета и МК ВКП(б).

…(932D | Воскресенье, 25 июля 1943 г. | ЦЕНА 20 КОП.

Проведенные бои по ликвидации немецкого наступления показали высокую боевую выучку наших войск, непревзойденные образцы упорства, стойкости и геройства бойцов и командиров всех родов войск, в том числе артиллеристов и минометчиков, танкистов и лётчиков.

Таким образом немецкий план летнего наступления нужно считать полностью провалившимся.

И. Сталин.

ПРИКАЗ
Верховного Главнокомандующего

Генералу армии тов. РОКОССОВСКОМУ
Генералу армии тов. ВАТУТИНУ
Генерал-полковнику тов. ПОПОВУ

…ра, 23 июля, успешными действиями …к войск окончательно ликвидировано …кое немецкое наступление из районов …е Орла и севернее Белгорода в сторо…рска.

Проведенные бои по ликвидации немецкого наступления показали высокую боевую выучку наших войск, непревзойденные образцы упорства, стойкости и геройства бойцов и командиров всех родов войск, в …

От Советского Информбюро

Оперативная сводка за 24 июля

В течение 24 июля наши войска на ОРЛОВСКОМ направлении продолжали наступление и, преодолевая сопротивление противника, продвинулись вперёд от 5 до 8 километров, заняли ряд населённых пунктов, в том числе районный центр и железнодорожную станцию ЗМИЕВКА.

На БЕЛГОРОДСКОМ направлении наши войска за пять дней наступления полностью восстановили положение, занимавшееся ими до наступления немецко-фашистских войск, т. е. до 5 июля сего года.

На юге, в Донбассе в районе ЮЖНЕЕ ИЗЮМА и ЮГО-ЗАПАДНЕЕ ВОРОШИЛОВГРАДА наши войска продолжали вести бои местного значения.

ЮГО-ЗАПАДНЕЕ КРАСНОДАРА наши войска вели атаки местного значения по улучшению своих позиций.

В течение 23 июля всего на фронтах наши войска подбили и уничтожили 43 немецких танка. В воздушных боях и огнём зенитной артиллерии на всех фронтах сбито 94 самолёта противника.

* * *

На Орловском направлении наши войска, преодолевая сопротивление и отражая контратаки противника, продолжали на- … Подразделение проникло в тыл противника. Наши бойцы ворвались в штаб немецкого пехотного полка и истребили до 60 гит- … наши разведчики успешно провели ночной поиск. Советские бойцы уничтожили группу гитлеровцев и, захватив пленных, благополучно вернулись в свою часть.

• • •

Партизанский отряд, действующий в одном из районов Гомельской области, пустил под откос два немецких эшелона с танками и орудиями. Более суток гитлеровцы очищали путь от обломков разбитых вагонов, повреждённых танков и орудий. На другой линии железной дороги партизаны отряда «Большевик» подорвали на минах немецкий воинский поезд.

• • •

Перешедший в районе Орла на сторону Красной Армии фельдфебель одного из полков 102 немецкой пехотной дивизии Людвиг Н. рассказал: «В первые дни наступления немецких войск офицеры уверяли солдат, что окружение русских войск в районе Курска близится к концу. Однако вскоре мы убедились, что наступление на

Sowjetische Gegenangriffe zurückgeworfen
Sonntag, 25. Juli 1943. Das Oberkommando der Wehrmacht gibt bekannt:

... Starke sowjetische Infanterie- und Panzerkräfte versuchten wiederum vergeblich den Durchbruch im Raum von Bjelgorod. Im Kampfgebiet von Orel hielten die wechselvollen Kämpfe an. Die Sowjets wurden an mehreren Stellen in erfolgreichem Gegenangriff zurückgeworfen. Örtliche Einbrüche wurden abgeriegelt.

Aus dem Kriegstagebuch des OKW
25. Juli 1943:

Frontlage: Vor der Heeresgruppe Süd wurden feindl. Einbrüche zum Teil im Gegenstoß bereinigt. Die Lücke zwischen der 9. Armee und 2. Pz.-Armee wurde geschlossen. Am linken Flügel der 2. Pz.-Armee erzielte der Gegner einen tiefen Einbruch. – Die Luftwaffe unterstützte vor allem die Erdkämpfe. Die Zahl der Bandenanschläge auf Eisenbahnstrecken im Osten erreichte mit 60 Anschlägen innerhalb eines Tages eine Höchstzahl.

Die Schlacht um Orel
25. Juli 1943, Moskau. Das Sowinformbüro teilt mit:

Bei anhaltendem Regenwetter setzten die heldenhaften Truppen General Watutins die Einschließung der Festung Orel fort. An allen wichtigen Abschnitten wurden trotz erbittertem faschistischen Widerstand Fortschritte erzielt.

Schwere sowjetische Belagerungsgeschütze sind in Stellung gegangen und nehmen die Widerstandsnester unter konzentrisches Feuer.
Nördlich von Orel ist die im Südosten von Bolchow eingeschlossene deutsche Kräftegruppe unter den konzentrischen Angriffen unserer Truppen auf einen engen Raum zusammengedrängt worden. Die auf dem Westufer der Oka nach Süden vorstoßenden sowjetischen Vorhuten stehen 12 Kilometer vor Orel. Nordwestlich der Stadt sind im Süden von Iljinskoje heftige Gefechte zwischen Rotarmisten und gegnerischen Panzerverbänden im Gange. Die Eisenbahnlinie Brjansk–Orel ist bereits an drei Stellen unterbrochen, und alle deutschen Angriffe zur Sicherung des Bahndammes sind gescheitert.
Im Süden von Orel hat die Sowjetarmee gestern ihren Druck verstärkt und ist schneller vorwärts gekommen als an den Vortagen. Der Widerstand der faschistischen Eliteverbände bleibt jedoch äußerst zäh. An der Front von Bjelgorod besetzten unsere Truppen gestern eine Reihe weiterer Ortschaften. Die Kämpfe spielen sich jetzt etwa 20 Kilometer nördlich von Bjelgorod ab.

Die deutsche Abwehrstrategie
25. Juli 1943, Berlin. »Svenska Dagbladet« berichtet:

Wenn auch der russische Generalstab vor einigen Tagen seine Offensive vom südlichen und mittleren auf den Abschnitt von Leningrad ausdehnte, bleibt nach der deutschen Darstellung das Schwergewicht der Schlacht im Osten doch bei Orel. Die sowjetischen Anstrengungen werden von deutscher Seite als wahrhaft gigantisch geschildert. Auf welche Weise wehrt sich das deutsche Ostheer gegen die Offensive der Roten Armee?

Raum Orel, 25. 7. 1943, Bergung von Verwundeten während der Schlacht: Der Truppenarzt, der selbst im Panzer (links) den Angriff mitfuhr, leistet jetzt Erste Hilfe. Der wartende mittlere Krankenpanzerwagen, Ausf. C (SdKfz 251/8) holt die Verwundeten aus der Kampfzone zum Hauptverbandplatz

Die militärischen Kreise in Berlin erklären, die Russen hätten bis jetzt nur örtliche Erfolge errungen, obwohl die Deutschen nicht so sehr auf unbedingtes Halten der Stellung als auf die Abnutzung des Gegners aus seien. Man bereitet also die Öffentlichkeit auf die Möglichkeit von Frontverlegungen vor, was in der Tat bereits in gewissem Umfang eingetreten ist. Trotzdem bestehen in bezug auf einen Erfolg der deutschen Waffen kaum größere Bedenken als bei den früheren großen Abwehrschlachten in Rußland. Denn die Preisgabe von Gelände hängt mit einer Änderung der deutschen Strategie seit Stalingrad zusammen. Bis in den letzten Winter hinein hielten die deutschen Truppen starr den gesamten, von ihnen eroberten Raum, soweit nur ihre Kräfte dafür ausreichten.
Bereits die Verteidigung der Ukraine im Frühjahr dieses Jahres wurde elastisch geführt, und man räumte die allzu exponierten Bogen von Demjansk und Rschew. Die militärischen Kreise selbst deuten an, daß man bereit sei, in einem gewissen Umfang Gelände preiszugeben, das zu halten zu hohe Opfer kostete. Man legt vielmehr den Nachdruck darauf, daß dem Gegner bei möglichster Schonung der eigenen Truppen große Verluste zugefügt werden.

Aus dem Kriegstagebuch des OKW

Montag, 26. Juli 1943:

Frontlage: Der Feind führte gegen die Mitte der 9. Armee sehr starke Panzerangriffe. Die Einbruchstelle nordostw. Orel konnte noch nicht bereinigt werden. Bei der 2. Pz.-Armee durchbrach der Gegner mit 100 Panzern die deutsche HKL in 8 km Breite. Vor der 4. Armee wurden lebhafte feindl. Bewegungen

Raum Bjelgorod, 26. 7. 1943: Die Bedienung einer 8,8-cm-Flak schläft todmüde im Schutz ihres Zugkraftwagens

und Bereitstellungen erkannt. – In der Luft herrschte sehr starke feindl. Tätigkeit, während die eigenen Einsätze aus Wettergründen zurückgingen.

Erfolge der Roten Armee vor Orel
26. Juli 1943, Moskau. STAWKA teilt mit:

Im Osten von Orel nahmen die Gegenangriffe gestern beträchtlich an Stoßkraft ab, und unsere Truppen sind einige Kilometer vorgerückt. Sie besetzten 17 Ortschaften, die zum Teil in der äußeren Verteidigungszone Orels liegen. Mehrere deutsche Einheiten, die sich nicht rechtzeitig zurückzogen, wurden abgeschnitten und aufgerieben. Eine große Zahl von Gefangenen wurde eingebracht. Auch nördlich von Orel hat der gegnerische Widerstand nachgelassen, und die Verbände von Armeegeneral Rokossowski haben wichtige Geländegewinne erzielt. Die südöstlich von Bolchow eingeschlossene Hitlersche Kräftegruppe wurde nach wiederholten Ausbruchsversuchen in hartem Kampf stark dezimiert. Im ganzen Kampfgebiet unterstützt die Rote Luftflotte mit noch nie gesehenem Einsatz die vorrückenden Panzer- und Infanterieverbände.

Vor dem Fall von Orel?
26. Juli 1943, Moskau. Associated Press meldet:

Die Nachrichten über die beginnende Räumung Orels durch die Deutschen bestätigen sich. Nach den neuesten Frontberichten hat General Rokossowski gestern in allen Abschnitten starke Reserven eingesetzt und den Druck auf die Festung Orel bedeutend verstärkt. Im Osten, Norden und Süden dringen große sowjetische Armeegruppen auf Orel vor.

Sowjetischer Durchbruchsversuch abgewiesen
Dienstag, 27. Juli 1943. Das Oberkommando der Wehrmacht gibt bekannt:

Der Schwerpunkt der Kämpfe lag auch gestern im Raume von Orel. Unsere Truppen, von starken Verbänden der Luftwaffe unterstützt, wiesen mehrere südlich, östlich und nördlich von Orel geführte feindliche Durchbruchsversuche unter wechselvollen Kämpfen blutig ab und vernichteten zahlreiche Panzer.

Kämpfe gegen die letzte deutsche Verteidigungslinie
27. Juli 1943, Moskau. STAWKA teilt mit:

Die Sowjetarmee geht gegen den Raum Orel systematisch weiter vor. Während unsere Truppen im Zentrum der Front (östlich von Orel) in schweren Kämpfen gegen die letzte deutsche Verteidigungslinie stehen, haben sie nördlich und südlich der Stadt weitere Geländegewinne von fünf bis zehn Kilometern erzielt. Insgesamt wurden gestern 70 Ortschaften zurückerobert.

Hartnäckiger feindlicher Widerstand
27. Juli 1943, Moskau. Das Sowinformbüro meldet:

Nördlich von Orel hat die Sowjetarmee gegen hartnäckigen feindlichen Widerstand einen neuen Brückenkopf auf dem Westufer der Oka errichtet. Unsere Stoßformationen, die zu dieser Operation eingesetzt waren, überrannten die deutschen Befestigungen auf dem Westufer und nahmen mehr als ein Dutzend

Ein seltener Zufall ist dieses Foto am Rande der Schlacht im Kursker Bogen: Eine Ju 87 G-1 mit 3,7-cm-Flak 18 kehrt von einem Panzerbekämpfungseinsatz mit abgeschossenem Fahrgestell zu ihrem Stützpunkt zurück und setzt mit stehendem Propeller zur Bruchlandung an

Ortschaften im Sturm. Gegen Abend griffen bedeutende faschistische Verstärkungen ein, so daß sich das Vordringen der Gardeverbände verlangsamt hat. Nordwestlich von Orel geht der Vormarsch weiter.

Verbrannte Erde bei Orel
27. Juli 1943, Moskau. Associated Press berichtet:

Armeegeneral Rokossowski hat bei Orel die Flügel seiner Armee weiter verstärkt, während der Angriff direkt östlich der Stadt gegen das gut ausgebaute deutsche innere Verteidigungssystem nur schrittweise vorwärts kommt. Durch die Bildung eines neuen Brückenkopfes auf dem Westufer der Oka nördlich von Orel ist ein weiteres Stück des Flankenschutzes für Orel herausgebrochen worden. Die deutschen Verbände zerstören, soweit ihnen die scharf nachstoßenden Russen Zeit lassen, auf ihrem Rückzug alle Verkehrswege und Ortschaften.

Schwere Abwehrkämpfe vor Orel
Mittwoch, 28. Juli 1943. Das Oberkommando der Wehrmacht gibt bekannt:

Die schweren Abwehrkämpfe im Abschnitt Orel dauern an. An der übrigen Ostfront ließen die Angriffe der Sowjets an Stärke und Ausdehnung nach. Von den einzelnen Kampfabschnitten wird gemeldet: Am Kubanbrückenkopf, am Mius und am Donez scheiterten feindliche Angriffe. Im Raum von Orel griff der Feind auch gestern mit unverminderter Stärke an. Alle Angriffe brachen unter hohen Verlusten für die Sowjets zusammen. An dieser Front hat sich in den

Ein Beispiel vorbildlicher Zusammenarbeit der Luftwaffe mit den Panzerverbänden: Ein Stuka-Leitoffizier koordiniert über Sprechfunkverkehr aus seinem Kommandopanzerwagen SdKfz 251/6 den Bombenangriff auf sowjetische Stellungen. Nach ihrer Zerschlagung sollen die Panzer vorstoßen

letzten Wochen die rheinisch-westfälische 86. Infanteriedivision besonders ausgezeichnet.

Rote Armee vor Karatschew

28. Juli 1943, Moskau. Das Sowinformbüro teilt mit:

Weit im Westen von Orel hat Armeegeneral Rokossowski die Operationen gegen Brjansk aufgenommen. Im Nordosten dieser Stadt ist Schisdra bereits umgangen und nahezu umzingelt. An der Eisenbahnlinie Orel–Brjansk setzt ein starker sowjetischer Panzerverband den Vormarsch nach Westen weiter fort. Er nähert sich zur Stunde Karatschew, das gleichzeitig von Norden her eingekreist wird.

Rückzug der Deutschen bei Orel

28. Juli 1943, Moskau. United Press meldet:

Angesichts der Tatsache, daß die Sowjets eine längere Strecke der Bahnlinie Orel–Brjansk sowie die von Orel nach dem Südwesten führenden Straßen beherrschen, unternimmt das deutsche Oberkommando jetzt den Versuch, die südlich von Orel stehenden starken deutschen Streitkräfte zurückzuziehen, um ihre Einschließung zu verhindern. Der Rückzug ist an mehreren Frontabschnitten in vollem Gang, während Nachhuten verzweifelte Verzögerungskämpfe liefern. Nach den letzten Meldungen brennen die Deutschen die von ihnen geräumten Ortschaften nieder und führen deren Einwohner mit sich; alle Brücken und Straßen werden zerstört. Acht russische Armeen stoßen gegen Orel vor; einige von ihnen stehen bereits in unmittelbarer Nähe der Stadt. Die Meldungen der sowjetischen Luftaufklärung bestätigen, daß die Deutschen jetzt versuchen, eine Auffangstellung 40 Kilometer südwestlich von Orel zu errichten.

Aus dem Kriegstagebuch des OKW

Donnerstag, 29. Juli 1943:

Frontlage: Bei der H.Gr. Süd keine Kampfhandlungen von größerer Bedeutung. Vor der 9. Armee verstärkt sich dagegen der feindl. Druck weiterhin. Der Absetzbewegung der 2. Pz.-Armee drängte der Feind scharf nach. Der OB der H.Gr. Mitte, GFM von Kluge, wendet sich wegen eines Fernschreibens des GenStdH vom 21. 7. an den Führer und legt ihm dar, daß die Heeresgruppe im

Auch die NS-Presse kann nicht länger den Ernst der Lage verschweigen

Norddeutsche Ausgabe
210. Ausg. / 56. Jahrg. / Einzelpreis 20 Pf.

„Freiheit und Brot"

Norddeutsche Ausgabe
Berlin, Donnerstag, 29. Juli 1943

VÖLKISCHER BEOBACHTER

Kampfblatt der nationalsozialistischen Bewegung Großdeutschlands

Churchill verlangt von Italien bedingungslose Selbstaufgabe

Lissabon, 28. Juli.

Der britische Ministerpräsident Churchill gab am Dienstag im Unterhaus eine Erklärung ab, in der er nach den üblichen Beschimpfungen des italienischen Volkes die Fortführung des Krieges gegen Italien mit allen Mitteln ankündigte und es für passend hielt, wörtlich zu erklären:

„Wir müssen die Italiener, um uns der volkstümlichen Phrase zu bedienen, ‚eine Weile lang im eigenen Saft kochen lassen', bis wir von ihrer Regierung oder irgend jemand, der die notwendige Autorität besitzt, die unerläßlichen notwendigen Zugeständnisse erhalten."

Churchill ließ im weiteren Verlauf seiner Rede keinen Zweifel darüber, daß nur die völlige Selbstaufgabe des italienischen Volkes diesen „Zugeständnissen" entsprechen würde. Er betonte ferner, daß er sich bei diesen Erklärungen „in völliger Übereinstimmung mit der USA." befinde.

Auch Washington besteht auf unbedingter Unterwerfung

Stockholm, 28. Juli.

Wie ein Beamter des Washingtoner Kriegsinformationsamtes am Montag dem Vertreter des britischen Reuterbüros erklärte, wird die neue italienische Regierung genau so betrachtet wie

Abwehrkämpfe mit unverminderter Stärke

Schwerpunkt bei Orel

Starke beiderseitige Artillerietätigkeit auf Sizilien

47 Abschüsse bei neuem Terrorangriff auf Hamburg

VB. Berlin, 28. Juli.

Der Abwehrkampf an der Ostfront wird weiter mit großer Erbitterung geführt, wobei die Sowjets ihre Angriffe nach wie vor mit einem starken Aderlaß an Menschen und Material bezahlen müssen. In ihren Versuchen, die deutsche Front an den einzelnen Abschnitten mit wechselndem Druck anzugreifen und gleichsam abzutasten, lag der Schwerpunkt am 26. und 27. Juli wieder im Kampfraum von Orel. Am ersten Tage führte der Gegner wieder starke Panzermassen ins Gefecht und verlor allein im Brennpunkt der Kämpfe am Orelbogen sowie südlich und östlich Orel ohne die von der Luftwaffe vernichteten Kampfwagen 168 Panzer. Dennoch war dieses Ringen nicht als eigentlicher Panzerkampf zu bezeichnen, sondern die Entscheidung lag besonders bei unseren Grenadieren und bei den als Infanterie eingesetzten Panzergrenadieren. Sie hatten den Hauptansturm des Gegners zu bestehen, der auch am 27. Juli mit unverminderter Stärke angriff. Doch brachen alle Angriffe unter hohen blutigen Verlusten der Sowjets zusammen.

Einheiten, und von zahlreichen Panzern unterstützt, bis an die Feuerstellungen unserer Artillerie vorzudringen. Entschlossen nahmen unsere Kanoniere mit ihren Haubitzen die angreifenden Panzer sofort unter direkten Beschuß. Ein pommerscher Obergefreiter schoß hierbei allein drei Panzer vom Typ „T 34" ab. Die restlichen Panzer drehten daraufhin ab und wendeten sich gegen die Feuerstellungen anderer Batterien. Als die Bolschewisten weitere, frische Kräfte in das Gefecht warfen, wichen die Kanoniere der erdrückenden Übermacht geschickt aus. Der feindliche Angriff richtete sich nunmehr gegen eine wichtige Straßenkreuzung. Der Abteilungskommandeur hatte inzwischen die Kreuzung mit sechs Geschützen besetzt und ließ Granate um Granate gegen die

Werfer greifen ein

Zuge der anlaufenden Räumungsbewegung so bald wie möglich starke Kräfte aus dem Orel-Bogen herausziehen werde. Er verwahrt sich gegen den Vorwurf des GenStdH, daß er dies eher hätte tun müssen, weil diese Maßnahme nicht zu einem früheren Zeitpunkt durchführbar gewesen sei.

Strategie der elastischen Verteidigung
29. Juli 1943, Berlin. Das DNB meldet:

An der Ostfront muß damit gerechnet werden, daß die Russen nach Durchführung neuer Truppenbereitstellungen auch am Kubanbrückenkopf, am Mius sowie südlich des Ladogasees ihre Massenangriffe wieder aufnehmen werden. Die deutsche Strategie der elastischen Verteidigung im Abschnitt Orel beraubt die Russen nach wie vor jeder Möglichkeit, aus örtlichen Geländegewinnen, die sie mit schwersten Verlusten erkaufen müssen, operativen Nutzen zu ziehen. Das Hin und Her an bestimmten Geländeabschnitten wirkt auf die russische Kampfkraft ebenso zermürbend wie das tagelange Anrennen gegen die deutschen Stellungen. Immer noch trägt die Schlacht im Raum von Orel das charakteristische Merkmal der Abnutzungsschlacht, bei der die anstürmenden Russen ungleich höhere Verluste aufzuweisen haben als die deutschen Verbände.

Erbitterte Kämpfe im Raum Orel
29. Juli 1943, Moskau. Das Sowinformbüro teilt mit:

Im Verlauf ihrer Offensive haben die Truppen von Armeegeneral Rokossowski bisher 12000 Quadratkilometer zurückerobert, also fast die Hälfte des 25000

Menschlichkeit am Rande der Kursker Schlacht: Oberst Gorjunow vom sowjetischen 29. Panzerkorps der 5. Garde-Panzerarmee, nachdem ihm Erste Hilfe erteilt wurde

Rückzugsgefechte im Raum Orel, 29. 7. 1943: 2-cm-Flak 38 im Erdkampfeinsatz

▶ Westlich Orel, 30. 7. 1943: die Bedienung einer bespannten Feldhaubitze bei der Rast

Quadratkilometer umfassenden Frontbogens von Orel. Alle nach Westen führenden Straßen und Wege sind mit zerstörtem oder liegengelassenem, unbeschädigtem faschistischem Kriegsmaterial gesäumt. Zahlreiche deutsche Soldaten, deren Einheiten aufgerieben sind, halten sich in den dichten Wäldern auf. Im Osten von Orel tobt jetzt die Schlacht innerhalb des deutschen inneren Verteidigungsringes, wenige Kilometer vor der Stadt. Die Hitler-Truppen unternehmen fortgesetzt heftige Gegenangriffe zur Vernichtung des sowjetischen Keils. Die Kämpfe sind von außerordentlicher Erbitterung und haben bisher zu keiner klaren Entscheidung geführt. Mehrere Ortschaften haben wiederholt den Besitzer gewechselt.
Südlich Orel zieht sich der Gegner vor den Angriffen sibirischer Elitetruppen zurück. Alle deutsch-faschistischen Versuche, sich auf improvisierten Stellungen zu halten, erwiesen sich als vergeblich. Vorgeschobene sowjetische Einheiten stehen seit heute früh an der Bahnlinie Kursk–Orel noch 16 Kilometer von der Festung entfernt.

Deutscher Rückzug bei Orel
29. Juli 1943, Moskau. Die Agentur Reuter berichtet:

Die deutsche Armee hat jetzt in einem noch höchstens 30 Kilometer breiten Korridor in großem Maßstab mit dem Rückzug von Truppen und Material aus dem Frontvorsprung von Orel begonnen.

Sowjetische Angriffe abgewiesen
Freitag, 30. Juli 1943. Das Oberkommando der Wehrmacht gibt bekannt:

Im Kampfabschnitt Orel wurden wieder heftige Infanterie- und Panzerangriffe abgewiesen.

Vor der Entscheidung bei Orel
30. Juli 1943, Moskau. Das Sowinformbüro teilt mit:

Nach 18 Tagen der Schlacht um den Frontvorsprung von Orel nähert sich diese ihrem Höhepunkt. Unsere Truppen stehen im Norden, Osten und Süden etwa 15 Kilometer von Orel entfernt. An der Bahnlinie Kursk–Orel vordringend, haben sich unsere Gardeverbände der letzten vor Orel liegenden Station genähert, die von einem deutschen Artillerieregiment verteidigt wird. Viele Anzeichen deuten darauf hin, daß das faschistische Oberkommando unter

größeren Verzögerungsaktionen im Abschnitt südlich von Orel den Rückzug vorbereitet. An der Front regnet es in Strömen. Der Boden ist knietief aufgeweicht. Angesichts dieser Bodenverhältnisse hat Rokossowski bereits seit mehreren Tagen Kosaken-Verbände eingesetzt. Die Streifzüge dieser Kavallerie haben bis zu 50 Kilometer hinter der Frontlinie zu Unterbrechungen des deutschen Nachschubs geführt.

Sender Beromünster (Schweiz)
30. Juli 1943:

Dramatische Ereignisse von weittragender Bedeutung haben sich in den letzten acht Tagen abgespielt. Seit Kriegsausbruch hat kaum eine Nachricht auf die Weltöffentlichkeit einen tieferen Eindruck gemacht als die vom Sturz des faschistischen Diktators Mussolini und des politischen Systems, das er seit 21 Jahren verkörperte ... Nach einem Agenturbericht aus Moskau soll das russische Oberkommando eine Armeegruppe für den Angriff gegen Poltawa bereitgestellt haben, wodurch Charkow durch ein umfassendes Manöver abgesperrt werden und der Vorstoß über Poltawa hinaus an das Dnjepr-Knie bei Dnjepropetrowsk vorgetragen werden soll. Es ist übrigens das erste Mal seit Beginn des Feldzuges in Rußland, daß die Rote Armee in einer Sommeroffensive Erfolge davonträgt.

Aus dem Kriegstagebuch des OKW
Sonnabend, 31. Juli 1943:

Frontlage: Der Feind nahm seine Angriffe gegen den Kuban-Brückenkopf wieder auf. Im Raum von Orel wehrte die 2. Pz.-Armee zahlreiche schwere Angriffe ab.

Blutige Verluste der Sowjets
Sonntag, 1. August 1943. Das Oberkommando der Wehrmacht gibt bekannt:

Die am 30. Juli aufgelebte Kampftätigkeit an der Ostfront ließ am gestrigen Tage mit Ausnahme der Kämpfe am Orelbogen wieder nach.
An der Miusfront gingen unsere Truppen nördlich Kuibyschewo, durch starke Kampfverbände der Luftwaffe unterstützt, zum Gegenangriff über, schlossen eine starke sowjetische Kampfgruppe ein und vernichteten sie.
Im Raum von Bjelgorod scheiterten örtliche Angriffe der Sowjets. Eigene Gegenstöße in diesem Abschnitt verliefen erfolgreich. Im Orelbogen setzten die Bolschewisten während des ganzen Tages ihre Angriffe mit starken Infanterie- und Panzerkräften fort. Unter hohen blutigen Verlusten und großem Materialausfall brachen ihre Angriffe im Abwehrfeuer aller Waffen zusammen. Ein örtlicher Einbruch wurde abgeriegelt.

Stellungskrieg vor Orel
1. August 1943, Moskau. STAWKA teilt mit:

Im Kampfabschnitt nördlich von Orel hat unsere Infanterie, nachdem sie eine Reihe erbitterter Gegenangriffe abgewiesen hatte, weiter an Boden gewinnen können. Sowjetische Panzerverbände stehen seit gestern abend im Angriff. Östlich von Orel hat eine Gardedivision nach stundenlangen wechselvollen

Raum Bjelgorod, 1. 8. 1943: Soldaten einer SS-Panzerdivision bergen einen schwerverwundeten Rotarmisten

Kämpfen Bodengewinne bis zu zwei Kilometern gemacht. Südlich von Orel ist der faschistische Widerstand weiterhin äußerst stark. Die Schlacht um Orel hat jetzt den Charakter eines Stellungskrieges angenommen.

Rückkehr nach Moskau
1. August 1943, Moskau. Die Agentur TASS berichtet:

Nach fast zweijähriger Tätigkeit in Kujbyschew hat jetzt Außenkommissar Molotow das Diplomatische Korps ermächtigt, nach Moskau zurückzukehren. Alle Botschaften und Gesandtschaften erhielten die Mitteilung durch Vizekommissar Milotschkow, daß er im Auftrag des Kreml den Umzug der über hundert Diplomaten und fast tausend Angestellten nach Moskau leiten werde, für den

Sonderzüge bereitgestellt seien. Das Diplomatische Korps verließ die Hauptstadt in der Nacht des 15. November 1941 nach dem Durchbruch der Hitler-Truppen bei Moschaisk, wodurch Moskau in ernste Gefahr geriet. Die Rückkehr des Diplomatischen Korps nach Moskau erfolgt im Zeichen des tiefen Vertrauens des Kreml und des Generalstabes, daß der Krieg gewonnen wird und daß unsere Luftflotte nun stark genug ist, um die Hauptstadt schützen zu können.

Aus dem Kriegstagebuch des OKW
Montag, 2. August 1943:

Frontlage: Der Angriff der 6. Armee an der Einbruchstelle am Mius-Brückenkopf war erfolgreich. Das Absetzen der 9. Armee und der 2. Pz.-Armee erfolgte planmäßig. An der übrigen Front wurden feindliche, mit schwachen Kräften geführte Vorstöße abgewiesen.

Große Erfolge vor Orel
2. August 1943, Moskau. Das Sowinformbüro teilt mit:

Die letzten 24 Stunden brachten unseren Armeen im Nordost- und Südabschnitt der Front von Orel Erfolge, die weit über diejenigen hinausgehen, die in den letzten Tagen erzielt wurden. Das sowjetische Oberkommando weist darauf hin, daß mehr als 100 Ortschaften im Umkreis von 10 bis 15 Kilometern um Orel befreit worden sind. Der Erfolg ist desto bemerkenswerter, da durch die anhaltenden Regenfälle der Boden völlig verschlammt ist und jede Bewegung

Raum Orel, ein brennender schwerer sowjetischer Panzer KW-1: Diese relativ langsamen Kampfwagen erleiden große Verluste

riesige Anforderungen an den Nachschubdienst stellt. Trotzdem haben sich die sowjetischen Verbände auf breiter Front der Bahnlinie Orel–Brjansk nähern können und stehen nun seit gestern abend fast unmittelbar am Bahndamm. Gleichzeitig ist die südlich und parallel zur Bahnlinie verlaufende Rollbahn unter das Geschützfeuer unserer aus dem Süden vordringenden Truppen geraten. Lediglich die aus dem Südwesten nach Orel führende Landstraße steht jetzt für die Deutsch-Faschisten noch offen.

Kämpfe um die Bahnlinie Orel–Brjansk: die Selbstfahrlafette »Wespe« mit leichter Feldhaubitze 10,5 cm, FH 18/2. Dieses Artilleriefahrzeug mit dem Fahrgestell des Panzerkampfwagens II ist recht unbeliebt. Der hohe Aufbau macht es bei Geländefahrten sehr kopflastig, der Kampfwagen ist für die fünf Mann Besatzung viel zu eng, und die 32 Schuß Munition, die dort Platz finden, ermöglichen kaum ein wirkungsvolles Feuer

Komitee »Freies Deutschland«

2. August 1943, Moskau. United Press berichtet:

Die »Prawda« beschäftigt sich in ihrem Leitartikel ausführlich mit dem Komitee »Freies Deutschland«, das seit seiner Gründung eine rege politische Tätigkeit aufgenommen hat. Das Blatt versichert u. a., das neue Komitee werde in der Zusammenfassung der Opposition gegen Hitler in Deutschland selbst eine wichtige Rolle spielen, wesentlich zum Sturz der jetzigen deutschen Regierung beitragen und dann Deutschland helfen, vom Kriege wieder zu einer Friedensorganisation überzugehen.

Zusammenfassend nennt dann die »Prawda« die wesentlichen Programmpunkte des Komitees, nämlich erstens den Sturz des Hitlerregimes durch das deutsche Volk selbst, zweitens die Bildung einer nationalen Regierung, die das Vertrauen des deutschen Volkes und der Vereinigten Nationen hat und den Friedensschluß als erste Aufgabe ansieht, drittens die Organisation Deutschlands nach demokratischen Richtlinien und schließlich eine Garantie der künftigen demokratischen Regierung Deutschlands, daß sie rücksichtslos jede Verschwörung gegen den demokratischen Staat und den europäischen Frieden unterdrücken werde.

Alle Angriffe abgewiesen
Dienstag, 3. August 1943. Das Oberkommando der Wehrmacht gibt bekannt:

Am Kubanbrückenkopf wurden mehrere Angriffe der Russen blutig abgewiesen. Der eigene Angriff nördlich Kuibyschewo wurde erfolgreich fortgesetzt. An der Donezfront brachen mehrere, mit schwächeren Kräften geführte feindliche Angriffe zusammen.
Im mittleren Frontabschnitt, vor allem südwestlich Orel, setzte der Feind seine Durchbruchsversuche unter Einsatz neuer starker Infanterie-, Panzer- und Fliegerkräfte fort. Unsere heldenhaft kämpfenden Gruppen wehrten alle feindlichen Angriffe ab und gewannen, von der Luftwaffe unterstützt, vorübergehend verlorengegangenes Gelände im Gegenangriff zurück. Abermals wurde eine große Zahl von russischen Panzern vernichtet.

Aus dem Kriegstagebuch des OKW
Mittwoch, 4. August 1943:

Frontlage: Der Gegner trat bei der 1. Pz.-Armee überraschend aus dem Brückenkopf bei Isjum, von Artillerie und Luftwaffe stark unterstützt, zum Angriff an. Durch Gegenangriff konnte ein Einbruch im wesentlichen bereinigt werden. Bei der 4. Pz.-Armee durchbrach der Feind mit 200 Panzern den rechten Armeeflügel, konnte jedoch nach harten Kämpfen aufgefangen werden. Bei der 9. Armee setzte der Gegner unter Einsatz von etwa 300 Panzern seine starken Angriffe an und westlich der Straße Orel, Kursk fort ... 131 feindl. Flugzeuge wurden bei 10 eigenen Verlusten abgeschossen.
Der Eisenbahnbetrieb im Osten wurde durch schlagartig einsetzende Gleissprengungen (75 Großanschläge mit etwa 1800 Sprengungen im Bereich der H.Gr. Mitte am 3. 8.) stark gefährdet. Der Zugzulauf in den Bereich der H.Gr. Mitte mußte vom 4. 8. an für zunächst 48 Stunden gesperrt werden.

Deutscher Rückzug bei Orel in vollem Gange
4. August 1943, Moskau. Das Sowinformbüro teilt mit:

Nachdem in den letzten 12 Stunden unsere Panzerarmeen sich trotz der erbitterten feindlichen Abwehr noch näher an den Bahndamm Orel–Brjansk

An der Rollbahn Orel-Brjansk, 4. 8. 1943, der letzte Versuch, den überwältigenden Gegner zu stoppen: eine 8,8-cm-Flak im Nachhutgefecht

Orel, 4. 8. 1943, die letzten Augenblicke in der fast völlig geräumten Stadt: Der Obergefreite am Steuer trägt am Unterarm das »Kraftfahrer-Bewährungsabzeichen«

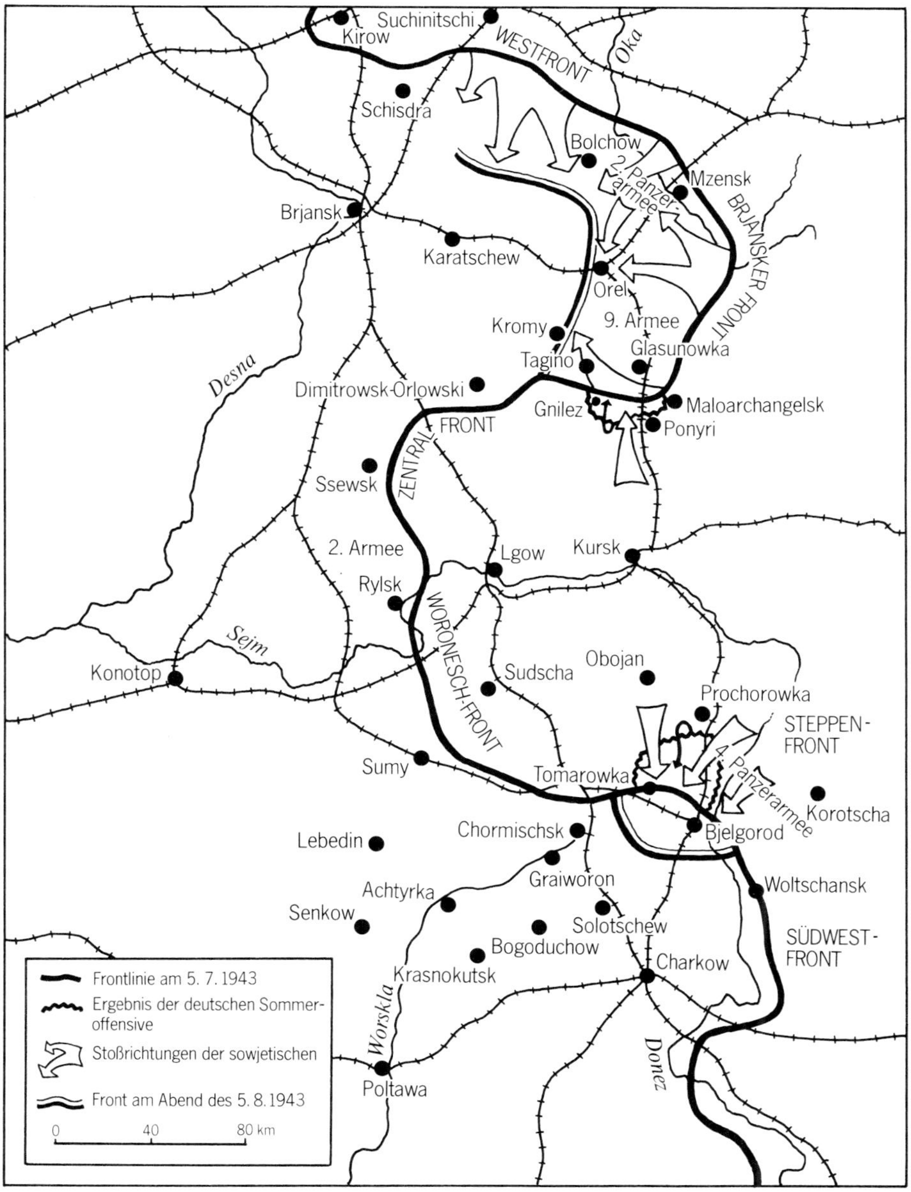

Die sowjetische Sommeroffensive: Diese Operation macht binnen kurzer Zeit die Erfolge des Unternehmens »Zitadelle« zunichte heranschieben konnten und zwei weitere wichtige Riegelstellungen östlich und südlich vor der Stadt gestürmt wurden, scheinen die deutschen Faschisten nun den Rückzug aus Orel begonnen zu haben. Entlang dem Bahndamm (ein regulärer Eisenbahnverkehr ist bereits seit längerer Zeit nicht mehr möglich) und auf der Rollbahn, die parallel zur Eisenbahnstrecke verläuft, wurden in den Nachtstunden riesige Kolonnen beobachtet, die in Richtung Brjansk zurückgehen. Zur Deckung dieser Kolonnen hat das faschistische Oberkommando an beiden Flanken eine starke Konzentration von Schnellfeuergeschützen und Panzern zusammengezogen.

Aus dem Kriegstagebuch des OKW
Donnerstag, 5. August 1943:

Frontlage: Im Kampfraum Isjum gelang es, die alte HKL zurückzugewinnen. Bei der 4. Pz.-Armee drängte der Feind in der Einbruchstelle weiter nach und drückte durch starken Inf.- und Pz.-Angriff den ostw. Eckpfeiler der Armee ein. Die 2. Pz.-Armee räumte im Zuge der Absetzbewegungen planmäßig Orel ... Die Luftwaffeneinsätze waren beiderseits sehr hoch. Der Gegner verlor 126 Flugzeuge; eigene Verluste 20 Maschinen. 1763 neue Streckensprengungen im rückw. Heeresgebiet der H.Gr. Mitte bedeuten eine ernste Gefahr für die Versorgung der Truppe.

Berlin meldet die Räumung von Orel
5. August 1943, Berlin. Das DNB meldet:

Wie man erfährt, wurden nach Zerschlagung starker russischer Angriffe an den verkürzten Flanken des Orelbogens und nach planmäßiger Räumung aller militärisch oder kriegswirtschaftlich wichtigen Einrichtungen die deutschen Linien hinter die Reste der Stadt Orel zurückgenommen. Die deutschen Verbände konnten sich vom Feinde unbemerkt auf von langer Hand vorbereitete günstigere Stellungen absetzen. Die Russen rückten erst mehrere Stunden nach den geordneten Räumungsbewegungen gegen die neuen deutschen Positionen vor.
Ergänzend zum Wehrmachtsbericht wird mitgeteilt: Ein sehr wesentlicher Grund für die pausenlosen russischen Massenangriffe im Raume von Orel war die Hoffnung der russischen Führung, mit der Gewinnung dieses Gebietes und insbesondere der Stadt Orel eine wenn auch noch so geringfügige Erleichterung der Lage zu erreichen. Orel hat für die deutsche Kampfführung seine Zwecke

»... Orel hat für die deutsche Kampfführung seine Zwecke erfüllt«: Im Schutz eines Panzerkampfwagens III räumen die Grenadiere ihre Stellungen in der Vorstadt erfüllt ... Die Räumung der Stadt durch die deutschen Truppen vollzog sich nach Zerstörung aller kriegswichtigen Anlagen reibungslos. Zwar versuchten die Russen, die Stadt noch vor der systematischen Zerstörung aller wichtigen Einrichtungen und vor dem Abzug der deutschen Nachhuten zu nehmen; doch scheiterte dieser Versuch.

Straßenkämpfe in Orel

5. August 1943, Moskau. STAWKA teilt mit:

Gestern setzten unsere Truppen an der Front von Orel die Offensive erfolgreich fort. Sie rückten sechs bis zehn Kilometer vor und drangen in Orel ein, wo sie zur Stunde Straßenkämpfe gegen die feindlichen Streitkräfte führen. Unsere Truppen eroberten gestern im Gebiet von Orel über 80 Ortschaften, darunter zwei Eisenbahnstationen sechs Kilometer nördlich und vier Kilometer südlich von Orel.

An der Front von Bjelgorod nahmen unsere Truppen die Kämpfe gegen die deutschen Faschisten wieder auf, drangen zehn Kilometer vor und verbesserten ihre Stellungen beträchtlich. Im Donez-Becken, im Gebiet südwestlich von Woroschilowgrad, standen unsere Truppen in örtlichen Kämpfen, in denen sie ihre Positionen verbesserten. An der Front von Leningrad, im Gebiet nördlich und östlich von Mga, war beiderseitiges Artillerie- und Minenwerferfeuer zu verzeichnen.

Am 3. August wurden von unseren Truppen an allen Fronten 236 faschistische Panzer zerstört oder außer Gefecht gesetzt und in Luftkämpfen sowie durch Flakfeuer 138 feindliche Flugzeuge abgeschossen.

Rückzug in Richtung Brjansk

5. August 1943, Moskau. Die Agentur Reuter meldet:

Westlich von Orel befindet sich die deutsche Armee in vollem Rückzug in Richtung Brjansk. Der weniger als 20 Kilometer breite Schlauch, in dem die Hauptkräfte von Orel nach Westen zurückfluten, wird an beiden Flanken von starken russischen Streitkräften angegriffen, die einen möglichst großen Teil der feindlichen Truppen einzukesseln suchen. Auf den wenigen noch zur Verfügung stehenden Wegen – teilweise bereits im Feuer der russischen Artillerie – drängen sich die großen deutschen Motorfahrzeugkolonnen, die von russischen Sturmflugzeugen, Jägern und Bombern unaufhörlich angegriffen werden.

Rückzugskämpfe östlich von Brjansk, 5. 8. 1943: Kampfpause einer Panzerabteilung mit Panzerkampfwagen V »Panther«; vorn: Gefangene Rotarmisten warten auf ihren Abtransport

Insbesondere im Süden gelang es russischen Voraustrupps, an Kromy vorbei tief nach Westen vorzustoßen. Diese Einheiten – es handelt sich meist um mit Maschinenpistolen und MG ausgerüstete Stoßtrupps – drängen auf Geländewagen, leichten Panzern, amerikanischen »Jeeps« und anderen Motorfahrzeugen auf Nebenstraßen und Waldwegen in das rückwärtige Gebiet der Deutschen vor und greifen die feindlichen Rückzugskolonnen in der Flanke an. Daneben hat die Rote Luftflotte alle verfügbaren Kräfte zur Verfolgung des Feindes eingesetzt.

Vorstoß bei Bjelgorod

5. August 1943, Moskau. Das Sowinformbüro teilt mit:

Mit der Beseitigung des Frontbogens von Orel haben unsere Truppen nun die Möglichkeit, das Gebiet von Kursk als Ausgangsposition für eine Offensive in südlicher und westlicher Richtung auszuwerten. Nach einer etwa zwei Wochen dauernden Kampfpause wurde der sowjetische Druck an dieser Front gestern bereits wesentlich verstärkt, und Rotarmisten drangen bei Bjelgorod in einem schwungvollen Angriff um zehn Kilometer vor. Damit ergibt sich für die deutsche Front bei Bjelgorod und Charkow eine erhöhte Gefahr.

Aus dem Kriegstagebuch des OKW

Freitag, 6. August 1943:

Frontlage: Bei der Armeeabt. Kempf ging Bjelgorod nach erbitterten Kämpfen verloren. Auch der rechte Flügel der 4. Pz.-Armee mußte nach mehreren

Karikatur aus der PRAWDA, August 1943: der »planmäßige« deutsche Rückzug

starken Ein- und Durchbrüchen zurückgenommen werden. Bei der 9. Armee setzte der Gegner mit starken Kräften seinen Durchbruchsversuch auf den inneren Flügeln fort. Die Luftwaffe unterstützte die eigenen Kampfhandlungen wirksam. 168 feindl. Flugzeuge wurden bei 12 eigenen Verlusten abgeschossen ... Inzwischen hat sich in den letzten Nächten die Bahnlage durch schlagartig einsetzende Reihensprengungen, die den gesamten Verkehr im rückwärtigen Gebiet der H.Gr. Mitte lahmlegten, grundlegend geändert. Der Führerbefehl Nr. 9 für die H.Gr. Mitte legt die zu ergreifenden Maßnahmen für das Operationsgebiet im Osten fest: Alle für nicht lebenswichtige Aufgaben eingesetzten Heereskräfte, alle irgendwie verfügbaren Ausbildungseinheiten, entbehrliches Luftwaffenpersonal und aufgerufene Alarmeinheiten sind zur Streckenbewachung heranzuziehen ...

Rückzugskämpfe im Raum Orel, Anfang August 1943: ein brennender sowjetischer Panzer

Rückzug im Raum Bjelgorod, Anfang August 1943: Ein deutsches Inf.Rgt. setzt sich vom Feind ab

Orel und Bjelgorod befreit

6. August 1943, Moskau. STAWKA teilt in einem Sonderkommuniqué mit:

Am Donnerstag haben unsere Streitkräfte an der Front von Brjansk in Zusammenarbeit mit den an ihren Flanken stehenden Truppen nach erbitterten Kämpfen die Stadt Orel besetzt. Ebenfalls am Donnerstag brachen unsere Truppen an der Woronesch-Front den feindlichen Widerstand und besetzten die Stadt Bjelgorod.

Feindliche Erfolge zunichte gemacht

Sonnabend, 7. August 1943, Berlin. Das DNB meldet:

Nachdem die Russen das Großziel ihrer Sommeroffensive, die deutsche Front aus dem Raum von Kursk heraus nach Westen aufzureißen, durch den rechtzeitigen deutschen Gegenzug aufzugeben gezwungen waren, versuchen sie jetzt unter rücksichtslosem Einsatz aller ihnen immer noch verbliebenen beträchtlichen Kräfte, wenigstens zu einem operativen Erfolg zu kommen. Der erste Versuch dieser Art richtete sich auf den Raum von Orel.
Die deutsche Führung, die ohnehin die Absicht hatte, zur Gewinnung weiterer Reserven den Orelbogen freizugeben, wußte alle Bemühungen der Russen, diese großangelegte Frontverkürzung zu verhindern, zunichte zu machen. Die russischen Anstrengungen endeten statt mit der vom Feind erhofften Einkesselung mit so schweren Verlusten, daß an dieser Stelle die Kampfkraft des Gegners bereits unverkennbar erlahmt. Wenn die Russen jetzt im Raum von Bjelgorod wie bei Orel um jeden Preis zu einem operativen Erfolg kommen

Lesen und weitergeben!

OREL
der stärkste Knotenpunkt des deutschen Verteidigungssystems
UND
BJELGOROD
sind am 5. August 1943
VON DEN RUSSEN GENOMMEN WORDEN

DIE RUSSEN GREIFEN AUCH IM SOMMER AN!

Ein sowjetisches Flugblatt vom 6. 8. 1943: im Bereich der Heeresgruppen Mitte und Süd abgeworfen

Ein Dorf bei Opolkowo, südöstlich von Orel, 7. 8. 1943: Auch diese Ortschaft fällt der Strategie der »Verbrannten Erde« zum Opfer

wollen, so kann dieser Versuch ebensowenig als eine große Operation mit einem großen strategischen Ziel, sondern höchstens noch als das Ausnutzen von Gelegenheiten gewertet werden.

W. Churchill an J. W. Stalin
Donnerstag, 12. August 1943:

Ihr Telegramm vom 9. August gibt mir Gelegenheit, Ihnen meine herzlichsten Glückwünsche zu den jüngsten außerordentlich wichtigen Siegen auszusprechen, die von den russischen Armeen bei Orel und Bjelgorod errungen wurden und die den Weg zu weiteren Vorstößen in Richtung Brjansk und Charkow frei machen. Niederlagen der deutschen Armee an dieser Front sind Meilensteine auf dem Wege zu unserem endgültigen Sieg ...
Ich schicke Ihnen einen Diaprojektor mit einer großen Anzahl von Diapositiven, die den Schaden zeigen, den unsere Bombenangriffe den deutschen Städten zugefügt haben. Sie vermitteln einen viel lebendigeren Eindruck, als man von Fotografien haben kann. Ich hoffe, Sie werden eine halbe Stunde Zeit finden, um sie sich anzusehen. Wir wissen ganz sicher, daß in Hamburg 80 Prozent der Häuser zerstört sind. In kurzer Zeit werden die Nächte länger, und in Berlin werden noch größere Zerstörungen angerichtet werden. Das hängt nur vom Wetter ab. Diese Angriffe werden einige Nächte und Tage lang anhalten und die schwersten sein, die es bisher gegeben hat ...

Und so war es

H.Gr. Mitte

Am Freitag, dem 16. Juli 1943, überwinden die sowjetischen Verbände im Orel-Bogen den zähen Widerstand der 2. Panzerarmee (jetzt GenOberst Model) und erreichen den Fluß Oleschnja. In fünf Tagen haben die der Brjansker Front (GenOberst Popow) unterstellte 3. und 63. Armee die deutsche Verteidigung in einer Breite von 36 Kilometern und einer Tiefe von 17 bis 22 Kilometern aufgerissen. Unterdessen ordnet Hitler gegen den Willen der Heeresgruppe Süd an, das II. SS-Panzerkorps herauszuziehen und in den Raum Bjelgorod zu verlegen. Am 16. Juli 1943 erreicht Generaloberst Model die Zusage des OKH, seine Armee in die Ausgangsstellung zurückzunehmen. Die bei Nacht ausgeführte Bewegung kommt für den Feind ziemlich überraschend.

H.Gr. Süd

Am Sonnabend, dem 17. Juli 1943, beginnt im Donez-Becken bei Isjum und am Mius die Offensive der Südwestfront (Armeegen. Malinowski) und der Süd-

Norddeutsche Ausgabe

198. Ausg. / 56. Jahrg. / Einzelpreis 20 Pf.

„Freiheit und Brot“

Norddeutsche Ausgabe

Berlin, Sonnabend, 17. Juli 1943

VÖLKISCHER BEOBACHTER

Kampfblatt der nationalsozialistischen Bewegung Großdeutschlands

Im Kampf gegen „General-Shermann“-Panzer auf Sizilien

PK. . . ., 16. Juli.

„Du, Karl, schau mal hin, was sich dort bewegt“, der Zeigefinger des Unteroffiziers weist in die Richtung der Kaktushecken, die hier in Sizilien noch üppiger gedeihen als auf afrikanischem Boden.

Im ersten Augenblick kann der Angesprochene nichts erkennen, doch mit einem Male verrät drüben eine verdächtige Bewegung, daß ein feindlicher Panzer auf eigene Faust versucht, in die Flanke der deutschen Anwehr zu stoßen.

Zögernd tastet sich das Panzerungetüm vorwärts. Man muß schon die geschulten Augen des Unteroffiziers W. besitzen, um überhaupt zu erkennen, daß es sich bei die-

Die Belastungsprobe unserer Front östlich und nördlich Orel

An einem Tage 530 Panzer vernichtet!

Vom 10. bis 14. Juli 300 000 BRT. aus der Landungsflotte versenkt

Berlin, 16. Juli.

Seit den frühen Morgenstunden des 11. Juli ist der so oft schon heiß-

Einkesselung einer Kräftegruppe

Privileg ohne Verpflichtung?

Von Eugen Mündler

Die Morgennebel wogten im ungeheuren Absturz der Nordwand des Eiger, und der Gipfel der Jungfrau, der am Vorabend in zartem Rosa hoch im blassen Himmel leuchtete, war nun in dicke Wolken gehüllt. Der Gletscher war grau und der Fels düster in dieser kühlen Morgenstunde auf der Scheidegg, da auch die Berge noch zu schlafen schienen im Schleier der Nebel und im dichteren Gespinst der Wolken, die der Westwind in der Nacht um ihre Flanken gelegt hatte.

Da trat aus dem Haus eine Gruppe von Männern, die unbeschwert von den Sorgen

Die Meldungen über feindliche Verluste sollen den Ernst der Lage vertuschen

front (GenOberst Tolbuchin) gerade zu dem Zeitpunkt, als die Heeresgruppe Süd (GFM v. Manstein) sich entschlossen hat, ihre abgekämpften Verbände von Bjelgorod auf die Ausgangsstellung zurückzunehmen. Die gesamte Ostfront gerät nun in Bewegung. Bei der Südwestfront gehen die 1. Gardearmee (GenLt. Kusnezow) und die 8. Gardearmee (GenLt. Tschuikow) zum Angriff über. Es gelingt ihnen, in harten Kämpfen am Westufer des nördlichen Donez einen etwa 30 Kilometer breiten und 10 bis 12 Kilometer tiefen Brückenkopf zu bilden. Die Truppen der Südfront setzen sich währenddessen auf dem rechten Ufer des Mius fest.

Durch die Operationen der beiden Fronten wird dem OKH die Möglichkeit genommen, Kräfte aus dem Donez-Becken in den Raum von Bjelgorod und Orel zu verlegen. Schlimmer noch: Die deutsche Führung ist dadurch gezwungen, fünf Panzerdivisionen von Charkow und eine Panzergrenadierdivision von Orel in das Donez-Becken zu werfen. Generalfeldmarschall v. Manstein: »Das OKH befahl am 17. Juli die sofortige Herauslösung des ganzen II. SS-Panzerkorps zu seiner Verfügung und am 18. Juli die Abgabe von zwei weiteren Panzerdivisionen an die Heeresgruppe Mitte. Angesichts dieser Verminderung seiner Kräfte sah sich das Oberkommando der Heeresgruppe gezwungen, auf die geplanten Angriffsschläge zu verzichten, den Kampf abzubrechen und die Armeen auf die Ausgangsstellungen zurückzunehmen.«

An diesem Tag, dem 17. Juli 1943, stehen den 42 Divisionen der Heeresgruppe Süd (davon 13 Panzer- und Panzergrenadierdivisionen) sowjetische Kräfte im Verhältnis 7:1 gegenüber. Eine Erleichterung für Generalfeldmarschall v. Manstein: Neben dem bereits in Richtung Donez-Gebiet abgedrehten XXIV. Panzerkorps (Gen.d.Pz.Tr. Nehring) gelingt es ihm auch, das II. SS-Panzerkorps, das Hitler immer noch nach Italien verlegen will, vorerst noch im Donez-Gebiet zu behalten. Es mehren sich zugleich Anzeichen einer bevorstehenden Krise: Ein neuer Aufmarsch stärkerer sowjetischer Kräfte ist vor dem soeben geschwächten Nordflügel der Heeresgruppe Süd zu erkennen. Man erwartet nun hier den operativen Hauptstoß der sowjetischen Sommeroffensive mit dem vermeintlichen Ziel, die Heeresgruppen A (GFM v. Kleist) und Süd (GFM v. Manstein) im Rücken abzuschneiden und zu vernichten. Die Truppen der Heeresgruppe Süd befinden sich jetzt im Kursker Bogen wieder in ihren Ausgangsstellungen vom 5. Juli 1943.

H.Gr. Mitte

Im Orel-Bogen gelingt es Generaloberst Model, die vordringenden sowjetischen Verbände in harten Verteidigungskämpfen vorerst an einzelnen Abschnitten zu stoppen. General Schtemenko: »Der Angriff der Brjansker

Raum Werchopenje, 17. 7. 1943, eine der Einheiten der Panzergrenadierdivision »Großdeutschland« vor dem Stellungswechsel: »Ein neuer Aufmarsch starker sowjetischer Kräfte verschärft die Lage«

Front entwickelte sich verhältnismäßig langsam und kam am 17. Juli, d. h. nach fünf Tagen, an der rückwärtigen Linie des Gegners entlang der Oleschnja völlig zum Stehen.«
Am 17. Juli 1943 nachmittags unternimmt das Jagdgeschwader »Normandie« der »Freien Franzosen« in Begleitung sowjetischer Schlachtflugzeuge Tiefangriffe gegen die auf der Straße Bolot–Orel rollenden Nachschubkolonnen der deutschen 2. Panzerarmee (GenOberst Model). Bei diesem Einsatz wird nahe Znamenskaja der Kommandeur des Jagdgeschwaders »Normandie«, Major de Tulasne, abgeschossen und findet den Fliegertod.

Am Sonntag, dem 18. Juli 1943, setzen im Raum Orel die Sowjets für ihren Angriff – allein im Abschnitt der 9. Armee – 600 Panzer, mit Schwerpunkt

Ein fabrikneuer sowjetischer Jagdpanzer SU-85 von der Besatzung eines deutschen Sturmgeschützes erbeutet: Die Selbstfahrlafette SU-85 mit einer 8,5-cm-Flak (Modell 1939) auf einem T-34-Fahrgestell findet in der zweiten Hälfte des Jahres 1943 immer breitere Verwendung

Raum Orel: Panzerkampfwagen III, Ausf. G, in Erwartung des Einsatzbefehls

gegen die 36. Infanteriedivision mot. (GenLt. Gollnick) und die 18. Panzerdivision (GenMaj. v. Schlieben), ein, die bisher größte Zahl von Panzern auf einem relativ schmalen Frontstreifen.
Die Wucht des sowjetischen Angriffs gegen die 2. Panzerarmee zwingt das OKH, umgehend Kräfte von anderen Abschnitten abzuziehen. So werden bis zum 18. Juli, innerhalb einer Woche also, vier Panzerdivisionen und eine motorisierte Division der 9. Armee in den Bereich der 2. Panzerarmee verlegt.
Trotz der schweren Verluste in der Schlacht bei Kursk führt STAWKA die Sommeroffensive ebenfalls in breiter Front. Der konzentrische Angriff der Westfront und Brjansker Front in den Rücken des Orel-Bogens wird jedoch zunächst von der 9. Armee bei Karatschew und ostwärts Orel aufgefangen. Um das eigene Angriffstempo zu steigern und die neu eingetroffenen deutschen Verstärkungen im Raum Orel zu zerschlagen, beordert STAWKA aus seiner strategischen Reserve mehrere Verbände in diesen Kampfabschnitt: So wird an diesem Tag die Westfront durch die 4. Panzerarmee (GenLt. Badanow) und das 2. Garde-Kavalleriekorps (GenMaj. Krjukow) verstärkt. Die Brjansker Front erhält die 3. Garde-Panzerarmee (GenLt. Rybalko).
Bei der Zentralfront ist in diesen Tagen das größte Problem der nur zögernd eintreffende Nachschub, da sich die Kapazität der Strecke Kastornoje–Kursk als äußerst unzureichend erweist. Aushilfe schaffen nun die Transportfliegerkräfte (GenLt. Skripko): Auf dem Luftweg werden die am dringendsten benötigte Munition, Blutkonserven und Sanitätsmaterial herangebracht. Auf dem Rückflug nehmen die Maschinen insgesamt 21 000 Verwundete mit. Es ist die größte sowjetische Luftbrücke zum Abtransport von Verwundeten während des Zweiten Weltkrieges.
Ebenfalls am 18. Juli 1943 beginnt die Luftflotte 6 (GenOberst Ritter v. Greim) mit dem Rückzug der ihr unterstellten Kräfte. Nach der Taktik der verbrannten Erde läßt man die Einrichtungen der Flugplätze sowie Unterkünfte zerstören und das Gelände mit den noch vorhandenen Bomben verminen.
In der Nacht vom 18./19. Juli 1943 wird auf Anweisung von STAWKA die Steppenfront (GenOberst Konjew) in die Schlacht eingeführt.

In den Morgenstunden des 19. Juli 1943 durchbricht im Orel-Bogen die 11. Gardearmee (GenLt. Bagramian) die deutsche Verteidigung in ihrer ganzen Breite. Sie dringt über 70 Kilometer vor. Ihre Vorausabteilungen stoßen nach Süden in Richtung Chotynez vor und stehen zur Zeit nur noch 25 Kilometer vor Karatschew und 20 Kilometer vor Chotynez. Die wichtigsten Verbindungslinien der 9. Armee von Nordwesten her sind ernsthaft bedroht: Eine sowjetische

Panzerbrigade hat bei Chotynez die Bahnlinie Brjansk–Orel überschritten und stößt an die weiter südlich liegende Rollbahn heran.
Die Lage erinnert an das Desaster bei Kalatsch: Damals, im November 1942, führten ähnliche Entwicklungen zur Einkesselung und Zerschlagung der 6. Armee in Stalingrad. Zum Glück für Generaloberst Model hat die 11. Gardearmee ihre Verbände auf einem 150 Kilometer langen Abschnitt auseinandergezogen, um zugleich Bolchow und Chotynez anzugreifen. So ist die Wirkung des Angriffs verpufft, und sie kann nicht mehr aus der Bewegung heraus im Raum Orel in den Rücken der 9. Armee vorstoßen. Zur Sicherung der Verbindungslinien führt Model eilig neue Verbände an die Einbruchstelle heran und meistert damit wiederholt die schwierige Lage.
Die sich anbahnende Katastrophe wird zur Überraschung von STAWKA vorwiegend von der Luftwaffe abgewehrt. Dies sind auch die letzten großen Tage der Stukas: Das VIII. Fliegerkorps (GenMaj. Seidemann) mit anderen Verbänden der Luftflotte (Gen.d.Fl. Deßloch) und die gesamte Luftflotte 6 (GenOberst Ritter v. Greim) führen unermüdlich rollende Angriffe gegen die Einbruchstellen. Dabei zeichnet sich besonders das Schlachtgeschwader 9 (OberstLt. Kupfer) mit seinen Panzerschlachtfliegern (Hptm. Meyer) aus. Die Maschinen vom Typ Junkers Ju 87 G-1, Henschel Hs 129 B-2 und Jagdbomber Focke-Wulf FW 190 G-1 aus dem nahegelegenen Luftstützpunkt Karatschew, abgeschirmt durch die Jäger der Jagdgeschwader 3 und 52, greifen im Sturzflug mit panzerbrechenden Waffen die Verbände der 11. Gardearmee an. Die Kampfgeschwader mit He 111 und Ju 88 fliegen unterdessen schwere Horizontalangriffe gegen sowjetische Panzeransammlungen.
Generaloberst Model: »... es ist zum ersten Mal gelungen, einen feindlichen

Eine Henschel Hs 129B-1 wird startklar gemacht: Dieses stark gepanzerte, einsitzige Tiefangriffsflugzeug – auch »Büchsenöffner« genannt – wird vor allem gegen motorisierte Kolonnen und Panzeransammlungen eingesetzt

Panzervorstoß im Rücken zweier Armeen allein durch Luftwaffeneinwirkung zum Stehen zu bringen.« Währenddessen stößt die sowjetische 61. Armee (GenLt. Bielow) nach heftigen Kämpfen 20 Kilometer vor. Sie kreist Bolchow von Norden und Osten her ein und nähert sich bis auf fünf Kilometer der Stadt.
Zugleich greifen die Sowjets an der ganzen Front des XXXXVIII. Panzerkorps (Gen.d.Pz.Tr. v. Knobelsdorff) mit Schwerpunkt gegen die 36. Infanteriedivision mot. (GenLt. Gollnick) an und können starke Einbrüche erzielen. Wenn das Korps jetzt auch acht Divisionen zählt, so besitzen diese jedoch nur einen Bruchteil der normalen Stärke. Besonders spürbar ist der Mangel an Infanterie. Reserven sind nicht mehr vorhanden. General v. Knobelsdorff: »Um in dieser Lage einen Durchbruch auf Orel zu verhindern, war eine radikale Maßnahme erforderlich. Ich beschloß die bereits gedanklich erwogene Zurücknahme des Korps um einige Kilometer.«
Generaloberst Model zerbricht sich den Kopf über den Abtransport der randvollen Depots mit unentbehrlichem Wehrmachtsgut, die man im Raum Orel für das Unternehmen »Zitadelle« vorbereitet hatte und die jetzt drohen, den Sowjets in die Hände zu fallen. So liegen z. B. allein im Raum des XXXXVI. Panzerkorps (Gen.d.Inf. Zorn) 900 Tonnen Proviant, bei Kromy wiederum, um das gerade erbittert gekämpft wird, sind allein im Lager Iwanowsk 4000 Tonnen hochwertige Munition gestapelt.
Erst am Abend schafft es der durch eine Panzerarmee verstärkte linke Flügel der Brjansker Front, die deutsche Verteidigung an der Oleschnja zu durchbrechen und zehn Kilometer westlich des Flusses vorzustoßen. Generalmajor Jakubowski: »Trotz des hartnäckigen Widerstandes des Gegners und seiner pausenlosen Luftangriffe gelang es unseren Panzerverbänden, ihn aus der Stellung an der Oleschnja zu werfen und bis zum Tagesausgang 10 bis 12 Kilometer tief vorzudringen. Damit war die rückwärtige Verteidigung des Gegners durchbrochen, und die Lage in der Angriffsrichtung der Brjansker Front änderte sich schlagartig.«

Am Dienstag, dem 20. Juli 1943, um 13.45 Uhr, trifft im Hauptquartier der 2. Panzerarmee in Orel der Führerbefehl ein, mit dem jede Absatzbewegung bei der 9. und 2. Panzerarmee untersagt wird. Um die gleiche Zeit verstärken die Sowjets ihre Angriffe im Abschnitt des XXXXVIII. Panzerkorps, jedoch ohne Erfolg. 20 sowjetische Panzer werden abgeschossen. Gegen 18.00 Uhr, sofort nach seiner Rückkehr von der Front, opponiert Generaloberst Model in einem Ferngespräch mit v. Kluge in Smolensk gegen den Führerbefehl. Kluge verspricht, im Führerhauptquartier zu intervenieren.

◄ Raum Orel, nach einem Stuka-Angriff: das Ende einer sowjetischen bespannten Batterie, im Hintergrund eine vorbeifahrende 3,7-cm-Flak 36 auf Fahrgestell mit Zugkraftwagen 5 t (SdKfz 6/2)

Kurze Rast zwischen den ständigen Einsätzen: zwei Grenadiere mit einem leichten MG 34, Kal. 7,92, und Handgranaten in tiefem Schlaf

GenLt. Scheller, Kommandeur der 9. Pz.Div., in seinem Gefechtsstand (Foto v. Herbst 1942)

In der darauffolgenden Nacht verüben Partisanen auf den Bahnhof Osipowitschi einen Anschlag von ungeahntem Ausmaß: Eine neuartige Magnetmine – angebracht an einem Treibstofftransportzug – explodiert, und das Benzin setzt sofort den Bahnhof in Flammen. Zwei Munitionszüge auf den Nebengleisen fliegen in die Luft und zerstören einen mit werkneuen »Tiger«-Panzern vollbeladenen Güterzug.

Um 21.00 Uhr teilt Generalfeldmarschall v. Kluge dem Armeeoberkommando 9 mit, daß Hitler sich mit Models Absetzbewegungen einverstanden erkläre.

Die Nacht zum 21. Juli bringt für Generalleutnant Scheller, dem Kommandeur der bewährten, im Raum Orel kämpfenden österreichischen 9. Panzerdivision, die »Stunde der Wahrheit«: Scheller, mit dem Ritterkreuz für hervorragende Truppenführung ausgezeichnet, gibt den Beweis seltener Courage, diesmal nicht vor dem Feind, sondern seinem Vorgesetzten gegenüber. Der General, seit seinem 19. Lebensjahr Soldat, weiß, wann er nicht gehorchen darf.

Generalleutnant Scheller erhält in der Nacht vom 20./21. Juli 1943 um 0.00 Uhr von General Harpe, dem Kommandierenden General des XXXXI. Panzerkorps, den Befehl, mit dem Panzergrenadierregiment 11 und dem I./Panzerregiment 33 die Sowjets von den Höhen westlich Krassnikowo zu werfen. Dabei soll das I./Panzergrenadierregiment 10 hinter den Panzern vorgehen und dem II./Panzergrenadierregiment 10 unter schwacher infanteristischer Abdeckung gegen Koptewo und die Höhe 213,0 folgen.

Generalleutnant Scheller und sein Ia (OberstLt. i. G. v. Rücker) sind sich darin einig, daß der Einsatz in genau vorgeschriebener Ausführung unweigerlich zu schwersten Verlusten führen muß. Bei seinen Erwägungen geht es Scheller um das Schicksal des Panzergrenadierregiments 11, das gerade den Regimentskom-

mandeur gewechselt hat. Bis 2.30 Uhr früh ringt Scheller mit sich, während alle ihm vertretbar erscheinenden Vorausmaßnahmen laufen. Dann meldet er General Harpe die Undurchführbarkeit des Auftrags. Nach seiner Überzeugung stehen »die Pflichten gegenüber der ihm anvertrauten Truppe höher als alles andere«.
Um 3.45 Uhr gibt der Ia dem Korpschef eine schriftliche Meldung von Generalleutnant Scheller durch, in der er dessen Auffassung wiederholt. Um 4.20 Uhr meldet die 9. Panzerdivision die von ihr beabsichtigte Angriffsführung und bittet um das Einverständnis der Korpsgruppe: Laut Alternativvorschlag der 9. Panzerdivision sollen das I./Panzerregiment 33 und das I./Panzergrenadierregiment 10 als »Rammbock« zuerst antreten, das Panzergrenadierregiment 11 sich dann anschließen, um die Flanken des Angriffskeils abzuschirmen.
Um 4.35 Uhr trifft ein Funkspruch von General Harpe an Oberst Jollasse im Divisionsstab ein, ob er den befohlenen Angriff leiten werde. Jollasse erklärt daraufhin, daß es ihm aber nur so möglich sei, wie General Scheller es bereits vorgeschlagen habe. Zehn Minuten später entbindet Harpe General Scheller von der Führung der 9. Panzerdivision.

Nördlich von Orel greifen in den Morgenstunden des 21. Juli 1943 die Sowjets mit starken Kräften im Abschnitt der 10. Panzergrenadierdivision (GenLt. A. Schmidt) sowie 9. Panzerdivision (Oberst Jollasse) an und stehen nach dem erzielten Durchbruch mit Panzern und Infanterie dicht vor dem Gefechtsstand des Grenadierregiments 20. Mit Hilfe einer Panzerabteilung der 9. Panzerdivision kann der Einbruch wieder bereinigt werden. Auch vor dem Gefechtsstand der 10. Panzergrenadierdivision kann ein sowjetischer Panzer durch ein Geschütz erledigt werden.

Bjelgorod, 22. 7. 1943, Aufforderung zur Zwangsevakuierung: »Zuwiderhandlungen werden auf das strengste bestraft.« Im Klartext: es droht Todesstrafe

▶ Neue Hauptkampflinie in einem Vorort von Orel: Zwischen den Gräbern ihrer Kameraden erwarten die Grenadiere den feindlichen Angriff

Raum Orel. Immer wieder versuchen deutsche Verbände den feindlichen Vorstoß zu stoppen: eine Grenadiereinheit auf dem Marsch in neue Verteidigungsstellungen

Das Schicksal will es, daß General Harpe schon nach einigen Stunden gerade auf die Truppenteile der 9. Panzerdivision zur taktischen Unterstützung zurückgreifen muß, die bei der Kontroverse mit General Scheller zum »Stein des Anstoßes« wurden: Am Vormittag hat die Rote Luftflotte das I./Panzergrenadierregiment 10 mit Bomben und Bordwaffen in seiner Bereitstellung belegt. Um 10.30 Uhr wird das II./Panzergrenadierregiment 11 überrollt. Das II./Panzergrenadierregiment 10, das im sofortigen Gegenstoß die Höhe 222,4 südlich Krassnikowo wieder nehmen soll, wird zum gleichen Zeitpunkt selbst angegriffen. Das I./Panzergrenadierregiment 10 und das I./Panzerregiment 33, die beide auf persönlichen Befehl von General Harpe für den Angriff westlich von Krassnikowo vorgesehen sind, treten um 12.00 Uhr an. Doch schon um 14.25 Uhr muß Harpe unter dem Druck der Gesamtlage den Angriff einstellen und zur Verteidigung in der erreichten Linie Karantiajewo–Koptewo übergehen.
Bis zum Mittag sind die nördlich Orel angreifenden Verbände der Brjansker Front in etwa 50 Kilometer Breite und ebenso tief in die deutschen Stellungen eingebrochen. Sie stehen jetzt dicht vor Orel und nähern sich der Bahnlinie Orel–Brjansk, über die der ganze Orel-Bogen versorgt wird. Nur dank der rollenden Einsätze starker deutscher Luftstreitkräfte ist es bis zur Stunde möglich, den sowjetischen Angriffskeil so lange aufzuhalten, bis die Divisionen von Süden her zum Abdämmen eintreffen.
Die Absicht des STAWKA, auf Orel vorzustoßen und die Stadt aus der Bewegung heraus zu nehmen, wird damit vereitelt. Dies war der letzte Großeinsatz der deutschen Schlachtflieger. General v. Knobelsdorff: »Vom 21. Juli an unternahm der Gegner keinen größeren Angriff mehr. Er hatte bei seinem Vorgehen in dichten Wellen hintereinander ungeheure Verluste erlitten und lag erschöpft vor der Front ... An den nächsten Tagen kam es nur zu kleineren, aber von Panzern unterstützten Vorstößen.«
Die Einbruchstellen werden eine nach der anderen abgeriegelt. So ist die Voraussetzung für die Räumung des Orel-Bogens, die »Hagen-Bewegung«, geschaffen, da die 9. Armee – ernstlich geschwächt – den Bogen nicht länger behaupten kann.

Am nächsten Tag, Donnerstag, dem 22. Juli 1943, befiehlt Oberst Teske, Chef des Transportwesens Mitte, seinen dort eingesetzten Dienststellen und Truppen die sofortige Räumung des Orel-Bogens. Am Fluß Optucha wird jetzt aus der 78. Sturmdivision, aus Teilen der 36. Infanteriedivision mot. (GenLt. Gollnick) sowie der 262. Infanteriedivision (GenLt. Karst) die Kampfgruppe Traut

gebildet und dem XXXV. Armeekorps (Gen.d.Inf. Rendulic) unterstellt. Ihr Auftrag: Einen feindlichen Durchbruch auf Orel zu verhindern und gleichzeitig den Rückzug zu sichern. Die Räumungsvorbereitungen der Transport-Dienststellen im Orel-Bogen bedeuten vor allem die Rückführung aller Eisenbahnwerkstätten, wertvoller technischer Einrichtungen und des eingearbeiteten einheimischen Personals. Oberst Teske: »Die Räumung des Orel-Bogens gelang dank des dauernden Bohrens des Oberkommandos der Heeresgruppe Mitte bei Hitler. Wäre sie nicht erfolgt, hätte es ein zweites Stalingrad gegeben.«
Vom 22. Juli 1943 an lösen die operativ eingesetzten Partisanenverbände auf den Strecken, über die Verstärkungen für die deutschen Verbände in den Orel-Bogen rollen, durch die Verwendung neuartiger Minen bis zu 750 (!) Massensprengungen innerhalb von 24 Stunden aus. So wird z. B. die eingleisige Linie

Im Bogen von Orel: Überall, wo deutsche Truppen zurückweichen müssen, bleibt nur die »Verbrannte Erde«

Chutor–Michailowski, über die dringende Truppenverstärkungen aus der Heeresgruppe Süd laufen, für zwei Tage lahmgelegt. Durch den Einsatz dieser neuartigen Magnetminen, besonders an Treibstoffzügen, entstehen Brände, die häufig auf andere Züge übergreifen und erhebliche materielle Schäden anrichten.

Am Freitag, dem 23. Juli 1943, werfen die Truppen der Brjansker Front (GenOberst Popow) nach ihren Erfolgen im Raum Orel die deutschen Verbände in den Abschnitt Mzensk zurück. Als sie jetzt das westliche Ufer der Oka sowie Optucha erreichen, schlägt ihnen jedoch hartnäckiger deutscher Widerstand entgegen.
Stalin drängt unterdessen seine beiden Bevollmächtigten, die Marschälle Schukow und Wassilewski, denen die Großverbände unterstellt sind, zu immer schnellerem Vorgehen nach Westen. Die Truppen sind jedoch durch die schweren Kämpfe in den letzten Wochen sichtlich ermüdet, außerdem fehlt Nachschub, vor allem Treibstoff und Munition. Marschall Schukow: »Wegen der großen Erschöpfung unserer 1. Panzerarmee sowie der 6. und 7. Gardearmee konnte der Feind seine Hauptkräfte bis zum 23. Juli auf die Bjelgoroder Abwehrlinie zurückführen. Die Truppen der Woronesch- und der Steppenfront, die in diesen Tagen an der Hauptkampflinie der feindlichen Verteidigung standen, waren nicht in der Lage, gleich zum Gegenangriff überzugehen, wie der Oberste Befehlshaber es gefordert hatte.«

H.Gr. Süd

Am Abend des 23. Juli 1943 erreichen im Süden des Kursker Bogens die Truppen der Woronesch- und der Steppenfront wiederum die Linie, die sie vor

Im Sommer 1942 verloren die deutschen Truppen pro Tag:
37 Panzer, 44 Flugzeuge, 5000 Soldaten und Offiziere.
Im Sommer 1943 verlieren die deutschen Truppen pro Tag:
460 Panzer, 200 Flugzeuge, 10 000 Soldaten und Offiziere.
WOVON ZEUGT DAS?
Das zeugt davon, daß sich im Verlaufe des Krieges das Kräfteverhältnis von Grund aus zugunsten der Roten Armee geändert hat.
Das zeugt davon, daß von nun an alle Abenteuer Hitlers von vornherein zum Scheitern verurteilt sind.
Die Katastrophe, zu der Hitlers jetzige Offensive führt, wird viel furchtbarer als der Zusammenbruch vor Moskau und Stalingrad.
DEUTSCHE SOLDATEN! Verlaßt die todgeweihte Armee Hitlers. Weigert Euch, in das vernichtende Feuer der Russen zu rennen. Rettet Euer Leben.
GEBT EUCH GEFANGEN!
Dieses Flugblatt gilt als Passierschein für deutsche Soldaten und Offiziere, die sich der Roten Armee gefangengeben
Эта листовка служит пропуском для немецких солдат и офицеров при сдаче в плен Красной Армии.
2625

Dieses sowjetische Flugblatt bestätigt: Nicht die Niederlage bei Moskau oder Stalingrad, sondern der Zusammenbruch der deutschen Offensive im Kursker Bogen entscheidet über den Verlauf des Krieges

Raum Bjelgorod, 24. 7. 1943: In harten Gefechten versuchen die deutschen Nachhuten den sowjetischen Vormarsch zu verlangsamen

Beginn des Unternehmens »Zitadelle« besetzt hielten. Sie beginnen jetzt auf Anweisung von STAWKA mit der Vorbereitung für die Gegenoffensive in Richtung Bjelgorod–Charkow. Generaloberst Konjew, Oberbefehlshaber der Steppenfront: »Die Operation ›Zitadelle‹ war also völlig fehlgeschlagen. Die Voraussetzungen für die geplante Gegenoffensive waren geschaffen. In meinem Gefechtsstand in Korotscha trafen sich die Vertreter des Hauptquartiers, die Marschälle der Sowjetunion Schukow und Wassilewski, um die Erfahrungen der Verteidigungsschlacht auszuwerten.«
Am Sonnabend, dem 24. Juli 1943, haben in den Morgenstunden die Sowjets den Aufmarsch ihrer Verbände nördlich von Bjelgorod abgeschlossen.

H.Gr. Mitte

Am Sonntag, dem 25. Juli 1943, eröffnen die Truppen der Brjansker Front an den Flüssen Oka und Optucha ihren Angriff zur Befreiung von Orel. Die deutschen Verbände leisten verzweifelt Widerstand, können aber auch an einzelnen Abschnitten Gegenangriffe durchführen. Die Luftwaffe versucht, diesmal allerdings vergeblich, die sowjetischen Panzerkeile zu stoppen.
An diesem Tag willigt Hitler überraschend nicht nur in eine weiträumige Rücknahme der 9. Armee ein, sondern verlangt auch deren Beschleunigung. Der Grund: Seine Besorgnis über die Entwicklung in Italien. Er hat soeben die Nachricht vom Sturz Mussolinis erhalten. Hitler will jetzt so viele Truppen wie nur möglich von der Ostfront abziehen, um die Lage in Südeuropa zu stabilisieren.

Am Montag, dem 26. Juli 1943, treten bei Sonnenaufgang die sowjetische 4. Panzerarmee (GenLt. Badanow) und die 11. Gardearmee (GenLt. Bagramian)

Ein Sprengkommando jagt Teile einer Eisenbahnstrecke in die Luft

zu ihrer neuen Operation an: Die Masse der Verbände rollt in Richtung Eisenbahnlinie Orel–Brjansk, die restlichen Verbände nähern sich dem Raum Bolchow, um die Brjansker Front bei der Zerschlagung der hier Widerstand leistenden deutschen Kräfte zu unterstützen. Der Vormarsch der 4. Panzerarmee gestaltet sich jedoch recht langsam: etwa fünf Kilometer pro Tag.
Zu gleicher Stunde fordert Hitler Generalfeldmarschall v. Kluge bei einer Besprechung in der »Wolfsschanze« auf, mehrere Divisionen seiner Heeresgruppe sofort an die italienische Front zu verlegen. Generalfeldmarschall v. Kluge: »Mein Führer! Ich mache aber darauf aufmerksam: augenblicklich ist nichts herauszuziehen. Das ist völlig ausgeschlossen im gegenwärtigen Moment!«
Das OKH erwägt bereits, den Frontvorsprung bei Orel endgültig zu räumen.

In einer westlichen Vorstadt von Orel: zwei alte Menschen mit den Resten ihrer Habe auf dem Weg ins Ungewisse

Die Truppen sollen auf die sogenannte »Hagen-Linie« westlich Orel zurückgehen. Inzwischen führen sowjetische Panzerkräfte erneut konzentrische Vorstöße in den Abschnitt des XXXXVI. Panzerkorps (Gen.d.Inf. Zorn). Bei der 102. Infanteriedivision (GenMaj. Hitzfeld) ist der Feind zwischen Murawtschik–Solotoje Dno und Grankino bis zu fünf Kilometer vorgedrungen.

Am Mittwoch, dem 28. Juli 1943, dringen in den Morgenstunden Teile der Brjansker Front von Norden her in Richtung Orel vor. Die Truppen ihres linken Flügels nähern sich von Südosten her bis auf 20 Kilometer der Stadt. Zu gleicher Zeit werden die deutschen Kräfte im Raum Bolchow aufgerieben und damit die deutschen Verbände, die sich gerade zur Verteidigung von Orel rüsten, in der Flanke und im Rücken bedroht. Gegen Mittag erteilt das OKH den Befehl zum

Unternehmen »Herbstreise«, der endgültigen Räumung des gesamten Orel-Bogens und der Zurücknahme der 9. Armee und der 2. Panzerarmee auf die »Hagen-Stellung« im Verlauf der Desna.
Nun beginnen die Vorbereitungen für das ab 1. August 1943 befohlene sprungartige Absetzen der Verbände aus der Orel-Riegelstellung. Anhaltende Regenfälle verwandeln Straßen und Wege in Schlammwüsten, was die Truppenbewegungen erheblich erschwert. An diesem Tag erwähnt zum ersten Mal der Wehrmachtbericht den Begriff »elastische Verteidigung«, die zunächst allein im Abschnitt Orel angewandt wird. Damit will man versuchen, sich systematisch den gewaltigen Zusammenfassungen der sowjetischen Artillerie zu entziehen, um außerhalb der wirksamen Reichweite ihrer Batterien die sowjetischen Panzerverbände zu bekämpfen. Diese Verzögerungstaktik kann man nur so lange anwenden, bis die sowjetischen motorisierten Batterien unter dem Schutz der Panzerbrigaden eine neue Feuerstellung bezogen haben.
Gleichzeitig mit den Operationen der Roten Armee im Raum Orel intensiviert STAWKA die Tätigkeit der zahlreichen Partisanenabteilungen im Rücken der deutschen Front, vor allem gegen deutsche Nachschubwege. So zählt man allein im Raum Orel vom 22. Juli bis zum 1. August 1943 fast 7500 Gleissprengungen. Es entbrennt laut STAWKA ein regelrechter »Schienenkrieg«.
Die Anschläge der Partisanen richten sich keineswegs nur gegen deutsche Eisenbahnzüge und Wehrmachtseinrichtungen. Auch die Luftwaffe ist vor ihnen nicht sicher: Nach Berichten eines Kampfgeschwaders, des KG 51 »Edelweiß«, das zur Zeit von seinem Feldflugplatz Sjeschtschinskaja bei Roslawl Angriffe zur Unterstützung der kämpfenden Truppe im Raum Belew fliegt, büßte es mehrere Besatzungen und Maschinen ein: Partisanen, die sich unter die russischen »Hiwis« gemischt haben und auf dem Flugplatz grobe Bodenarbeiten erledigen, bringen nachts an den bombenbeladenen und vollgetankten Maschinen barometrisch zündende Sprengsätze am hinteren 900-Liter-Tank der Ju 88 an. Verliert die Maschine bei ihrem darauffolgenden Einsatz – wie z. B. beim Sturzangriff – an Höhe, detonieren automatisch die Sprengsätze und zerreißen das Flugzeug in der Luft. Man kann sich diese Vorfälle zuerst nicht erklären, bis durch Zufall bei einer genauen Kontrolle des großen Flugplatzes im Eierkorb einer scheinbar harmlosen russischen Bäuerin ein Sprengsatz mit Magnethaftplatten gefunden wird.

Am Sonntag, dem 1. August 1943, läuft im Orel-Bogen das Unternehmen »Herbstreise« an. Dieser planmäßige Rückzug soll allmählich, von Linie zu Linie, bis auf eine Tiefe von 100 Kilometern in vier großen Sprüngen erfolgen. Das OKH teilt zugleich Generaloberst Model mit, daß nach Abschluß der Bewegung über 20 Divisionen für andere Fronten, vorwiegend für Italien, freigemacht werden müßten. Die geordneten Absetzbewegungen werden durch das Eingreifen der Sowjets erschwert: Die Rote Armee unternimmt zwar mehrere Einbruchs- und Überflügelungsversuche, doch die zurückfließenden deutschen Truppen geben die Initiative nicht aus der Hand. Zahlreiche, oft das ganze Heeresgruppengebiet von Norden nach Süden durchlaufende Flüsse erleichtern die abschnittsweise Zurückverlegung der einzelnen Armeefronten.
Generaloberst Model steht jetzt vor der Gefahr, daß nicht nur die sowjetische 4. Panzerarmee (GenLt. Badanow) die Eisenbahnlinie Orel–Brjansk durchschneidet, sondern auch die Truppen der Brjansker und Zentralfront die Stadt Orel endgültig einkreisen. Sie ist einer der Hauptumschlagplätze der Wehrmacht an der Ostfront, und die Räumung der zahlreichen Lager mit rund 20 000

Tonnen wertvollen Versorgungsgütern sowie mehrerer Lazarette wird zu einem kaum lösbaren Problem. Das Hauptquartier der Heeresgruppe Mitte in Smolensk beansprucht, daß jetzt nicht Generaloberst Model, sondern die Heeresgruppe selbst jeden einzelnen »Sprung« von Linie zu Linie aus der Orel-Riegelstellung freigibt, was bei der Entfernung des 250 Kilometer weiter westlich liegenden Smolensk völlig unüberschaubar ist. Der Feind drückt jedoch so stark nach, daß es teilweise bereits zu Nahkämpfen kommt. Inzwischen rückt die Front immer näher an die Stadt Orel heran.

Die Räumung des Orel-Bogens, die »elastische Verteidigung« – ein neuer Begriff, der die Niederlage bei Kursk verharmlosen soll

Am Montag, dem 2. August 1943, ziehen die Stabsoffiziere für den Propaganda-Einsatz (St.O.Prop.) bei den Heeresgruppen Mitte und Süd eine Bilanz der bisherigen Ergebnisse des Unternehmens »Silberstreif«. Nachdem diese Propaganda-Großaktion so erfolgversprechend in der Nacht vom 6./7. Mai 1943 begonnen hatte, müssen sie eher enttäuscht sein: Im gesamten Bereich der Heeresgruppe Mitte kamen im Mai nur 899 Überläufer, im Juni 1087, im Juli 2345, zusammen also 4331 Mann; bei der Heeresgruppe Süd sind es etwas mehr: im Mai 831, im Juni 665, im Juli 3543 Überläufer, insgesamt 9370 Mann. Bei der im gleichen Zeitraum abgeworfenen Anzahl von fast einer Milliarde Flugblättern entfallen auf jeden Überläufer 106 724 Stück, das entspricht immerhin einem Gewicht von beinahe 150 kg pro Kopf. Die Propaganda-Aktion »Silberstreif«, von der sich die deutsche Führung erhofft hatte, die sowjetischen Verbände zu schwächen, läuft in den nächsten Wochen aus.

H.Gr. Süd

Am Dienstag, dem 3. August 1943, gehen im Süden des Kursker Bogens die Woronesch-Front (Armeegen. Watutin) und die Steppenfront (GenOberst

Teile der Panzergrenadierdivision »Großdeutschland« beim Stellungswechsel: vorn zwei Kampfwagen III, im Hintergrund zwei Kampfwagen IV

Konjew) aus dem Raum nördlich und südlich von Bjelgorod gegen den Nordflügel der Heeresgruppe Süd (GFM v. Manstein) zum Angriff in Richtung Bjelgorod–Charkow–Poltawa über.
Generalmajor Popiel, Mitglied des Kriegsrates der 1. Panzerarmee: »Es war ein friedlicher, stiller Morgen. Der dichte Nebel in den Schluchten stieg hoch und löste sich langsam auf. Plötzlich erdröhnten Abschüsse der ›Katjuschas‹. Von der schweren Artillerie bis zur Regimentsartillerie, alle stimmten mit ihren Salven in das Höllenkonzert ein.«
Mit diesem Großangriff – STAWKA hat an manchen Abschnitten 70 Panzer und bis zu 230 Granatwerfer und Geschütze pro Frontkilometer konzentriert – beginnt der zweite Akt der sowjetischen Sommeroffensive. Sie trifft mit ihrer ganzen Wucht die unvorbereiteten deutschen Truppen, die ausgerechnet in dieser Nacht ihre Einheiten an der Hauptkampflinie ablösen. Nach sowjetischen Angaben ist die Rote Armee an Panzern und Artillerie den deutschen Verbänden um mehr als das Sechsfache überlegen.
Innerhalb der nächsten drei Stunden erzielen die aus dem Raum südlich von Jakowlewo vorrückenden 5. Gardearmee (GenLt. Schadow) und 6. Gardearmee (GenLt. Tschistjakow) tiefe Einbrüche in die deutschen Linien, in die Hunderte von Panzern fast ungehindert nachstoßen. Sie überrollen Nachschubkolonnen, die auf dem Weg zur vordersten Linie sind, Gefechtsstellungen und Truppenunterkünfte. Die Deutschen kommen nicht einmal dazu, die Warnschilder in ihren Minenfeldern zu entfernen. An den Operationen beteiligen sich auch über 300 Partisanenabteilungen, die noch in der Nacht mit schlagartig einsetzenden Reihensprengungen von Bahnkörpern für zwei Tage fast den gesamten Schienenverkehr in das rückwärtige Gebiet der Heeresgruppen Süd

und Mitte stillegen und die deutsche Führung zu noch stärkeren Sicherungsmaßnahmen zwingen.
Bis zum Mittag dringen bei Tomarowka-Borissowka die Verbände der Woronesch- und der Steppenfront etwa sechs Kilometer tief in die zweite deutsche Verteidigungslinie ein. Um 13.00 Uhr werden die 1. Panzerarmee (GenLt. Katukow) und die 5. Garde-Panzerarmee (GenLt. Rotmistrow) in den Durchbruchsabschnitt beordert. Sie sollen ihn jetzt in die operative Tiefe ausbreiten.
Generalfeldmarschall v. Manstein: »Am 3. August brach zunächst der feindliche Angriff gegen die 4. Panzerarmee und die Front der Armeeabteilung Kempf westlich Bjelgorod los . . . Die 4. Panzerarmee wurde nach Westen, die Armeeabteilung Kempf nach Süden auf Charkow zurückgedrängt.«
Bis zum Abend des 3. August 1943 sind die sowjetischen Panzerverbände bereits 26 Kilometer vorgerückt. Es gelingt ihnen auch, an der Nahtstelle zwischen der 4. Panzerarmee (GenOberst Hoth) und der Armeeabteilung Kempf (Gen.d.Pz.Tr. Kempf) einen Durchbruch zu erzielen, den sie innerhalb von Stunden in Tiefe und Breite erweitern. Die deutschen Truppen im Raum von Charkow sind jetzt bedroht.

H.Gr. Mitte

Im Norden des Kursker Bogens dringen in der Nacht vom 3./4. August 1943 die Vorausabteilungen der 3. Armee (GenLt. Gorbatow) und der 63. Armee (GenLt. Kolpaktschi) in das Stadtgebiet von Orel ein. In der gleichen Nacht durchbrechen die Verbände des 8. mechanisierten Gardekorps den zweiten Verteidigungsstreifen im Raum Demnino und stoßen zügig nach Süden vor.

H.Gr. Süd

Am Mittwoch, dem 4. August 1943, versteift sich der deutsche Widerstand im Süden des Kursker Bogens und stoppt das Vorgehen der Steppenfront. Generaloberst Konjew: »Alle Versuche, dem Gegner in die Flanke zu fallen, mißlangen . . . Obwohl unsere Panzerarmeen bereits gegen ihre Reserven kämpften, leisteten die faschistischen Panzerverbände unserer Front erbitterten Widerstand.«
Die Angriffsverbände der Woronesch-Front rücken jedoch beständig vor und bedrohen mittlerweile die Flanken der Armeeabteilung Kempf. Am späten Nachmittag entschließt sich General Kempf, wegen der Gefahr einer bevorstehenden Einkesselung seine Truppen zurückzunehmen.

H.Gr. Mitte

Unterdessen toben in Orel den ganzen Tag über erbitterte Straßen- und Häuserkämpfe. Da die sowjetischen Verbände trotz ihrer überwältigenden Stärke nur schwer vorwärts kommen, versuchen nun der Chef-Politruk der 3. Armee, Oberst Amosow, und der Chef des Kriegsrates der 63. Armee, Generalmajor Abramow, die kampfmüden Soldaten auf besondere Art in Schwung zu bringen. Ausgewählte, parteitreue Rotarmisten erscheinen in kritischen Augenblicken des Gefechts auf einer für alle sichtbaren Stelle mit erhobener Truppenfahne und rennen unter dem Ruf »Fürs Vaterland, für Stalin!« gegen die deutschen Stellungen. Jetzt bekommen auch die angreifenden Einheiten ganze Stapel von roten Fahnen, um sie in den vom Feind befreiten Ortschaften an den wichtigsten Gebäuden anzubringen.
An diesem Abend beginnt die Räumung des Stadtgebietes von Orel, und in der Nacht zum 5. August 1943 ziehen sich nach Sprengung aller wichtigen Objekte und Versorgungseinrichtungen die deutschen Truppen unter starken Verlusten aus Orel zurück. Sie beziehen jetzt ostwärts von Brjansk hinter der Desna neue Stellungen. Die Soldaten der 5. Schützendivision (Oberst Michalizyn) und der

▶ Dolbino, ein Ort rund 20 km südwestlich von Bjelgorod: Deutsche Truppen gehen zurück, vorbei an der in Brand gesteckten Kirche

333

3. Armee (GenLt. Gorbatow) besetzen als erste die Trümmer der Stadt. Die Sowjets führen ihre heftigen Angriffe unvermindert fort und drücken nun die Heeresgruppe Mitte auf den Raum um Smolensk zurück.

◀ Orel, 5. 8. 1943: die 10,5-cm-Panzerhaubitze »Wespe« bei letzten Straßenkämpfen. Kurz nachdem dieses Foto gemacht wurde, räumen die deutschen Truppen endgültig diese leidgeprüfte Stadt

Am Donnerstag, dem 5. August 1943, um 6.00 Uhr morgens, dringt nach blutigen Straßenkämpfen die 89. Garde-Schützendivision (Oberst Serjugin) der Steppenfront in Bjelgorod ein. Mit der Einnahme von Orel und Bjelgorod durch die Sowjetarmee endet die Schlacht um Kursk: Die deutschen Großverbände, die genau einen Monat zuvor, am 5. Juli 1943, das Unternehmen »Zitadelle« im Norden und im Süden des Kursker Bogens begonnen hatten, befinden sich jetzt in vollem Rückzug.
Am Abend gibt Stalin den Befehl, in Moskau ein Feuerwerk zu veranstalten sowie als Ehrensalut für die Truppen, die Orel und Bjelgorod befreit haben, je 12 Salven aus Geschützen abzufeuern. Seitdem werden den Moskauern bis zum Kriegsende die Siege der Roten Armee durch Artillerieschüsse verkündet.

Moskau, um 21.00 Uhr am 5. 8. 1943. Ein Ehrensalut: 12 Salven aus 125 Geschützen verkünden die Befreiung von Orel und Bjelgorod

Epilog

Stalins Befehl, den Sieg im Kursker Bogen mit Feuerwerk und Ehrensalut zu feiern, kam nicht von ungefähr: Der Diktator wußte jetzt, daß die Sowjetunion mit der Schlacht von Kursk und Orel den Zweiten Weltkrieg gewonnen hatte.
In Stalingrad ging Hitler nur eine Armee und nur eine, wenn auch große Schlacht verloren, aber nicht der Krieg. Im Kursker Bogen vollendete sich dagegen die Wende im Zweiten Weltkrieg. Der letzte Versuch Hitlers, an der Ostfront die Initiative zu ergreifen, war fehlgeschlagen, und das mißglückte Unternehmen »Zitadelle« bedeutete den Anfang vom Ende: Seitdem kam die deutsche Front im Osten nicht mehr zum Halten.
Der Möglichkeit völlig beraubt, große Angriffsoperationen zu führen, gingen die Deutschen an der gesamten Ostfront zur Verteidigung über. Das Gesetz des Handelns an der wichtigsten Front des Zweiten Weltkrieges hatte die Rote Armee übernommen, und das Ende des Kampfes war nur noch eine Frage der Zeit. Die Rote Armee hat nach Kursk auf ihrem Weg bis Berlin noch Dutzende größerer und kleinerer Schlachten geführt, jedoch über den Untergang des Dritten Reiches wurde bereits bei Olchowatka und Ponyri, bei Obojan und Prochorowka entschieden.
Die deutsche Führung beging dabei fast genau den gleichen Fehler wie im Jahre zuvor. Damals griffen die Verbände Stalingrad an, jetzt ging es um den in eine Festung verwandelten Kursker Bogen. In beiden Fällen verzichtete das deutsche Heer auf den Vorteil einer beweglichen Kampfführung und stellte sich den Sowjets auf einem Schlachtfeld, das diese ausgewählt hatten. Die deutschen Verluste bei Kursk betrugen laut Marschall Schukow 500 000 Mann, 1500 Panzer, 3000 Geschütze und 1500 Flugzeuge. Über die Verluste der Roten Armee schweigt Moskau bis heute. Sie waren gewiß nicht unbedeutend. So

Ein sowjetisches Plakat vom Herbst 1943: Der Weg nach Westen steht offen

brachte z. B. allein die deutsche 4. Panzerarmee (GenOberst Hoth) rund 32000 Gefangene ein und vernichtete mehr als 2000 Panzer sowie fast ebensoviele Geschütze.

An dem Sieg bei Kursk waren die sowjetischen Panzertruppen maßgebend beteiligt: Zum ersten Mal wurden sie nicht nur bei massierten Gegenangriffen und bei Gegenstößen eingesetzt, sondern auch zum Halten von Verteidigungsabschnitten, sei es als selbständige Formation oder im Zusammenwirken mit gemischten Verbänden. Die Erfahrungen, die das sowjetische Oberkommando während der Schlacht bei Kursk gemacht hatte, wandte die Rote Armee bereits in der anschließenden Sommeroffensive an. Es zeigte sich z. B. bei Kursk, daß die Schützenverbände in den gemischten Panzerarmeen weit hinter den Panzerverbänden zurückblieben. Seitdem stellte STAWKA Panzerarmeen gleicher

Zusammensetzung auf, die nun im Juli/August 1943 in der Hauptangriffsrichtung als schnelle motorisierte Truppen eingesetzt wurden.
Die deutschen Panzer waren der Feuerkraft dieser massierten sowjetischen panzerbrechenden Waffen einfach nicht gewachsen. Generaloberst Konjew sprach vom »Schwanengesang der deutschen Panzerwaffe«. In der Tat, die Panzerverluste in den beiden Materialschlachten von Orel und Bjelgorod nahmen ein solches Ausmaß an, daß die deutsche Strategie, mit schlagkräftigen motorisierten Verbänden zu operieren, am Ende war.
Seit dem Abbruch des Unternehmens »Zitadelle« und dem Verlust der Luftüberlegenheit wurden die Möglichkeiten eines Zusammenwirkens zwischen der Luftwaffe und den Panzerverbänden – Grundvoraussetzung der einstigen operativen Erfolge – immer geringer. Die deutschen Panzerverbände standen nun

Am 12. 8. 1943 ist der Schauplatz des Unternehmens »Zitadelle« bereits tiefes rückwärtiges Frontgebiet der Roten Armee

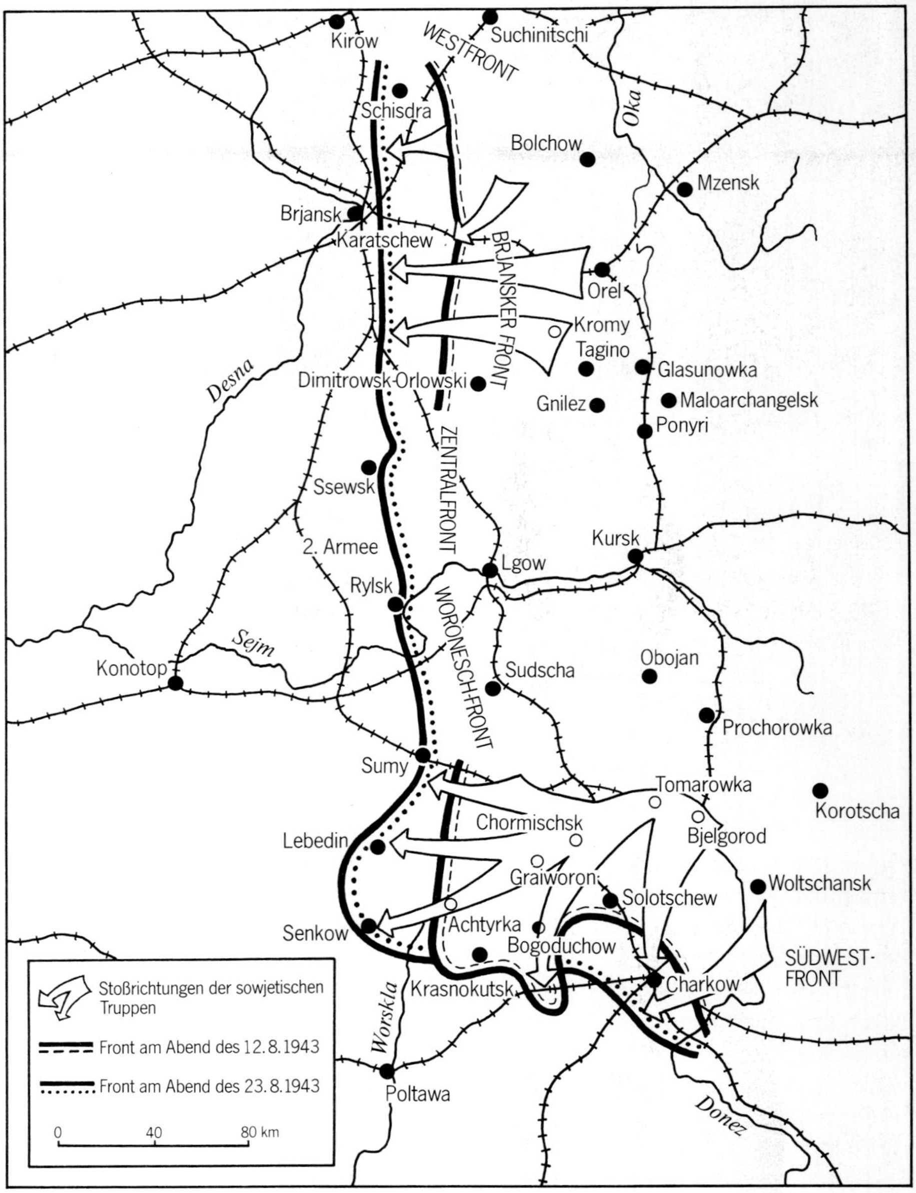

vor dem schwierigen Problem, sich vor gegnerischen Luftangriffen selbst zu schützen.
Die Schlacht bei Kursk war zugleich ein bezeichnendes Beispiel für die Wahl des richtigen Zeitpunktes eines entscheidenden Gegenangriffs: Er begann erst in dem Augenblick, als sich die strategischen Reserven des STAWKA konzentriert hatten und die deutschen Kräfte erschöpft waren. Der Übergang von der strategischen Verteidigung zum Gegenangriff und danach zur Offensive bezeugt den hohen Grad der sowjetischen Kriegskunst. Charakteristisch war dabei, daß die beteiligten Fronten zu verschiedenen Zeiten in den Kampf eingriffen: So der linke Flügel der Westfront und die Brjansker Front am 12. Juli, die Zentralfront am 15. Juli, die Woronesch-Front und die Steppenfront erst am 3. August. Die deutsche Führung wurde dadurch irregeführt, und der Versuch, die sowjetischen Angriffe abzuwehren, machte das sinnvolle Zusammenwirken der Heeresgruppen Mitte und Süd zunichte. Für zahlreiche deutsche Divisionen wirkte sich nicht nur der Kampf, sondern auch die wiederholte Verlegung an verschiedene Frontabschnitte verhängnisvoll aus.
Zum Erfolg der Roten Armee bei Kursk–Orel trugen die Partisanen wesentlich bei. So hatten sie z. B. mehrfach Eisenbahnstrecken und Brücken gesprengt, über die gerade von anderen Frontabschnitten abgezogene deutsche Reserven und Nachschub in den Raum Orel rollten.
Den Infanteriedivisionen fiel in der »Zitadelle« kaum eine Bedeutung zu. Sie gehörten in ihrer derzeitigen Zusammensetzung bereits der Vergangenheit an: Obwohl diese Operation auf eng begrenztem Raum durchgeführt wurde, machte sich die fehlende Motorisierung der Infanteriedivisionen besonders bemerkbar. Gerade eine Bewegungsschlacht mit massiertem Einsatz von Pan-

Auf einer der Rückzugsstraßen: Ein Feldwebel leistet seinen Kameraden Erste Hilfe

zern ist durch schnellen Wechsel der Kampfhandlungen geprägt. Der Vormarsch oder das Versammeln der Infanterie, die Ablösung oder ein neuer Einsatz der zu Fuß marschierenden, von Hitze und Strapazen geplagten Truppen erforderte dreimal so viel Zeit, wie die Panzereinheiten erfahrungsgemäß für ihren Einsatz brauchten.
Das sowjetische Oberkommando bediente sich bei seinen erfolgreichen Offensiven eines simplen Dominostein-Effekts, um einen Frontabschnitt nach dem anderen zum Einsturz zu bringen: Es verlagerte jeweils nach einem Einbruch in die deutsche Front seinen Schwerpunkt auf den benachbarten Abschnitt und machte so das Gefüge der Gesamtfront für einen operativen Durchbruch bereit. Auf diese Weise geriet die gesamte Ostfront in Bewegung und war nicht mehr zu halten.
Das OKH begann mit den »planmäßigen Absetzbewegungen«, der »Panther«-, der »Büffel«-Bewegung oder wie immer diese Operationen genannt wurden; es ging unaufhörlich zurück nach Westen. Gegen die deutsche Hinhaltetaktik nutzte die Rote Armee ihr erfolgreiches Angriffsschema: Sie griff ohne Rücksicht auf Verluste immer wieder an denselben Frontstellen an, bis entweder die deutsche Verteidigung nachgab oder die eigenen Kräfte völlig verbraucht waren. Solange die Wehrmacht den sowjetischen Angriffen in beweglicher Kampfführung begegnen konnte, blieben die Verluste der Deutschen in Grenzen. Man gab dabei das Gelände auf, ließ die Rotarmisten nachstoßen und sich erschöpfen, dann kam der deutsche Gegenstoß, und das Spiel begann von neuem. Noch konnten sich die deutschen Truppen diese elastische Verteidigung leisten: Man stand ja tief in Rußland, so daß auch 150 oder 200 Kilometer Rückzug nicht allzuviel ausmachten. Aber die Zeit arbeitete gegen die Wehrmacht.
Am Mittwoch, dem 8. September 1943, wurde die Kapitulation Italiens verkündet. Der »Fall Achse« trat ein: Die deutsche Wehrmacht mußte die ganze Apenninenhalbinsel besetzen und die Last der Verteidigung tragen. Ende September 1943 verlief die Ostfront westlich von Leningrad über Kiew und den Dnjepr entlang bis zum Schwarzen Meer: Das OKH war trotz hohen Material-, Personal- und Zeitaufwandes nicht in der Lage, nach dem Zusammenbruch seiner Offensive in den Abschnitten Orel–Charkow–Bjelgorod eine wirksame Verteidigung aufzubauen. Das OKH konnte nur die Niederlage hinauszögern.
Man war jetzt dabei, eine strategische Verteidigungslinie zu schaffen, die von Norden nach Süden längs der Narva, dem Tschudskoje-See, ostwärts Witebsk und entlang dem Sosch, dem Dnjepr und der Molotschnaja verlief. An dieser Linie von der Ostsee bis zum Asowschen Meer, am sogenannten Ostwall, sollte der Rückzug nach Westen zum Stillstand gebracht werden. Den Verbündeten Deutschlands gab indessen der Ausgang des Unternehmens »Zitadelle« und die Landung der Westalliierten auf Sizilien die Gewißheit, daß mit einem Endsieg der Achsenmächte nicht mehr zu rechnen war. Kennzeichnend für die Verschärfung der Widersprüche zwischen Hitler und seinen Verbündeten waren Finnlands, Rumäniens, Ungarns und Bulgariens geheime Friedensbemühungen ab Sommer 1943.
Bald begannen auch die Westalliierten die Folgen des Sieges bei Kursk und Orel zu spüren: Stalin, nun in dem Bewußtsein bestärkt, daß er mit seiner schnell wachsenden militärischen Macht das Dritte Reich notfalls ohne Anglo-Amerikaner auf die Knie zwingen konnte, setzte auf den Konferenzen von Teheran und Jalta seinen Willen durch. Bereits damals nahm unsere Welt von heute ihre politische Gestalt an.

Ein vorgeschobener Beobachtungsposten. So wie diese beiden Männer werden seit dem Unternehmen »Zitadelle« Millionen deutscher Soldaten ähnliche Bilder bis zum bitteren Ende vor Augen haben: eine düstere Wolke am Horizont, die Tod und Verderben verkündet

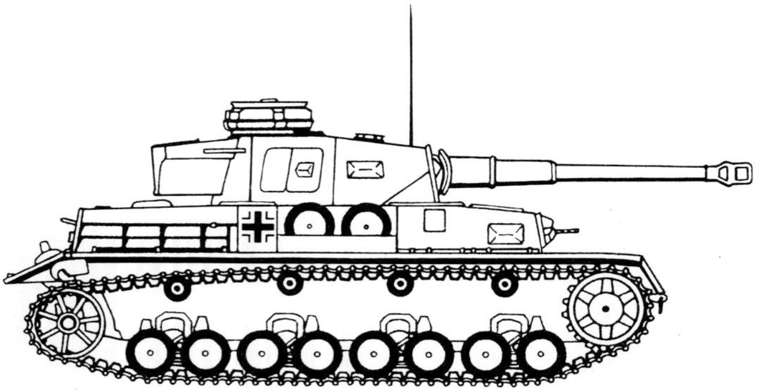

Mittlerer Kampfpanzer IV
Ausführung H

Gewicht:	25 t
Besatzung:	5 Mann
Geschwindigkeit:	38 km/h
Fahrbereich:	Straße 180 km Gelände 120 km
Bewaffnung:	eine lange Kanone 7,5 cm L/48, zwei MG

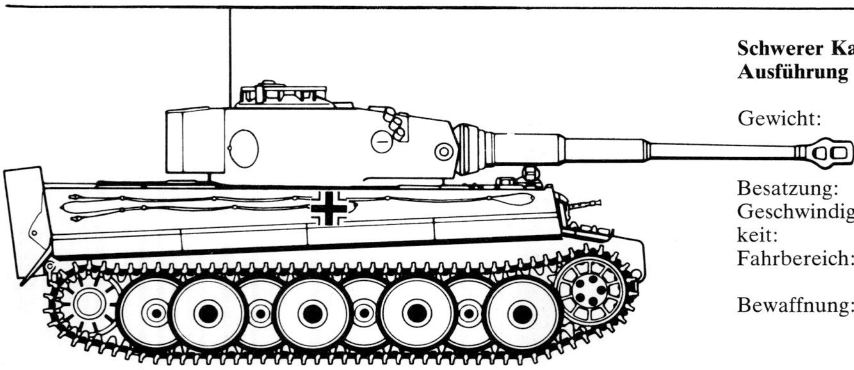

Schwerer Kampfpanzer VI »Tiger I«
Ausführung E

Gewicht:	55 t
Besatzung:	5 Mann
Geschwindigkeit:	38 km/h
Fahrbereich:	Straße 90 km Gelände 60 km
Bewaffnung:	eine Kanone 8,8 cm KwK 36-L/56, zwei MG

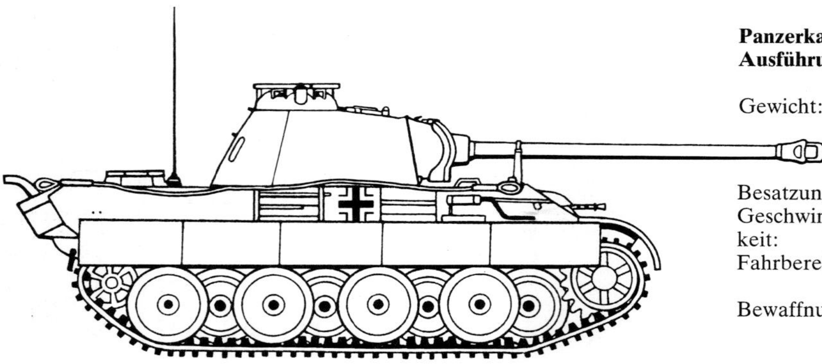

Panzerkampfwagen V »Panther«
Ausführung G

Gewicht:	44,8 t
Besatzung:	5 Mann
Geschwindigkeit:	46 km/h
Fahrbereich:	Straße 160 km Gelände 100 km
Bewaffnung:	eine Kanone 7,5 cm KwK 42-L/70, zwei MG

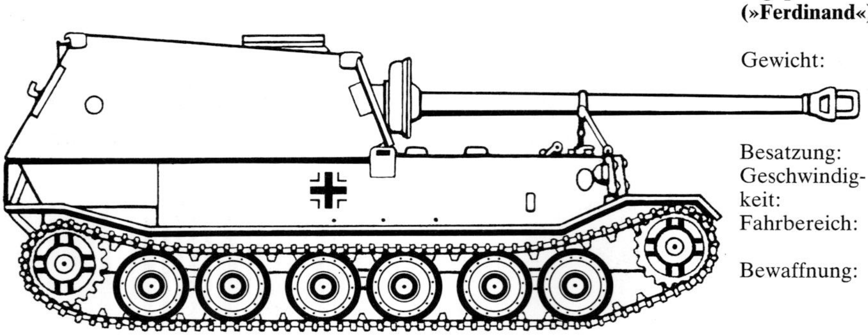

Jagdpanzer Tiger (P) »Elefant«
(»Ferdinand«)

Gewicht:	68 t
Besatzung:	6 Mann
Geschwindigkeit:	20 km/h
Fahrbereich:	Straße 130 km Gelände 90 km
Bewaffnung:	eine Pak 8,8 cm 43/2-L/71

Mittlerer Kampfpanzer T-34/74A

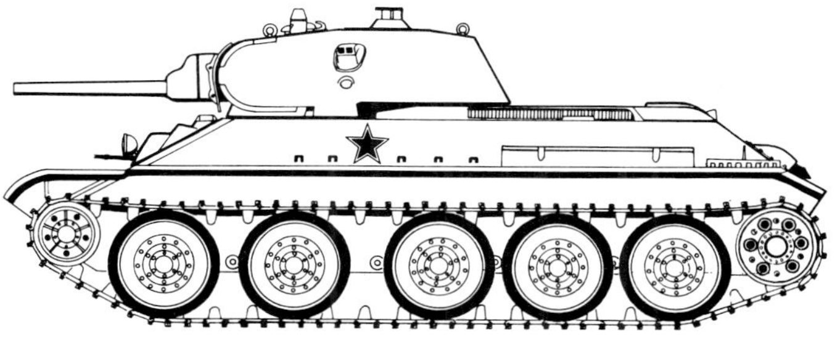

Gewicht: 28,24 t
Besatzung: 5 Mann
Geschwindigkeit: 50 km/h
Fahrbereich: Straße 450 km
Gelände 350 km
Bewaffnung: eine Kanone 7,62 cm Modell 1938 (L-11), ein MG

Mittlerer Kampfpanzer T-34/85-I

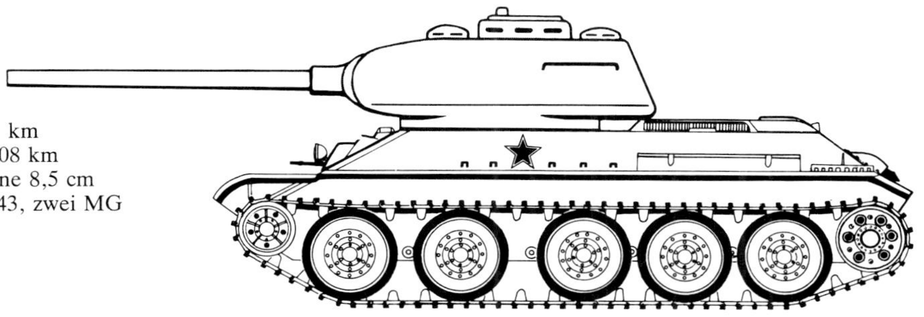

Gewicht: 32 t
Besatzung: 5 Mann
Geschwindigkeit: 50 km/h
Fahrbereich: Straße 336 km
Gelände 208 km
Bewaffnung: eine Kanone 8,5 cm Modell 1943, zwei MG

Jagd- und Sturmpanzer JSU-122 Selbstfahrlafette

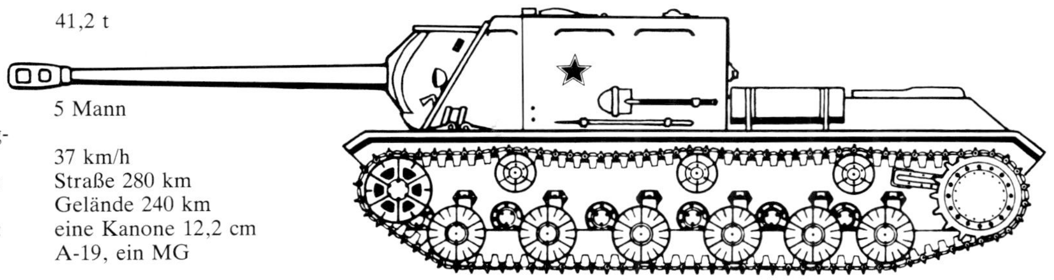

Gewicht: 41,2 t
Besatzung: 5 Mann
Geschwindigkeit: 37 km/h
Fahrbereich: Straße 280 km
Gelände 240 km
Bewaffnung: eine Kanone 12,2 cm A-19, ein MG

Geschoßwerfer (offiziell: Gardewerfer)

Dieser Raketenwerfer – in verschiedenen Varianten gebaut – wird von den Deutschen »Stalinorgel« und von den Rotarmisten »Katjuscha« genannt. Die Führungsschienen in Doppel-T-Form erlauben den gleichzeitigen Start von zwei Raketen, oben und unten. Die Raketen werden in Führungsschienen bis zum Start von einem Bolzen gehalten. Der Erhöhungswinkel kann verändert werden, die Startrichtung wird durch entsprechende Stellung des LKW erreicht.
Max. Schußweite: 8000–8500 m

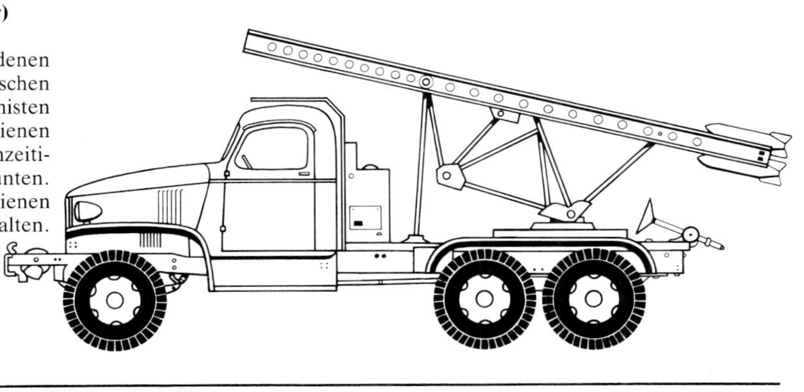

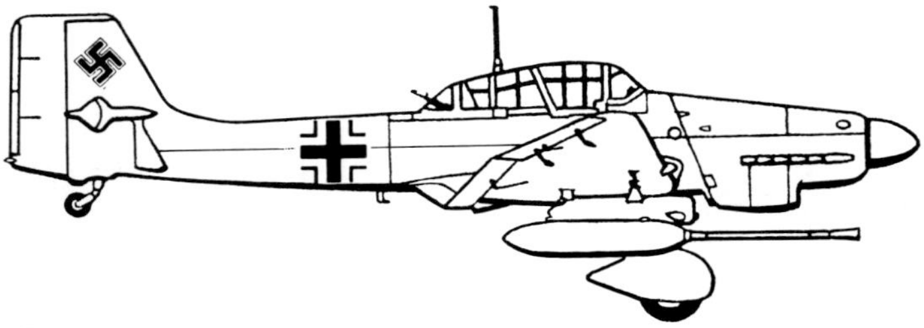

Schlachtflugzeug Junkers Ju 87 G-1 (Stuka)

Variante der Ju 87 D-5 mit zwei 3,7-cm-BK (Flak 18 oder Flak 36) in Unterflügelbehältern zur Panzerbekämpfung. Der Waffenbehälter hat die Form einer Bombe. Die beiden Flächenkanonen sind vollautomatisch und werden vom Führersitz aus bedient. Die panzerbrechende Munition wird in einem Streifenmagazin zugeführt.

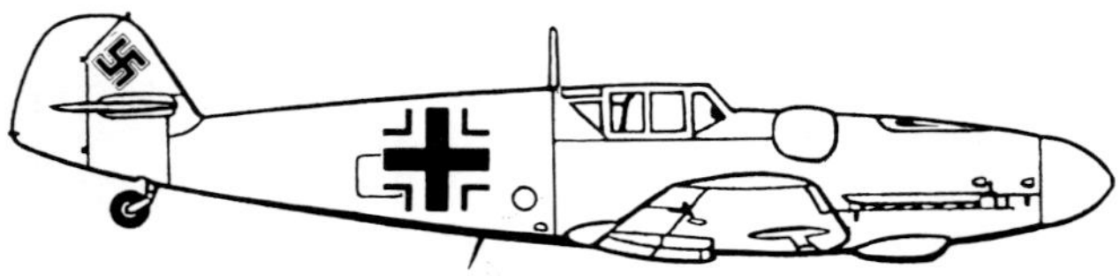

Jagdflugzeug Messerschmitt Bf 109 G

In der Schlacht im Kursker Bogen neben dem Jäger Focke-Wulf Fw 190 F auch als Jagdbomber (Jabo) eingesetzt.

Höchstgeschwindigkeit:	690 km/h
Dienstgipfelhöhe:	etwa 11600 m
Reichweite (ohne Zusatztank):	rund 700 km
Bewaffnung:	bis fünf MG

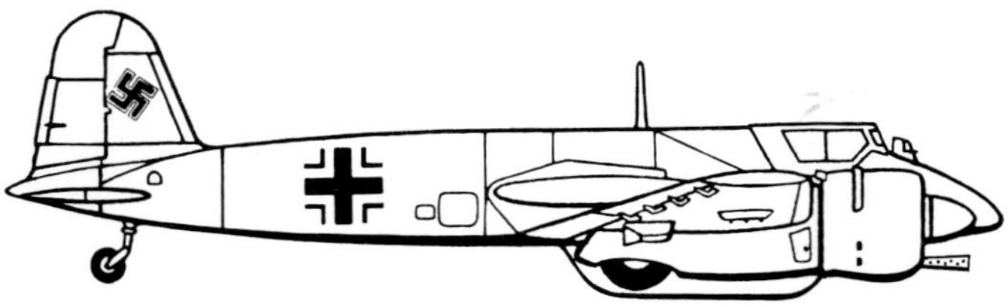

Schlachtflugzeug Henschel HS 129 B-2

Einziges gepanzertes Erdkampf-Unterstützungsflugzeug mit zwei französischen 690-PS-Gnome-Rhône-Motoren. Der Pilot sitzt in der gepanzerten Kanzel hinter einer 8 cm dicken Panzerglas-Windschutzscheibe. Die 3-cm-Kanone MK 101 befindet sich unter dem Rumpf.

Höchstgeschwindigkeit:	408 km/h
Dienstgipfelhöhe:	9000 m
Reichweite:	880 km

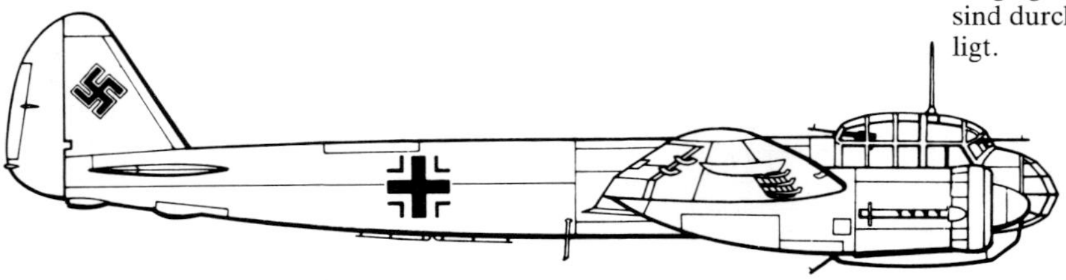

Sturzkampfbomber Junkers Ju 88 A-4

Das vielseitigste Flugzeug der deutschen Luftwaffe (über 50 Versionen). Seine guten Flugeigenschaften und hohe Bombenlast sind durch schwache Bewaffnung benachteiligt.

Besatzung:	4 Mann
Höchstgeschwindigkeit:	433 km/h
Reichweite:	1790 km
Bewaffnung:	drei MG
Bombenlast:	bis 1800 kg

Schlachtflugzeug Iljuschin IL-2m3 (»Sturmowik«)

Von den deutschen Soldaten »Schwarzer Tod« genannt, das beste und erfolgreichste Schlachtflugzeug des 2. W.K. Das ganze Motor-Tragegerüst und die Pilotenkanzel bilden einen geschlossenen Körper aus Stahlplatten, etwa 700 kg schwer.

Besatzung:	2 Mann
Höchstgeschwindigkeit:	404 km/h
Reichweite:	bis 765 km

Die meisten Maschinen, die an der Schlacht bei Kursk teilnahmen, haben in der Unterflügelgondel zwei Kanonen 3,7 cm 11-P-37 und tragen 200 kleine panzerbrechende Bomben vom Typ PTAB.

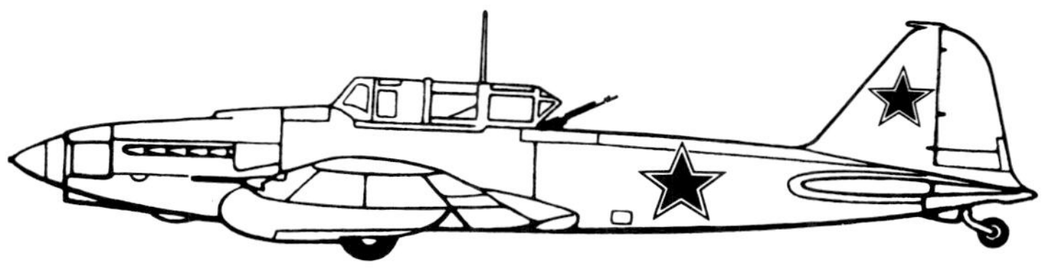

Jagdflugzeug Lawoschkin La-5FN

Es ist nach Meinung sowjetischer Flieger-Asse der beste Jäger der Roten Luftflotte. Das Flugzeug hat zahlreiche Holzteile.

Höchstgeschwindigkeit:	626 km/h
Reichweite:	765 km
Bewaffnung:	zwei Kanonen 2 cm Typ SchWak

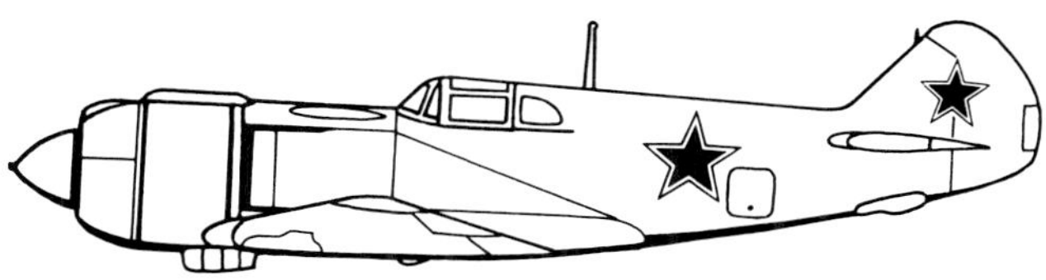

Schneller Bomber Petljakow Pe-2

Diese Maschine ist in mehreren Versionen gebaut worden und bildet den Kern der Stoßkraft aller Bomberverbände der Roten Luftflotte.

Besatzung:	3 Mann
Höchstgeschwindigkeit:	540 km/h
Reichweite:	1500 km
Bewaffnung:	vier MG
Bombenlast:	1000 kg

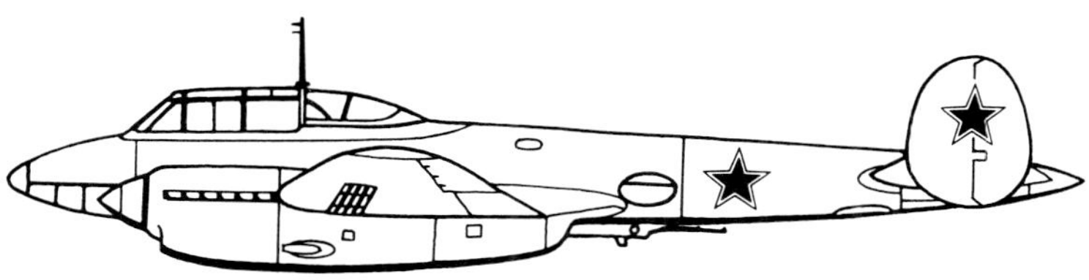

Mittlerer Bomber Tupolew SB-L

Bereits ab 1936 im Einsatz, im Sommer 1943 meist nur als Nachtbomber verwendet.

Besatzung:	3 Mann
Höchstgeschwindigkeit:	425 km/h
Reichweite:	1200 km
Bewaffnung:	vier MG
Bombenlast:	600 kg

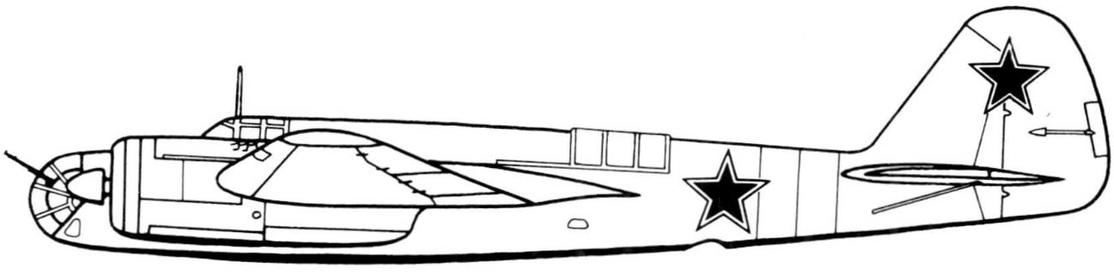

Geschütz 8,8 cm – Flak 18

Höchstschußweite: 10,6 km, auch zur Bekämpfung von Bunkern und Panzern eingesetzt

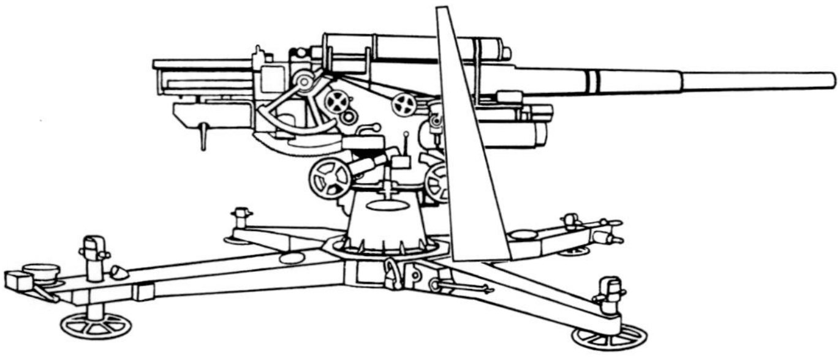

Feldhaubitze Modell 1934

Kal. 15,2 cm, Höchstschußweite: 17,1 km

Leichtes Maschinengewehr MG 42

Kal. 7,92 mm, das zu einem mittleren MG oder Fla-MG umgestaltet werden kann; das erste wirklich brauchbare Mehrzweck-MG der Welt

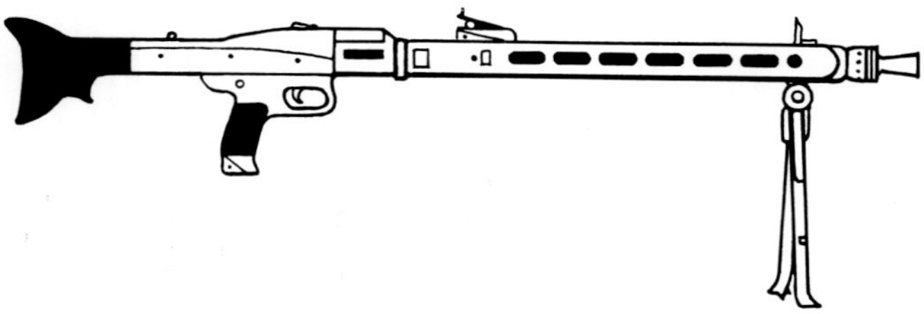

Maschinengewehr Maxim-MG

Kal. 7,62 mm, wassergekühlt, mit Handkarre und einem u-förmigen Lafettenschwanz

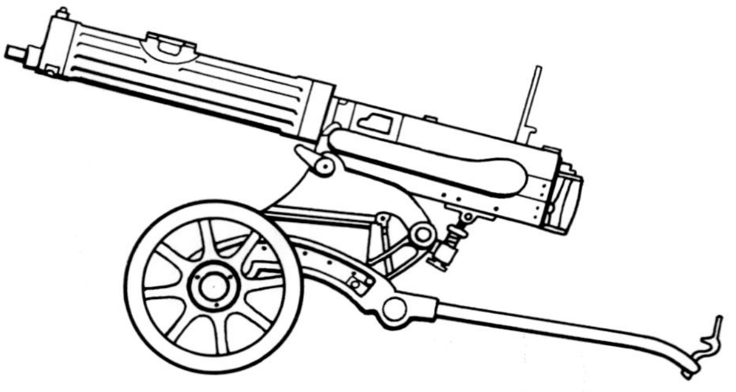

Gliederung der deutschen Kräfte (Stand: 1. Juli 1943)

HEERESGRUPPE MITTE	GFM v. Kluge
9. Armee	GenOberst Model
XX. Armeekorps	Gen.d.Inf. Frhr. v. Roman
45. Inf.Div.	GenMaj. Frhr. v. Falkenstein
72. Inf.Div.	GenLt. Müller-Gebhard
137. Inf.Div.	GenLt. Kamecke
251. Inf.Div.	GenMaj. Felzmann
XXXXVI. Panzerkorps	Gen.d.Inf. Zorn
7. Inf.Div.	GenLt. v. Rappard
31. Inf.Div.	GenLt. Hoßbach
102. Inf.Div.	GenMaj. Hitzfeld
258. Inf.Div.	GenLt. Höcker
XXXXVII. Panzerkorps	Gen.d.Pz.Tr. Lemelsen
2. Pz.Div.	GenLt. Lübbe
6. Inf.Div.	GenLt. Großmann
9. Pz.Div.	GenLt. Scheller
20. Pz.Div.	GenMaj. v. Kessel
XXXXI. Panzerkorps	Gen.d.Pz.Tr. Harpe
18. Pz.Div.	GenMaj. v. Schlieben
86. Inf.Div.	GenLt. Weidling
292. Inf.Div.	GenLt. v. Kluge
XXIII. Armeekorps	Gen.d.Inf. Frießner
78. Sturm.Div.	GenLt. Traut
216. Inf.Div.	GenMaj. Schack
383. Inf.Div.	GenMaj. Hoffmeister
HEERESGRUPPE SÜD	GFM v. Manstein
Armeeabteilung Kempf	Gen.d.Pz.Tr. Kempf
III. Panzerkorps	Gen.d.Pz.Tr. Breith
6. Pz.Div.	GenMaj. v. Hünersdorff
7. Pz.Div.	GenLt. Frhr. v. Funck
19. Pz.Div.	GenLt. G. Schmidt
168. Inf.Div.	GenMaj. Châles de Beaulieu
XI. Armeekorps	Gen.d.Pz.Tr. Raus
106. Inf.Div.	GenLt. Forst
320. Inf.Div.	GenMaj. Postel
XXXXII. Armeekorps	Gen.d.Inf. Mattenklott
39. Inf.Div.	GenLt. Loeweneck
161. Inf.Div.	GenLt. Recke
282. Inf.Div.	GenMaj. Kohler
4. Panzerarmee	GenOberst Hoth
LII. Armeekorps	Gen.d.Inf. Ott
57. Inf.Div.	GenMaj. Fretter-Pico
255. Inf.Div.	GenLt. Poppe
332. Inf.Div.	GenLt. Schaefer
XXXXVIII. Panzerkorps	Gen.d.Pz.Tr. v. Knobelsdorff
3. Pz.Div.	GenLt. Westhoven
11. Pz.Div.	GenLt. Balck
167. Inf.Div.	GenLt. Trierenberg
Pz.Gren.Div. »Großdeutschland«	GenLt. Hoernlein
II. SS-Panzerkorps	SS-Obergruppenf. Hausser
1. SS-Pz.Div. »Leibstandarte Adolf Hitler«	SS-Brigadef. Wisch
2. SS-Pz.Div. »Das Reich«	SS-Gruppenf. Krüger
3. SS-Pz.Div. »Totenkopf«	SS-Brigadef. Prieß

Anmerkungen

Die Geheimdokumente in Zusammenhang mit der Operation »Ultra Secret«, die die Übermittlung der aus dem entzifferten deutschen Funkverkehr der Höheren Stäbe an der Ostfront gewonnenen Erkenntnisse von London nach Moskau betreffen, befinden sich in den Archiven:
Public Record Office, Kew, Richmond Surrey, Großbritannien, und im Ministry of Defence, Cabinet Office, Whitehall, London SW1A 2AS

1 CAB 66/20, WP(42)8 vom 5. Januar 1942, S. 15–17, SIC file D/Russia, JIC(43)25 vom 2. Februar 1943
2 Dir/C Archive, 1645 vom 6. Dezember 1942
3 London/Moscow Signals file »unnumbered telegrams« vom 7. und 13. Juli 1941
4 Dir/C Archive, MI telegrams to BMM 7666 vom 28. September 1941
5 Dir/C Archive, MI telegrams to BMM 6908 vom 28. Juni und 7098 vom 17. Juli 1941
6 Dir/C Archive, MI telegrams to BMM 167 und 168/MI 14 vom 13. Juli 1942
7 CAB 121/464, JIC(41)357 vom 13. September 1941
8 Dir/C Archive, 1487 vom 23. November 1942
9 London/Moscow Signals file, Y Board Chairman to BMM, SJ 86 vom 23. Dezember 1942
10 WO 208/3573 vom 22. März 1943
11 H. Höhne, »Kennwort: Direktor«. Frankfurt/M. 1970, S. 283
12 CX/MSS/2422/I 28
13 H. Höhne, »Kennwort: Direktor«. Frankfurt/M. 1970, S. 283
14 CX/MSS/2499/I 4
15 H. Höhne, »Kennwort: Direktor«. Frankfurt/M. 1970, S. 283/284
16 London/Moscow Signals file »unnumbered telegrams« vom 7. und 13. Juli 1941

Bibliographie (Auswahl)

Andronikow, I. G./Mostowenko, W. D.: Die roten Panzer. München 1963.
Antipenko, N.: In den Hauptrichtungen. Berlin (Ost) 1973.
Arbeitskreis für Wehrforschung (Hrsg.): Der Feldzug gegen Sowjetrußland 1941–1945.
Batow, P. I.: Von der Wolga zur Oder. Berlin (Ost) 1965.
Bauer, E.: Der Panzerkrieg. Bonn 1964.
Bekker, C.: Angriffshöhe 4000. Oldenburg 1964.
Berndt, A. J./Oberst v. Wedel (Hrsg.): Deutschland im Kampf. Berlin 1943.
Boelcke, W. A.: Deutschlands Rüstung im Zweiten Weltkrieg. Frankfurt/M. 1969.
Breith, H.: Der Angriff des III. Panzerkorps bei »Zitadelle« im Juli 1943. In: Wehrkunde, Jg. 7, 1958, H. 10.
Buchbender, O.: Das tönende Erz. Stuttgart 1978.
Buchheit, G.: Hitler der Feldherr. Rastatt 1958.
Caidin, M.: The Tigers are burning. New York 1975.
Carell, P.: Verbrannte Erde. Berlin 1966.
Chant, C.: Kursk. London 1975.
Churchill, W. S.: Memoiren – Der Zweite Weltkrieg. Stuttgart, Hamburg 1952.
Clark, A.: Barbarossa. London 1974.
Conrady, A.: Wende 1943 – Geschichte der 36. Panzer-Grenadier-Division. Neckargemünd 1978.
Constantini, A.: La bataille de chass de Prokhorovka (12 et 13 juillet 1943). In: Forces armées françaises, 1974, H. 25.
Deborin, G. A.: Der Zweite Weltkrieg. Berlin 1960.
Dierich, W.: Kampfgeschwader 51 »Edelweiß«. Stuttgart 1973.
Dierich, W.: Kampfgeschwader 55 »Greif«. Stuttgart 1975.
Dingleiter, J.: Die Vierziger. München 1963.
Dragunski, D. A.: Jahre im Panzer. Berlin (Ost) 1980.
Erickson, J.: The Soviet High Command. London 1972.
Förster, G./Paulus, N.: Abriß der Geschichte der Panzerwaffe. Berlin (Ost) 1977.
Fuchs, T.: Deutsche und sowjetische Führung. In: Wehrkunde, Jg. 9, 1960, H. 11.
Gareis, M.: Kampf und Ende der Fränkisch-Sudetendeutschen 98. I. D. Bad Nauheim 1956.
Görlitz, W.: Der Zweite Weltkrieg 1939–1945, Bd. 2. Stuttgart 1953.
Görlitz, W.: Model. Strategie der Defensive. Wiesbaden 1975.
Gollikow, S.: Die Sowjetarmee im Großen Vaterländischen Krieg. Berlin (Ost) 1954.
Gosztony, P.: Die Rote Armee. Wien 1981.
Gottberg, H. L. v.: Das Wesen des sowjetischen Partisanenkampfes. In: Wehrkunde, Jg. 7, 1958, H. 12.
Graser, G.: Zwischen Kattegat und Kaukasus. München 1961.
Gretschko, A. A.: Geschichte des 2. Weltkrieges. 12 Bde. Berlin (Ost) 1972.
Groehler, O.: Geschichte des Luftkrieges 1910–1970. Berlin (Ost) 1977.
Großmann, H.: Gesch. d. rhein.-westfäl. 6. Inf. Div. 1939–1945. Dortmund 1958.
Großmann, H.: Rshew. Eckpfeiler der Ostfront. Bad Nauheim 1962.
Guderian, H.: Erinnerungen eines Soldaten. Heidelberg 1951.
Halder, GenOberst: Kriegstagebuch, Bd. 2. Stuttgart 1963.
Haupt, W.: Heeresgruppe Mitte, 1941–1945. Dorheim 1968.
Haupt, W.: Bild-Chronik der Heeresgruppe Mitte. Dorheim 1969.
Heiber, H. (Hrsg.): Hitlers Lagebesprechungen. Stuttgart 1962.
Heinrici, G./Hauck, F. W.: Zitadelle. In: Wehrwissenschaftliche Rundschau, Jg. 15, 1965, H. 8–10.
Hermann, C. H.: 68 Kriegsmonate. Wien 1978.
Höhne, H.: Kennwort Direktor. Frankfurt/M. 1970.

Höhne, H.: Canaris. München 1976.
Holder, L. D.: Kursk: the breaking of the Panzer Corps. In: Armor 1975, Nr. 1.
Hoßbach, F.: Streiflichter aus den Operationen des Südflügels der Heeresgruppe Mitte vom Juli 1943 bis April 1944. In: Allgem. Schweizerische Militärzeitschrift.
Hubatsch, W. (Hrsg.): Hitlers Weisungen für die Kriegführung 1939–1945. Dokumente des OKW. Frankfurt/M. 1962.
Hubatsch, W.: Kriegswende 1943. Darmstadt 1966.
Jacobsen, H. A.: 1939–1945. Darmstadt 1961.
Jakubowski, I. I.: Erde im Feuer. Berlin (Ost) 1977.
Jukes, G.: Kursk – The Clash of Armour. New York 1972.
Kabonow, P. A.: Stählerne Strecken. Berlin (Ost) 1977.
Katukow, M. J.: An der Spitze des Hauptstoßes. Berlin (Ost) 1979.
Kleine, E./Kühn, V.: Tiger. Stuttgart 1976.
Klink, E.: Das Gesetz des Handelns. Die Operation »Zitadelle« 1943. Stuttgart 1966.
Knobelsdorff, O. v.: Gesch. d. niedersächs. 19. Pz.Div. Bad Nauheim 1958.
Koltunov, G. A./Solov'ev, B. G.: Kurskaja bitva. Moskwa 1970.
Konjew, I. S.: Aufzeichnungen eines Frontbefehlshaber 1943/44. Berlin (Ost) 1978.
Kozlov, L./Orlov, A.: La bataille de Koursk et son influence sur la seconde guerre mondiale. In: Revue Historique des Armées, 1974, No. 2.
Kurkotkin, S.: Tyl Sowietskich Wooruzonnych Sil w Wielikoj Otieczestwiennoj Wojnie 1941–1945. Moskwa 1977.
Liddell Hart, B.: Geschichte des 2. Weltkrieges, Bd. 2. Düsseldorf 1972.
Mabire, J.: Légion des Volontaires Français (LVF). 3 Bde. Paris 1973–1975.
Mabire, J.: L'enfer blanc 1941–1943. Paris 1980.
Mackintosh, M.: Juggernaut. London 1975.
Manstein, E. v.: Verlorene Siege. München 1965.
Markin, I. I.: Die Kursker Schlacht. Berlin (Ost) 1960.
Mellenthin, F. W. v.: Panzerschlachten. Nekkargemünd 1963.
Merker, L.: Das Buch der 78. Sturmdivision. Dortmund 1955.
Meyer-Detring, W.: Die 137. I. D. im Mittelabschnitt der Ostfront. Petzenkirchen 1962.
Middeldorf, E.: Das Unternehmen »Zitadelle«. In: Wehrwissenschaftliche Rundschau, Jg. 3, 1953, H. 10.
Militärakademie M. W. Frunse (Hrsg.): Die Entwicklung der Taktik der Sowjetarmee im Großen Vaterländischen Krieg. Berlin (Ost) 1961.
Morosow, W. P.: Westlich von Woronesch. Berlin (Ost) 1959.
Moskalenko, K. S.: Bitva na kusskoj duge. Moskwa 1975.
Moskalenko, K. S.: In der Südwestrichtung. Berlin (Ost) 1975.
Müller-Hillebrand, B.: Der Zweifrontenkrieg. Frankfurt/M. 1964.
Nazarov, V.: Kampf des 214. Schtz.Rgt. b. Bjelgorod am 5. 7. 1943. In: Voenn. ist. Zurnal, 1963, H. 6.
Nitz, G.: Die 292. Infanterie-Division. Berlin 1957.
Nowarra, H. J.: Der Frontbogen von Kursk. Rastatt 1977.
Parotkin, I. V.: Kurskaja bitva. Moskwa 1970.
Parrish, M.: The battle of Kursk. In: The Army Quarterly and Defence Journal, 1969.
Paul, W.: Geschichte der 18. Panzer-Division, Kameraden-Kreis 18. Panzer-Division. Krefeld 1975.
Paul, W.: Brennpunkte – Geschichte der 6. Panzer-Division. Krefeld 1977.
Philippi, A./Heim, F.: Der Feldzug gegen Sowjetrußland 1941 bis 1945. Stuttgart 1962.
Piekalkiewicz, J. K.: Luftkrieg 1939–1945. München 1978.
Piekalkiewicz, J. K.: Krieg der Panzer 1939–1945. München 1981.
Platonow, S. P. (Hrsg.): Geschichte des Zweiten Weltkrieges 1939–1945, Bd. 1. Berlin (Ost) 1961.
Plotnikov, V.: Der Beitrag der Arbeiter des Kursker Gebietes zur Erreichung des Sieges bei Kursk. In: Voenn. ist. Zurnal, 1961, H. 10.
Popiel, N. K.: Panzer greifen an. Berlin (Ost) 1964.
Posnjak, W. G.: Die Schlacht bei Kursk. In: Die wichtigsten Operationen des Großen Vaterländischen Krieges 1941–1945. Berlin (Ost) 1958.
Redelis, V.: Partisanenkrieg. Heidelberg 1958.
Rendulic, L.: Die Schlacht von Orel Juli 1943. In: Österreichische Militärische Zeitschrift, 1963, H. 3.
Riedi, E.: Die Schlacht um Kursk, Juli/August 1943. In: Allgemeine Schweizerische Militärzeitschrift, 1974, Nr. 12.
Rokossowski, K. K.: The Kursk battle. In: Soviet Military Review, 1968, Nr. 7, Nr. 8.
Rokossowski, K. K.: Soldatenpflicht. Berlin (Ost) 1971.
Rotmistrow, P. A.: Tankovoje srazenije pod Prochorovkoj. Moskwa 1960.
Rudakov, M./Lunin, V.: Die parteipolitische Arbeit in der Schlacht bei Kursk. In: Voenn. ist. Zurnal, 1963. H. 6.
Rudenko, S./Brajko, P.: Die 16. Luftarmee in der Schlacht bei Kursk. In: Voenn. ist. Zurnal, 1963, H. 7.
Schaub, O.: Panzer-Grenadier-Regiment 12. Bad Nauheim 1957.
Scheibert, H.: Panzer-Grenadier-Division Großdeutschland. Dorheim 1970.
Scheurig, B.: Verrat hinter Stacheldraht. Stuttgart 1969.
Schmidt, A.: Geschichte der 10. Inf.Div. (1933–45). Bad Nauheim 1963.
Schmiedel, K.: Die sowjetische Militärgeschichtsschreibung zur Schlacht bei Kursk. In: Zeitschrift der Militärgeschichte, 1964, H. 3.

Schtemenko, S. M.: Im Generalstab. Berlin (Ost) 1969.
Schukow, G. K.: Erinnerungen und Gedanken. Stuttgart 1969.
Schukow, G. K.: The battle of Kursk. In: Military Review, 1969, Nr. 8.
Sedlmeyer, E.: Landeskunde der Sowjetunion. München 1950.
Shilin, P. A.: Die wichtigsten Operationen des Großen Vaterländischen Krieges 1941–1945. Berlin (Ost) 1958.
Sokolowski, W. D. (Hrsg.): Militär-Strategie. Köln 1965.
Solovev, B. G.: Faktor strategiceskoj vnezapnosti v bitve pod Kurskom. In: Vestnik Voennoj istorii. 1. Moskwa 1970.
Spaeter, H.: Die Gesch. d. Pz.Korps Großdeutschland, Bd. 2. 1958.
Stadler, S.: Die Offensive gegen Kursk 1943. II. SS-Panzerkorps als Stoßkeil im Großkampf. Osnabrück 1980.
Strelbizki, I. S.: Die Erde dröhnt. Berlin 1964.
Talenskij, N.: In der Schlacht um Orel. Berlin (Ost) 1962.
Tashjean, J.: Operation »Mincemeat« – 5 deutsche Dokumente. In: Wehrwissenschaftliche Rundschau, Jg. 11, 1961, H. 5.
Telpuchowski, B. S.: Die sowjetische Geschichte des Großen Vaterländischen Krieges 1941–1945. Frankfurt/M. 1961.
Teske, H.: Die Silbernen Spiegel. Heidelberg 1952.
Teske, H.: Partisanen gegen die Eisenbahn. In: Wehrwissenschaftliche Rundschau, Jg. 3, 1953, H. 10.
Teske, H.: Die Bedeutung der Eisenbahn bei Aufmarsch, Verteidigung und Rückzug einer Heeresgruppe. In: Allgemeine Schweizerische Militärzeitschrift, 1955, Nr. 2.
Timokhovitch, I. V.: L'aviation Soviétique dans la bataille de Koursk. Bruxelles o. J.
Tippelskirch, K. v.: Geschichte des Zweiten Weltkrieges. Bonn 1959.
Tschetschnewa, M. P.: Der Himmel bleibt unser. Berlin (Ost) 1982.
Wagener, C.: Heeresgruppe Süd. Dorheim o. J.
Warlimont, W.: Im Hauptquartier der deutschen Wehrmacht 1939–1945. Frankfurt/M. 1962.
Wassilewski, A. M.: Sache des ganzen Lebens. Berlin (Ost) 1977.
Weck, H. de: Les pertes et la consommation en munitions des troupes blindées à la bataille de Koursk. In: Revue militaire suisse, 1969, Nr. 6, Nr. 7.
Werth, A.: Rußland im Krieg 1941–1945. München 1975.
Witzleben, J. v.: Vor Moskau und Stalingrad fiel die Entscheidung. Berlin (Ost) 1960.
Wolff, W.: An der Seite der Roten Armee. Berlin (Ost) 1979.
Woroschejkin, A. W.: Jagdflieger, Bd. 2. Berlin (Ost) 1976.
Wünsche, W.: Kursk 1943. Die Entschlußfassung der faschistischen deutschen Führung für »Zitadelle«. In: Militärgeschichte, 1973, H. 3.
Zadov, A.: Battle of the Kursk Bulge. In: Soviet Military Review, 1966, Nr. 7.
Zeitzler, K.: Die ersten beiden planmäßigen großen Rückzüge des deutschen Heeres an der Ostfront im Zweiten Weltkrieg. In: Wehrkunde, Jg. 9, 1960, H. 3.
Zimmern, K.: Unternehmen Zitadelle, Juli 1943. Rastatt 1963.

Zeitungen und Zeitschriften (Jahrgang 1943)

Berliner Lokal-Anzeiger / Der Adler / Das Heer / Das Reich / Die Wehrmacht / Heeres-Verordnungsblatt / Iswestija / Krasnaja Swiesda / Mitteilungen für die Truppe / Mitteilungsblatt der Arbeitsgemeinschaft ehem. Offiziere (Berlin-Ost) 1969 / Prawda / Völkischer Beobachter

Archive

Britannic Majesty's Office, London
Bundesarchiv, Bern
Bundesarchiv, Koblenz
Cabinet Office, Whitehall, London
Institut für Marxismus-Leninismus beim ZK der KPdSU, Abt. Geschichte des Großen Vaterländischen Krieges der Sowjetunion, Moskwa
Institut für Zeitungsforschung, Dortmund
Ministère de la Defense, Château de Vincennes
Ministry of Defence, Whitehall, London
National Archives, Washington D. C.
Politisches Archiv des Auswärtigen Amtes, Bonn
Public Record Office, Kew, Richmond Surrey
Staatsbibliothek Preußischer Kulturbesitz, Berlin
Weltkriegsbücherei, Stuttgart
Zentralbibliothek der Bw., Düsseldorf

Dokumente

Boberach, H.: Meldungen aus dem Reich. Neuwied, Berlin 1965.
Boelcke, W. A.: Wollt ihr den totalen Krieg? Stuttgart 1967.
Geheime Berichte des Sicherheitsdienstes der SS zur innenpolitischen Lage, SD-Berichte zu Inlandsfragen. Bundesarchiv, Koblenz: R 58 Reichssicherheitshauptamt (Nr. 160–178).
Hitlers Weisungen für die Kriegführung 1939–1945. Dokumente des Oberkommandos der Wehrmacht. Hrsg. W. Hubatsch. Frankfurt/M. 1962.
Jacobsen, H. A.: 1939–1945. Der Zweite Weltkrieg in Chronik und Dokumenten. Darmstadt 1961.
Krümmer, K.: Aufzeichnungen über Teilnahme an den Ministerkonferenzen, Band 1 und 2. Politisches Archiv des Auswärtigen Amtes, Bonn, Auswärtiges Amt.
The Guides to Records Microfilmed at Alexandria, Va. (68 vols. Washington D. C.: National Archives, 1955 ff.).

Bildquellen

Bundesarchiv, Koblenz
E. C. E. P. D. A., Fort D'Ivry

Imperial War Museum, London
National Archives, Washington D. C.
US-Army, Washington D. C.
Archiv P. Carell, Hamburg
Archiv Dr. C. H. Hermann, Euskirchen
Archiv K. Kirchner, Verlag D+C, Erlangen
Archiv M. R. de Launay, Paris
Archiv J. S. Middleton, London
Archiv Munin Verlag, Osnabrück
Archiv A. Stilles, New York
Archiv J. K. Piekalkiewicz

Danksagung

Ich möchte für ihre freundliche Hilfe meinen herzlichen Dank sagen:
Herrn Dr. H. Trumpp und seinen Mitarbeitern, Bundesarchiv, Koblenz
Oberstleutnant i. G. H. Rohde, Militärgeschichtliches Forschungsamt, Freiburg
Frau Dr. M. Lindemann, Frau H. Rajkovic, Institut für Zeitungsforschung, Dortmund
Herrn Professor Dr. J. Rohwer, Herrn W. Haupt und ihren Mitarbeitern, Weltkriegsbücherei, Stuttgart
Herrn Dr. Sack und seinen Mitarbeitern, Zentralbibliothek der Bundeswehr, Düsseldorf
Frau I. Ritter, Staatsbibliothek Preußischer Kulturbesitz, Berlin
Oberst (Bw) a. D. Dr. phil. C. H. Hermann, Euskirchen
Herrn K. Kirchner, Verlag D+C, Erlangen
Mr. J. S. Lucas und seinen Mitarbeitern, Imperial War Museum, London
Mr. J. C. North, Ministry of Defence, London
Mr. V. J. A. Carr, Public Record Office, Kew, Richmond Surrey
Mr. P. Beaven, Cabinet Office, Whitehall, London
Oberstleutnant i. G. W. G. V. Kenney, Britische Botschaft, Bonn
Col. W. D. Kasprowicz, London
Col. M. Mlotek, London
Lt. Col. Dousset, Mr. P. Rolland, Mr. Basques, E. C. E. P. D. A., Fort D'Ivry
Mr. M. Spivak, Service Historique de l'Armée, Paris
Capt. C. L. Blische, Dept. of the Army, US-Army Audio-Visual Activity, Pentagon, Washington D. C.
W. H. Leary, National Archives, Washington D. C.
Col. B. J. Morden, Center of Military History, Dept. of the Army, Washington D. C.
Herrn E. Klupsch-Linsbauer, Herrn A. Häring, Herrn R. Borner, Herrn R. Winkler, Gustav Lübbe Verlag

Mein besonderer Dank gilt den Herren:
Dr. phil. D. Bradley, Münster
Major R. L. Walton, O. B. E., London
Captain B. D. Samuelson, Washington D. C.
für ihre großzügige Bereitschaft, mir mit ihrem umfangreichen Wissen zur Seite zu stehen.

Personenregister

Weitere Titel zum Thema im Bechtermünz-Verlagsprogramm:

Janusz Piekalkiewicz:

Die Schlacht von Monte Cassino

288 Seiten, Format 18,5 x 26,5 cm,
gebunden, durchgehend s/w-Bebilderung
Best.-Nr. 347 773
Sonderausgabe nur DM 19,80

Janusz Piekalkiewicz:

Polenfeldzug

288 Seiten, Format 18,5 x 26,5 cm,
gebunden, durchgehend s/w-Bebilderung
Best.-Nr. 347 757
Sonderausgabe nur DM 19,80

Janusz Piekalkiewicz:

Die Schlacht um Moskau

288 Seiten, Format 18,5 x 26,5 cm,
gebunden, durchgehend s/w-Bebilderung
Best.-Nr. 347 781
Sonderausgabe nur DM 19,80

Tony Le Tissier:

Operation Paukenschlag

512 Seiten, Format 14,5 x 21,5 cm,
gebunden, 16 Seiten Bildteil
Best.-Nr. 336 867
Sonderausgabe nur DM 19,80

Tony Le Tissier:

Der Kampf um Berlin 1945

304 Seiten, Format 14,5 x 21,5 cm,
gebunden, 24 Seiten Bildteil
Best.-Nr. 336 859
Sonderausgabe nur DM 19,80

Tony Le Tissier:

Durchbruch an der Oder

432 Seiten, Format 14,5 x 21,5 cm,
gebunden, 16 Seiten Bildteil
Best.-Nr. 336 875
Sonderausgabe nur DM 19,80

312